高等工科院校卓越工程师教育教材

材 料 力 学

张丽芳　翁国华　**主编**

上海科学技术出版社

内 容 提 要

本书是根据教育部高等院校力学课程教学指导委员会制定的"材料力学"课程的教学基本要求,结合机械设计制造、土木建筑、动力机械等专业"卓越工程师"教育培养计划实施要求编写而成。全书精选了材料力学的基本内容,包括绪论、轴向拉伸、压缩与剪切、圆轴的扭转、梁的弯曲内力、弯曲应力、弯曲变形、应力状态分析与强度理论、组合变形、能量方法与静不定结构、压杆稳定、动载荷。同时增加了第12章工程应用,其中对动载荷与交变应力进行了适当的编排。本书在保证教学基本要求的前提下,在内容表述上简明清晰,重点突出,更多地结合了工程实例,可以进一步提高学生理论联系实际的能力。

本书是卓越工程师教材,可作为工科高等院校的材料力学教材。

图书在版编目(CIP)数据

材料力学 / 张丽芳,翁国华主编. —上海:上海科学技术出版社,2015.2(2025.2 重印)
高等工科院校卓越工程师教育教材
ISBN 978 - 7 - 5478 - 2490 - 0

Ⅰ.①材… Ⅱ.①张… ②翁… Ⅲ.①材料力学—高等学校—教材 Ⅳ.①TB301

中国版本图书馆 CIP 数据核字(2014)第 284225 号

材料力学
张丽芳 翁国华 主编

上海世纪出版(集团)有限公司 出版、发行
上 海 科 学 技 术 出 版 社
(上海市闵行区号景路159弄A座9F-10F)
邮政编码201101 www.sstp.cn
上海新华印刷有限公司印刷
开本 787×1092 1/16 印张 17
字数 400 千字
2015 年 2 月第 1 版 2025 年 2 月第 6 次印刷
ISBN 978 - 7 - 5478 - 2490 - 0/TB・6
定价:48.00 元

本书如有缺页、错装或坏损等严重质量问题,请向工厂联系调换

前 言

材料力学研究构件在外力作用下的受力、变形和破坏规律,为合理设计工程构件提供有关强度、刚度和稳定性分析的基本理论和方法,是一门重要的技术基础课。近年来强劲推出的"卓越工程师"教育培养计划,其"面向工程、面向企业、面向世界"的特点给材料力学教学提出了更新更高的要求。

本书根据教育部高等院校力学课程教学指导委员会制定的"材料力学"课程教学基本要求,结合机械设计制造、土木建筑、动力机械等专业"卓越工程师"教育培养计划实施要求编写而成,可满足不同工科类专业材料力学课程的教学要求(48~64学时)。实验部分单独设课(6学时)。考虑到学时较少的实际情况,在保证基础的前提下,编者力图在内容表述上做到循序渐进、简明清晰,在结构安排上做到合理紧凑。

为了突出"卓越工程师"的培养目标,也为了更好地培养学生的工程应用能力,本书在介绍材料力学课程的基本内容以外,还增加了第12章工程应用。另外,在每章描述问题的过程中,更多地结合了工程实例,可以进一步提高学生理论联系实际的能力。

为了便于学习,在每章后均附有思考题和练习题,并在附录中给出了参考答案。

参加本书编写的人员有张丽芳、翁国华、叶大庆、陈艳丽、张志忠、余慧杰、胡育佳。其中张丽芳、翁国华任主编,林建中担任审稿工作。第1、2章由翁国华编写,第3章由张志忠编写,第4、5、8章由陈艳丽编写,第6、10、12章由叶大庆编写,第7章由余慧杰编写,第9章由张丽芳编写,第11章由胡育佳编写。

由于编者水平有限,书中难免存在不足之处,恳请读者批评指正。

编 者

目　　录

第 1 章　绪论 ·· 1
  1.1　材料力学的任务 ·· 1
    1.1.1　工程中的三类问题 ·· 1
    1.1.2　工程问题的二重性 ·· 1
    1.1.3　任务 ·· 2
    1.1.4　研究方法 ·· 2
  1.2　材料力学的基本假设 ··· 2
    1.2.1　连续性假设 ··· 2
    1.2.2　均匀性假设 ··· 2
    1.2.3　各向同性假设 ·· 2
    1.2.4　小变形假设 ··· 3
  1.3　弹性杆件的外力和内力 ·· 3
    1.3.1　外力 ·· 3
    1.3.2　内力 ·· 3
    1.3.3　求解内力的截面法 ·· 3
  1.4　正应力与切应力 ·· 5
  1.5　正应变与切应变 ·· 6
  1.6　杆件受力与变形的基本形式 ·· 6

第 2 章　轴向拉伸、压缩与剪切 ··· 10
  2.1　工程中的轴向拉伸或压缩问题 ·· 10
  2.2　轴力与轴力图 ·· 11
    2.2.1　截面法求轴力 ··· 11
    2.2.2　轴力图 ·· 11
  2.3　直杆轴向拉伸或压缩时的应力 ·· 12
    2.3.1　横截面上的应力 ·· 12

2 材料力学

　　2.3.2　斜截面上的应力 ··· 13
　　2.3.3　圣维南原理 ··· 14
2.4　材料在拉伸与压缩时的力学性能 ·· 15
　　2.4.1　拉伸压缩试验 ··· 15
　　2.4.2　低碳钢在拉伸时的力学性能 ······································ 15
　　2.4.3　其他材料在拉伸时的力学性能 ···································· 18
　　2.4.4　铸铁拉伸时的力学性能 ··· 19
　　2.4.5　材料在压缩时的力学性能 ·· 20
2.5　拉压杆的强度计算 ··· 21
　　2.5.1　失效与许用应力 ··· 21
　　2.5.2　轴向拉伸与压缩时的强度设计 ···································· 22
2.6　轴向拉伸与压缩时的变形计算 ·· 24
　　2.6.1　轴向变形与虎克定律 ·· 24
　　2.6.2　横向变形与泊松比 ·· 25
2.7　简单拉压静不定问题 ·· 27
2.8　连接部分的强度计算 ·· 32
　　2.8.1　剪切的实用计算 ··· 32
　　2.8.2　挤压的实用计算 ··· 33

第3章　圆轴的扭转 ··· 41
3.1　工程中的扭转问题 ··· 41
3.2　外力偶矩、扭矩与扭矩图 ··· 42
　　3.2.1　外力偶矩 ·· 42
　　3.2.2　扭矩 ··· 42
　　3.2.3　扭矩图 ··· 43
3.3　圆轴的扭转变形 ··· 44
　　3.3.1　纯扭转 ··· 44
　　3.3.2　切应变 ··· 45
　　3.3.3　纯剪切 ··· 45
3.4　圆轴扭转时横截面上的切应力 ·· 46
　　3.4.1　剪切胡克定律 ··· 46
　　3.4.2　扭转的切应力公式 ·· 47
　　3.4.3　极惯性矩和抗扭截面系数的计算 ·································· 48
3.5　圆轴扭转时的强度条件和刚度条件 ····································· 49
　　3.5.1　圆轴的扭转失效 ··· 49
　　3.5.2　强度条件 ·· 50

    3.5.3 刚度条件 …………………………………………………………………… 51
  3.6 非圆截面轴扭转简介 ……………………………………………………………… 54

第 4 章 梁的弯曲内力 ……………………………………………………………… 59
  4.1 工程中的弯曲问题 ………………………………………………………………… 59
  4.2 梁的计算简图 ……………………………………………………………………… 60
    4.2.1 载荷的简化 ………………………………………………………………… 60
    4.2.2 实际约束的简化 …………………………………………………………… 60
    4.2.3 静定梁的类型 ……………………………………………………………… 60
  4.3 剪力与弯矩 ………………………………………………………………………… 61
  4.4 剪力方程与弯矩方程、剪力图与弯矩图 ………………………………………… 62
  4.5 载荷集度、剪力、弯矩之间的微分关系 ………………………………………… 65
    4.5.1 剪力、弯矩与载荷集度间的微分关系 …………………………………… 65
    4.5.2 F_s、M、q 间微分关系在绘制剪力、弯矩图中的应用 …………………… 66

第 5 章 弯曲应力 …………………………………………………………………… 74
  5.1 对称弯曲正应力 …………………………………………………………………… 74
    5.1.1 纯弯梁横截面上的正应力 ………………………………………………… 74
    5.1.2 常见截面的惯性矩、抗弯截面系数及组合截面的惯性矩 ……………… 77
    5.1.3 横力弯曲时梁横截面上的正应力计算 …………………………………… 80
  5.2 对称弯曲梁横截面上的切应力简介 ……………………………………………… 82
  5.3 梁的强度条件与强度设计 ………………………………………………………… 83
    5.3.1 强度条件 …………………………………………………………………… 83
    5.3.2 强度设计 …………………………………………………………………… 84
  5.4 提高梁强度的主要措施 …………………………………………………………… 86

第 6 章 弯曲变形 …………………………………………………………………… 94
  6.1 工程中的弯曲变形问题 …………………………………………………………… 94
  6.2 挠曲线的近似微分方程 …………………………………………………………… 95
  6.3 计算梁弯曲变形的两种方法 ……………………………………………………… 95
    6.3.1 积分法 ……………………………………………………………………… 95
    6.3.2 叠加法 ……………………………………………………………………… 99
  6.4 梁的刚度条件与刚度设计 ………………………………………………………… 104
    6.4.1 刚度条件 …………………………………………………………………… 104
    6.4.2 刚度设计 …………………………………………………………………… 104
  6.5 提高梁弯曲刚度的措施 …………………………………………………………… 105

6.6 简单静不定梁 ·· 105

第7章 应力状态分析与强度理论 ·· 116
7.1 点的应力状态 ·· 116
7.2 平面应力状态——解析法 ·· 117
    7.2.1 平面应力状态斜截面上的应力 ·· 117
    7.2.2 主平面、主应力、最大正应力、最大切应力 ···························· 118
7.3 平面应力状态——几何法 ·· 122
7.4 三向应力状态简介与最大切应力 ·· 125
    7.4.1 三向应力状态 ·· 125
    7.4.2 最大切应力 ··· 127
7.5 广义虎克定律 ·· 128
7.6 复杂应力状态的应变比能 ·· 131
7.7 断裂失效与屈服失效 ··· 133
7.8 四种常用的强度理论 ··· 135
    7.8.1 最大拉应力理论(第一强度理论) ·· 135
    7.8.2 最大伸长线应变理论(第二强度理论) ····································· 135
    7.8.3 最大剪应力理论(第三强度理论) ·· 136
    7.8.4 形状改变比能理论(第四强度理论) ··· 137

第8章 组合变形 ·· 147
8.1 工程中的组合变形问题 ··· 147
8.2 拉伸(压缩)与弯曲组合变形的强度计算 ··· 147
8.3 斜弯曲 ·· 150
8.4 弯曲与扭转组合变形的强度计算 ·· 153

第9章 能量法 ·· 161
9.1 概述 ··· 161
9.2 线弹性杆件的变形能计算 ·· 161
    9.2.1 轴向拉伸或压缩 ··· 161
    9.2.2 扭转 ·· 162
    9.2.3 弯曲 ·· 163
    9.2.4 组合变形杆件 ·· 163
9.3 卡氏定理 ··· 165
9.4 莫尔定理 ··· 167
9.5 功的互等定理和位移互等定理 ·· 170

9.6 用能量法求解静不定问题 ………………………………………………… 171

第10章 压杆稳定 ………………………………………………………… 181
10.1 工程中的压杆稳定问题 …………………………………………………… 181
10.2 两端铰支细长压杆的临界压力 …………………………………………… 182
10.3 其他约束条件下的细长压杆临界压力 …………………………………… 183
10.4 临界压力和临界应力的欧拉公式 ………………………………………… 184
10.5 中、小柔度杆的临界应力 ………………………………………………… 187
  10.5.1 中柔度杆临界应力的经验公式 ……………………………………… 187
  10.5.2 小柔度杆的临界应力 ………………………………………………… 188
  10.5.3 临界应力总图 ………………………………………………………… 188
10.6 压杆的稳定计算与合理设计 ……………………………………………… 189
  10.6.1 压杆的稳定条件 ……………………………………………………… 189
  10.6.2 压杆的合理设计 ……………………………………………………… 190
  10.6.3 提高压杆稳定性的措施 ……………………………………………… 191

第11章 动载荷 …………………………………………………………… 199
11.1 概述 ………………………………………………………………………… 199
11.2 动静法 ……………………………………………………………………… 199
  11.2.1 构件作匀加速直线运动的应力 ……………………………………… 199
  11.2.2 构件作匀速转动运动的应力与变形 ………………………………… 201
11.3 构件受冲击时的近似计算 ………………………………………………… 202
11.4 交变应力的概念 …………………………………………………………… 205
11.5 金属疲劳破坏的概念 ……………………………………………………… 207
11.6 材料的疲劳极限与 S-N 曲线 …………………………………………… 208
11.7 影响构件疲劳极限的因素 ………………………………………………… 209
  11.7.1 构件外形的影响 ……………………………………………………… 210
  11.7.2 构件尺寸的影响 ……………………………………………………… 211
  11.7.3 表面状态的影响 ……………………………………………………… 211
11.8 构件疲劳极限 ……………………………………………………………… 212
11.9 对称循环下的疲劳强度计算与合理设计 ………………………………… 213

第12章 工程应用 ………………………………………………………… 222
12.1 ANSYS 简介 ………………………………………………………………… 222
  12.1.1 有限元分析的基本概念 ……………………………………………… 222
  12.1.2 ANSYS 12.0 的启动 …………………………………………………… 223

  12.1.3 ANSYS 12.0 的退出 ·· 224
  12.1.4 ANSYS 12.0 的界面 ·· 224
  12.1.5 命令流 ·· 227
 12.2 工程中的桁架结构的计算 ·· 227
  12.2.1 问题描述 ·· 227
  12.2.2 ANSYS 的启动 ·· 227
  12.2.3 设置分析模块 ·· 227
  12.2.4 定义单元类型、实常数和材料 ································ 228
  12.2.5 建立模型(有限元模型) ·· 229
  12.2.6 加载与求解 ··· 230
  12.2.7 查看结果 ·· 232
  12.2.8 退出系统 ·· 233
 12.3 工程中的梁的内力、应力和变形的计算 ··························· 233
  12.3.1 问题描述与分析 ··· 233
  12.3.2 计算命令流 ··· 234
 12.4 工程中的组合变形杆件的内力、变形的计算 ··················· 235
  12.4.1 问题描述与分析 ··· 235
  12.4.2 计算命令流 ··· 236
 12.5 工程中的压杆稳定的计算 ··· 238
  12.5.1 问题描述与分析 ··· 238
  12.5.2 计算命令流 ··· 238

附录 I 平面图形的几何性质 ··· 242
附录 II 参考答案 ··· 254

第1章 绪　　论

1.1 材料力学的任务

1.1.1 工程中的三类问题

工程中常见的机器和结构，例如机床、内燃机、起重机等，都是由构件组成的。为了保证机器和结构在载荷作用下能正常工作，必须要求这些构件具有足够的承受载荷的能力（简称承载能力）。构件的承载能力主要从以下三方面来衡量：

1. 强度

构件在工作时首先要保证不破坏。例如，起重用的钢丝绳，在起吊额定重量时不能被拉断，传动轴在正常工作时不能被扭断等。可见，所谓的强度是指构件抵抗破坏的能力。构件能正常工作必须具有足够的强度。

2. 刚度

在某些场合，构件受载后虽不会断裂，但由于变形过大，也会影响机器或结构的正常工作。例如传动中的齿轮轴，如果变形过大，会使齿轮啮合不良，引起振动和噪声，影响传动的精确性。所谓的刚度是指构件抵抗变形的能力。构件能正常工作必须具有足够的刚度。

3. 稳定性

工程中，某些受轴向压缩的细长杆，如千斤顶中的螺杆，当压力较小时，螺杆保持直线的平衡形式。当压力达到某一数值时，螺杆就会由直线的平衡形式突然弯曲。这种突然改变原有平衡形式的现象，称为丧失稳定（简称失稳）。可见稳定性是指构件保持其原有平衡形式的能力。这类杆件能正常工作，必须具有足够的稳定性。

综上所述，为了保证构件能安全、正常地工作，构件必须具有足够的强度、刚度和稳定性。

但是，如果只强调安全，构件尺寸可能选得过大或不恰当地选用了材料（如过分要求优质等），这将使构件的承载能力得不到充分发挥，结构笨重，成本增加，造成浪费。材料力学的任务就是在保证构件既安全又经济的前提下，为构件选用合适的材料，确定合理的截面形状和尺寸，提供必要的理论基础和计算方法。

1.1.2 工程问题的二重性

工程中除了常有的机器、结构设计中要求构件不破坏、限制变形和保持平衡状态等问题，有时也有要求构件破坏、产生较大变形和失去原有平衡状态的问题。

例如，工程实际中在生产预应力构建时，为了让构件具有更大的承载能力，在制造时预先使其发生形变；冲床在冲压工件时，为了使工件冲压成型，要求工件在受力后产生较大的塑性形变，甚至要求断裂。

1.1.3 任务

由于工程设计中对构件的计算要求具有二重性，所以材料力学必须研究工程构件在外力作用下，发生变形和破坏的规律，为构件的合理设计（包括构件选用的材料、构件的截面形状和尺寸以及构件或由构件组成的结构所能承受的许可载荷）提供必要的理论基础和计算方法。

1.1.4 研究方法

材料力学的研究包括理论和实验两种方法。

材料力学的理论方法是根据工程实际中呈现的构件及材料承载后的各种现象，提出一系列假设，再进行理论分析，得出分析结果或计算公式，最后用实验加以验证，是一个从现象→假设→理论分析→结论→验证的过程。

材料力学的实验方法包括机械测试、电子测试和光学测试等。

1.2 材料力学的基本假设

材料力学研究的对象均为变形固体，它们在载荷作用下要发生变形。变形固体的变形分为弹性变形和塑性变形。载荷卸除后能消失的变形称为弹性变形；载荷卸除后不能消失的变形称为塑性变形。为便于材料力学问题的理论分析，对变形固体作如下假设。

1.2.1 连续性假设

即假设组成固体的物质不留空隙地充满了固体的体积。实际上，组成固体的粒子之间存在着空隙并不连续，但这种空隙与构件的尺寸相比极其微小，可以不计。于是就认为固体在其整个体积内是连续的。这样，在对某些力学量进行数学分析时，就可将其用连续性函数表示，并可进行坐标增量为无限小的极限分析。

1.2.2 均匀性假设

即假设固体内到处具有相同的力学性能。就如金属来说，组成金属的各晶粒的力学性能并不完全相同，但因构件或构件的任一部分中都包含为数极多的晶粒，而且无规则地排列，固体的力学性能是各晶粒的力学性能的统计平均值，所以可以认为各部分的力学性能是均匀的。这样，如从固体中取出一部分，不论大小，也不论从何处取出，力学性能总是相同的。

1.2.3 各向同性假设

即假设无论沿任何方向，固体的力学性能都是相同的。就如金属的单一晶粒来说，沿不同的方向，力学性能并不一样，但金属构件包含数量极多的晶粒，且又杂乱无章地排列，这样沿各个方向的力学性能就接近相同了。具有这种属性的材料称为各向同性材料,如铸钢、铸铜、玻璃等。

沿不同方向力学性能不同的材料称为各向异性材料,如木材、胶合板和某些人工合成材料等。

1.2.4 小变形假设

在工程实际中,构件受力后的变形一般都很小,材料力学只研究这种小变形问题。小变形是指构件的变形量远小于其原始尺寸的变形。由于变形小,故在分析构件受力的平衡关系时,变形的影响可以忽略不计,仍按构件原有尺寸进行计算,如图1-1所示。

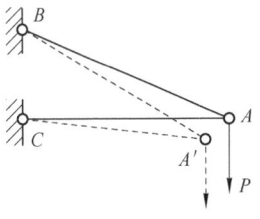

图1-1 小变形假设

1.3 弹性杆件的外力和内力

1.3.1 外力

当研究某一构件时,可以设想把这一构件从周围物体中单独取出,并用力来代替周围各物体对构件的作用。这些来自构件外部的力就是外力。我们在静力学的受力分析中讨论的所有主动力和约束力都属于构件的外力。

1.3.2 内力

为了维持构件各部分之间的联系,保持构件的形状和尺寸,构件内部各部分之间必定存在着相互作用的力,该力称为内力。在外部载荷作用下,构件内部各部分之间相互作用的内力也随之改变,这个因外部载荷作用而引起的构件内力的改变量,称为附加内力。在材料力学中,附加内力简称内力。它的大小及其在构件内部的分布规律随外部载荷的改变而变化,并与构件的强度、刚度和稳定性等问题密切相关。若内力的大小超过一定的限度,则构件将不能正常工作。内力分析是材料力学的基础。

1.3.3 求解内力的截面法

为了揭示在外力作用下构件所产生的内力,确定内力的大小和方向,通常采用截面法。截面法可以用以下四个步骤来概括。

1. 截

在构件上任意截面 $m-m$ 处假想地截开构件,将构件分成两个部分(图1-2a)。所取截面与构件的轴线垂直称为横截面,而构成任意夹角的称为斜截面。

2. 取

任意取其中的一部分,注意在取的时候除了要取出这一部分的结构,还要同时加上这一部分所受的全部外力,包括主动力和约束力。

3. 代

在所取部分的截面上加上内力(图1-2b)。必须注意的是:首先,由于所取部分实际处

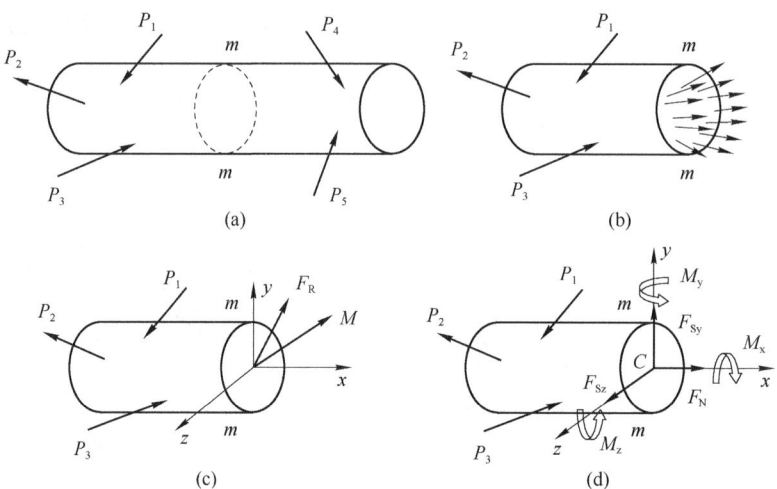

图 1-2 截面法

(a) 构件一分二；(b) 截面加内力；(c) 简化的合力形式；(d) 内力合力沿各坐标方向

于平衡状态，因此所加内力必须与其上所受的外力构成一个平衡力系；其次，内力实际上是分布于整个截面上的，因此所加内力是将这些分布内力向截面形心简化的合力形式，如图 1-2c 所示。

一般情况下，所加的内力合力须沿各坐标方向，如图 1-2d 所示。把沿构件轴线方向，与截面垂直的内力称为轴力（F_N），与截面平行的内力称为剪力（F_{Sx} 和 F_{Sy}），与截面垂直的内力矩矢称为扭矩（M_x），与截面平行的内力矩矢称为弯矩（M_y 和 M_z），这些内力在以后的各章中将会详细分析。

4. 平

根据所取结构部分由外力和内力构成的力系的实际情况，选用适当的静力平衡方程求出所加内力。

例 1-1

如图 1-3 所示，求等截面直杆的横截面 m-m 上和斜截面 n-n 上的内力。

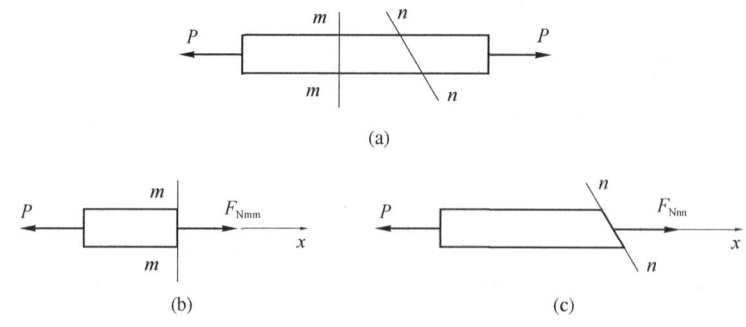

图 1-3 例 1-1 图

(a) 等截面直杆；(b) 横截面 m-m 的内力；(c) 斜截面 n-n 上的内力

解：使用截面法求内力。

（1）求横截面 m-m 上的内力。用横截面 m-m 把等截面直杆截成两部分，取左边部分

作为研究对象,加上主动力 P 和横截面上的内力 F_{Nmm},然后使用平衡方程:

$$\sum F_X = 0 \qquad F_{Nmm} - P = 0$$

$$F_{Nmm} = P$$

(2) 斜截面 n-n 上的内力。用斜截面 n-n 把等截面直杆截成两部分,取左边部分作为研究对象,加上主动力 P 和斜截面上的内力 F_{Nnn},然后使用平衡方程:

$$\sum F_X = 0 \qquad F_{Nnn} - P = 0$$

$$F_{Nnn} = P$$

题解注释:
(1) 本题中,横截面的面积与斜截面的面积不相等,但是两个截面上的内力相等。
(2) 如果取右边部分作为研究对象,所求出的内力大小和符号与上面的结果是相同的。

1.4 正应力与切应力

由于截面上的内力是分布在整个截面上的,上述用截面法求出的截面上的内力只是其合力形式。要描述截面上内力的分布情况,在这里必须引入应力的概念。所谓应力,即是截面上的分布内力在一点的集度,也就是截面某单位面积上内力的大小。

如图 1-4a 所示,在截面上任意一点 M 处取一微小面积 ΔA,设作用在该面积上的内力为 ΔF,则 ΔF 和 ΔA 的比值,称为这块面积上的平均应力,用 p_m 表示(式 1-1)。

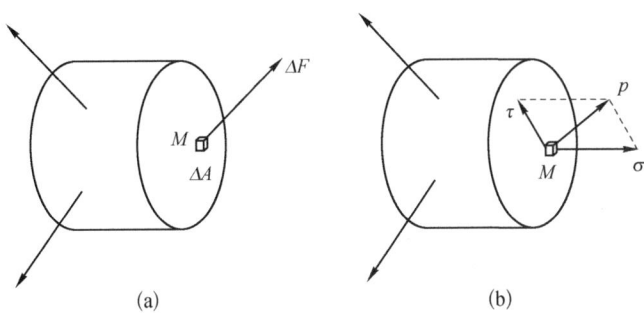

图 1-4 应力
(a) 平均应力;(b) 全应力

$$p_m = \frac{\Delta F}{\Delta A} \tag{1-1}$$

当 ΔA 趋于零,平均应力有极值,此极值即为 M 点的应力,也称为全应力,用 p 表示。

p 是一个矢量,如图 1-4b 所示,一般情形下,p 总可以分解为两个作用线垂直于截面的和作用线位于横截面内的分量。把作用线垂直于截面的应力称为正应力,用 σ 表示;作用线位于截面内的应力称为切应力或剪应力,用 τ 表示。正应力以拉为正,压为负。切应力以对所研究杆段内任一点取矩顺时针转为正,反之为负。

在国际制单位中,应力的单位为 Pa(N/m²),工程中常用的还有 MPa(N/mm²)和 GPa,其中 1 MPa = 10^6 Pa,1 GPa = 10^9 Pa。

1.5 正应变与切应变

如果将弹性体看作由许多微小的单元体所组成,弹性体整体的变形则是所有单元体变形累加的结果。而单元体的变形则与作用在其上的应力有关。

围绕受力弹性体中的一点截取单元体(通常为正六面体)。一般情形下单元体的各个面上均有应力作用。下面考察两种最简单的情形,分别如图 1-5 所示。

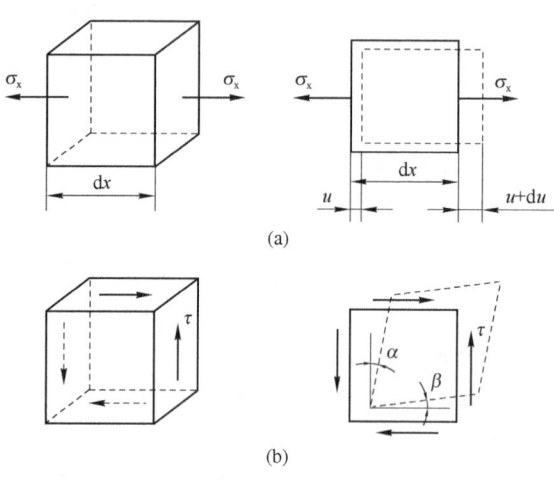

图 1-5 应变
(a) 正应力、正应变;(b) 切应力、切应变

对于正应力作用下的单元体(图 1-5a),沿着正应力方向和垂直于正应力方向产生的伸长和缩短,这种变形称为线变形。描写弹性体在各点处线变形程度的量,称为正应变或线应变。用 ε 表示。根据单元体变形前后 x 方向长度 dx 的相对改变量,有式(1-2):

$$\varepsilon_x = \frac{du}{dx} \qquad (1-2)$$

式中,dx 为变形前单元体在正应力作用方向的长度;du 为微元体变形后相,距 dx 的两截面沿正应力方向的相对位移;ε_x 的下标 x 表示应变方向。

切应力作用下的单元体将发生剪切变形,剪切变形程度用单元体直角的改变量度量。此单元体直角改变量称为切应变或剪应变,用 γ 表示。在图 1-5b 中,γ = 90 − α − β,γ 的单位为 rad。

关于正应变的正负号,一般约定:拉应变为正,压应变为负。

关于切应变的正负号,一般约定:当 x 及 y 方向微线段之间的夹角减小时,切应变为正,反之为负。

1.6 杆件受力与变形的基本形式

在机器或结构物中,构件的形式是多种多样的,但最常见最基本的形式是杆件。所谓杆件,就是纵向(长度方向)尺寸远大于横向(垂直于长度方向)尺寸的构件。杆件的轴线是杆件各横截面形心的连线。轴线为直线的杆称为直杆。横截面大小和形状不变的直杆称为等

直杆,轴线为曲线的杆称为曲杆。工程上常见的如悬臂吊中的拉杆和横梁,机器中的传动轴,联接件中的销钉等都是较典型的杆件。杆件是材料力学研究的主要对象。杆件的问题解决了,不仅解决了工程中大部分构件的问题,也为解决其他形式构件的问题提供了基础。例如,起重用的钢丝绳、桥式吊车的大梁、齿轮上的轮齿,以及轧钢机机架等构件和设备,都可以将其简化为一根杆件或杆件的组合物来处理。

构件在工作时的受力情况各不相同,受力后所产生的变形也随之而异。对于杆件来说,其受力后所产生的变形,有以下几种基本形式。

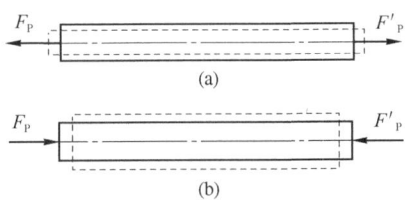

图 1-6 伸长或压缩

(a)轴向拉伸;(b)轴向压缩

1. 拉伸或压缩

当杆件两端受到一对沿杆的轴线方向的拉力或压力载荷时,杆件将产生轴向伸长或压缩变形,如图 1-6 所示。图中实线为变形前的位置,虚线为变形后的位置。

2. 剪切

如图 1-7 所示,连接两个构件的螺栓,其两个半柱侧面所受到的力构成了一对大小相等,方向相反,且作用线相距很近的平行力,当这对力相互错动并保持两者之间的纵向距离不变时,杆件将在这两力的交界面上($m-n$ 面)发生剪切变形。

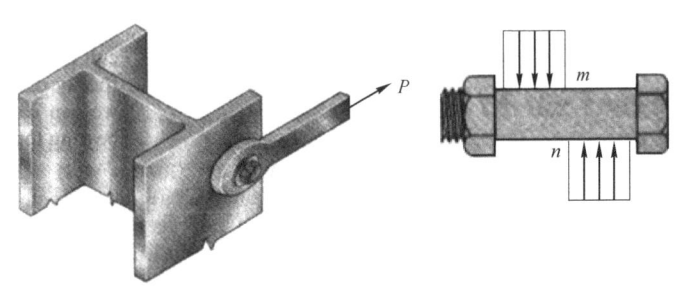

图 1-7 剪切变形

3. 扭转

如图 1-8 所示,当用螺钉旋具拧螺钉时,手在螺钉旋具的一端作用了一个力偶,而螺钉也在螺钉旋具的另一端作用了一个反力偶,如果将螺钉旋具简化成一等直杆,则作用在杆件上的一对力偶大小相等,转向相反,且作用在垂直于杆轴的平面内,此时,杆件的横截面绕其轴相互转动,杆件将产生扭转变形。

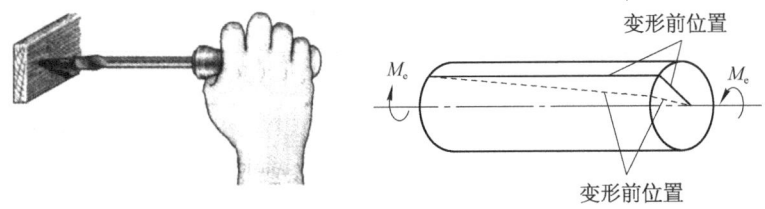

图 1-8 扭转变形

4. 弯曲

如图 1-9 所示,当横梁上所受到的外力与横梁的轴线垂直时,横梁发生了弯曲,即其轴线的曲率发生了改变,横梁的这种变形就是弯曲变形。

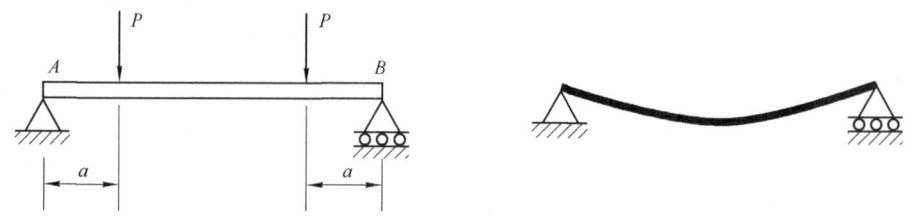

图 1-9 弯曲变形

在工程实际中,很多构件受力后发生的变形是两种或两种以上的上述基本变形的组合,这种共同形成的受力与变形形式即为组合受力与变形。

如图 1-10 所示简易支架中杆件 AB 的受力,即为拉伸与弯曲的组合受力,杆件将产生拉伸与弯曲的组合变形。

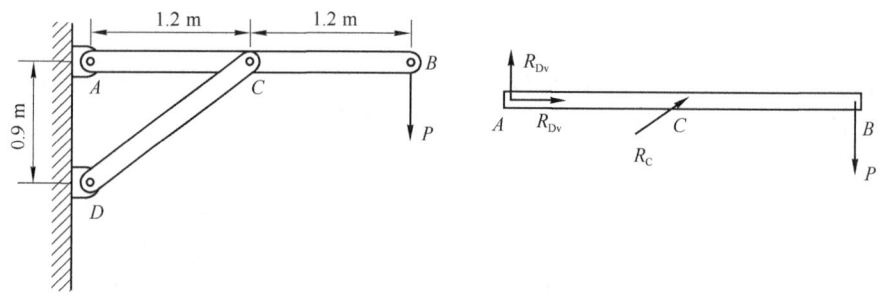

图 1-10 组合变形

习 题

思考题

1. 材料力学中的内力是指_____。
    A. 物体内部的力;
    B. 物体内部各质点间的相互作用力;
    C. 由外力作用引起的各质点间相互作用力的改变量;
    D. 由外力作用引起的某一截面两侧各质点间相互作用力的合力的改变量;
2. 在图 1-11 所示的受力构件中,由于力的可传性原理,将力 P 由位置 B 移到 C,则_____。

图 1-11 思考题 2 图

A. 固定端 A 的约束反力不变;
B. 杆件的内力不变,但变形不同;
C. 杆件的变形不变,但内力不同;
D. 杆件 AC 段的内力和变形均保持不变;

3. 杆件受力如图 1-12 所示，试分别在 $P_1 = P_2$、$P_2 = 0$ 和 $P_2 = -P_1$ 三种情况下，分析各杆的变形，求出截面 m-m 上的内力。

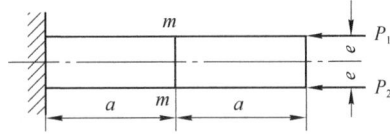

图 1-12 思考题 3 图

练习题

下面习题中，杆件的变形与其几何尺寸相比是一个微小量，在受力分析和列平衡方程时，可以使用原始尺寸进行分析和计算。

1. 如图 1-13 所示，简易吊车由直杆 AB 和 BC 用光滑铰链联接而成，结构在 A、B 处用固定铰链联接。求结构中 1 杆和 2 杆横截面上的内力。

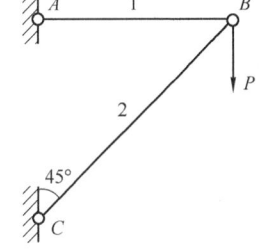

图 1-13 练习题 1 图

2. 拉伸试件 A、B 两点的距离 l 称为标距，如图 1-14 所示，受拉力作用后，用引伸仪量出 l 的增量为 $\Delta l = 0.05$ mm。若 l 的原长为 $l = 50$ mm。试求 A、B 两点间的平均应变。

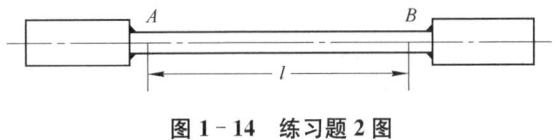

图 1-14 练习题 2 图

3. 两边固定的薄板如图 1-15 所示，变形后 ab 和 ad 两边仍保持为直线，a 点沿垂直方向向下位移 0.025 mm。试求 ab 边的平均应变和 ab、ad 两边夹角的变化。

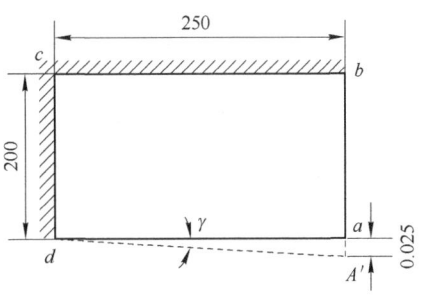

图 1-15 练习题 3 图

第 2 章 轴向拉伸、压缩与剪切

2.1 工程中的轴向拉伸或压缩问题

在工程实际中,许多构件承受拉力和压力的作用。如图 2-1 所示的起重机吊架中,如果忽略各构件的自重,则 AB,BC 两杆均为二力杆;BC 杆在通过轴线的拉力作用下沿杆轴线发生拉伸变形;而 AB 杆则在通过轴线的压力作用下沿杆轴线发生压缩变形。这类杆件的受力特点是:杆件承受外力的作用线与杆件轴线重合;变形特点是:杆件沿轴线方向伸长或缩短。这种变形形式称为轴向拉伸或压缩,简称拉伸或压缩。这类杆件称为拉杆或压杆。

工程中这类杆件很多,例如内燃机中的连杆在燃气爆发冲程中受压(图 2-2),桁架中的拉杆和压杆(图 2-3)等均属此类。它们都可以简化成图 2-4 所示的计算简图,图中的虚线是表示杆件变形后的形状。

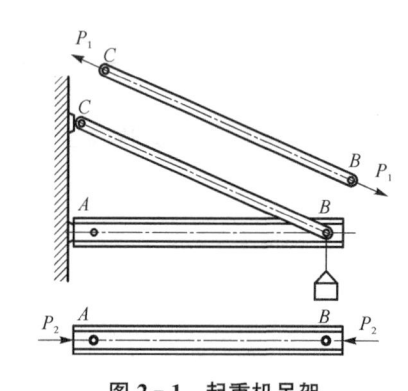

图 2-1 起重机吊架

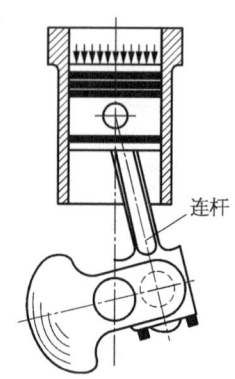

图 2-2 内燃机中的连杆

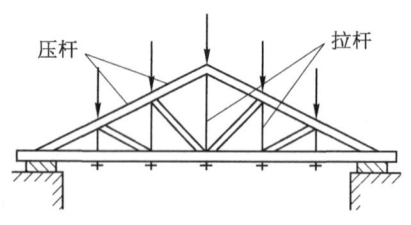

图 2-3 桁架中的拉杆和压杆

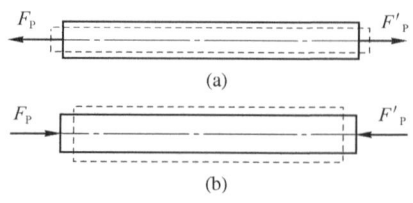

图 2-4 二力杆
(a) 拉杆;(b) 压杆

2.2 轴力与轴力图

2.2.1 截面法求轴力

为求得拉(压)杆横截面上的内力,可以使用截面法。如图 2-5a 所示,沿横截面 $m-m$ 假想地把杆件分成两部分,可见杆件左右两段在横截面 $m-m$ 上相互作用的内力是一个分布力系(图 2-5b、2-5c),由于拉(压)杆所受的外力都是沿杆轴线的,考虑左右部分的平衡可知,此分布内力系的合力也一定沿杆的轴线方向,因此,把拉(压)杆的内力称为轴力,用 F_N 表示。由左段的平衡方程 $\sum F_x = 0$,可得:

$$F_N - P = 0$$
$$F_N = P$$

习惯上把拉伸时的轴力记为正,压缩时的轴力记为负。因此,在使用截面法求轴力时,规定将轴力加在截面的外法线方向,即正方向。这样,无论取左段还是右段,用平衡方程求得的轴力的符号总是一致的。当轴力大于零时,就表示该截面受拉伸;而轴力小于零,则表示该截面受压缩。

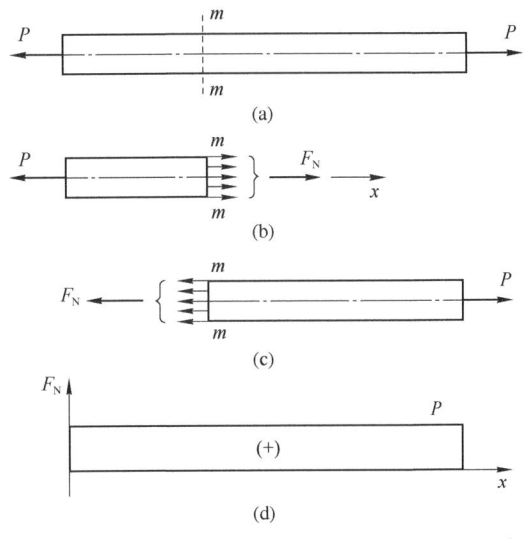

图 2-5 截面法求轴力
(a) 截面;(b) 轴力;(c) 平衡;(d) 轴力图

2.2.2 轴力图

求出轴内任意一个截面上的轴力以后,可以用图线来表示轴力与截面位置之间的关系,这个图线称为轴力图。图 2-5d 就是轴 2-5a 的轴力图。从图中可以看出,在两个集中力作用之间的截面上,轴力是一个常量。

例 2-1

一双压手铆机如图 2-6a 所示,作用于该手铆机活塞杆上的力分别简化为 $P_1 = 2.62 \text{ kN}$,$P_2 = 1.3 \text{ kN}$,$P_3 = 1.32 \text{ kN}$。试求活塞杆横截面 1-1 和 2-2 上的轴力,并画出轴力图。

解:(1)画计算简图。
计算简图见图 2-6b。
(2)截面 1-1 的轴力。使用截面法,假想沿截面 1-1 将杆截成两段,保留左段,然后在截面 1-1 上加上正方向的轴力 F_{N1}(图 2-6c)。列平衡方程:

$$\sum F_x = 0 \qquad F_{N1} + P_1 = 0$$
$$F_{N1} = -P_1 = -2.62 \text{ kN}(压力)$$

(3)截面 2-2 的轴力。使用截面法,假想沿截面 2-2 将杆截成两段,仍保留左段、然后

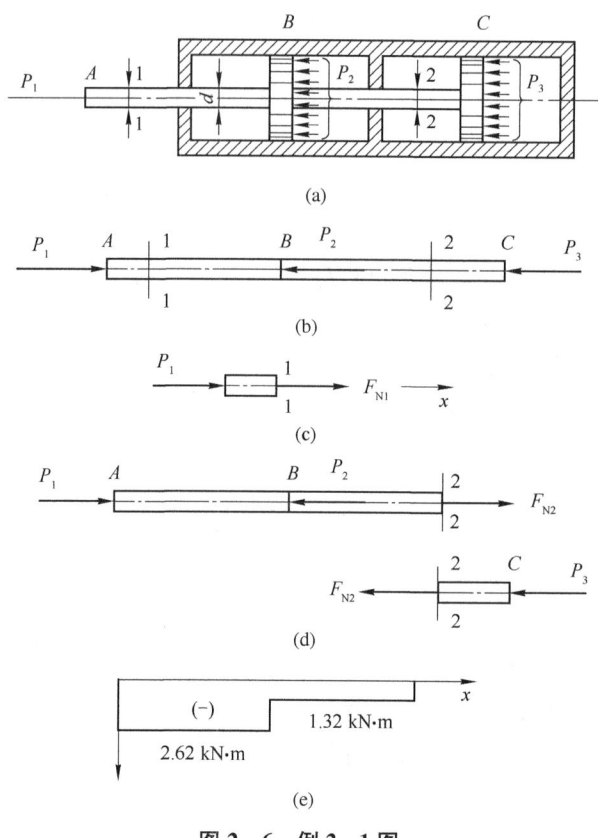

图 2-6 例 2-1 图

(a) 原图；(b) 简图；(c) 截面 1-1 的轴力；(d) 截面 2-2 的轴力；(e) 轴力图

在截面 2-2 上加上正方向的轴力 F_{N2}（图 2-6d）。列平衡方程：

$$\sum F_x = 0 \qquad F_{N2} + P_1 - P_2 = 0$$

$$F_{N2} = -P_1 + P_2 = -1.32 \text{ kN}$$

由上图可见，如果取右段所得结论也相同。

（4）轴力图。由于活塞杆受集中力作用，所以在其作用间的截面轴力都为常量，据此可画出轴力图。

> **题解注释**：这里求出的符号为负的轴力只是说明整根活塞杆均受压，而 AB 段的轴力最大，为 2.62 kN。

2.3 直杆轴向拉伸或压缩时的应力

2.3.1 横截面上的应力

在用截面法确定拉（压）杆的内力以后，还不能判断杆件的强度是否足够。例如，两根材料相同的拉杆，一根较粗，一根较细，在相同的挽拉力作用下，它们的内力是相向的，但当拉力逐渐增大时,较细的杆先被折断。这说明杆的强度不仅与内力有关,还与截面的面积有关。所以应以单位面积上的内力,即应力来衡量杆的强度。

可以通过实验,来研究截面上应力的分布规律,观察杆的变形情况。在图 2-7 所示的杆上,预先刻划出两条横向直线 ab 和 cd(图中虚线),当杆受到拉力 P 作用时,可以看到直线 ab 和 cd 分别平移到了实线 a_1b_1 和 c_1d_1 处。

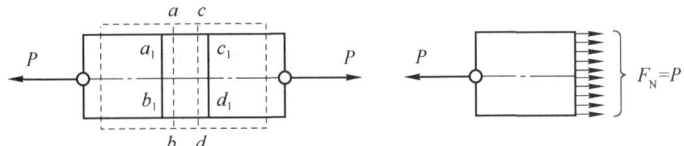

图 2-7 拉杆的变形

根据以上现象可设想,假想杆由许多纵向纤维所组成,那 F_N 每根纵向纤维都受到了相等的拉伸。由此可推出:杆受拉伸时的内力,在横截面上是均匀分布的,其作用线与横截面垂直(图 2-7b)。

所以,杆件拉伸时横截面上的应力为正应力,其大小为:

$$\sigma = \frac{F_N}{A} \tag{2-1}$$

式中的 A 为杆件横截面的面积。式(2-1)是根据杆件受拉伸时推得的,它在杆件受压缩时也同样适用。应力的符号由内力确定,$\sigma>0$ 为拉应力,$\sigma<0$ 则为压应力。

若 F_N 沿轴线变化,或截面的面积也沿轴线变化时,式(2-1)也可写成:

$$\sigma(x) = \frac{F_N(x)}{A(x)} \tag{2-2}$$

例 2-2

试计算例 2-1 中活塞杆在截面 1-1 和 2-2 上的应力。设活塞杆的直径 $d=10\,\mathrm{mm}$。

解:(1) 截面 1-1 上的应力。

$$\sigma_1 = \frac{F_{N1}}{A} = \frac{-2.62 \times 10^3}{\dfrac{\pi \times 10^2}{4}} = -33.4\,\mathrm{N/mm^2} = -33.4\,\mathrm{MPa} \quad (压应力)$$

(2) 截面 2-2 上的应力。

$$\sigma_2 = \frac{F_{N2}}{A} = \frac{-1.32 \times 10^3}{\dfrac{\pi \times 10^2}{4}} = -16.8\,\mathrm{N/mm^2} = -16.8\,\mathrm{MPa} \quad (压应力)$$

2.3.2 斜截面上的应力

前面讨论了轴向拉伸或压缩时直杆横截面上的正应力,它是强度计算的依据。但不同材料的实验表明,拉(压)杆的破坏并不总是沿横截面发生的,有时是沿斜截面发生的。为

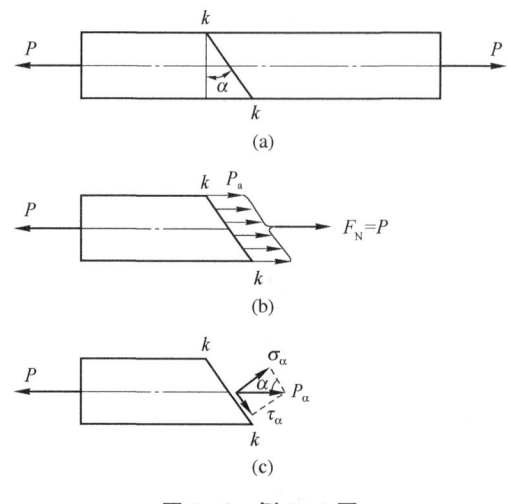

图 2-8 例 2-2 图
(a) 轴向拉力图；(b) 左半部分图；(c) 应力

此，应进一步讨论斜截面上的应力。

设直杆的轴向拉力为 P（图 2-8a），横截面面积为 A，由式（2-1）得横截面上的正应力 σ 为：

$$\sigma = \frac{F_N}{A} = \frac{P}{A} \quad (2-2a)$$

设与横截面成 α 角的斜截面 $k-k$ 的面积为 A_α，A_α 与 A 之间的关系为：

$$A_\alpha = \frac{A}{\cos \alpha} \quad (2-2b)$$

如图 2-8a 所示，沿 $k-k$ 假想地将杆分成两部分，取左半部分（图 2-8b），用上述证明横截面上正应力均匀分布的方法，可以证明斜截面上的应力也是均匀分布的。若用 P_α 表示斜截面 $k-k$ 上的应力，有：

$$P_\alpha = \frac{F_N}{A_\alpha} = \frac{P}{A/\cos \alpha} = \sigma \cos \alpha \quad (2-2c)$$

将 P_α 分解成垂直于斜截面的正应力 σ_α 和平行于斜截面的切应力 τ_α，有：

$$\sigma_\alpha = p_\alpha \cos \alpha = \sigma \cos^2 \alpha \quad (2-3)$$

$$\tau_\alpha = p_\alpha \sin \alpha = \sigma \sin \alpha \cos \alpha = \frac{\sigma}{2} \sin 2\alpha \quad (2-4)$$

从式（2-3）、式（2-4）可以看出，斜截面上的应力将随 α 的改变而变化。当 $\alpha = 0$ 时，$\tau_\alpha = 0$，而 σ_α 达到最大值，且：

$$\sigma_{\alpha \max} = \sigma \quad (2-5)$$

当 $\alpha = 45°$ 时，τ_α 达到最大值：

$$\tau_{\alpha \max} = \frac{\sigma}{2} \quad (2-6)$$

由此可见，杆件在轴向拉伸或压缩时，横截面上的正应力最大，切应力为零；而在与横截面夹 45° 角的斜截面上切应力最大，最大切应力的数值与该截面上的正应力数值相等，均为最大正应力的一半。还有，当 $\alpha = 90°$ 时，$\sigma_\alpha = \tau_\alpha = 0$，这表明杆件在与轴线平行的纵向截面上无任何应力。

2.3.3 圣维南原理

工程实际中，轴向拉伸或压缩的杆件横截面上的外力可以有不同的作用方式。可以是一个沿轴线的集中力，也可以是合力的作用线沿轴线的几个集中力或分布力系。实验表明，当用静力等效的外力相互取代时，如用集中力取代静力等效的分布力系，除在外力作用区域内有明显差别外,在距外力作用区域略远处,上述替代所造成的影响就非常微小,可以忽略不计。这就是圣维南原理。图 2-1、图 2-5 和例 2-1 中杆的受力简图都是根据这一原理简化的。

2.4 材料在拉伸与压缩时的力学性能

2.4.1 拉伸压缩试验

前面讨论了杆件轴向拉伸或压缩时的应力,但是要计算工程构件的强度,还须确定构件在一定的材料和截面尺寸前提下,所能承受的最大载荷,这就需要了解材料的力学性能。

材料的力学性能也称为机械性能,是指材料在外力作用下表现出的变形、破坏等方面的性能,它是材料固有的特性,可通过试验来测定。常用金属材料试验应根据国家标准 GB/T228—2002《金属材料 室温拉伸试验方法》中的规定,将材料制成标准试样。拉伸圆试样如图 2-9a 所示。试样的两端为加载部分,中间为用于测试的工作部分,它以两标记间的长度 l_0 表示,l_0 称为原始标距。d_0 为试样直径,原始标距 l_0 和直径 d_0 之间有如下关系:长试样 $l_0=10d_0$,短试样 $l_0=5d_0$。对于压缩试样,通常采用短圆柱体,其高度 l 与直径 d 之比为 1.5~3(图 2-9b)。

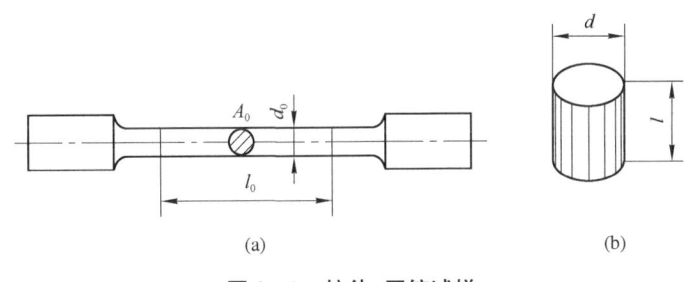

图 2-9 拉伸、压缩试样

(a) 拉伸试件;(b) 压缩试件

材料的力学性能与很多因素有关,如温度、加在试样上载荷变化的速率、热处理工艺等。在此只研究材料在常温(室温)、静载(载荷从零开始逐渐缓慢地增加)条件下的力学性能。

在常温、静载条件下,材料大致可以分成塑性材料和脆性材料两类。通常以 Q235A 钢代表塑性材料,用灰铸铁代表脆性材料,通过试验来分别研究它们的力学性能。

2.4.2 低碳钢在拉伸时的力学性能

低碳钢是指含碳量在 0.3% 以下的碳素钢。这类钢材在工程中使用较广,在拉伸试验中表现出的力学性能也最为典型。

拉伸试验是在材料万能试验机上进行的。试验时,将试样的两端装在试验机的夹头中,然后开动机器加载,使试样受到自零开始逐渐增加的拉力 F 的作用。在加载过程中,对应任一瞬时的 F 值,都可测出试样在原始标距内的伸长 Δl,试验机上有自动绘图装置,可以自动

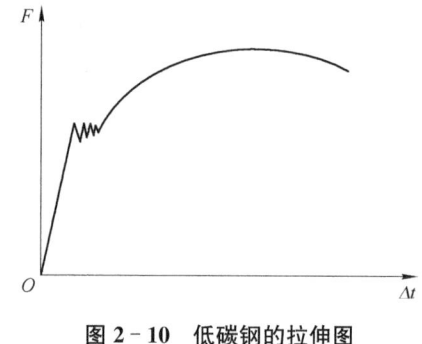

图 2-10 低碳钢的拉伸图

绘出以拉力 F 为纵坐标、伸长 Δl 为横坐标的 F-Δl 曲线,称为拉伸图。图 2-10 所示的拉伸图描绘了 Q235A 钢试样从开始加载直至断裂的全过程中载荷和变形的关系。拉伸图中拉力 F 和伸长 Δl 的对应关系与试样的尺寸有关。

为了消除试样尺寸的影响,将 F-Δl 曲线的纵坐标 F 除以试样原有的横截面面积 A,将横坐标 Δl 除以试样的原始标距 l_0,即可得到以应力 σ 为纵坐标和以应变 ε 为横坐标的 σ-ε 曲线,称为应力-应变图,如图 2-11 所示。其形状与图 2-10 所示的拉伸图相似。

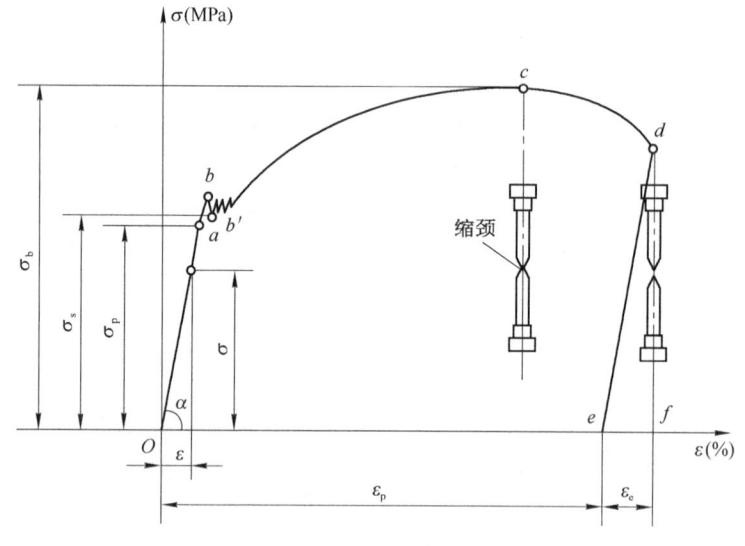

图 2-11 应力-应变图

下面通过研究 Q235A 钢受拉时的 σ-ε 曲线和其上的一些特性点来了解塑性材料在拉伸时的力学性能。

1. 弹性阶段

在试样拉伸的初始阶段,图中的 Oa 线段为直线,表明此段内应力 σ 与应变 ε 成正比,如果用 E 表示 Oa 线段的斜率,那么这种关系可表达为:

$$\sigma = E\varepsilon \tag{2-7}$$

其中,比例常数 E 称为拉(压)弹性模量,在工程中常用的单位为 GPa。直线顶点 a 处的应力称为比例极限,用 σ_p 表示。实验表明,当应力小于比例极限时,如果撤去加在试样上的载荷,试样上的变形也随之消失,说明此时发生的变形均为弹性变形。

过了 a 点后,应力与应变不再保持正比关系。但在 a 点附近略高于比例极限的区域内,试样所发生的还是弹性变形,把这一区域最高点的应力称为弹性极限,用 σ_e 表示。由于弹性极限和比例极限在 σ-ε 曲线上的位置非常接近,在实验所记录的图线上很难加以区分,因此,一般认为两者近似相等。在应力大于弹性极限后,如再解除拉力,则试样变形的一部分随之消失,这就是前面提到的弹性变形,但还遗留下一部分不能消失的变形,这种变形称为塑性变形或残余变形。因此,把从起始到弹性极限之间的这段加载过程称为弹性阶段。

2. 屈服阶段

当应力超过弹性极限增加到某一数值时,应变有非常明显的增加而应力先是下降,然后作微小的波动,在 σ-ε 曲线上出现接近水平线的小锯齿形线段。这种应力基本保持不变,而应变显著增加的现象称为屈服或流动,这一阶段即称为屈服阶段。

在屈服阶段内应力的最高点 b 和最低点 b' 分别称为上屈服点和下屈服点。上屈服点应力的数值与试样形状、加载进度等因素有关,一般是不稳定的,下屈服点的应力则有比较稳定的数值,能够反映材料的性能,所以通常就把下屈服极限称为屈服极限,用 σ_s 表示。材料在屈服阶段已表现出显著的塑性变形,而构件过大的塑性变形将影响机器和结构的正常工作,所以屈服极限 σ_s 是衡量材料强度的重要指标。

另外,材料的屈服主要是晶体滑移的结果。金属是由无数的晶粒组成的,每一个晶粒又由许多原子按一定的几何规律排列而成,塑性变形的产生是由于晶粒中原子与原子间沿某一方向结合面产生滑移的结果。如果试样经过抛光,这时可以看到试样表面有许多与试样轴线约成 45°角的条纹,称为 f 滑移线,图 2-12 所示即为板状试样在屈服时的滑移现象。因为拉伸时在与杆轴成 45°倾角的斜截面上切应力最大,可见屈服现象的出现与最大切应力有关。

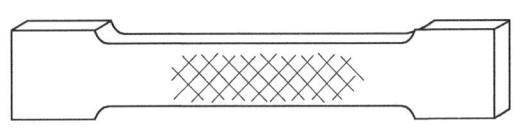

图 2-12 板状试样的滑移现象

3. 强化阶段

经过屈服阶段,材料又恢复了继续承载的能力,同时试样的塑性变形也迅速增大,这种现象称为材料的强化。在图 2-12 中,强化阶段中的最高点 c 点对应的应力 σ_b 是材料所能承受的最大应力,称为强度极限。它是衡量材料强度的另一重要指标。把材料从屈服后直到强度极限这一段称为强化阶段,在强化阶段中,试样的横向尺寸有明显的缩小。

4. 局部变形阶段

过了 c 点后,试样的承载逐渐下降,并且在某一局部其横向尺寸突然急剧减小,出现颈缩现象(图 2-13),直到 d 点,试样在颈缩后的最小尺寸的横截面处发生断裂(图 2-14),这 cd 段就称为局部变形阶段。在这个阶段中,由于试样所受的拉力相应减少,而在应力-应变图中,应力还是用横截面的原始面积计算的,所以从 c 点开始应力逐渐减小,直到 d 点试样被拉断。

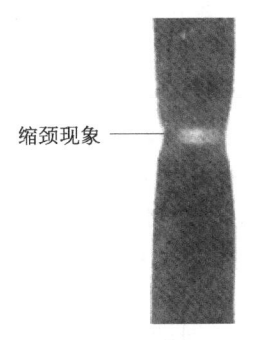

图 2-13 颈缩

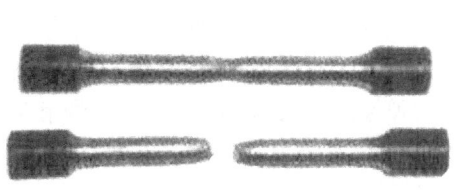

图 2-14 断口

5. 材料的塑性

试样断裂后所遗留下来的塑性变形,可以用来表明材料的塑性。试样拉断后,标距由原来的 l_0 伸长为 l_1,把标距间的改变用百分比的比值 δ 表示,称为材料的延伸率。即:

$$\delta = \frac{l_1 - l_0}{l_0} \times 100\% \tag{2-8}$$

δ 值越大,表明材料的塑性越好。因此,延伸率 δ 是衡量材料塑性的指标之一。短试样和长试样的延伸率分别用 δ_5 和 δ_{10} 表示,Q235A 钢的 $\delta_5 = (21 \sim 27)\%$,$\delta_{10} = (21 \sim 23)\%$。工程上,通常根据延伸率的大小将材料分为两大类。将 $\delta_{10} > 5\%$ 的材料,称为塑性材料,如钢、铜、铝等;而 $\delta_{10} < 5\%$ 的材料称为脆性材料,如铸铁、砖石等。

试样拉断后,缩颈处横截面面积的最大缩减量与原始横截面面积的百分比 ψ,称为断面收缩率。即:

$$\psi = \frac{A_0 - A_1}{A} \times 100\% \tag{2-9}$$

式中,A_0 是试样的原始横截面面积,A_1 是试样拉断后缩颈处的最小横截面面积。断面收缩率是衡量材料塑性的另一个指标。ψ 值越大,表明材料的塑性越好。对于 Q235A 钢,$\psi = (60 \sim 70)\%$。

6. 冷作硬化

试验表明,塑性材料拉伸过程中,当应力超过屈服点后(如图 2-15 中的 g 点),如逐渐卸去载荷,则试样的应力和应变关系将沿着与直线 Oa 近乎平行的直线 gO_1 回到 O_1 点。如果卸载后再重新加载,则应力应变关系将大致上沿着曲线 O_1gcd 变化,直至断裂。

比较曲线 $Oagcd$ 与 O_1gcd,可以看出在试样的应力超过屈服点后卸载,然后再更新加载时,材料的比例极限提高了,而断裂后的塑性变形减少了,由原来的 Oe 变为 O_1e,表明材料的塑性降低了。这一现象称为冷作硬化。工程上常利用冷作硬化来提高某些构件(如钢筋、钢丝绳等)在弹性范围内的承载能力,冷作硬化现象也可通过退火来消除。

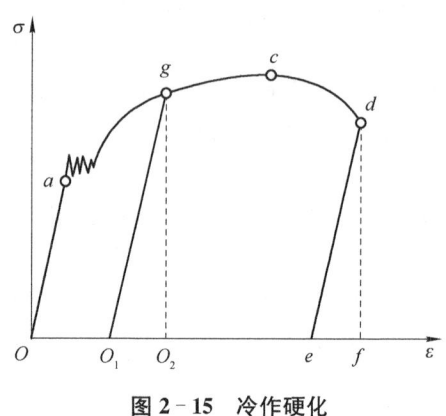

图 2-15 冷作硬化

2.4.3 其他材料在拉伸时的力学性能

工程上常用的塑性材料,除低碳钢外还有中碳钢、某些高碳钢和合金钢、铝合金、青铜、黄铜等。图 2-16 所示是几种塑性材料的 σ-ε 曲线。其中有些材料,如 16Mn 钢和低碳钢一样有明显的弹性阶段、屈服阶段、强化阶段和局部变形阶段。有些材料,如黄铜 H62,没有屈服阶段,但其他三阶段却很明显。还有些材料,如高碳钢 T10A,没有屈服阶段和局部变形阶段,只有弹性阶段和强化阶段。

对没有明显屈服极限的塑性材料可以将产生 0.2% 塑性应变时的应力作为屈服指标,并用 $\sigma_{0.2}$ 来表示(图 2-17),称为名义屈服应力。

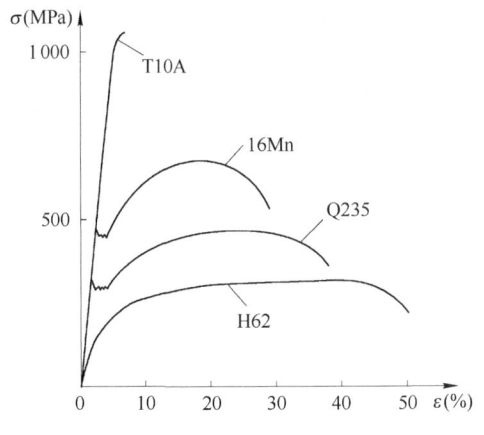

图 2-16　几种塑性材料的 σ-ε 曲线　　　　图 2-17　名义屈服应力的计算

各类碳素钢中,随含碳量的增加,屈服极限和强度极限相应提高,但延伸率降低。例如合金钢、工具钢等高强度钢材,屈服极限较高,但塑性性能却较差。

2.4.4　铸铁拉伸时的力学性能

灰铸铁拉伸时的应力-应变关系是一段微弯曲线,如图 2-18 所示,没有明显的直线部分。它在较小的拉应力下就被拉断,没有屈服和颈缩现象,拉断前的应变很小,延伸率也很小,断口为平口(图 2-19)。灰铸铁是典型的脆性材料。

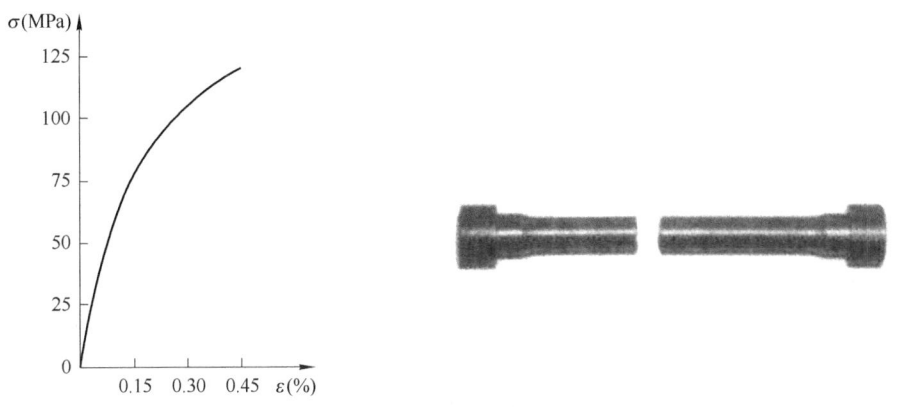

图 2-18　铸铁的拉伸图　　　　　　　图 2-19　断口

由于铸铁的 σ-ε 图没有明显的直线部分,弹性模量 E 的数值随应力的大小而变。但在工程中铸铁的拉应力不能很高,而在较低的拉应力下,应力和应变的关系则可近似地认为服从虎克定律。通常取 σ-ε 曲线的割线代替曲线的开始部分,并以割线的斜率作为弹性模量,称为割线弹性模量。

铸铁拉断时的最大应力即为其强度极限。因为没有屈服现象,强度极限 σ_b 是衡量强度的唯一指标。铸铁等脆性材料的抗拉强度很低,所以不宜作为抗拉零件的材料。

铸铁经球化处理成为球墨铸铁后,力学性能有显著变化,不但有较高的强度,还有较好的塑性性能。不少工厂成功地用球墨铸铁代替钢材制造曲轴、齿轮等零件。

2.4.5 材料在压缩时的力学性能

低碳钢压缩时的 σ-ε 曲线如 2-20 所示。试验表明,低碳钢压缩时的弹性阶段和屈服阶段与拉伸时基本重合,其弹性模量 E 和屈服极限 σ_s 与拉伸时相同。而屈服阶段以后,试样越压越扁,横截面面积不断增大,试样的抗压应力也不断增高,但试样却不被压断,得不到压缩时的强度极限,因而压缩时低碳钢的强度指标就只有屈服极限。由于可从拉伸试验测定低碳钢压缩时的主要性能,所以不一定要进行压缩试验。

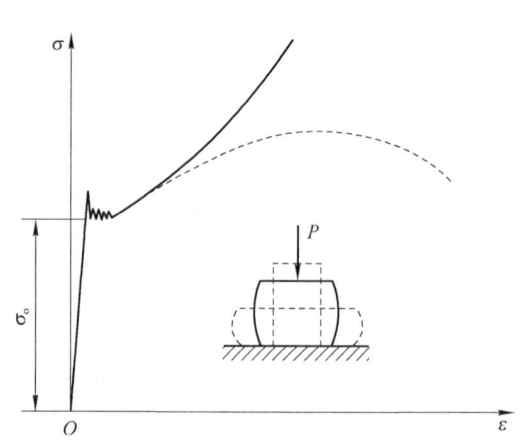

图 2-20　低碳钢压缩时的 σ-ε 曲线　　图 2-21　铸铁压缩时的 σ-ε 曲线

图 2-21 表示铸铁压缩时的 σ-ε 曲线。试样仍然在较小的变形下突然破坏。破坏断面的法线与轴线大致成 45°～55°的倾角,表明试样沿斜截面因相对错动而破坏。铸铁压缩时的强度极限比它在拉伸时的强度极限高 4～5 倍。其他脆性材料如混凝土、石料等,抗压强度也远高于抗拉强度。

脆性材料抗拉强度低,塑性性能差,但抗压能力强,且价格低廉,适合加工成抗压构件。铸铁坚硬耐磨,易于浇铸成形状复杂的零部件,广泛用于铸造机床床身、基座、缸体及轴承座等受压零部件。因此,其压缩试验比拉伸试验更为重要。

综上所述,衡量材料力学性能的指标主要有:比例极限 σ_p(或弹性极限)、屈服极限 σ_s、强度极限 σ_b、弹性模量 E、延伸率 δ 和断面收缩率 ψ 等。对于很多金属来说,这些量往往受温度、热处理等条件的影响。表 2-1 中列出了几种常用材料在常温、静载下的 σ_s、σ_b 和 δ 的数值。

表 2-1　几种常用材料的主要力学性能

材料名称	牌　号	屈服强度 σ_s/MPa	强度极限 σ_b/MPa	δ_s/%
普通碳素钢	Q216 Q235 Q274	186～216 216～235 255～274	333～412 373～461 490～608	31 25～27 19～21
优质碳素结构钢	15 40 45	225 333 353	373 569 598	27 19 16

续 表

材料名称	牌 号	屈服强度 σ_s/MPa	强度极限 σ_b/MPa	δ_s/%
普通低合金结构钢	12Mn	274～294	432～441	19～21
	16Mn	274～343	471～510	19～21
	15MnV	333～412	490～549	17～19
	18MnMoNb	441～510	588～637	16～17
合金结构钢	40Cr	785	981	9
	50Mn2	785	932	9
碳素铸钢	ZG15	196	392	25
	ZG35	274	490	16
可锻铸铁	KTZ45—5	274	441	5
	KTZ70—2	539	687	2
球墨铸铁	QT40—10	294	392	10
	QT45—5	324	441	5
	QT60—2	412	588	2
灰铸铁	HT15—33		98.1～274(压)	
	HT30—54		255～294(压)	

2.5 拉压杆的强度计算

2.5.1 失效与许用应力

由前述的拉伸压缩试验可以看出，各类材料具有各自不同的力学性能。脆性材料制成的构件在拉伸或压缩时，变形很小就会突然断裂。而塑性材料制成的构件在拉断或压扁之前已出现很大的塑性变形，由于不能保持原有的形状和尺寸，它已不能正常工作。把脆性材料的断裂和塑性材料出现塑性变形统称为失效。

上述失效现象都是强度不足造成的，可是构件失效并不都是源于强度问题。例如，若机床主轴变形过大，即使未出现塑性变形，但还是不能保证加工精度，这也是失效，它是刚度不足造成的。而受压细长杆被压弯，则是稳定性不足引起的失效。在此主要讨论强度问题，其他形式的失效将于后面章节依次介绍。

脆性材料断裂时的应力是强度极限 σ_b，而塑性材料屈服时即出现塑性变形，相应的应力是屈服极限 σ_s，因此，σ_s 和 σ_b 就是两种材料制成的构件失效时的极限应力。但在工程设计中，为保证构件有足够的强度，在载荷作用下构件的工作应力显然应低于极限应力。若以大于1的系数除极限应力并将所得结果称为许用应力，用 $[\sigma]$ 来表示，对塑性材料：

$$[\sigma] = \frac{\sigma_s}{n_s} \quad (2-10)$$

对脆性材料：

$$[\sigma] = \frac{\sigma_b}{n_b} \quad (2-11)$$

式中,n_s 和 n_b 称为安全系数。

那么,设计中构件的最大工作应力应小于材料的许用应力。

应当注意,脆性材料在拉伸和压缩时的强度极限是不相等的,所以它的拉伸许用应力和压缩许用应力也不相等。

从式(2-10)和式(2-11)可知,如果安全系数取得过小,即接近于1,则许用应力就比较接近极限应力,构件工作时就危险;如果安全系数取得过大,则许用应力就会偏小,虽然足够安全,但不够经济。因此,安全系数选取是否恰当,直接影响到工程构件安全和经济问题。

安全系数的确定与许多因素有关,例如材料的均匀程度、载荷和应力计算的准确程度、制造工艺过程及构件的工作条件等。

在静载荷作用下,安全系数的大致数值如下:

塑性材料:轧、锻件 $n_s = 1.2 \sim 2.2$

        铸件 $n_s = 1.6 \sim 2.5$

脆性材料: $n_b = 2.0 \sim 3.5$

2.5.2 轴向拉伸与压缩时的强度设计

在强度计算中,许用应力就是构件所允许的最大工作应力,据此,可以列出构件满足强度要求的前提,称为强度条件。轴向拉压杆的强度条件为:

$$\sigma = \frac{N}{A} \leqslant [\sigma] \tag{2-12}$$

对于等截面杆,由于各个截面的面积相等,所以最大工作应力将发生在轴力的绝对值最大的截面上。而对于变截面杆,则要综合轴力和面积的比值。

根据强度条件,可以对拉压杆进行三种类型的强度计算,即强度校核、设计截面尺寸和确定许可载荷,下面分别举例说明。

例 2-3

作用图 2-22 所示零件上的拉力 $P = 38\,\text{kN}$,若材料的许用应力 $[\sigma] = 66\,\text{MPa}$,试校核零件的强度。

解:(1)求最大正应力。零件两端受拉,所以在两个拉力作用面之间的每个截面上的轴力都等于拉力 P,因此最大正应力一定发生在面积最小的横截面上。

1-1 截面上的应力:

$$\sigma_1 = \frac{P}{A_1} = \frac{38 \times 10^3}{(50-22) \times 20 \times 10^{-6}}$$
$$= 67.86\,\text{MPa}$$

2-2 截面上的应力:

$$\sigma_2 = \frac{P}{A_2} = \frac{38 \times 10^3}{2 \times 15 \times 20 \times 10^{-6}} = 63.33\,\text{MPa}$$

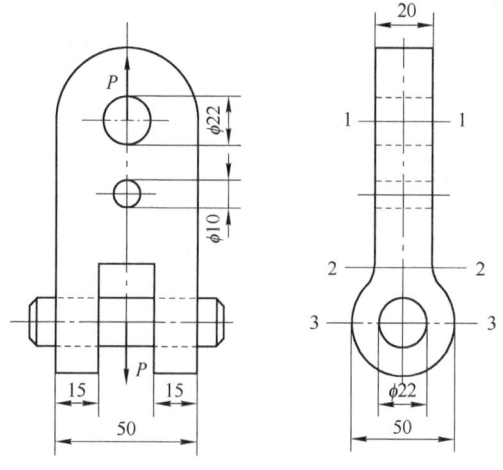

图 2-22 例 2-3 图

3-3 截面上的应力：

$$\sigma_3 = \frac{P}{A_3} = \frac{38 \times 10^3}{(50-22) \times 15 \times 2 \times 10^{-6}} = 45.24 \text{ MPa}$$

所以最大拉应力在 1-1 截面上：

$$\sigma_{\max} = \sigma_1 = 67.86 \text{ MPa}$$

(2) 强度校核。由上述计算可知，零件截面上的最大拉应力：

$$\sigma_{\max} = 67.86 \text{ MPa} > [\sigma] = 66 \text{ MPa}$$

但是，材料的许用应力本来就是有一定的安全系数的，在工程上，如果构件的最大应力超过其许用应力 5% 范围内，一般可认为构件的强度够用。

$$\sigma_{\max} = 67.86 \text{ MPa} = 102.8\%[\sigma]$$

所以，此零件的强度够用。

例 2-4

冷镦机的曲柄滑块机构如图 2-23 所示。镦压工件时连杆接近水平位置，承受的镦压力 $P = 1100$ kN，连杆的截面为矩形，高与宽之比为 $h/b = 1.4$，材料为 45 钢，许用应力为 $[\sigma] = 58$ MPa。试确定截面尺寸 h 和 b。

解：(1) 求内力。连杆 AB 为二力构件，由滑块 B 的受力可知，在接近水平位置时连杆上所受的力与镦压力相等，即：

$$F_N = P$$

(2) 确定截面尺寸。由强度条件可得：

$$\frac{P}{A} \leqslant [\sigma]$$

又因为 $A = bh = 1.4b^2$，所以：

$$b \geqslant \sqrt{\frac{P}{1.4[\sigma]}} = \sqrt{\frac{1100 \times 10^3}{1.4 \times 58}} = 116.4 \text{ mm}$$

$$h = 1.4b \geqslant 162.9 \text{ mm}$$

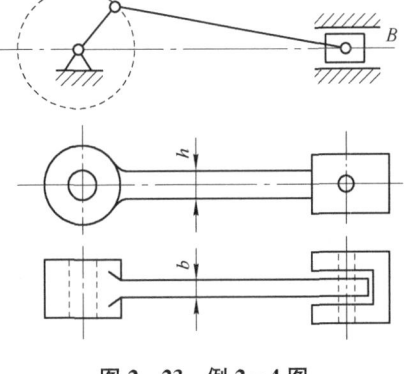

图 2-23 例 2-4 图

例 2-5

图 2-24a 所示为二杆组成的杆系，AB 是钢杆，截面面积 $A_1 = 600 \text{ mm}^2$，钢的许用应力 $[\sigma] = 140$ MPa，BC 杆是木杆，截面面积 $A_2 = 30\,000 \text{ mm}^2$，它的许用拉应力是 $[\sigma_+] = 8$ MPa，许用压应力是 $[\sigma_-] = 3.5$ MPa。求最大许可载荷 P。

解：(1) 求内力（图 2-24b）。用截面法求 1、2 杆的内力：

$$\sum X = 0: -F_{N1} + F_{N2} \sin \alpha = 0$$

$$\sum Y = 0: F_{N2} \cos \alpha - P = 0$$

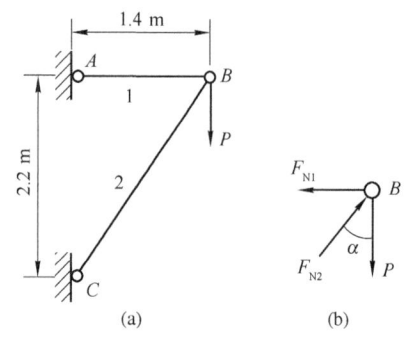

图 2-24 例 2-5 图

(a) 原图；(b) 内力图

$$\therefore F_{N1} = P \text{tg} \alpha \quad F_{N2} = \frac{P}{\cos \alpha}$$

N_1 与 N_2 的实际方向与假设方向相同，1 杆受拉，2 杆受压。

(2) 确定许可载荷。由杆 1 的强度条件得：

$$F_{N1} \leqslant A_1 [\sigma]$$

$$P \text{tg} \alpha \leqslant A_1 [\sigma]$$

$$\therefore P \leqslant 132 \text{ kN}$$

由杆 2 的强度条件得：

$$F_{N2} \leqslant A_2 [\sigma_-]$$

$$\frac{P}{\cos \alpha} \leqslant A_2 [\sigma_-]$$

$$\therefore P \leqslant 88.6 \text{ kN}$$

(3) 确定许可载荷。杆系的许可载荷必须同时满足 1、2 杆的强度要求，所以应取上述计算中小的值，即许可载荷为：

$$[P] = 88.6 \text{ kN}$$

2.6 轴向拉伸与压缩时的变形计算

2.6.1 轴向变形与虎克定律

直杆在轴向拉力（或压力）的作用下，所产生的变形表现为轴向尺寸的伸长（或缩短）以及横向尺寸的缩小（或增大）。前者称为轴向变形，后者称为横向变形。

现以图 2-25 所示的受拉等截面直杆为例来研究杆的轴向变形。设杆的原长为 l，在轴向拉力的作用下，杆长由 l 变为 l_1（图 2-25a），则杆的轴向伸长为 $\Delta l = l_1 - l$。

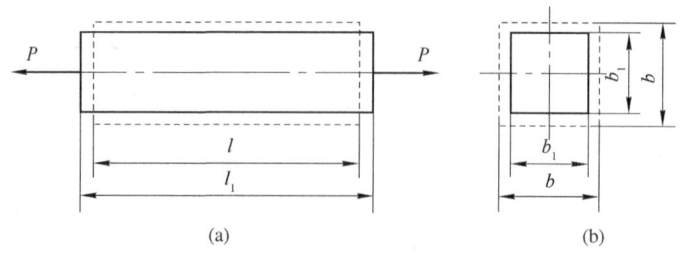

图 2-25 轴向拉伸变形

(a) 纵向伸长；(b) 横向缩短

实验指出：在弹性范围内，杆件的绝对变形 Δl 与所受拉力 P 成正比，与杆件的长度 l 成正比，而与杆件的横截面面积 A 成反比。可用数学式表示为：

$$\Delta l = \frac{F_N l}{EA} \quad (2-13)$$

这个关系式称为虎克定律,它同样适用于轴向压缩的情况。式中 Δl 的符号取决于轴力 F_N,轴向拉伸时 Δl 大于零;而压缩时 Δl 小于零。

式中的比例常数 E 称为材料的拉(压)弹性模量,其值因材料而异,可通过实验方法测定。E 的常用单位是吉帕(GPa)。

由式(2-13)可知,当其他条件不变时,E 值越大,绝对变形 Δl 越小。因此弹性模量的大小表示材料抵抗弹性变形的能力。

由式(2-13)还可看出,当内力 F_N 和长度 l 一定时,乘积 EA 越大,绝对变形就越小,它反映了杆件抵抗拉伸(压缩)变形的能力。故称 EA 为杆件的抗拉(压)刚度。

由于绝对变形与杆件的长度有关,为了更确切地反映杆件纵向变形的程度,消除长度的影响,将 Δl 除以 l 得到杆件轴线方向的线应变:

$$\varepsilon = \frac{\Delta l}{l} = \frac{1}{E}\frac{F_N}{A} = \frac{\sigma}{E} \quad (2-14)$$

这里 ε 的符号取决于杆件的轴向变形,当杆件轴向拉伸时轴向应变 ε 大于零,压缩时 ε 则小于零。式(2-14)也可表示为:

$$\sigma = E\varepsilon \quad (2-15)$$

即当应力小于比例极限时,应力与应变成正比,式(5-14)为虎克定律的另一表达形式。

2.6.2 横向变形与泊松比

如图 2-25b 所示,杆件变形前的横向尺寸为 b,变形后变为 b_1,杆的横向绝对变形为 $\Delta b = b_1 - b$,横向应变 ε' 为:

$$\varepsilon' = \frac{b_1 - b}{b}$$

试验结果表明:当应力不超过比例极限时,横向应变 ε' 与轴向应变 ε 之比的绝对值是一个常数。即:

$$\left|\frac{\varepsilon'}{\varepsilon}\right| = \mu \quad (2-16)$$

μ 称为横向变形系数或泊松比,是一个没有量纲的量。

因为当杆件轴向伸长时横向缩小,而轴向缩短时横向增大,所以 ε' 和 ε 的符号是相反的。这样,杆的横向应变和轴向应变的关系可以写成:

$$\varepsilon' = -\mu\varepsilon \quad (2-17)$$

和弹性模量 E 一样泊松比 μ 也是材料固有的弹性常数。表 2-2 中摘录了几种常用材料的 E、μ 值。

表 2-2 几种常用材料的 E 和 μ 值

材　　料	E/GPa	μ
低碳钢	196~216	0.25~0.33
合金钢	186~216	0.24~0.33
灰铸铁	78.5~157	0.23~0.27
铜及其合金	72.6~128	0.31~0.42
铝合金	70	0.33

例 2-6

变截面杆如图 2-26 所示。已知：$A_1 = 8 \text{ cm}^2$，$A_2 = 4 \text{ cm}^2$，$E = 200 \text{ GPa}$。求杆件的总伸长 Δl。

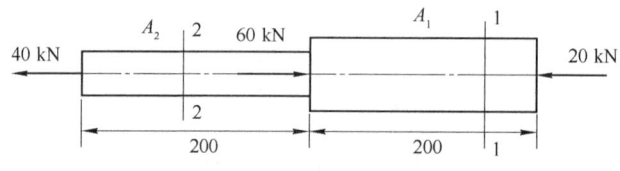

图 2-26　例 2-6 图

解：(1) 求内力。用截面法求出截面 1-1、2-2 杆的内力：

$$F_{N1} = -20 \text{ kN} \qquad F_{N2} = 40 \text{ kN}$$

(2) 求杆件的总伸长。由虎克定律可得：

$$\begin{aligned}
\Delta l &= \frac{F_{N1} L_1}{E A_1} + \frac{F_{N2} L_2}{E A_2} \\
&= -\frac{20 \times 10^3 \times 200}{200 \times 10^3 \times 800} + \frac{40 \times 10^3 \times 200}{200 \times 10^3 \times 400} \\
&= 0.075 \text{ mm}
\end{aligned}$$

例 2-7

图 2-27a 所示简易支架，AB 和 CD 杆均为钢杆，弹性模量 $E = 200 \text{ GPa}$，AB 长度为 $l_1 = 2 \text{ m}$，横截面面积分别是 $A_1 = 200 \text{ mm}^2$ 和 $A_2 = 250 \text{ mm}^2$，$P = 10 \text{ kN}$，求节点 A 的位移。

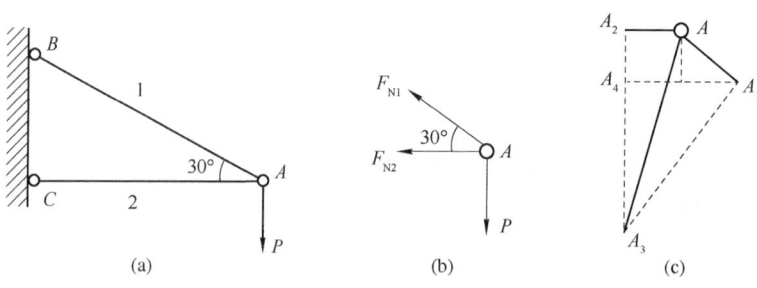

图 2-27　例 2-7 图
(a) 原图；(b) 受力图；(c) 变形图

解：(1) 求内力(图 2-27b)。用截面法求 1、2 杆的内力：

$$\sum X = 0：-F_{N1}\cos 30° - F_{N2} = 0$$

$$\sum Y = 0：F_{N1}\sin 30° - P = 0$$

$\therefore F_{N1} = 20 \text{ kN}(受拉) \quad F_{N2} = -17.3 \text{ kN}(受压)$

(2) 求 1、2 杆的变形。由虎克定律可得：

$$\Delta l_1 = \frac{F_{N1} l_1}{EA_1} = 1 \text{ mm}$$

$$\Delta l_2 = \frac{F_{N2} l_2}{EA_2} = -0.6 \text{ mm}$$

这里 Δl_1 为拉伸变形，而 Δl_2 为压缩变形。

(3) 用切线代弧的方法求 A 点的位移。设想将托架在节点 A 拆开。AB 杆伸长变形后变为 A_1B，AC 杆压缩变形后变为 A_2C。分别以 B 点和 C 点为圆心，A_1B 和 A_2C 为半径作弧相交于 A_3，A_3 点即为支架变形后 A 点的位置。因为变形很小，A_1A_3 和 A_2A_3 是两段极其微小的短弧，因而可用分别垂直于 AB 和 AC 的直线线段来代替，这两段直线的交点即为 A_3。AA_3 即为 A 点的位移(图 2-27c)。

水平位移：

$$\overline{AA_2} = \Delta l_2 = 0.6 \text{ mm}$$

垂直位移：

$$\overline{A_2A_3} = \overline{A_2A_4} + \overline{A_4A_3}$$
$$= \overline{AA_1}\sin 30° + (\overline{AA_2} + \overline{AA_1}\cos 30°)\text{ctg } 30°$$
$$= 3 \text{ mm}$$

A 点的位移：

$$\overline{AA_3} = \sqrt{\overline{AA_2}^2 + \overline{A_2A_3}^2} = 3.06 \text{ mm}$$

2.7 简单拉压静不定问题

在前面讨论的问题中，构件的约束反力和杆件的内力都可由静力平衡方程求出，这类问题称为静定问题。

但在工程实际中，有时为了增加构件和结构物的强度或刚度，或者由于构造上的需要，往往会给构件增加一些约束或在结构物中增加一些杆件，这时构件的约束反力或杆件的内力，仅用静力学平衡方程就不能求解。这种未知力多于独立的静力平衡方程，只用静力平衡方程不能求解的问题，称为静不定问题。

以图 2-28a 所示三杆桁架为例，若要求各杆的内力，以节点 A 为研究对象，由图 2-28b

的受力图可以列出节点 A 的静力平衡方程为：

$$\sum F_x = 0 \quad (F_{N1} - F_{N2})\sin\alpha = 0$$

$$\sum F_y = 0 \quad (F_{N1} + F_{N2})\cos\alpha + F_{N3} - P = 0$$

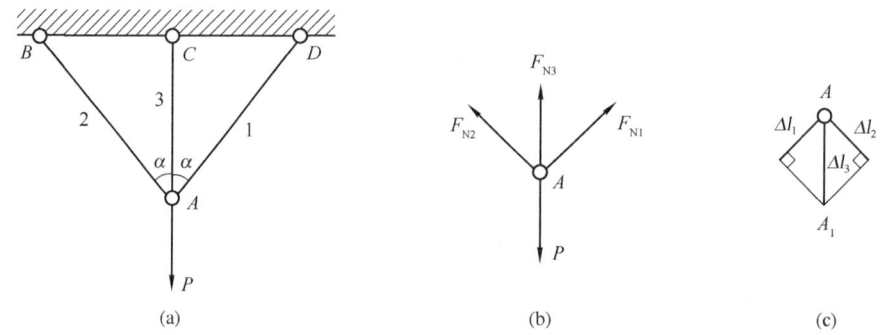

图 2-28 三杆桁架

(a) 原图；(b) 受力图；(c) 变形图

这里的静力平衡方程有两个，但未知力有三个，可见只凭静力平衡方程不能求得全部轴力，所以是静不定问题。

为了求解静不定问题，在静力平衡方程之外，还必须根据结构的变形协调关系，建立补充方程。

假设图 2-28a 中的 1、2 两杆的抗拉刚度相等，桁架变形是对称的，如图 2-28c 所示，Δl_1 和 Δl_2 分别为杆 1 和杆 2 的伸长量，由例题 2-7 介绍的切线代弧法可以得到，结构由于杆 1、2 的伸长，节点 A 将位移到 A_1，根据变形协调，杆 3 也要位移到点 A_1，AA_1 即是杆 3 的伸长 Δl_3。因此可得几何关系为：

$$\Delta l_1 = \Delta l_3 \cos\alpha$$

这是 1、2、3 三根杆件的变形必须满足的关系，只有满足了这一关系，它们才可能在变形后仍然在节点 A_1 联系在一起，变形才是协调的。所以，这种几何关系称为变形协调关系。如果再代入虎克定律，同时考虑杆长的几何关系：

$$\Delta l_1 = \Delta l_2 = \frac{F_{N1} \cdot l_1}{E_1 \cdot A_1} \quad \Delta l_3 = \frac{F_{N3} \cdot l_3}{E_3 \cdot A_3} \quad l_3 = l_1 \cdot \cos\alpha$$

就可以得到补充方程：

$$\frac{F_{N1} l_1}{E_1 A_1} = \frac{F_{N3} l_1 \cos\alpha}{E_3 A_3} \cdot \cos\alpha$$

最后，联立平衡方程和补充方程，就可求得三根杆的内力分别为：

$$F_{N1} = F_{N2} = \frac{P\cos^2\alpha}{2\cos^3\alpha + \dfrac{E_3 A_3}{E_1 A_1}}$$

$$F_{N3} = \frac{P}{1 + 2\dfrac{E_1 A_1}{E_3 A_3}\cos^3\alpha}$$

从计算结果可看出,各杆的内力与其自身的拉压刚度有关。

在求解静不定问题时,必须注意,由于建立平衡方程时尚不知内力的实际方向,所以确定变形谐调关系时,变形一定要与受力分析时内力的假设方向一致。

另外,在工程实际中,静不定结构还有温度应力和装配应力问题。

温度变化将引起物体的膨胀或收缩。在静定结构中,构件可以自由变形,当温度均匀变化时,不会引起构件的内力。但是静不定结构的构件受到部分或全部约束,不能自由变形,当温度变化时往往就要引起内力。这种因为温度的改变而引起的静不定结构中构件内部的应力,成为热应力或温度应力。

与温度应力的形成相似,装配应力是由加工误差引起的。加工构件时,尺寸上的一些微小误差是难以避免的,对静定结构而言,加工误差只不过是造成结构几何形状的轻微变化,不会引起内力。但对静不定结构,加工误差却往往要引起内力。下面将分别举例说明。

例 2-8

图 2-29a 所示结构是用同一材料的三根杆组成,三根杆的横截面面积分别为:$A_1 = 200\ \text{mm}^2$、$A_2 = 300\ \text{mm}^2$ 和 $A_3 = 400\ \text{mm}^2$,载荷 $P = 40\ \text{kN}$。求各杆横截面上的应力。

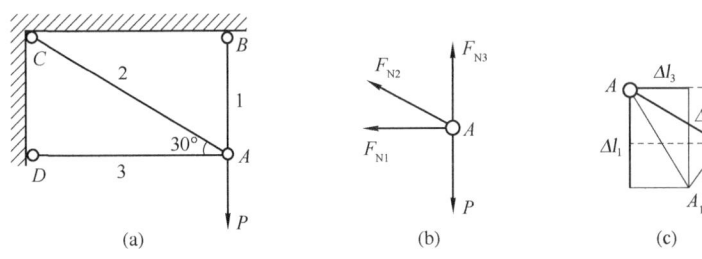

图 2-29 例 2-8 图

(a) 原图;(b) 受力图;(c) 变形图

解:(1) 列平衡方程。取 A 为研究对象,受力分析可见作用在铰 A 上的是一个平面汇交力系,由此可列以下平衡方程:

$$\Sigma F_x = 0: -F_{N3} - F_{N2}\cos 30° = 0$$
$$\Sigma F_y = 0: F_{N1} + F_{N2}\sin 30° - P = 0$$

(2) 求三根杆的变形。由虎克定律可得:

$$\Delta l_1 = \frac{F_{N1} l_1}{EA_1} \qquad \Delta l_2 = \frac{F_{N2} l_2}{EA_2} \qquad \Delta l_3 = \frac{F_{N3} l_3}{EA_3}$$

$$l_1 = l_2 \sin 30°,\ l_3 = l_2 \cos 30°$$

(3) 写出变形谐调关系(图 2-29c)。

$$\Delta l_1 = \Delta l_2 \sin 30° + (\Delta l_2 \cos 30° - \Delta l_3)\operatorname{ctg} 30°$$

(4) 列补充方程。

$$\frac{F_{N1}l_2\sin 30°}{EA_1} = \frac{F_{N2}l_2}{EA_2}(\sin 30° + \cos 30°) - \frac{F_{N3}l_2\cos 30°}{EA_3}\text{ctg } 30°$$

(5) 求内力。平衡方程和补充方程联立求解得：

$$F_{N1} = 35.52 \text{ kN} \quad F_{N2} = 8.96 \text{ kN} \quad F_{N3} = -7.76 \text{ kN}$$

1、2 二杆受拉，3 杆受压。

(6) 求各杆的应力。

$$\sigma_1 = \frac{F_{N1}}{A_1} = 177.6 \text{ MPa}$$

$$\sigma_2 = \frac{F_{N2}}{A_2} = 29.87 \text{ MPa}$$

$$\sigma_3 = \frac{F_{N3}}{A_3} = -19.4 \text{ MPa（压）}$$

例 2 - 9

如图 2 - 30a 所示，AB 杆两端固定，横截面面积为 A，材料的拉压弹性模量为 E，常温时杆内没有应力。求当温度升高 Δt 时，杆内的应力。

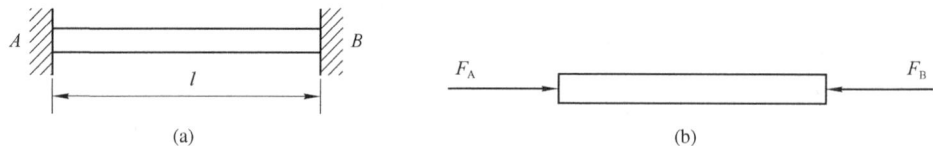

图 2 - 30 例 2 - 9 图

(a) 原图；(b) 受力图

解：(1) 分析 AB 受力（图 2 - 30b），列出平衡方程。

$$F_A - F_B = 0$$

(2) 计算变形。由虎克定律可得：

$$\Delta l = \frac{Nl}{EA} = \frac{F_A l}{EA}$$

$$\Delta l_t = \alpha l \Delta t$$

(3) 变形谐调关系。杆件两端固定，其长度不能改变，所以因温度升高而引起的伸长量等于两端受压后的缩短量，即：

$$\Delta l = \Delta l_t$$

(4) 列补充方程。

$$\frac{F_N l}{EA} = \alpha l \Delta t$$

(5) 求杆内应力。

$$\sigma = \frac{F_N}{A} = E\alpha \Delta t$$

例 2-10

如图 2-31a 所示结构，三根杆的材料和横截面面积均相同。若已知杆件的弹性模量为 E，横截面面积为 A，1、2 杆的杆长为 l，3 杆的杆长为 $l\cos\alpha$。加工时 3 杆有加工误差，比规定尺寸短了 δ。试求结构装配后各杆的内力。

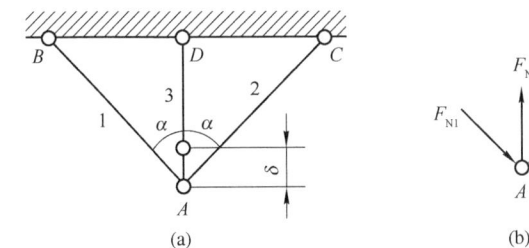
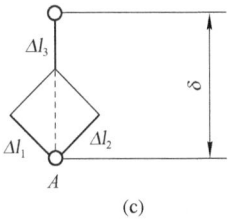

图 2-31 例 2-10 图
(a) 结构；(b) 受力图；(c) 变形图

解：(1) 分析 A 的受力(图 2-31b)。装配后，假设 1、2 杆受拉，3 杆受压，并列出平衡方程：

$$\Sigma F_x = 0: (F_{N1} - F_{N2})\sin\alpha = 0$$

$$\Sigma F_y = 0: F_{N3} - (F_{N1} + F_{N2})\cos\alpha = 0$$

(2) 求出各杆的变形。

$$\Delta l_1 = \frac{F_{N1}l_1}{EA_1} \quad \Delta l_2 = \frac{F_{N2}l_2}{EA_2} \quad \Delta l_3 = \frac{F_{N3}l_3}{EA_3}$$

$$l_1 = l_2, \ l_3 = l_1\cos\alpha$$

(3) 变形谐调关系(图 2-31c)。

$$\Delta l_3 + \frac{\Delta l_1}{\cos\alpha} = \delta$$

(4) 列补充方程。

$$\frac{F_{N3}l_1\cos\alpha}{EA} + \frac{F_{N1}l_1}{EA\cos\alpha} = \delta$$

(5) 求内力。平衡方程和补充方程联立求解得：

$$F_{N1} = F_{N2} = \left(\delta - \frac{2\delta\cos^3\alpha}{1+2\cos^3\alpha}\right)\frac{EA}{l}$$

$$F_{N3} = \frac{2\delta\cos^2\alpha}{1+2\cos^3\alpha}\frac{EA}{l}$$

1、2 两杆受压，3 杆受拉。

2.8 连接部分的强度计算

工程中,构件与构件之间常常用销钉、螺栓等连接。因此,在考虑拉压杆或其他构件的强度问题时,必须同时对连接件进行强度计算。

连接件的受力和变形一般都比较复杂,工程中通常采用简化分析方法,根据实践经验对连接件的受力和应力分布进行假设,计算其名义应力。对同类构件进行破坏试验,用破坏载荷确定材料的极限应力。只要简化合理,试验充分,计算结果是可靠的,这种简化分析方法在工程中称为实用计算。

2.8.1 剪切的实用计算

现在以图 2-32a 所示的拖车挂钩为例,若将载荷简化到其对称面(图 2-32b),那么插销的受力情况可概括为如图 2-32c 所示的简图,其受力特点是:作用在构件两侧面上的横向外力的合力大小相等,方向相反,作用线平行且相距很近。在这样的外力作用下,其变形特点是:两力间的横截面发生相对错动,这种变形形式叫做剪切。

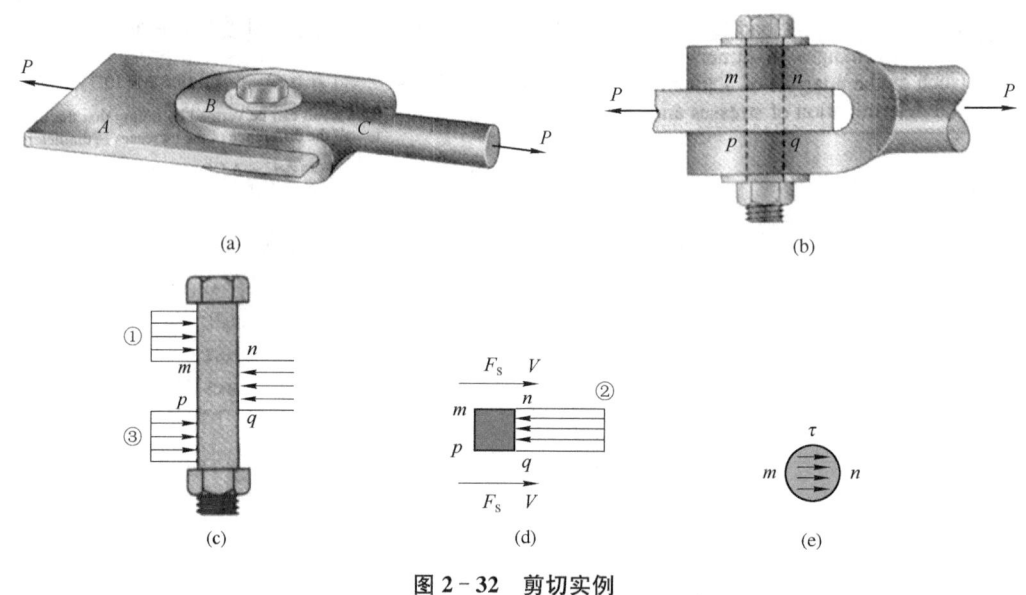

图 2-32 剪切实例

(a) 拖车挂钩;(b) 简化图;(c) 插销受力图;(d) 部分受力图;(e) 应力分布图

若挂钩上作用的力 P 过大,插销可能沿着平行力交界的截面 m-n 和 p-q 被剪断,这个截面叫做剪切面。现在用截面法来研究插销在剪切面上的内力。用截面假想地将插销沿剪切面 m-n 和 p-q 截开,取中间部分,如图 2-32d 所示。为保持平衡,在两个剪切面内必然有与外力 P 大小相等,方向相反且与截面平行的内力存在,这个内力叫做剪力,用 F_S 表示,它是剪切面上分布内力的总和。

由于剪力与剪切面平行,因此,其在剪切面上的分布应为切应力。切应力的实际分布情况比较复杂,在工程上,通常假设剪切面上的切应力均匀分布(图 2-32e),于是,连接件的切应力和剪切强度条件分别为：

$$\tau = \frac{F_S}{A_S} \tag{2-18}$$

$$\frac{F_S}{A_S} \leqslant [\tau] \tag{2-19}$$

式中，A_S 为剪切面面积；$[\tau]$ 为许用切应力。

剪切强度条件中的许用切应力，其值等于连接件的剪切强度极限 τ_b 除以安全系数。剪切强度极限是在与构件的实际受力情况相似的条件下进行试验，并同样按切应力均匀分布的假设计算出来的。考虑到制造工艺和实际工作条件等因素，在设计规范中，对一些剪切构件的许用剪应力值作了规定。根据实验，一般情况下，材料的许用切应力$[\tau]$与许用拉应力$[\sigma]$之间有以下的关系：

对塑性材料：$[\tau] = (0.6 \sim 0.8)[\sigma]$

对脆性材料：$[\tau] = (0.8 \sim 1.0)[\sigma]$

利用这一关系，可根据许用拉应力来估计许用切应力之值。

2.8.2 挤压的实用计算

在外力作用下，连接件和被连接的构件之间，必将在接触面上相互压紧，这种现象称为挤压。例如，在铆钉连接中，铆钉与钢板就相互压紧。这就可能把铆钉或钢板的铆钉孔压成局部塑性变形。图 2-33 所示是铆钉孔被压成长圆孔的情况，当然，铆钉也可能被压成扁圆柱。所以应该进行挤压强度计算。

在挤压面上，应力分布一般也比较复杂。实用计算中，也是假设在挤压面上应力均匀分布。以 P_b 表示挤压面上传递的力，A_{bs} 表示挤压面积，于是连接件的挤压应力 σ_{bs} 和挤压强度条件分别为：

$$\sigma_{bs} = \frac{P_b}{A_{bs}} \tag{2-20}$$

$$\frac{P_b}{A_{bs}} \leqslant [\sigma_{bs}] \tag{2-21}$$

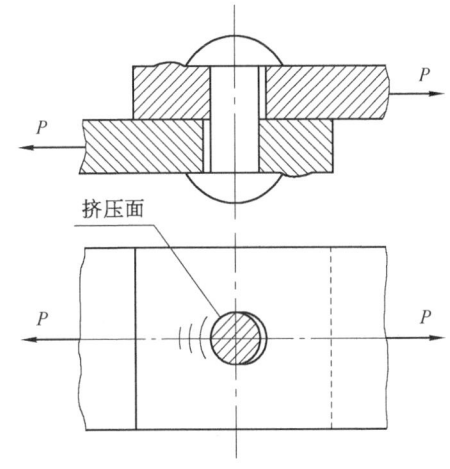

图 2-33 铆钉与钢板结构

根据实验，许用挤压应力$[\sigma_{bs}]$与许用拉应力$[\sigma]$有以下的关系：

塑性材料：$[\sigma_{bs}] = (1.5 \sim 2.5)[\sigma]$

脆性材料：$[\sigma_{bs}] = (0.9 \sim 1.5)[\sigma]$

如果两个接触构件的材料不同，应以连接中抵抗挤压能力较低的构件来进行挤压强度计算。

当连接件与被连接构件的接触面为平面时，公式中的 A_{bs} 就是接触面的实际面积。当接触面为圆柱面时（如销钉、铆钉等与钉孔间的接触面），挤压应力的分布情况略，如图 2-34a

所示,最大应力在圆柱面的中点。实用计算中,以圆孔或圆柱的直径平面面积 td(即图 2-34b 中画阴影线的面积)除挤压力 P_b,则所得应力大致上与实际最大应力接近。

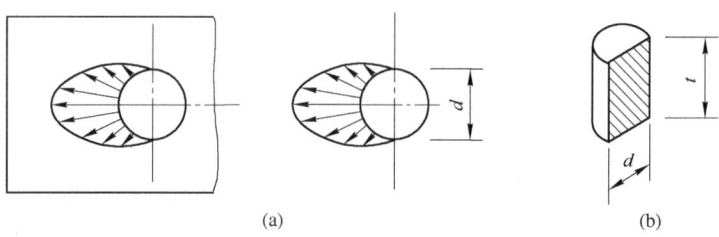

图 2-34 挤压实例

(a) 挤压应力分布;(b) 实用计算面积

例 2-11

如图 2-35 所示,电瓶车挂钩由插销连接,插销材料为 20 钢,$[\tau] = 30$ MPa,$[\sigma_{bs}] = 100$ MPa,直径 $d = 20$ mm,挂钩及被连接的板件的厚度分别为 $t = 8$ mm 和 $1.5t = 12$ mm,牵引力 $P = 15$ kN。试校核插销的剪切强度和挤压强度。

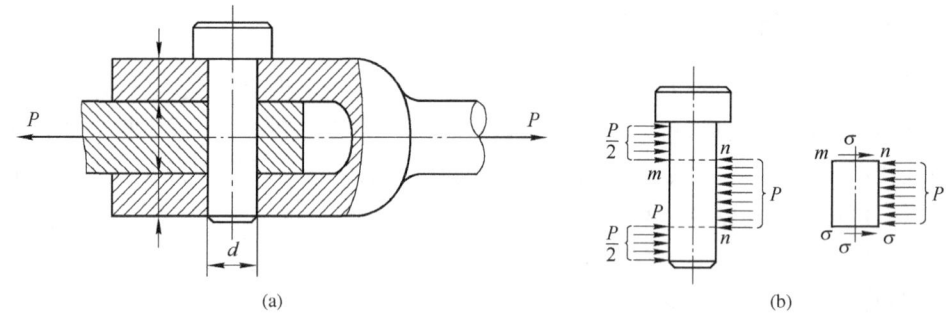

图 2-35 例 2-11 图

(a) 原图;(b) 受力图

解:(1) 校核插销的剪切强度。插销受力如图 2-35b 所示,根据受力情况,插销中段相对于上、下两段,沿 $m-m$ 和 $p-q$ 两个面向左错动,所以有 $m-m$ 和 $p-q$ 两个剪切面,工程上称之为双剪。由平衡方程容易求出:

$$F_S = \frac{P}{2}$$

插销横截面上的剪应力为:

$$\tau = \frac{F_S}{A_S} = \frac{15 \times 10^3}{2 \times \frac{\pi}{4} \times 20^2} = 23.9 \text{ MPa} < [\tau]$$

故插销满足剪切强度要求。

(2) 校核插销的挤压强度。从图中可以看出,插销的上段和下段受到来自左方的挤压力 P 作用,中段受到来自右方的挤压力 P 作用,中段的直径面面积为 $1.5dt$,小于上段和下

段的直径面面积之和 $2dt$,故应校核中段的挤压强度:

$$\sigma_{bs} = \frac{P_b}{A_{bs}} = \frac{15 \times 10^3}{1.5 \times 20 \times 8} = 62.5 \text{ MPa} < [\sigma_{bs}]$$

故插销满足挤压强度要求。

例 2-12

如图 2-36 所示,车床的传动光杆装有安全联轴器,过载时安全销将先被剪断。已知安全销的平均直径为 5 mm,材料为 45 钢,其剪切极限应力为 $\tau_b = 370$ MPa,求联轴器所能传递的最大力偶矩 M。

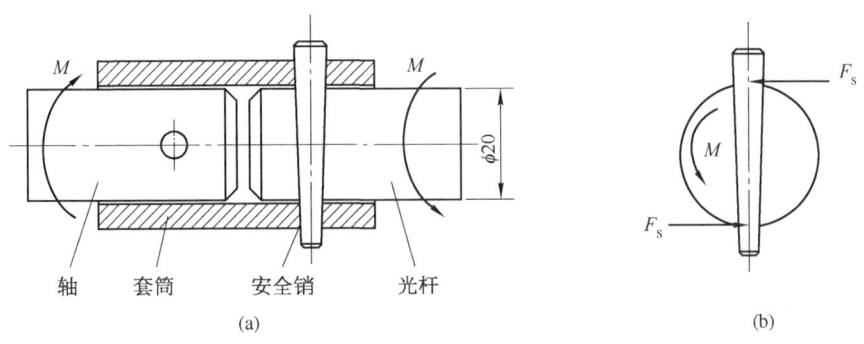

图 2-36 例 2-12 图

(a) 原图;(b) 受力图

解:(1) 计算安全销被剪断时的最小剪力。从插销的受力分析可知,插销剪断时的剪力为:

$$\frac{F_S}{A_S} > \tau_b$$

$$F_S > A_S \tau_b = \frac{\pi}{4} \times 5^2 \times 370 = 7.265 \text{ kN}$$

(2) 计算联轴器所能传递的最大力偶矩。

$$M = F_S \phi = 145 \text{ N} \cdot \text{m}$$

习 题

思考题

在下面思考题中 A、B、C、D、E 的备选答案中选择正确的答案。

1. 下面结论:(1) 轴力是轴向拉(压)杆横截面上唯一的内力;
   (2) 轴力必须垂直于杆件的横截面;
   (3) 非轴向拉(压)的杆件,横截面上无轴向力;
   (4) 轴力作用线必须通过杆件横截面的形心。

哪些结论是正确的_____
   A. (1)、(3);
   B. (2)、(3);
   C. (1)、(2)、(3);
   D. 全对。

2. 轴向拉、压杆,由截面法求得同一截面的左、右两部分的轴力,则两轴力大小相等,_____。
   A. 方向相同,符号相同;
   B. 方向相反,符号相同;
   C. 方向相同,符号相反;
   D. 方向相反,符号相反。

3. 轴向拉、压中的平面假设适用于_____。
   A. 整根杆件长度的各处;
   B. 除杆件两端或集中载荷作用点稍远的各处;
   C. 除杆件两端外的各处。

4. 轴向拉、压杆横截面上正应力公式 $\sigma = F_N/A$ 应用条件是_____。
   A. 应力必须低于比例极限;
   B. 杆件必须由同一材料制成;
   C. 杆件截面形状只能是矩形或圆形;
   D. 杆件必须是小变形;
   E. 杆件必须是等截面直杆。

5. 受轴由向拉、压的等直杆,若其总伸长为零,则_____。
   A. 杆内各处的应变必为零;
   B. 杆内各点的位移必为零;
   C. 杆内各点正应力必为零;
   D. 杆的轴力图面积代数和必为零。

练习题

1. 试求图 2-37 所示各杆的轴力,并指出轴力的最大值。

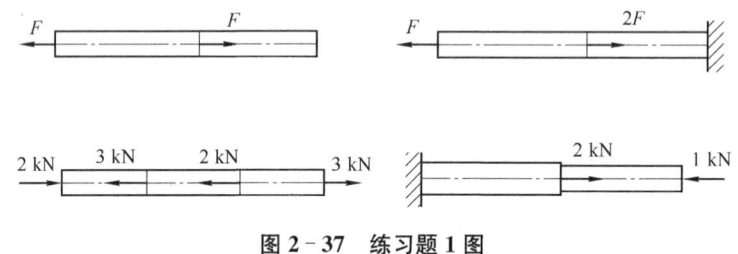

图 2-37 练习题 1 图

2. 试画出图 2-37 所示各杆的轴力图。

3. 图 2-38 所示阶梯形圆截面杆,承受轴向载荷 $F_1 = 50$ kN 与 F_2 作用,AB 与 BC 段的直径分别为 $d_1 = 20$ mm 和 $d_2 = 30$ mm,如欲使 AB 与 BC 段横截面上的正应力相同,试求载荷 F_2 之值。

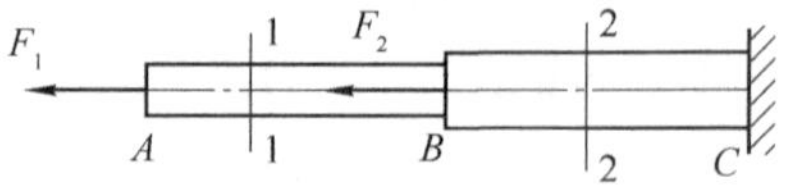

图 2-38 练习题 3 图

4. 图 2-38 所示圆截面杆,已知载荷 $F_1 = 200$ kN,$F_2 = 100$ kN,AB 段的直径 $d_1 = 40$ mm,如欲使 AB 与 BC 段横截面上的正应力相同,试求 BC 段的直径。

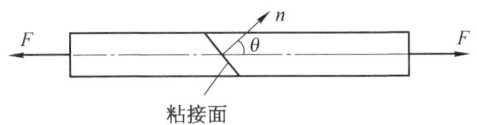

5. 图 2-39 所示木杆,承受轴向载荷 $F = 10$ kN 作用,杆的横截面面积 $A = 1\,000$ mm^2,粘接面的方位角 $\theta = 45°$,试计算该截面上的正应力与切应力,并画出应力的方向。

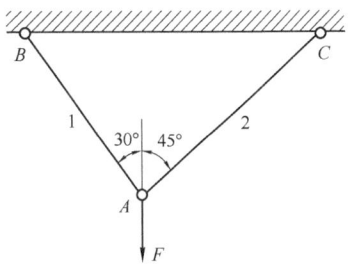

图 2-39 练习题 5 图

6. 图 2-40 所示桁架,杆 1 与杆 2 的横截面均为圆形,直径分别为 $d_1 = 30$ mm 与 $d_2 = 20$ mm,两杆材料相同,许用应力 $[\sigma] = 160$ MPa。该桁架在节点 A 处承受铅直方向的载荷 $F = 80$ kN 作用,试校核桁架的强度。

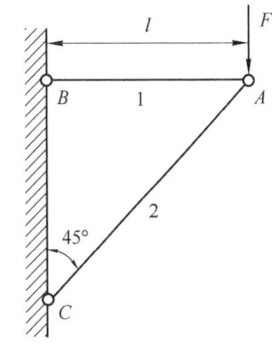

图 2-40 练习题 6 图

7. 图 2-41 所示桁架,杆 1 为圆截面钢杆,杆 2 为方截面木杆,在节点 A 处承受铅直方向的载荷 F 作用,试确定钢杆的直径 d 与木杆截面的边宽 b。已知载荷 $F = 50$ kN,钢的许用应力 $[\sigma_\mathrm{S}] = 160$ MPa,木的许用应力 $[\sigma_\mathrm{W}] = 10$ MPa。

图 2-41 练习题 7 图

8. 图 2-41 所示桁架,试定载荷 F 的许用值 $[F]$。

9. 图 2-42 所示阶梯形杆 AC,$F = 10\text{ kN}$,$l_1 = l_2 = 400\text{ mm}$,$A_1 = 2A_2 = 100\text{ mm}^2$,$E = 200\text{ GPa}$,试计算杆 AC 的轴向变形 Δl。

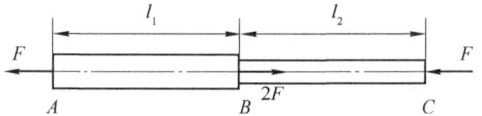

图 2-42 练习题 9 图

10. 图 2-43 所示桁架,杆 1 与杆 2 的横截面面积与材料均相同,在节点 A 处承受载荷 F 作用。从试验中测得杆 1 与杆 2 的纵向正应变分别为 $\varepsilon_1 = 4.0 \times 10^{-4}$ 与 $\varepsilon_2 = 2.0 \times 10^{-4}$,试确定载荷 F 及其方位角 θ 之值。已知:$A_1 = A_2 = 200\text{ mm}^2$,$E_1 = E_2 = 200\text{ GPa}$。

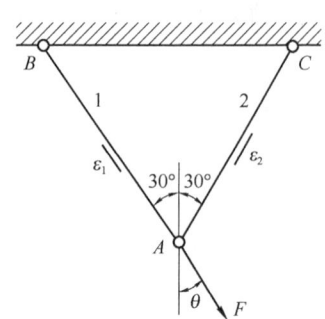

图 2-43 练习题 10 图

11. 图 2-43 所示桁架,若杆 AB 与 AC 的横截面面积分别为 $A_1 = 400\text{ mm}^2$ 与 $A_2 = 8\,000\text{ mm}^2$,杆 AB 的长度 $l = 1.5\text{ m}$,钢与木的弹性模量分别为 $E_\text{S} = 200\text{ GPa}$、$E_\text{W} = 10\text{ GPa}$。试计算节点 A 的水平与铅直位移。

12. 图 2-44 所示两端固定等截面直杆,横截面的面积为 A,承受轴向载荷 F 作用,试计算杆内横截面上的最大拉应力与最大压应力。

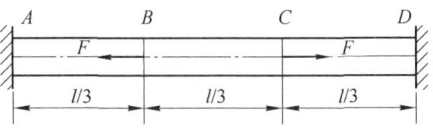

图 2-44 练习题 12 图

13. 图 2-45 所示结构,梁 BD 为刚体,杆 1 与杆 2 用同一种材料制成,横截面面积均为 $A = 300 \text{ mm}^2$,许用应力 $[\sigma] = 160 \text{ MPa}$,载荷 $F = 50 \text{ kN}$,试校核杆的强度。

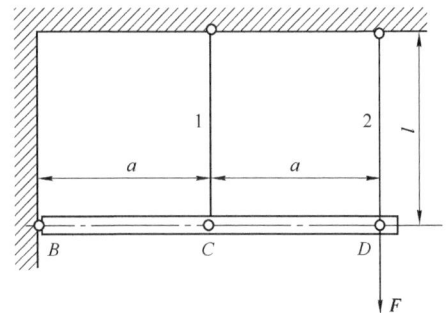

图 2-45 练习题 13 图

14. 图 2-46 所示桁架,杆 1、杆 2 与个杆 3 分别用铸铁、铜与钢制成,许用应力分别为 $[\sigma_1] = 80 \text{ MPa}$,$[\sigma_2] = 60 \text{ MPa}$,$[\sigma_3] = 120 \text{ MPa}$,弹性模量分别为 $E_1 = 160 \text{ GPa}$,$E_2 = 100 \text{ GPa}$,$E_3 = 200 \text{ GPa}$。若载荷 $F = 160 \text{ kN}$,$A_1 = A_2 = 2A_3$,试确定各杆的横截面面积。

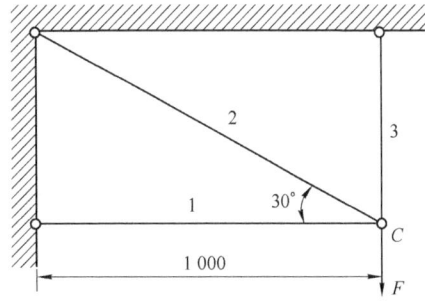

图 2-46 练习题 14 图

15. 图 2-47 所示木榫接头，$F = 50\text{ kN}$，试求接头的剪切与挤压应力。

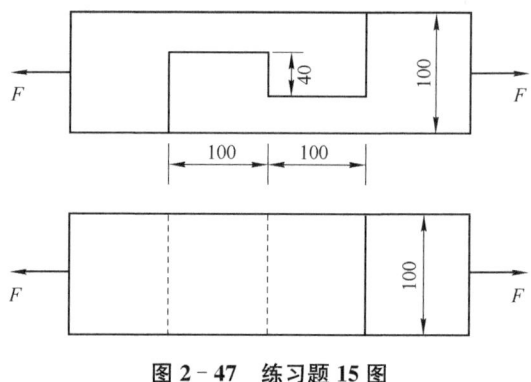

图 2-47　练习题 15 图

16. 图 2-48 所示摇臂，承受载荷 F_1 与 F_2 作用，试确定轴销 B 的直径 d。已知载荷 $F_1 = 50\text{ kN}$，$F_2 = 35.4\text{ kN}$，许用切应力 $[\tau] = 100\text{ MPa}$，许用挤压应力 $[\sigma_{bs}] = 240\text{ MPa}$。

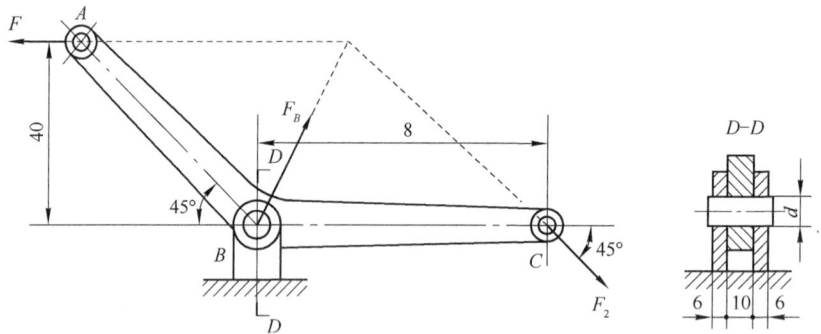

图 2-48　练习题 16 图

17. 图 2-49 所示接头，承受轴向载荷 F 作用，试校核接头的强度。已知：载荷 $F = 80\text{ kN}$，板宽 $b = 80\text{ mm}$，板厚 $\delta = 10\text{ mm}$，铆钉直径 $d = 16\text{ mm}$，许用应力 $[\sigma] = 160\text{ MPa}$，许用切应力 $[\tau] = 120\text{ MPa}$，许用挤压应力 $[\sigma_{bs}] = 340\text{ MPa}$。板件与铆钉的材料相等。

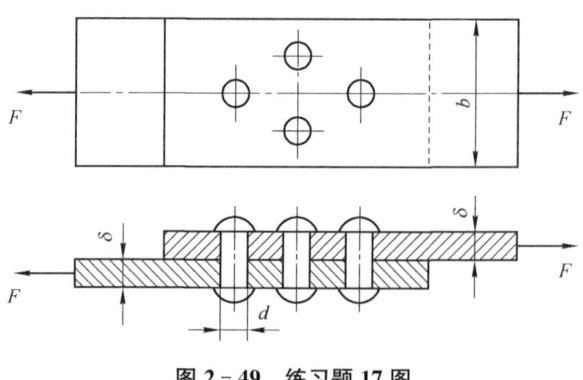

图 2-49　练习题 17 图

第 3 章 圆轴的扭转

3.1 工程中的扭转问题

当一根直杆受到绕杆的轴线转动的力偶作用时,杆会发生扭曲,即杆的截面发生绕轴线转动的扭转变形。例如,当要拧紧一个木螺钉时(图 3-1a),在螺钉旋具的把手上作用了一个力偶(图 3-1b),在螺钉旋具的另一端则受到木螺钉对它的反力偶作用,螺钉旋具发生扭转变形。

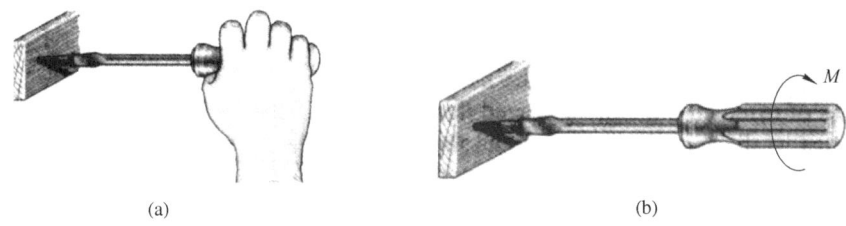

图 3-1 扭转变形

(a) 拧螺钉动作;(b) 力偶作用

又例如图 3-2 所示掘土机械中的螺旋钻空心圆轴和图 3-3 所示手枪钻的麻花钻头都发生扭转变形。

 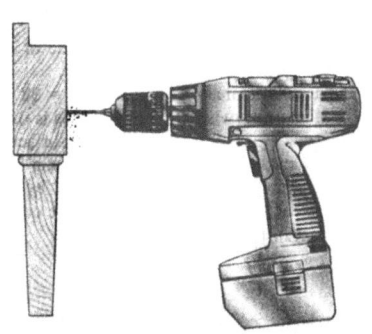

图 3-2 掘土机械中的螺旋钻　　　图 3-3 手枪钻的麻花钻头

在工程中有许多轴类构件,截面大多是圆形的,有些是实心圆轴,也有空心圆轴。当受到绕轴线转动的力偶作用时,截面将绕轴线转动,截面之间发生相对转动,即产生扭转变形,如图 3-4 所示。

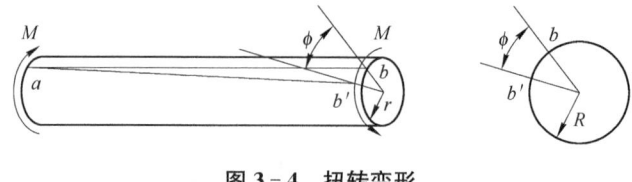

图 3-4 扭转变形

3.2 外力偶矩、扭矩与扭矩图

3.2.1 外力偶矩

在工程中,圆轴经常用来传递力偶所做的功。例如,自行车的车轴、汽车的驱动轴和车床的齿轮轴等。而功的大小取决于作用在轴上力偶的矩和轴的转速。图 3-5 所示为一根用电动机驱动的轴。

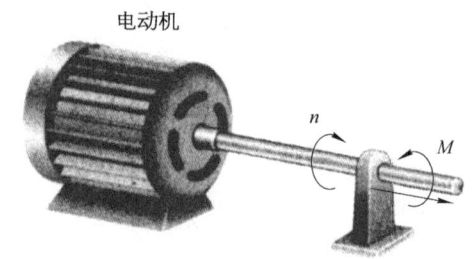

图 3-5 电动机驱动轴

如果轴匀速转动,转速是 $n(\mathrm{r/min})$,传递的力偶矩是 M,电动机的功率是 $P(\mathrm{kW})$。则轴的转动角速度为:

$$\omega = \frac{2\pi n}{60} = \frac{n\pi}{30}(\mathrm{rad/s})$$

传递力偶的功率与电动机的功率相等,即:

$$P \times 1\,000 = M \times \frac{n\pi}{30}$$

由此,已知轴的转动速度和输入或输出的功率,就可以换算出作用在轴上的外力偶矩,换算公式为:

$$M = 9\,549\frac{P}{n}(\mathrm{N \cdot m}) \tag{3-1}$$

3.2.2 扭矩

确定了轴上所受的外力偶以后,即可用截面法来求出轴的内力。

如图 3-6a 所示的圆轴,两端受到一对大小相等、转向相反的外力偶作用,力偶矩为 M,并处于平衡状态。为了求出轴的内力,在轴内的任意一个横截面 m—m 处将轴切开,分成两个部分,它们的受力分析如图 3-6b 和图 3-6c 所示。截出的两个部分仍然保持平衡状态,所以截面上的内力必定是一个力偶(用 T 表示),称之为扭矩。左右两截面上的扭矩是一对作用和反作用力,它们的大小一定相等而转向相反。扭矩的大小和实际转向可以通过两部分的平衡方程得到。

$$\sum M_x = 0 \qquad T = M$$

通过平衡方程求得的符号如果为正,说明实际扭矩的方向与假设的方向相同。反之,符号如果为负,说明实际扭矩的方向与假设的方向相反。根据实际扭矩的方向可以定义扭矩

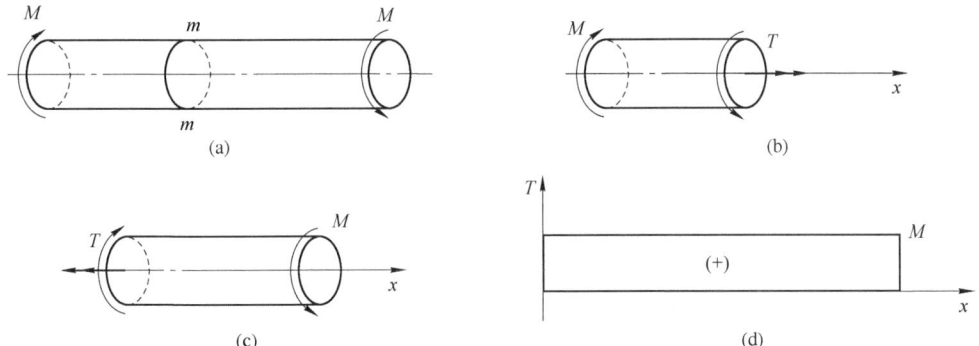

图 3-6 扭矩

(a) 原图;(b) m-m 右截面;(c) m-m 左截面;(d) 扭矩图

的符号:按照右手螺旋法则,如果实际扭矩矢量的方向与扭矩所在截面的外法线方向一致,则定义扭矩的符号为正,反之为负。在图 3-6 中,不管是左段还是右段,m-m 截面上的扭矩符号都为正。

根据以上讨论,当在截面上假设一个正的扭矩时,则通过平衡方程求得结果的符号与扭矩的符号一致。所以在求扭矩时,一般在截面上总是假设一个正的扭矩,那么由平衡方程求得的大小和符号就是扭矩的大小和符号。

3.2.3 扭矩图

求出轴内任意一个截面上的扭矩以后,即可用图线表示扭矩与截面位置之间的关系,这个图线称为扭矩图。图 3-6d 就是轴 3-6a 的扭矩图。从图中可以看出,在两个集中力偶作用之间的截面上,扭矩是一个常量。

例 3-1

一等截面传动轴(图 3-7a),转速 $n = 5\,\text{r/s}$,主动轮 A 的输入功率 $P_1 = 221\,\text{kW}$,从动轮 B、C 的输出功率分别为 $P_2 = 148\,\text{kW}$ 和 $P_3 = 73\,\text{kW}$。求轴上各截面的扭矩,并画出扭矩图。

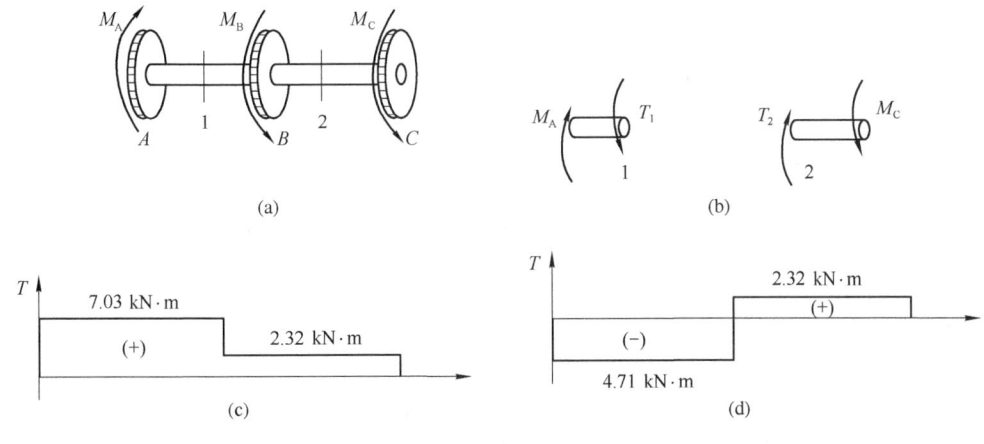

图 3-7 例 3-1 图

(a) 原图;(b) 示意图;(c) 扭矩图;(d) 互换后的扭矩图

解:(1) 外力偶矩。根据轴的转速和输入与输出功率计算外力偶矩:

$$M_A = 9\,549\frac{P_1}{n} = 9\,549\frac{221}{5\times 60} = 7.03 \text{ kN}\cdot\text{m}$$

$$M_B = 9\,549\frac{P_2}{n} = 9\,549\frac{148}{5\times 60} = 4.71 \text{ kN}\cdot\text{m}$$

$$M_C = 9\,549\frac{P_3}{n} = 9\,549\frac{73}{5\times 60} = 2.32 \text{ kN}\cdot\text{m}$$

(2) 扭矩。在集中力偶 M_A 与 M_B 之间和 M_B 与 M_C 之间的圆轴内,扭矩是常量,分别假设为正的扭矩 T_1 和 T_2(图 3-7b)。

由平衡方程可以求得:

$$T_1 = M_A = 7.03 \text{ kN}\cdot\text{m}$$

$$T_2 = M_C = 2.32 \text{ kN}\cdot\text{m}$$

由结果可知扭矩的符号都为正。

(3) 扭矩图(图 3-7c)。根据上述结果画出扭矩图。

扭矩数值最大值发生在 AB 段。

若将 A 轮与 B 轮相互调换,则轴的左右两段内的扭矩分别是:

$$T_1 = -M_B = -4.71 \text{ kN}\cdot\text{m}$$

$$T_2 = M_C = 2.32 \text{ kN}\cdot\text{m}$$

此时轴的扭矩图如图 3-7d 所示。

可见轴内的最大扭矩值比原来减小了。

3.3 圆轴的扭转变形

3.3.1 纯扭转

考虑一根等截面圆轴,两端受到一对力偶作用,如图 3-8a 所示。轴内扭矩是一常量。此时,圆轴所发生的扭转变形称为纯扭转。在小变形的条件下,由对称性可知,轴的横截面在绕轴线转动的过程中仍保持为平面,它的形状还是圆,半径仍是直线,轴的长度和半径的

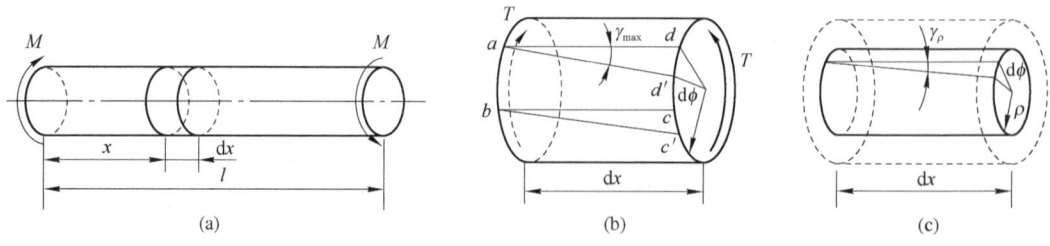

图 3-8 纯扭矩

(a) 受扭圆轴;(b) dx 段的变形;(c) 半径 ρ 截面的变形

大小都保持不变。左右两端截面绕轴线相对转过一个角度 ϕ，称为扭转角。假设左端面转过的角度是 0，则右端面转过角度就是 ϕ，轴内任一横截面的扭转角用 $\phi(x)$ 表示。

3.3.2 切应变

在纯扭转的圆轴内用两个横截面截出长度为 $\mathrm{d}x$ 的微段，如图 3.8b 所示。两截面绕轴线相对转过的角度是 $\mathrm{d}\phi$，两条母线 ad 和 bc 分别倾斜了一个相同的角度。矩形 $abcd$ 变形成平行四边形 $abc'd'$，ab 与 ad 的夹角从 $90°$ 减小了一个角度 $\gamma_{\max}$，这个角度的改变称为切应变。在小变形的条件下，由图示的几何关系得到：

$$\gamma_{\max} = \frac{\mathrm{d}d'}{ad} = \frac{R\mathrm{d}\phi}{\mathrm{d}x}$$

上式中，$\mathrm{d}\phi/\mathrm{d}x$ 表示单位长度上的扭转角，或者表示扭转角沿着轴线的变化率，称为扭曲率，用符号 θ 表示。即：

$$\theta = \frac{\mathrm{d}\phi}{\mathrm{d}x} \tag{3-2}$$

在纯扭转的情况下，可以用轴两端截面的相对转角 ϕ 除以轴的长度 l 来表示，即：

$$\theta = \frac{\phi}{l} \tag{3-3}$$

由此可以得到圆轴外表面的切应变的表达式：

$$\gamma_{\max} = \frac{R\mathrm{d}\phi}{\mathrm{d}x} = R\theta = R\frac{\phi}{l} \tag{3-4}$$

根据类似的分析可以得到圆轴内部的切应变，见图 3-8c 所示。在 $\mathrm{d}x$ 的微段内截出半径为 ρ 的圆柱体，因为半径仍保持直线，所以其表面的切应变为：

$$\gamma_\rho = \rho\theta = \rho\frac{\mathrm{d}\phi}{\mathrm{d}x} \tag{3-5}$$

3.3.3 纯剪切

在小变形的前提下，圆轴扭转时横截面始终保持为平面，而且圆截面的形状、大小不变，半径仍为直线，截面之间的距离也不变。所以在横截面上没有正应力，而切应力与过这点的半径垂直，朝向与截面上的扭矩转向相一致。在图 3-9a 所示的纯扭转圆轴中取一个微小六面单元体，它的边长分别是 $\mathrm{d}x$、$\mathrm{d}y$ 和 $\mathrm{d}z$，见图 3-9b 所示。

在单元体的左右侧面上各有一个相等的剪力 $\tau\mathrm{d}y\mathrm{d}z$，它们的方向相反，组成一个力偶，其力偶矩是 $\tau\mathrm{d}y\mathrm{d}z\mathrm{d}x$。因为单元体处于平衡状态，所以在单元体的顶面和底面上必定存在切应力 τ'，上下两个面上的剪力必然也要组成一个反力偶，反力偶矩是 $\tau'\mathrm{d}x\mathrm{d}z\mathrm{d}y$，与上述的力偶相平衡，即：

$$\tau\mathrm{d}y\mathrm{d}z\mathrm{d}x = \tau'\mathrm{d}x\mathrm{d}z\mathrm{d}y$$
$$\therefore \tau = \tau' \tag{3-6}$$

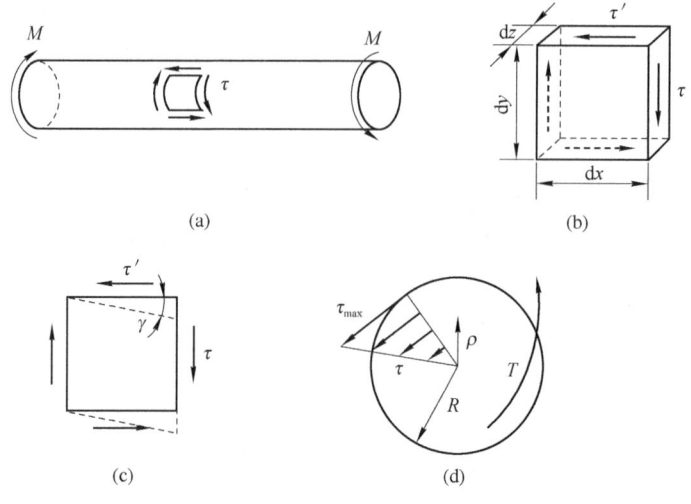

图 3-9 剪切

(a) 原图；(b) 单元体；(c) 剪切变形；(d) 横截面切应力分布

式(3-6)表示单元体的两个正交面上如果有切应力的话，则切应力的数值相等，方向与两个正交面的交线垂直，共同指向或共同背离交线。这就是切应力互等定理。上述单元体的四个侧面上只有切应力没有正应力，这种应力状态称为纯剪切。

3.4 圆轴扭转时横截面上的切应力

3.4.1 剪切胡克定律

发生纯剪切的微体由原来的正六面体变形成平行六面体（图 3-9c）。原来互相正交的棱边由于变形发生了一个角度的改变，就是切应变 γ。对于线弹性的材料，切应力与切应变成正比关系，即：

$$\tau = G\gamma \tag{3-7}$$

式(3-7)中的比例常数 G 称为剪切弹性模量，它与拉压弹性模量 E 一样是反映材料特性的弹性常数。该关系式称为剪切胡克定律。对于各向同性材料，拉压弹性模量 E、剪切弹性模量 G 和泊松比 μ 之间存在如下关系：

$$G = \frac{E}{2(1+\mu)} \tag{3-8}$$

由式(3-5)和式(3-7)可以得到：

$$\tau_\rho = G\gamma_\rho = G\rho \frac{\mathrm{d}\phi}{\mathrm{d}x} \tag{3-9}$$

由此可见，圆截面上点的切应力分布与该点的半径成正比，如图 3-9d 所示。显然，截面上最大切应力位于圆截面的外边缘上，其大小为：

$$\tau_{\max} = GR\frac{\mathrm{d}\phi}{\mathrm{d}x} \tag{3-10}$$

由切应力互等定理可知,圆轴的纵向截面上只有切应力,分布如图 3-10 所示。

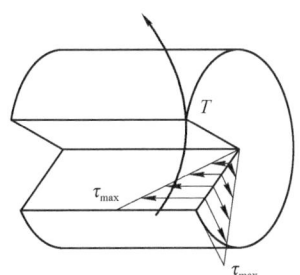
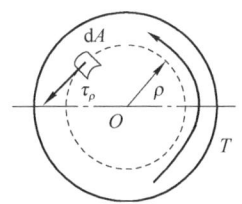

图 3-10 圆轴纵向截面上切应力分布　　图 3-11 圆轴横截面上切应力分布

3.4.2 扭转的切应力公式

在知道了圆截面上的切应力分布后,现在来分析切应力与扭矩之间的关系。

如图 3-11 所示,在半径为 ρ 的圆周处取一个微面积 $\mathrm{d}A$,上面作用微剪力 $\tau_\rho \mathrm{d}A$,它对圆心 O 的微力矩是 $\rho\tau_\rho \mathrm{d}A$,所有这些微力矩的和等于截面上的扭矩,即:

$$T = \int_A \rho\tau_\rho \mathrm{d}A$$

将式(3-9)代入上式得:

$$T = G\frac{\mathrm{d}\phi}{\mathrm{d}x}\int_A \rho^2 \mathrm{d}A$$

令上式中的积分为 I_P,它仅与截面的几何尺寸有关,称为极惯性矩,即:

$$I_\mathrm{p} = \int_A \rho^2 \mathrm{d}A \tag{3-11}$$

由此可以得到:

$$\frac{\mathrm{d}\phi}{\mathrm{d}x} = \frac{T}{GI_\mathrm{P}} \tag{3-12}$$

把上式代入到式(3-9)中,就得到切应力计算公式:

$$\tau_\rho = \frac{T\rho}{I_\mathrm{P}} \tag{3-13}$$

显然,横截面上的最大切应力为:

$$\tau_{\max} = \frac{TR}{I_\mathrm{P}} = \frac{T}{\dfrac{I_\mathrm{P}}{R}}$$

式中,I_P/R 项也是一个仅与截面有关的量,称为抗扭截面系数,用 W_t 表示,即:

$$W_t = \frac{I_p}{R} \tag{3-14}$$

所以,最大切应力计算公式又可以写成:

$$\tau_{max} = \frac{T}{W_t} \tag{3-15}$$

3.4.3 极惯性矩和抗扭截面系数的计算

直接用积分可以求出圆截面的极惯性矩和抗扭截面系数,如图 3-12 所示。
取微面积 $dA = \rho d\theta d\rho$,代入到式(3-11)中,得到极惯性矩,即:

$$I_p = \int_A \rho^2 dA = \int_0^{2\pi} \int_0^R \rho^3 d\theta d\rho = \frac{\pi R^4}{2} = \frac{\pi D^4}{32} \tag{3-16}$$

把上式代入到式(3-14)中得到抗扭截面系数:

$$W_t = \frac{\pi R^3}{2} = \frac{\pi D^3}{16} \tag{3-17}$$

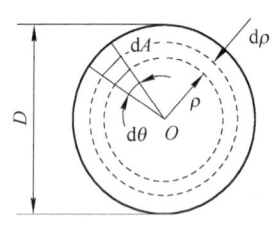

图 3-12 实心圆截面

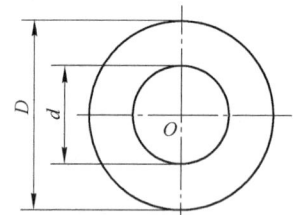

图 3-13 空心圆截面

如果是空心圆截面,如图 3-13 所示。
用相同的方法可以求出空心圆截面的极惯性矩和抗扭截面系数:

$$\begin{aligned} I_p &= \int_A \rho^2 dA = \int_0^{2\pi} \int_r^R \rho^3 d\theta d\rho \\ &= \frac{\pi R^4}{2} - \frac{\pi r^4}{2} = \frac{\pi R^4}{2}(1-\alpha^4) \\ &= \frac{\pi D^4}{32}(1-\alpha^4) \end{aligned} \tag{3-18}$$

和:

$$W_t = \frac{\pi R^3}{2}(1-\alpha^4) = \frac{\pi D^3}{16}(1-\alpha^4) \tag{3-19}$$

其中,α 是内径与外径之比,即:

$$\alpha = \frac{r}{R} = \frac{d}{D}$$

空心圆截面上的切应力分布如图 3-14 所示。

例 3-2

一端固定的阶梯圆轴（图 3-15a），受到外力偶 M_1 和 M_2 的作用，$M_1 = 1\,800\,\text{N}\cdot\text{m}$，$M_2 = 1\,200\,\text{N}\cdot\text{m}$。求固定端截面上 $\rho = 25\,\text{mm}$ 处的切应力，以及轴内的最大切应力。

解：（1）画扭矩图。用截面法求阶梯圆轴的内力并画出扭矩图（图 3-15b）。

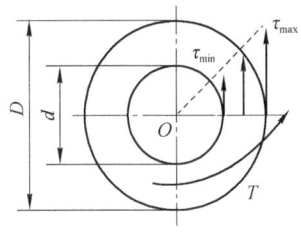

图 3-14 切应力分布

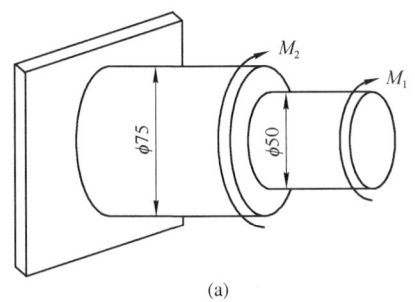
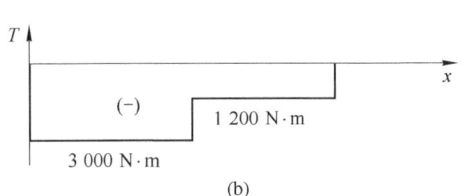

图 3-15 例 3-2 图
(a) 原图；(b) 扭矩图

（2）固定端截面上指定点的切应力。

$$\tau_\rho = \frac{T_1 \rho}{I_\text{p}} = \frac{3\,000 \times 0.025}{\dfrac{1}{32}\pi \times 0.075^4} = 24.1\,\text{MPa}$$

（3）最大切应力。分别求出粗段和细段内的最大切应力。

$$\tau_\text{max1} = \frac{T_1}{W_\text{t1}} = \frac{16 T_1}{\pi d_1^3} = \frac{16 \times 3\,000}{\pi \times 0.075^3} = 36.2\,\text{MPa}$$

$$\tau_\text{max2} = \frac{T_2}{W_\text{t2}} = \frac{16 T_2}{\pi d_2^3} = \frac{16 \times 1\,200}{\pi \times 0.05^3} = 48.9\,\text{MPa}$$

比较后得到圆轴内的最大切应力发生在细段内。

$$\tau_\text{max} = \tau_\text{max2} = 48.9\,\text{MPa}$$

从以上的结论中可知：直径对切应力的影响比扭矩对切应力的影响要大，所以在阶梯圆轴的扭转变形中，要综合考虑扭矩和截面的因素，从而找到扭转杆件上最大的切应力。

3.5 圆轴扭转时的强度条件和刚度条件

3.5.1 圆轴的扭转失效

通过扭转试验发现，不同材料的圆轴在扭转破坏时，断口的形状也不一样。塑性材料在扭转时，当外力偶矩逐渐增大时，材料首先屈服，这时在圆试件的表面出现纵向和横向的滑移线，横截面上的最大切应力称为扭转屈服应力。当外力偶矩增大到某个数值时，试件就在某一横截面处发生剪断，如图 3-16a 所示，这时破坏截面上的最大切应力称为扭转强度极限。而当脆性材料在扭转时，扭转变形很小，没有明显的屈服阶段，最后发生约 45°的螺旋面的断裂破坏，如图 3-16b 所示。扭转的屈服应力和强度极限称为扭转的极限应力，用 τ_u 表示。

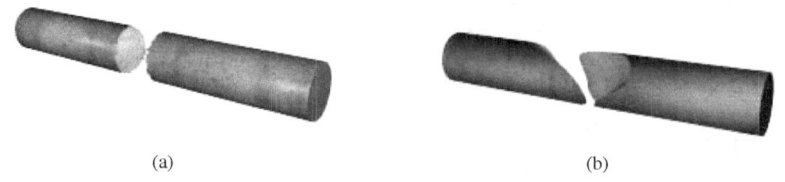

图 3-16 扭转强度
(a) 扭转强度极限；(b) 扭转极限应力

3.5.2 强度条件

从扭转试验得到了扭转的极限应力 τ_u（塑性 τ_s，脆性 τ_u），再考虑一定的安全裕度，即将扭转极限应力除以一个安全系数，就得到扭转的许用切应力：

$$[\tau] = \frac{\tau_u}{n} \tag{3-20}$$

这个许用切应力是扭转的设计应力，即圆轴内的最大切应力不能超过许用切应力。

对于等截面圆轴，各个截面的抗扭截面系数相等，所以圆轴的最大切应力将发生在扭矩数值最大的截面上，强度条件就是：

$$\tau_{\max} = \frac{T_{\max}}{W_t} \leqslant [\tau] \tag{3-21}$$

而对于变截面圆轴，则要综合考虑扭矩的数值和抗扭截面系数，所以强度条件是：

$$\tau_{\max} = \left| \frac{T}{W_t} \right|_{\max} \leqslant [\tau] \tag{3-22}$$

例 3-3

驾驶盘的直径 $D = 520\,\text{mm}$，加在盘上的平行力 $P = 300\,\text{N}$，盘下面的竖轴的材料许用切应力 $[\tau] = 60\,\text{MPa}$；(1) 当竖轴为实心轴时，设计轴的直径；(2) 采用空心轴，且 $\alpha = 0.8$，设计内外直径；(3) 比较实心轴和空心轴的重量比。

解：(1) 外力偶和内力。作用在驾驶盘上的外力偶矩与竖轴内的扭矩相等：

$$T = M = PD = 300 \times 0.52 = 156\,\text{N} \cdot \text{m}$$

(2) 设计实心竖轴的直径。

$$\tau_{\max} = \frac{T}{W_t} = \frac{16T}{\pi D_1^3} \leqslant [\tau]$$

$$\therefore D_1 \geqslant \sqrt[3]{\frac{16T}{\pi[\tau]}} = \sqrt[3]{\frac{16 \times 156}{\pi \times 60 \times 10^6}} = 23.7 \text{ mm}$$

(3) 设计空心竖轴的直径。

$$\tau_{\max} = \frac{T}{W_t} = \frac{16T}{\pi D_2^3(1-\alpha^4)} \leqslant [\tau]$$

$$D_2 \geqslant \sqrt[3]{\frac{16T}{\pi[\tau](1-\alpha^4)}} = \sqrt[3]{\frac{16 \times 156}{\pi \times 60 \times 10^6 \times (1-0.8^4)}} = 28.2 \text{ mm}$$

(4) 实心轴与空心轴的重量之比。实心轴与空心轴的重量之比等于横截面面积之比。

$$\frac{G_1}{G_2} = \frac{\frac{1}{4}\pi D_1^2}{\frac{1}{4}\pi(D_2^2-d_2^2)} = \frac{D_1^2}{D_2^2(1-\alpha^2)} = \frac{23.7^2}{28.2^2(1-0.8^2)} = 1.97$$

题解注释：在强度相等的条件下，实心轴的重量约是空心轴的2倍。所以在工程上，经常使用空心圆轴。

3.5.3 刚度条件

在纯扭转的等截面圆轴中，从扭曲率式(3-12)可以得到：

$$\mathrm{d}\phi = \frac{T}{GI_p}\mathrm{d}x$$

它表示圆轴中相距 $\mathrm{d}x$ 的两个横截面之间的相对转角，所以长为 l 的两个端截面之间的扭转角可以积分上式得到：

$$\phi = \int_l \frac{T}{GI_p}\mathrm{d}x \tag{3-23}$$

因为在纯扭转中，扭矩 T 和扭转刚度 GI_p 是常量，所以上式可以简化成：

$$\phi = \frac{Tl}{GI_p} \tag{3-24}$$

如果是阶梯形圆轴并且扭矩是分段常量，则式(3-12)的积分可以写成分段求和的形式，即圆轴两端面之间的扭转角是：

$$\phi = \sum_{i=1}^n \frac{T_i l_i}{GI_{pi}} \tag{3-25}$$

在应用上式计算扭转角时是要注意扭矩的符号。

在工程上，对于发生扭转变形的圆轴，除了要考虑圆轴不发生破坏的强度条件之外，还要注意扭转变形问题，这样才能满足工程机械的精度等工程要求。所以用单位长度扭转角作为衡量扭转变形的程度，它不能超过规定的许用值，即要满足扭转变形的刚度条件。

对于扭矩是常量的等截面圆轴，单位长度扭转角最大值一定发生在扭矩最大的截面处，所以，刚度条件可以写成：

$$\theta_{\max} = \frac{T_{\max}}{GI_p} \leqslant [\theta] \tag{3-26}$$

上式中，单位长度扭转角的单位是 rad/m。如果使用°/m 单位，则上式可以写成：

$$\theta_{\max} = \frac{T_{\max}}{GI_p} \times \frac{180}{\pi} \leqslant [\theta] \tag{3-27}$$

对于扭矩是分段常量的阶梯形截面圆轴，其刚度条件是：

$$\theta_{\max} = \left| \frac{T}{GI_p} \right|_{\max} \leqslant [\theta] \tag{3-28}$$

或者写成：

$$\theta_{\max} = \left| \frac{T}{GI_p} \right|_{\max} \times \frac{180}{\pi} \leqslant [\theta] \tag{3-29}$$

例 3-4

某机器的传动轴如图 3-17a 所示，传动轴的转速 $n = 300$ r/m，主动轮输入功率 $P_1 = 367$ kW，三个从动轮的输出功率分别是：$P_2 = P_3 = 110$ kW，$P_4 = 147$ kW。已知 $[\tau] = 40$ MPa，$[\theta] = 0.3°/m$，$G = 80$ GPa，试设计轴的直径。

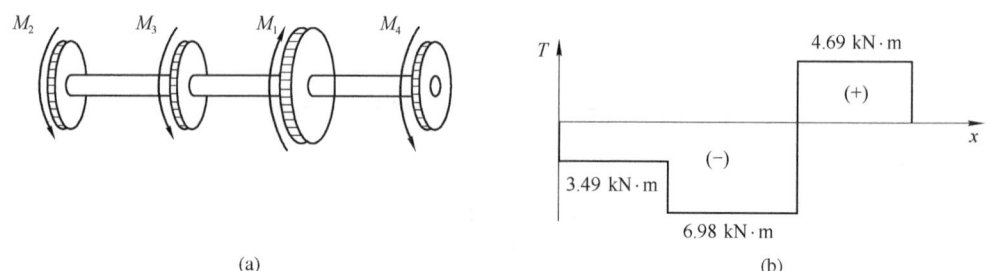

图 3-17 例 3-4 图

(a) 原图；(b) 扭矩图

解：(1) 外力偶矩。根据轴的转速和输入与输出功率计算外力偶矩：

$$M_1 = 9\,549\,\frac{P_1}{n} = 9\,549 \times \frac{367}{300} = 11.67 \text{ kN} \cdot \text{m}$$

$$M_2 = M_3 = 9\,549\,\frac{P_2}{n} = 9\,549 \times \frac{110}{300} = 3.49 \text{ kN} \cdot \text{m}$$

$$M_4 = 9\,549\,\frac{P_4}{n} = 9\,549 \times \frac{147}{300} = 4.69 \text{ kN} \cdot \text{m}$$

(2) 画扭矩图。用截面法求传动轴的内力并画出扭矩图（图 3-17b）。

从扭矩图中可以得到传动轴内的最大的扭矩值是：

$$T_{\max} = 6.98 \text{ kN} \cdot \text{m}$$

(3) 由扭转的强度条件来决定轴的直径。

$$\tau_{\max} = \frac{T_{\max}}{W_t} = \frac{16 T_{\max}}{\pi d^3} \leqslant [\tau]$$

$$d \geqslant \sqrt[3]{\frac{16 T_{\max}}{\pi [\tau]}} = \sqrt[3]{\frac{16 \times 6.98 \times 10^3}{\pi \times 40 \times 10^6}} = 96 \text{ mm}$$

(4) 由扭转的刚度条件来决定轴的直径。

$$\theta_{\max} = \frac{T_{\max}}{G I_p} \times \frac{180}{\pi} = \frac{32 T_{\max}}{G \pi d^4} \times \frac{180}{\pi} \leqslant [\theta]$$

$$d \geqslant \sqrt[4]{\frac{32 T_{\max}}{G \pi [\theta]} \times \frac{180}{\pi}} = \sqrt[4]{\frac{32 \times 6.98 \times 10^3}{80 \times 10^9 \times \pi \times 0.3} \times \frac{180}{\pi}} = 115 \text{ mm}$$

(5) 要同时满足强度和刚度条件，应选择(c)和(d)中较大直径者，即：

$$d = 115 \text{ mm}$$

例 3-5

图 3-18a 所示一根两端固定的阶梯形圆轴，在截面突变处受一外力偶矩 M 的作用，若 $d_1 = 2d_2$，材料的剪切弹性模量是 G，求固定端的反力偶矩，并画出圆轴的扭矩图。

解：(1) 受力分析(图 3-18b)。假设 A、B 两端的约束力偶为 M_A 和 M_B，根据平衡条件可列一个平衡方程：

$$\sum M_x = 0: M_A + M_B - M = 0$$

未知的约束力偶有两个，独立的平衡方程只有一个，所以本题是一次静不定问题。

(2) 扭矩。用截面法求出 AC 段和 CB 段内的扭矩：

$$T_{AC} = -M_A, \quad T_{CB} = M_B$$

(3) 变形谐调条件。圆轴的两端固定，所以 A、B 截面的相对转角等于零。

$$\varphi_{AB} = \varphi_{AC} + \varphi_{CB} = 0$$

(4) 分别算出 A、C 截面和 C、B 截面的相对转角。

$$\varphi_{AC} = \frac{T_{AC} l_{AC}}{G I_{p1}} = \frac{-32 M_A \times a}{G \pi d_1^4}$$

$$\varphi_{CB} = \frac{T_{CB} l_{CB}}{G I_{p2}} = \frac{32 M_B \times 2a}{G \pi d_2^4}$$

(5) 补充方程。把上式代入到变形谐调条件中去就得到补充方程：

$$-\frac{32M_A a}{G\pi d_1^4} + \frac{64M_B a}{G\pi d_2^4} = 0$$

$$-M_A + 2M_B\left(\frac{d_1}{d_2}\right)^4 = 0$$

$$-M_A + 32M_B = 0$$

(6) 解方程组。联立补充方程和平衡方程解得:

$$M_A = \frac{32}{33}M, \quad M_B = \frac{1}{33}M$$

(7) 画扭矩图(图 3-18c)。

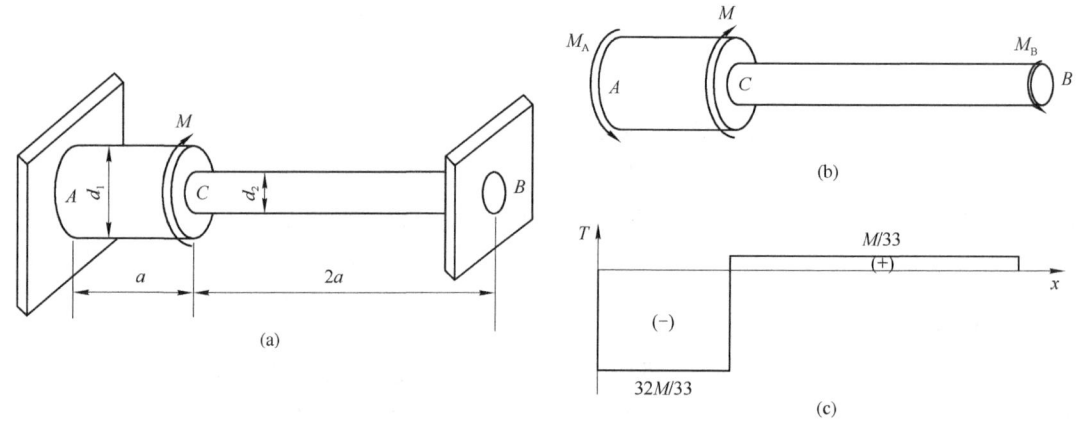

图 3-18 例 3-5 图

(a) 原图;(b) 平衡分析;(c) 扭矩图

3.6 非圆截面轴扭转简介

前述讨论圆轴扭转变形时,圆轴的横截面保持为平面。如果扭转变形轴的横截面不是圆,则在发生扭转变形时,横截面就不再保持为平面。

图 3-19a 是一根矩形截面杆,侧面上画着横向线和纵向线,横向线代表横截面。当发生扭转变形时,如图 3-19b 所示,可以发现横向线变成了曲线,这说明横截面已不再是平面了。这时横截面上的切应力计算和杆件的扭转变形计算不再适用前面使用的公式。非圆截面杆件的扭转将在弹性力学中讨论,这里不作进一步的介绍。

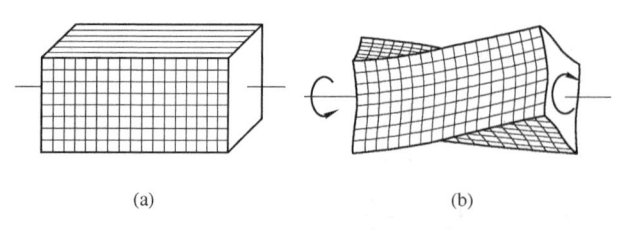

图 3-19 非圆截面扭转变形

(a) 矩形截面杆;(b) 发生扭转变形

习　　题

思考题

在下列思考题中 A、B、C、D 的备选答案中选择正确的答案。

1. 圆轴 AB 的两端受扭转力偶矩 M_A 和 M_B 作用，如图 3-20 所示。假想将轴在截面 C 处截开，对于左右两个隔离体，截面 C 上的扭矩分别用 T 和 T^1 表示，下列结论中_____是正确的。
   (A) T 为正，T^1 为负；
   (B) T 为正，T^1 为负；
   (C) T 和 T^1 均为正；
   (D) T 和 T^1 均为负。

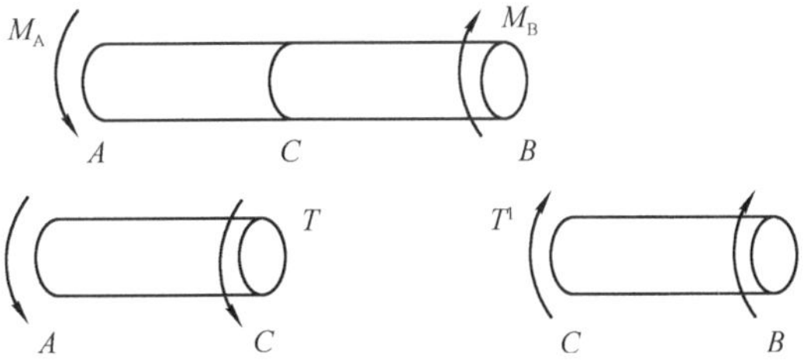

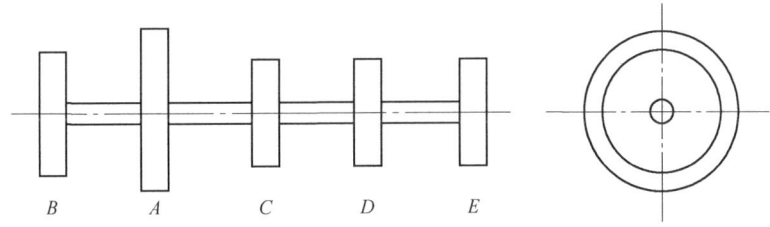

图 3-20　思考题 1 图

2. 图 3-21 所示，传动轴的转速 $n = 200 \text{ r/min}$，主动轮 A 的输入功率 $P_A = 45 \text{ kW}$，从动轮 B,C,D,E 的输出功率分别为 $P_B = 20 \text{ kW}, P_C = 10 \text{ kW}, P_D = 10 \text{ kW}, P_E = 5 \text{ kW}$，下列结论中_____是正确的。

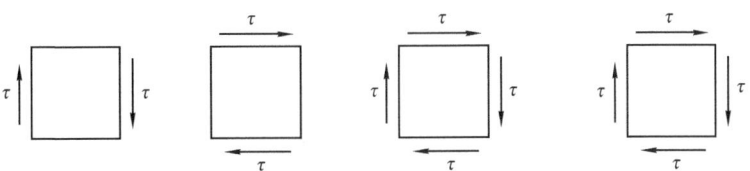

图 3-21　思考题 2 图

   (A) 轴上最大扭矩出现的部位在 BA 段；
   (B) 轴上最大扭矩出现的部位在 AC 段；
   (C) 轴上最大扭矩出现的部位在 CD 段；
   (D) 轴上最大扭矩出现的部位在 DE 段。

3. 下列单元体（图 3-22）的应力状态中_____属于正确的纯剪状态。

图 3-22　思考题 3 图

4. 空心圆轴受扭转力偶作用（图 3-23），横截面上的扭矩为 M_n，下列四种（横截面上）沿径向的应力分布图中_____是正确的。

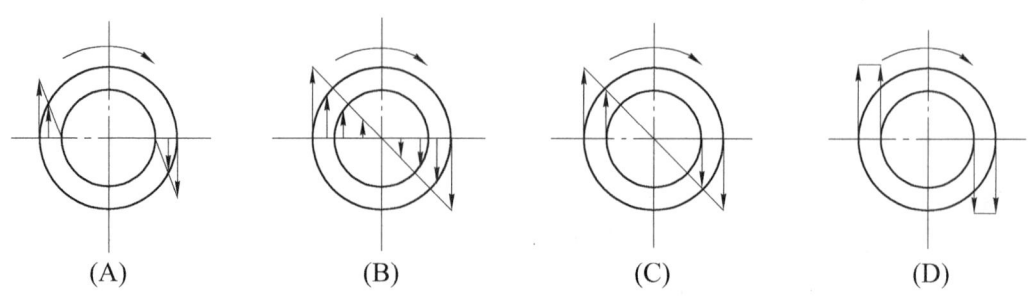

图 3-23 思考题 4 图

5. 一根空心轴的内、外径分别为 d、D。当 $D=2d$ 时，其抗扭截面模量为_____。
(A) $7\pi d^3/16$； (B) $15\pi d^3/32$； (C) $15\pi d^4/32$； (D) $7\pi d^4/16$。

6. 有两根圆轴，一根是实心轴，直径为 D_1，另一根是空心轴，内径为 d_2，外径为 D_2，$d_2/D_2=0.8$，若两轴横截面上的扭矩相同，且轴内的最大剪应力相等，则它们的外径之比 D_2/D_1 为_____。
(A) 1.19； (B) 1.25； (C) 1.50； (D) 1.81。

7. 设空心圆轴的内径为 d，外径为 D，$d/D=\alpha$，则其横截面的极惯性矩 I_p 和抗扭截面模量 W_t 的表达式为_____。
(A) $I_p = 1/64\pi D^4(1-\alpha^4)$ $W_t = 1/32\pi D^3(1-\alpha^3)$；
(B) $I_p = 1/32\pi D^4(1-\alpha^4)$ $W_t = 1/16\pi D^3(1-\alpha^3)$；
(C) $I_p = 1/32\pi D^4(1-\alpha^4)$ $W_t = 1/16\pi D^3(1-\alpha^4)$；
(D) $I_p = 1/32\pi(D^4-d^4)$ $W_t = 1/16\pi(D^3-d^3)$。

8. 当实心圆轴的直径增加 1 倍时，其抗扭强度、抗扭刚度分别增加到原来的_____。
(A) 8 和 16 倍； (B) 16 和 8 倍； (C) 8 和 8 倍； (D) 16 和 16 倍。

练习题

下面习题中，杆件的变形与其几何尺寸相比是一个微小量，在受力分析和列平衡方程时，可以使用原始尺寸进行分析和计算。

1. 试求图 3-24 所示各轴的扭矩，并指出最大扭矩值。

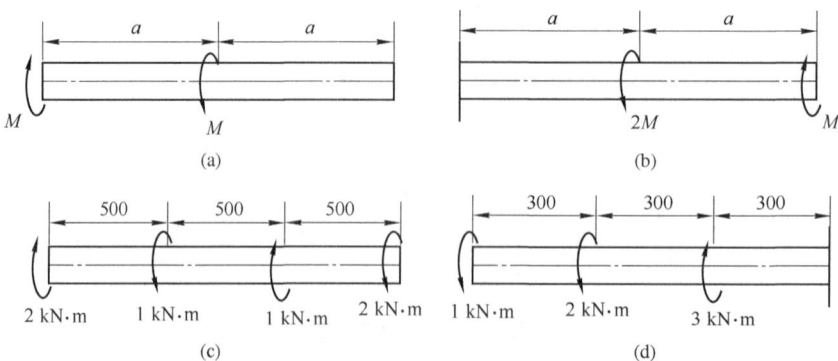

图 3-24 练习题 1 图

2. 试画图 3-24 所示各轴的扭矩图。

3. 某传动轴(图 3-25),转速 $n = 300$ r/min,轮 1 为主动轮,输入的功率 $P_1 = 50$ kW,轮 2、轮 3 与轮 4 为从动轮,输出功率分别为 $P_2 = 10$ kW,$P_3 = P_4 = 20$ kW。
(1) 试画轴的扭矩图,并求轴的最大扭矩。
(2) 若将轮 1 与轮 3 的位置对调,轴的最大扭矩变为何值,对轴的受力是否有利。

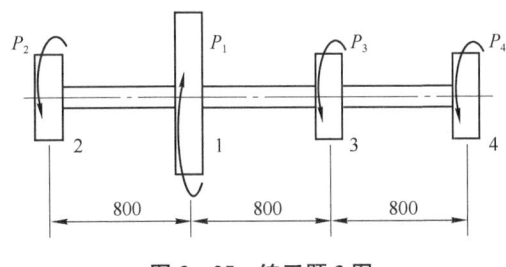

图 3-25 练习题 3 图

4. 图 3-26 空心圆截面轴,外径 $D = 40$ mm,内径 $d = 20$ mm,扭矩 $T = 1$ kN·m,试计算 A 点处 ($\rho_A = 15$ mm) 的扭转切应力 τ_A,以及横截面上的最大与最小扭转切应力。

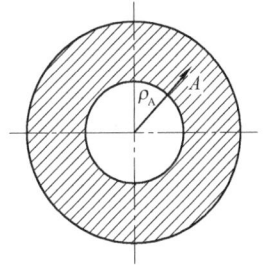

图 3-26 练习题 4 图

5. 图 3-27 圆截面轴,AB 与 BC 段的直径分别为 d_1 与 d_2,且 $d_1 = 4d_2/3$,试求轴内的最大切应力与截面 C 的转角,并画出轴表面母线的位移情况,材料的切变模量为 G。

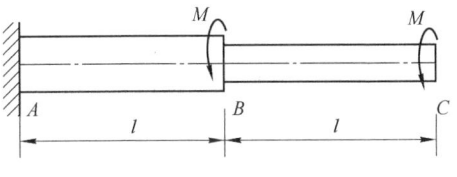

图 3-27 练习题 5 图

6. 一轴若受扭矩 $M = 1\,\text{kN} \cdot \text{m}$，许用切应力 $[\tau] = 80\,\text{MPa}$，单位长度的许用扭转角 $[\theta] = 0.5°/\text{m}$，切变模量 $G = 80\,\text{GPa}$，试确定轴径。

7. 实心轴和空心轴由牙嵌式离合器相联接（图 3-28），已知轴的转速为 $n = 100\,\text{r/min}$，传递的功率 $P = 7.5\,\text{kW}$，材料的许用剪应力 $[\tau] = 40\,\text{MPa}$。试选择实心轴直径 d_1 和内外径比值为 $1/2$ 的空心轴外径 D_2。

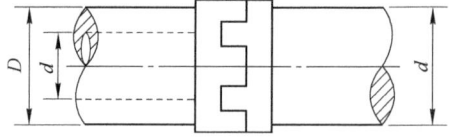

图 3-28 练习题 7 图

8. 阶梯形圆轴（图 3-29）直径分别为 $d_1 = 40\,\text{mm}$，$d_2 = 70\,\text{mm}$，轴上装有三个皮带轮。已知由轮 3 输入的功率为 $P_3 = 30\,\text{kW}$，轮 1 输出的功率为 $P_1 = 13\,\text{kW}$，轴作匀速转动，转速 $n = 200\,\text{r/min}$，材料的许用剪应力 $[\tau] = 60\,\text{MPa}$，$G = 80\,\text{GPa}$，许用扭转角 $[\theta] = 2°/\text{m}$。试校核轴的强度和刚度。

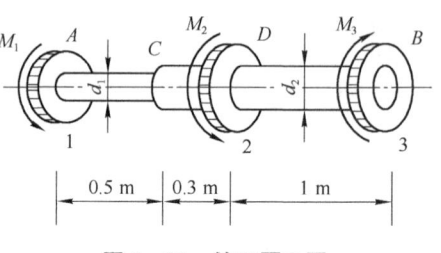

图 3-29 练习题 8 图

9. 图 3-30 两端固定的圆截面轴，直径为 d，材料的切变模量为 G，截面 B 的转角为 ϕ_B，试求所加扭力偶矩 M 之值。

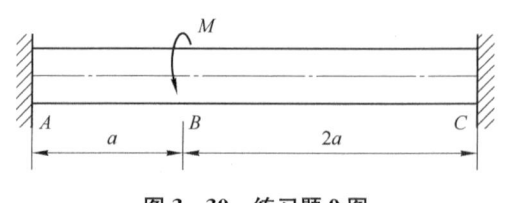

图 3-30 练习题 9 图

第 4 章　梁的弯曲内力

4.1　工程中的弯曲问题

弯曲是工程实际中最常见的一种基本变形。如图 4-1a 所示的桥式吊车梁，图 4-2a 所示的车轴，它们在各自的载荷作用下，其轴线将由原来的直线弯成曲线，此种变形称为弯曲。以弯曲变形为主的杆件通常称为梁。

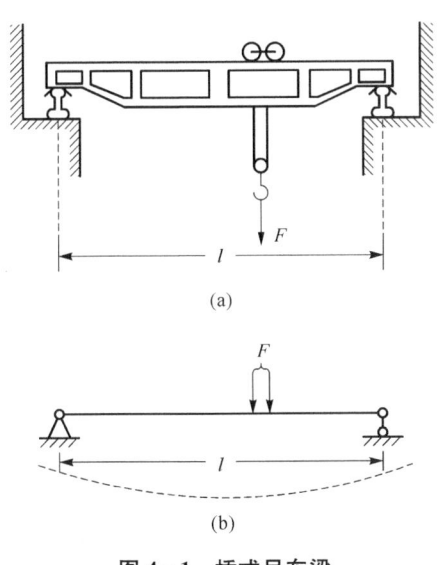

图 4-1　桥式吊车梁

(a) 桥式吊车；(b) 力学模型

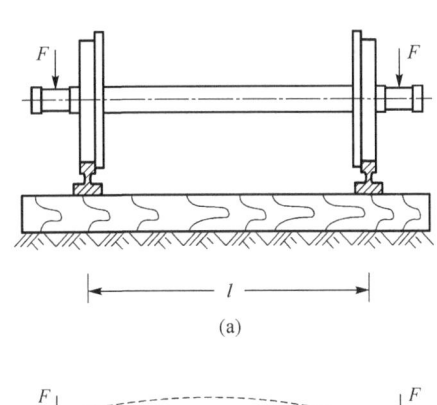

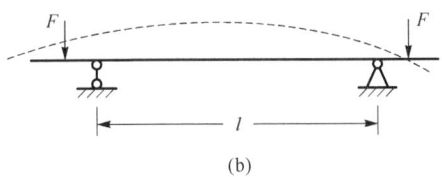

图 4-2　车轴

(a) 车轴；(b) 力学模型

工程实际中，绝大部分梁的横截面至少有一根对称轴，全梁至少有一个纵向对称面。垂直于杆轴线的外力使杆件产生弯曲变形，若这样的外力又均匀作用在梁的某个纵向对称面内（图 4-3），则梁的轴线将弯成位于此对称面内的一条平面曲线，此种弯曲称为对称弯曲。

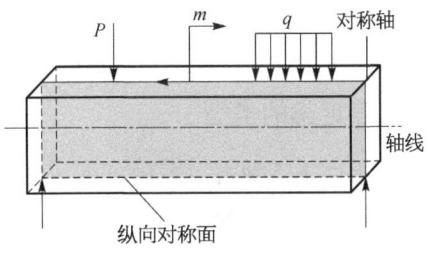

图 4-3　对称弯曲

4.2 梁的计算简图

在计算梁的强度及刚度时,应针对主要问题,对梁所受的实际约束及载荷进行简化,从而得到便于进行定量分析的梁的计算简图。

4.2.1 载荷的简化

一般可将载荷简化为两种形式。当载荷的作用范围很小时,可将其简化为集中载荷(如图 4-3 中的集中力 P、集中力偶 m)。若载荷连续作用于梁上,则可将其简化为分布载荷(如水作用于水坝坝体上的作用力),呈均匀分布的载荷称均布载荷(如图 4-3 中的均布载荷 q)。如图 4-1a 中的吊车大梁,若考虑大梁自身重量对梁强度及刚度的影响,则可将梁自身重量简化为作用于全梁上的均布载荷。分布于单位长度上的载荷大小,称为载荷集度,通常以 q 表示。国际单位制中,集度单位为 N/m 或 kN/m。

4.2.2 实际约束的简化

根据构件所受实际约束方式,可将约束简化为下列几种形式:

1. 滑动铰支座

这种支座只在支承处限定梁沿垂直于支座平面方向的位移,因此,只产生一个垂直于支座平面的约束力(图 4-4a)。桥梁中的滚轴支座、机械中的短滑动轴承及滚动轴承都可简化为滑动铰支座。

2. 固定铰支座

这种支座在支承处限定梁沿任何径向方向的位移,因此,可用两个分力表示相应的约束力(图 4-4b)。桥梁下的固定支座、机械中的止推轴承可简化为固定铰支座。

3. 固定端

这种约束既限定梁端的线位移,也限定其角位移,因此,相应的约束力有三个:两个约束分力,一个约束力偶(图 4-4c)。水坝的下端约束、机械中的止推长轴承均可简化为固定端。

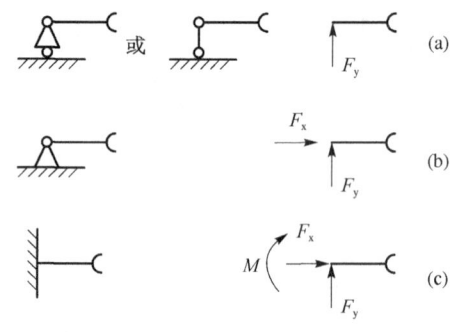

图 4-4 固定铰支座

(a) 滑动铰支座;(b) 固定铰支座;(c) 固定端

4.2.3 静定梁的类型

如约束反力全部可以根据平衡方程直接确定,这样的梁称为静定梁。根据约束的类型及其所处位置,可将静定梁分为三种基本类型:

(1) 简支梁:一端为固定铰支座,另一端为滑动铰支座的梁(图 4-5a)。

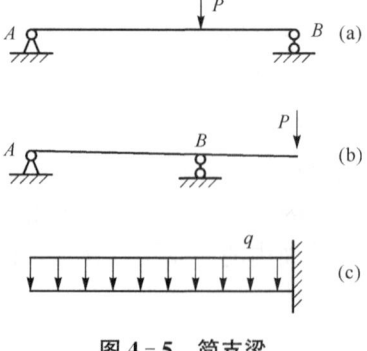

图 4-5 简支梁

(a) 原图;(b) 外伸梁;(c) 悬臂梁

(2) 外伸梁：简支梁的一端或两端外伸。如图 4-5b 所示。
(3) 悬臂梁：一端固定而另一端自由的梁。如图 4-5c 所示。

4.3 剪力与弯矩

梁上的载荷及约束力确定后，即可利用截面法分析梁的内力了，进而为计算梁的强度及刚度做好准备。

以图 4-6 为例，用截面法分析 C 处截面的内力。首先依据平衡条件确定约束力。因该梁结构及所受载荷对称，故可直接求出约束力：

$$R_A = R_B = 10 \text{ kN}$$

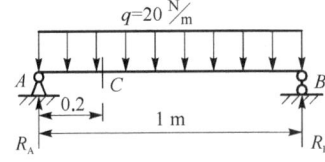
图 4-6 梁结构

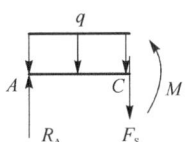
图 4-7 AC 段受力

将一假想平面在 C 处将梁截开，选其中一部分（左段）为研究对象，分析 AC 段受力（图 4-7）。AC 段上作用着均布载荷 q、约束力 R_A 这样的外载荷及 C 截面的内力（BC 段对 AC 段的作用力）。由平衡条件 $\sum F_Y = 0$ 可知，C 截面上一定存在沿铅垂方向的内力，这种与截面平行的内力称为剪力，以 F_S 表示。剪力的大小及实际方向由平衡方程确定：

$$\sum F_Y = R_A - q \cdot AC - F_S = 0$$

$$F_S = 10 - 20 \times 0.2 = 6 \text{ kN} \quad (C \text{ 截面上剪力的实际方向向下})$$

由平衡条件 $\sum m_C(F) = 0$ 可知，C 截面上一定存在另一个内力分量，即力偶。此力偶的作用面位于梁的对称面，其矢量垂直于梁的轴线，此内力分量称为弯矩，以 M 表示。弯矩的大小及实际方向由平衡方程确定：

$$\sum m_C(F) = M - R_A \cdot AC + \frac{q}{2} \cdot AC^2 = 0$$

注：一般将所求截面的形心作为力矩平衡方程的矩心。

$$M = 10 \times 0.2 - \frac{20}{2} \times 0.2^2 = 1.6 (\text{kN} \cdot \text{m}) \quad (C \text{ 截面弯矩的实际方向为逆时针})$$

在以截面法计算弯曲内力的过程中，选取了左段作为研究对象，所求得的剪力与弯矩是 C 处左截面上的弯曲内力。试分析，若选取右段作为研究对象，所求得的弯曲内力则为 C 处右截面的内力，而左、右截面上剪力、弯矩的方向一定是相反的（因其为作用力与反作用力的关系），如图 4-8 所示。

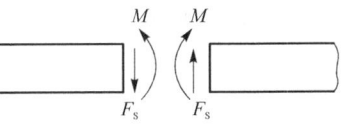
图 4-8 受力分析

因此,有必要对弯曲内力的符号做如下规定:使所保留的研究段产生顺时针旋转趋势的剪力为正,反之为负;使所保留的研究段产生下凸变形的弯矩为正,反之为负。如图4-9所示。

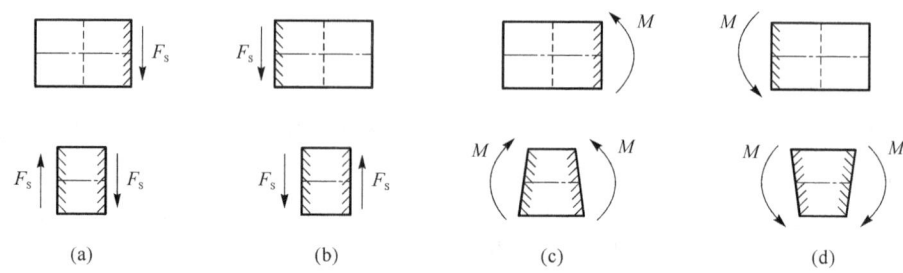

图4-9 弯曲内力符号规定
(a) 正剪力;(b) 负剪力;(c) 正弯矩;(d) 负弯矩

这样,当采用截面法计算弯曲内力时,以一个假想平面将梁截开后,无论选择哪一段作为研究对象,所计算出的同一位置截面的内力就会具有相同的符号。

综上所述,可将计算弯曲内力的方法概括如下:

(1) 在需要计算内力的截面处,以一个假想的平面将梁切开,选其中一段为研究对象(一般选择载荷较少的部分为研究对象,以便于计算)。

(2) 对研究对象进行受力分析,此时,一般按正方向画出剪力与弯矩,由平衡方程 $\sum F_Y = 0$ 计算剪力 F_S。

(3) 以所切截面形心为矩心,由平衡方程 $\sum m_C(F) = 0$ 计算弯矩。

4.4 剪力方程与弯矩方程、剪力图与弯矩图

梁横截面上的剪力与弯矩随截面的位置而变化。在计算梁的强度及刚度时,必须了解剪力及弯矩沿梁轴线的变化规律,从而找出最大剪力与最大弯矩的数值及其所在的截面位置。

因此,沿梁轴方向选取坐标 x,以此表示各横截面的位置,建立梁内各横截面的剪力、弯矩与 x 的函数关系,即:

$$F_S(x) = f(x)$$
$$M(x) = g(x)$$

上述关系式分别称为剪力方程和弯矩方程,此方程从数学角度精确地给出了弯曲内力沿梁轴线的变化规律。

若以 x 为横坐标,以 F_S 或 M 为纵坐标,将剪力、弯矩方程所对应的图线绘出来,即可得到剪力图与弯矩图,这样可直观地了解梁各横截面的内力变化规律。

例 4-1

一悬臂梁 AB(图4-10a),右端固定,左端受集中力 P 作用。作此梁的剪力图及弯

矩图。

解：(1) 列剪力方程与弯矩方程。

以 A 为坐标原点，在距原点 x 处假想地将梁截开，取左段梁为研究对象，其受力分析如图 4-10b 所示。

由平衡方程求 x 截面的剪力与弯矩：

$$\sum F_Y = -F_S - P = 0, \quad F_S = -P$$

$$\sum m_O = Px + M = 0, \quad M = -Px$$

因截面的位置是任意的，故式中的 x 是一个变量。以上两式即为 AB 梁的剪力方程与弯矩方程。

(2) 依据剪力方程与弯矩方程作出剪力图与弯矩图。由剪力方程可知，梁各截面的剪力不随截面的位置而变，因此剪力图为一条水平直线，如图 4-10c 所示。

由弯矩方程可知，弯矩是 x 的一次函数，故弯矩图为一条斜直线（两点确定一线，$x = 0$ 时，$M = 0$；$x = L$ 时，$M = -PL$），如图 4.10d 所示。

例 4-2

一简支梁 AB 受集度为 q 的均布载荷作用（图 4-11a）。作此梁的剪力图与弯矩图。

解：(1) 求支座反力。

$$R_A = R_B = \frac{1}{2}ql$$

(2) 列剪力方程与弯矩方程。在距 A 点 x 处截取左段梁为研究对象，其受力如图 4-11b 所示，由平衡方程：

$$\sum F_Y = R_A - qx - F_S = 0$$

得：

$$F_S = R_A - qx = \frac{ql}{2} - qx$$

由：

$$\sum m_o = -R_A x + qx \cdot \frac{x}{2} + M = 0$$

得：

$$M = R_A x - qx \cdot \frac{x}{2} = \frac{ql}{2}x - \frac{q}{2}x^2$$

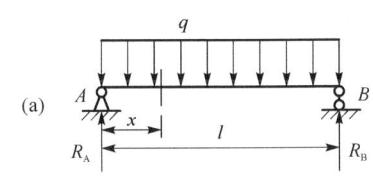

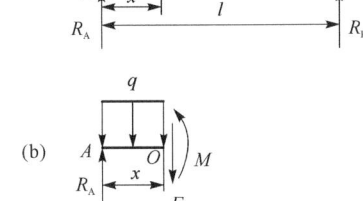

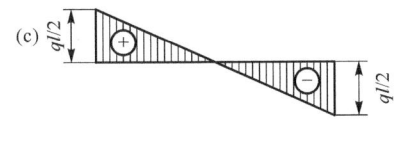

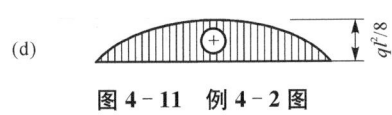

图 4-10 例 4-1 图

(a) 原图；(b) 截面；(c) 剪力图；(d) 弯矩图

图 4-11 例 4-2 图

(a) 原图；(b) 截面；(c) 剪力图；(d) 弯矩图

(3) 画剪力图与弯矩图。由剪力方程可知剪力图为一斜直线（两点确定一线：$x = 0$ 时，$F_S = ql/2$；$x = 1$ 时，$F_S = -ql/2$）如图 4-11c 所示。

由弯矩方程可知弯矩图为一抛物线；抛物线上凸；在 $x = 1/2$ 处，弯矩有极值，$M_{\max} = ql^2/8$；$x = 0$ 及 $x = 1$ 时，$M = 0$。如图 4-11d 所示。

由剪力图及弯矩图可见,在靠近两支座的横截面上剪力的绝对值最大。在梁的中点截面上,剪力为零,而弯矩最大。

例 4-3

如图 4-12a 所示简支梁,在截面 C 处受集中力 P 作用,试作梁的剪力图与弯矩图。

解:(1)计算支反力。

由平衡方程:

$$\sum m_A = 0 \quad 和 \quad \sum m_B = 0$$

分别求得:

$$R_A = \frac{bP}{l}, \quad R_B = \frac{aP}{l}$$

(2)建立剪力方程与弯矩方程。由于 C 处有集中力 P 作用,故 AC 和 BC 两段梁的剪力方程和弯矩方程不同,必须分别列出。

AC 段:以 A 为原点,在距 A 点 x_1 处截取左段梁作为研究对象,其受力如图 4-12b 所示。根据平衡条件分别得:

$$F_{S1} = R_A = \frac{bP}{l} \quad (0 < x_1 < a)$$

$$M_1 = R_A x_1 = \frac{bP}{l} x_1 \quad (0 \leqslant x_1 \leqslant a)$$

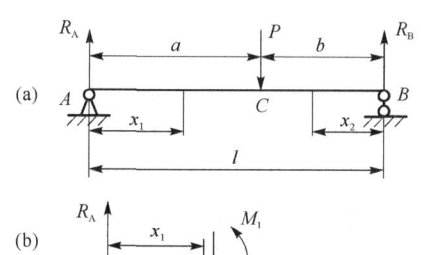
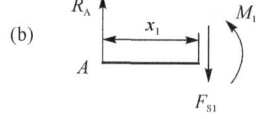
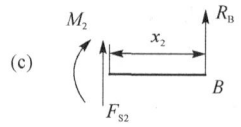
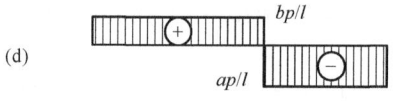
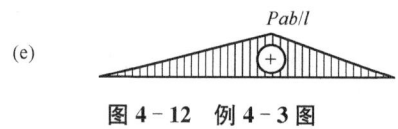

图 4-12 例 4-3 图
(a) 原图;(b)、(c) 截面;(d) 剪力图;(e) 弯矩图

BC 段:为计算简便,以 B 为原点,在距 B 点 x_2 处截取梁的右段作为研究对象,其受力如图 4-12c 所示。根据平衡条件分别得:

$$F_{S_2} = -R_B = -\frac{aP}{l}, \quad (0 < x_2 < b)$$

$$M_2 = R_B x_2 = \frac{aP}{l} x_2, \quad (0 \leqslant x_2 \leqslant b)$$

(3)画剪力图与弯矩图。根据 AC、BC 两段各自的剪力方程与弯矩方程,分别画出 AC、BC 两段梁的剪力图(图 4-12d)与弯矩图(图 4-12e)。从图 4-12d、图 4-12e 可以看出,截面 C 的弯矩最大。如果 $a > b$,则 BC 段的剪力的绝对值最大。

从剪力图与弯矩图可以看出,在集中力作用处,其左、右两侧横截面上的弯矩相同,而剪力则发生突变,突变量等于该集中力之值。

例 4-4

如图 4-13a 所示简支梁,在截面 C 处受到矩为 m 的集中力偶作用,试作梁的剪力图与弯矩图。

解:(1)计算支反力。由平衡方程:

$$\sum m_A = 0$$

分别求得：

$$\sum F_Y = 0 \quad R_A = \frac{m}{l}, \quad R_B = \frac{m}{l}$$

（2）建立剪力方程与弯矩方程。以集中力偶的作用点 C 为分界面，将梁分为 AC 与 BC 两段，并分别以 Q_1、M_1 和 Q_2、M_2 代表它们各自的内力，可求得：

$$F_{S1} = -R_A = -\frac{m}{l} \quad (0 < x_1 \leqslant a)$$

$$M_1 = -R_A x_1 = -\frac{m}{l} x_1 \quad (0 \leqslant x_1 < a)$$

$$F_{S2} = -R_B = -\frac{m}{l} \quad (0 < x_2 \leqslant b)$$

$$M_2 = R_B x_2 = \frac{m}{l} x_2, \quad (0 \leqslant x_2 < b)$$

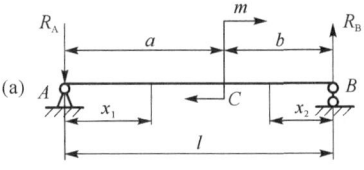
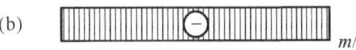
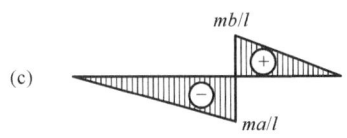

图 4-13 例 4-4 图

（a）原图；（b）剪力图；（c）弯矩图

（3）画剪力图与弯矩图。根据剪力方程及弯矩方程，可作出如图 4-13b、c 所示的剪力图与弯矩图。

由内力图可以看出，在集中力偶作用处，其左右两侧横截面上的剪力相同，但弯矩则发生突变，突变量等于该集中力偶之矩。

4.5 载荷集度、剪力、弯矩之间的微分关系

内力与外载荷之间有直接的关联性，下面寻找剪力、弯矩与载荷集度间的关系，借助此关系，可以发现剪力、弯矩的变化规律。

4.5.1 剪力、弯矩与载荷集度间的微分关系

如图 4-14a 所示梁，受分布载荷 $q = q(x)$ 作用。为了寻找剪力、弯矩沿梁轴的变化情况，选梁的左端为坐标原点，用距离原点分别为 x、$x+\mathrm{d}x$ 的两个横截面 $m-m$、$n-n$ 梁中切取一微段进行分析，其受力如图 4-14b 所示。

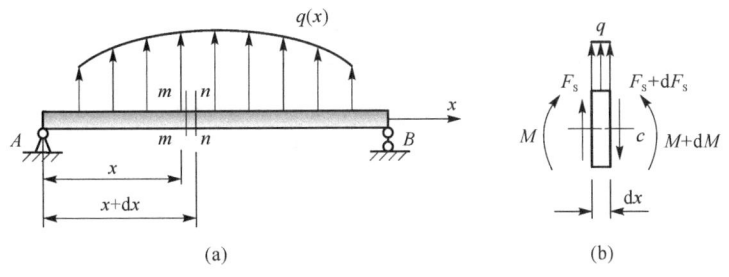

图 4-14 受分布载荷作用的梁

（a）原图；（b）微段受力

设微段的 m-m 截面上的内力为 F_S、M，n-n 截面上的内力则应为 $F_S+\mathrm{d}F_S$、$M+\mathrm{d}M$。此外，微段上还作用着分布载荷 q（$\mathrm{d}x$ 上作用的分布载荷可视为均布）。

由平衡方程：$\sum F_Y = F_S + q\mathrm{d}x - (F_S + \mathrm{d}F_S) = 0$

得：
$$\frac{\mathrm{d}F_S}{\mathrm{d}x} = q \tag{4-1}$$

由平衡方程：$\sum m_C = M + \mathrm{d}M - q\mathrm{d}x \cdot \dfrac{\mathrm{d}x}{2} - F_S \mathrm{d}x - M = 0$（略去其中的高阶微量 $q\mathrm{d}x \cdot \dfrac{\mathrm{d}x}{2}$）

得：
$$\frac{\mathrm{d}M}{\mathrm{d}x} = F_S \tag{4-2}$$

由式（4-1）、式（4-2）又可得：
$$\frac{\mathrm{d}^2 M}{\mathrm{d}x^2} = q \tag{4-3}$$

以上三式即为剪力、弯矩与载荷集度之间的微分关系式。

4.5.2 F_S、M、q 间微分关系在绘制剪力、弯矩图中的应用

依据上面所推出的 F_S、M、q 之间的微分关系，加之例 4-3、例 4-4 所给出的结论，可以总结出在几种载荷作用下剪力图、弯矩图的固有规律、特征，以便快速作出弯曲内力图。表 4-1 为不同载荷下 F_S 图与 M 图的特征。

表 4-1 几种不同载荷下 F_S 图与 M 图的特征

梁上载荷情况	无载荷 $q=0$		均布载荷 q		集中力 P	集中力偶 m
F_S 图特征	水平直线 $F_S>0$	水平直线 $F_S<0$	上倾斜直线 $q>0$	下倾斜直线 $q<0$	在 C 截面有突变	在 C 截面无变化
M 图特征	上倾斜直线	下倾斜直线	下凸抛物线	上凸抛物线	在 C 截面有转折角	在 C 截面有突变
			$F_S=0$ 处，M 有极值			

例 4-5

如图 4-15a 所示外伸梁,集中力 $F=10\,\text{kN}$,均布载荷集度 $q=10\,\text{N/cm}$,试利用剪力、弯矩与载荷集度的微分关系绘制出梁的剪力图、弯矩图。

分析:(1) 此外伸梁在求内力前,只需求出 A 点支反力。

(2) 梁上 A、C、D 三点处作用着集中力(A、D 两点处作用着支座约束力),故剪力在该三点处发生突变,而该处的弯矩无突变。

(3) AC、CD 两段上没有均布载荷作用($q=0$),故该两段梁的剪力图为水平直线,所以,只需用截面法分别求出 AC、CD 段上某一个截面的剪力即可画出两段梁的剪力图。而 AC、CD 两段梁的弯矩图为斜直线,欲确定一斜直线,则需确定两个点,所以,需用截面法分别求出两段梁上某两个截面的弯矩。

(4) BD 段上有均布载荷作用($q<0$),故该段剪力图为一斜直线,需求出 BD 段上某两个截面上的剪力。而 BD 段的弯矩图为一上凸的抛物线,所以,首先需求出 B、D 截面的弯矩,再根据 $F_S=0$ 处,M 有极值,来确定抛物线的极值点。

解:(1) 求 A 处约束力。

由:
$$\sum m_D = R \times 2 - F \times 1 + q \times \frac{1}{2} = 0$$

得:
$$R = 4.75\,\text{kN}$$

(2) 用截面法,求各段梁关键截面的内力。

段	AC	CD	BD	
横截面	A^+	C^+	B^-	D^+
F_S	4.75(kN)	−5.25(kN)	0	1(kN)

段	AC		CD		BD	
横截面	A^+	C	C	D	B^-	D
M	0	4.75(kN·m)	4.75(kN·m)	−0.5(kN·m)	0	−0.5(kN·m)

(3) 由关键点画剪力图与弯矩图(图 4-15b)。

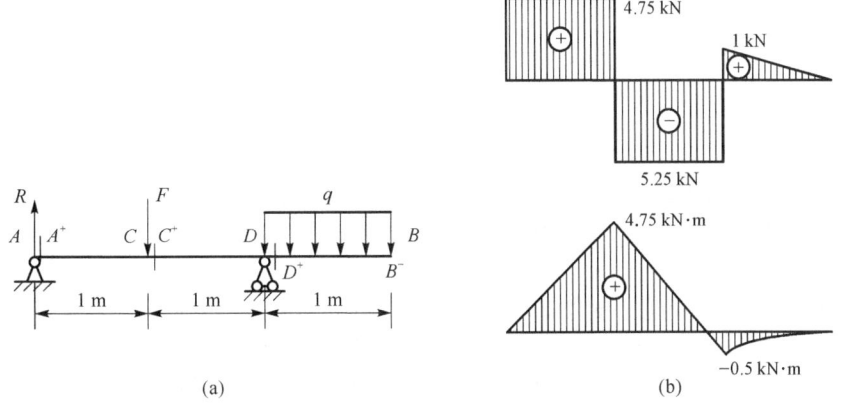

图 4-15 例 4-1 图
(a) 原图;(b) 剪力图与弯矩图

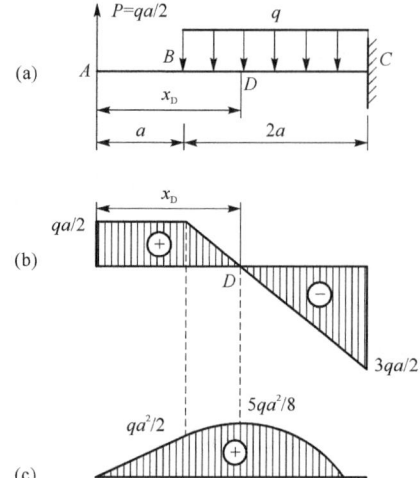

图 4-16 例 4-6 图

(a) 原图;(b) 剪力图;(c) 弯矩图

例 4-6

如图 4-16a 所示悬臂梁,在其 BC 段作用有均布载荷 q,自由端作用一个 $P = qa/2$ 的集中力,试作梁的剪力图与弯矩图。

分析:(1) 此梁为悬臂梁,可以不求约束力。

(2) 根据该梁受力特点,内力图需分 AB、BC 两段考虑。

(3) AB 段上无均布载荷作用,剪力图为水平直线,弯矩图为斜直线,可以选 A^+、B 为关键点,用截面法分别求出 A^+ 截面的剪力、弯矩及 B 截面的弯矩。

(4) BC 段有向下作用的均布载荷,其剪力图为斜直线,弯矩图为上凸的抛物线。需求出 B、C 两截面的剪力及弯矩,另需确定该段上剪力为零之点所在位置,依此确定弯矩极值点所在位置,并求出弯矩的极值。

解:(1) 用截面法计算 AB、BC 段关键截面的剪力、弯矩值。

段	AB	BC	
横截面	A^+	B	C^-
F_S	$qa/2$	$qa/2$	$-3qa/2$

段	AB		BC		
横截面	A^+	B	B	C^-	D: $Q=0$ 时, $x_D = 3a/2$
M	0	$qa^2/2$	$qa^2/2$	$-qa^2/2$	$5qa^2/8$

(2) 画剪力图、弯矩图(图 4-16b、c)。

例 4-7

试作出图 4-17a 所示外伸梁的剪力图与弯矩图。

分析:(1) 对此外伸梁的内力,需分 CA、AB 两段进行分析。

(2) 在关键点 A 处,作用着集中力与集中力偶,故该处的剪力及弯矩均有突变。

(3) CA 段上没有均布载荷,故该段梁的剪力图为水平直线,可依截面法求 C^+ 处的剪力。该段梁的弯矩图为斜直线,选择 C^+、A^- 两截面,求出该两处的弯矩。

(4) AB 段上作用着向下的均布载荷,该段梁的剪力图为斜直线,故依截面法求出 A^+、B^- 截面的剪力。而该段梁的弯矩图为上凸抛物线,故需求出 A^+、B^- 处的弯矩,并需确定弯矩极值及其所在位置。

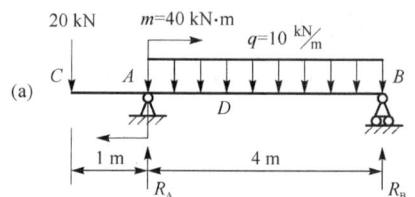

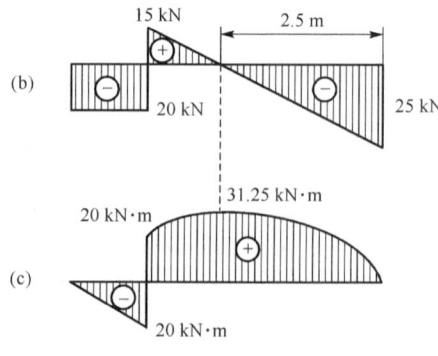

图 4-17 例 4-7 图

(a) 原图;(b) 剪力图;(c) 弯矩图

解:(1) 求支反力。

由: $$\sum m_A = 20 \times 1 - 40 + R_B \times 4 - 10 \times 4 \times 2 = 0$$

得: $$R_B = 25 \text{ kN}$$

由: $$\sum F_Y = -20 + R_A + R_B - 10 \times 4 = 0$$

得: $$R_A = 35 \text{ kN}。$$

(2) 用截面法计算 CA、AB 两段上关键截面的剪力与弯矩。

段	AC	AB	
横截面	C^+	A^+	B^-
F_S	-20 kN	15 kN	-25 kN

段	AC		AB		
横截面	C^+	A^-	A^+	B^-	D(剪力为零的截面)
M	0	-20 kN·m	20 kN·m	0	31.5 kN·m(弯矩极值)

(3) 画剪力图与弯矩图(图 4-17b、c)。

例 4-8

写出图 4-18a 所示各曲杆的轴力、剪力和弯矩方程式,并作弯矩图,曲杆的轴线皆为圆形。

解:(1) 求约束反力。

$$\sum X = 0 \quad P\cos\frac{\pi}{4} - R_{BH} = 0 \quad R_{BH} = \frac{\sqrt{2}}{2}P$$

$$\sum M_B = 0 \quad P\sin\frac{\pi}{4}a - N_A \times 2a = 0 \quad N_A = \frac{\sqrt{2}}{4}P$$

$$\sum Y = 0 \quad N_A + R_{BV} - P\sin\frac{\pi}{4} = 0 \quad R_{BV} = \frac{\sqrt{2}}{2}P$$

(2) 写内力方程。

AC 弧段(图 4-18b):

$$F_N(\theta) = -F_A\cos\theta = -\frac{\sqrt{2}}{4}P\cos\theta$$

$$F_S(\theta) = F_A\sin\theta = \frac{\sqrt{2}}{4}P\sin\theta$$

$$M(\theta) = F_A a(1-\cos\theta) = \frac{\sqrt{2}}{4}Pa(1-\cos\theta)$$

BC 弧段(图 4-18c):

(3) 画弯矩图。

AC 弧段内,弯矩单调递增。

CB 弧段内令：

$$M\left(\frac{\pi}{4}\right) = \frac{\sqrt{2}}{4} P \cdot a \left(1 - \frac{\sqrt{2}}{2}\right) = 0.104 P \cdot a$$

$$F_N(\theta) = -F_A \cos\theta - P\sin\left(\theta - \frac{\pi}{4}\right) = -\frac{\sqrt{2}}{4} P\cos\theta - P\sin\left(\theta - \frac{\pi}{4}\right)$$

$$F_S(\theta) = F_A \sin\theta - P\cos\left(\theta - \frac{\pi}{4}\right) = \frac{\sqrt{2}}{4} P\sin\theta - P\cos\left(\theta - \frac{\pi}{4}\right)$$

$$M(\theta) = F_A a(1 - \cos\theta) - P \cdot a\sin\left(\theta - \frac{\pi}{4}\right) = \frac{\sqrt{2}}{4} P \cdot a(1 - \cos\theta) - P \cdot a\sin\left(\theta - \frac{\pi}{4}\right)$$

$$M(\theta) = 0: \frac{\sqrt{2}}{4} P \cdot a(1 - \cos\theta) - P \cdot a\sin\left(\theta - \frac{\pi}{4}\right) = 0 \quad \therefore \theta = 53.2°$$

求极值：

$$\frac{dM(\theta)}{d\theta} = 0 \quad \theta = 116.6° \quad M(\theta) = -0.437 P \cdot a$$

画弯矩图(图 4 - 18d)。

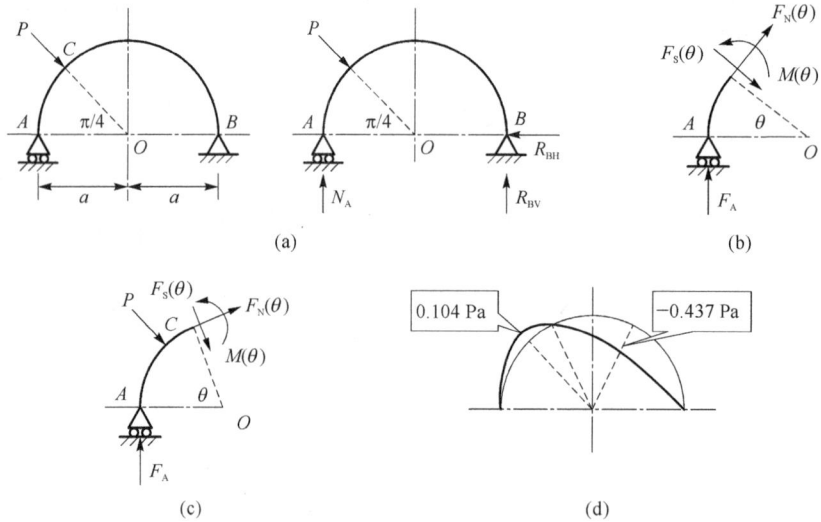

图 4 - 18 例 4 - 8 图
(a) 原图；(b),(c) 截面；(d) 弯矩图

习　　题

思考题
在下面思考题中 A、B、C、D 的备选答案中选择正确的答案。

1. 简支梁受集中力作用如图 4-19 所示,以下结论中_____是错误的。
   (A) AC 段,剪力表达式 $Q(x) = Pb/l$; (B) AC 段,弯矩表达式 $M(x) = Pb/lx$;
   (C) CB 段,剪力表达式 $Q(x) = Pa/l$; (D) CB 段,弯矩表达式 $M(x) = Pa/l(l-x)$。

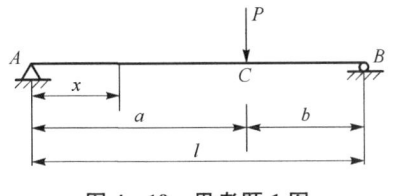

图 4-19 思考题 1 图   图 4-20 思考题 2 图

2. 外伸梁受载情况如图 4-20 所示,以下结论中_____是错误的。
   (A) 梁上各截面的剪力 $F_Q(x) \geq 0$; (B) 梁上各截面的弯矩 $M(x) \leq 0$;
   (C) 在 $a < x < 2a$ 处,F_Q 值相同; (D) 在 $a \leq x \leq 2a$ 处,M 值相同。

3. 多跨静定梁的两种受载情况 1 和 2,如图 4-21 所示。以下结论中_____是正确的。

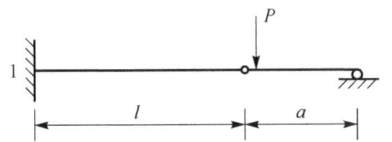 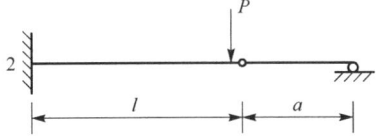

图 4-21 思考题 3 图

   (A) 两者的 F_Q 图和 M 图完全相同;   (B) 两者的 F_Q 图相同,M 图不同;
   (C) 两者的 F_Q 图不同,M 图相同;   (D) 两者的 F_Q 图,M 图均不同。

4. 多跨静定梁受集中力偶作用,如图 4-22 所示,以下结论中_____是错误的。
   (A) 各截面剪力相等;
   (B) 右支座的反力 $R = M_0/a(\downarrow)$;
   (C) 各截面弯矩 $M(x) \leq 0$;
   (D) 梁内 $|M_{\max}| = M_0$。

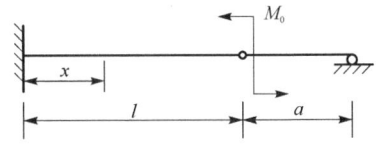

图 4-22 思考题 4 图

练习题

1. 试计算图 4-23 所示各梁指定截面的剪力与弯矩。

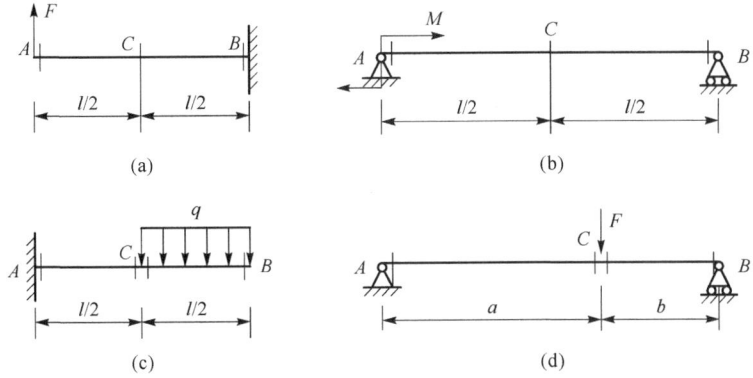

图 4-23 练习题 1 图

2. 试建立图 4-24 所示各梁的剪力与弯矩方程,并画剪力与弯矩图。

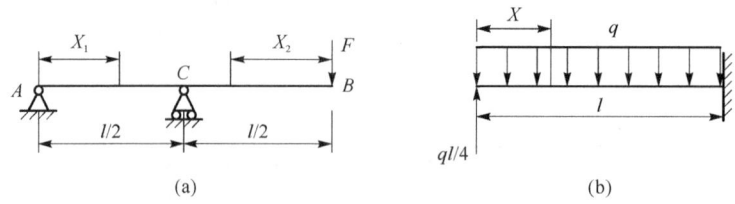

图 4-24 练习题 2 图

3. 图 4-25 所示简支梁,载荷 F 可按四种方式作用于梁上,试分别画弯矩图,并从强度方面考虑,指出何种加载方式最好。

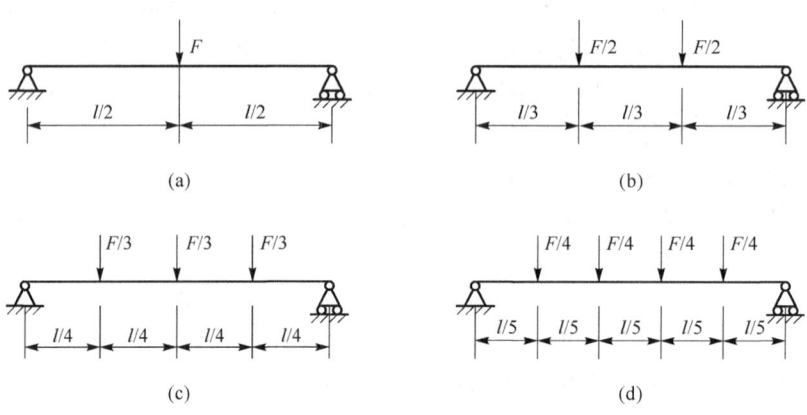

图 4-25 练习题 3 图

4. 图 4-26 所示各梁，试利用剪力、弯矩与载荷集度的关系画剪力与弯矩图。

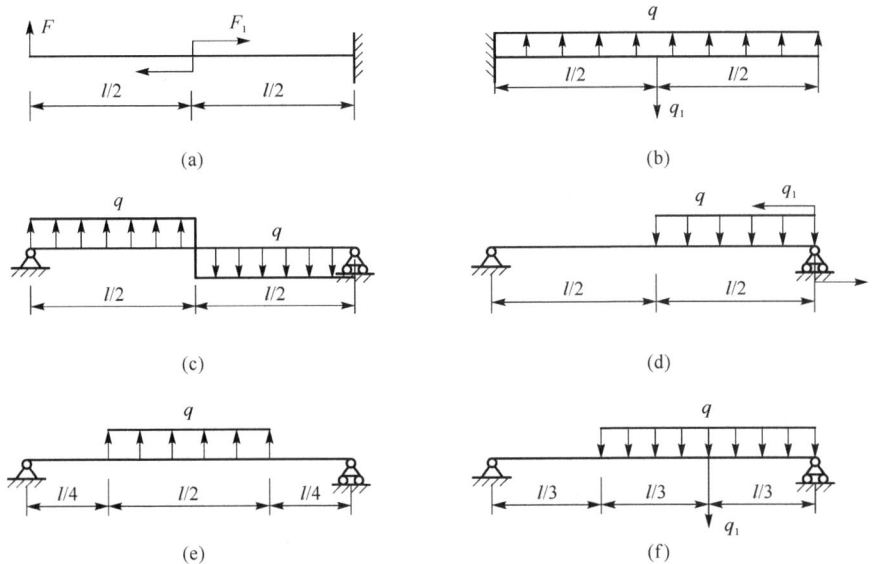

图 4-26 练习题 4 图

第 5 章 弯 曲 应 力

5.1 对称弯曲正应力

前面通过对梁弯曲内力的分析，可以确定梁受力后的危险截面，这是解决梁强度问题的重要步骤之一。但要最终对梁进行强度计算，必须确定梁横截面上的应力，即需要确定横截面上的应力分布情况及最大应力值，因为构件的破坏往往开始于危险截面上应力最大的地方。因此，研究梁弯曲时横截面上的应力分布规律，确定应力计算公式，是研究梁的强度前必须解决的问题。

通过前面的研究知道梁产生弯曲时，其横截面上有剪力与弯矩两种内力，而剪力是由横截面上的切向内力元素 τdA 所组成，弯矩则由法向内力元素 σdA 所组成，故梁横截面上将同时存在正应力 σ 与剪应力 τ。对一般梁而言，正应力往往是引起梁破坏的主要因素，而剪应力则为次要因素。因此，本节着重研究梁横截面上的正应力，并且，仅研究工程实际中常见的对称弯曲情况。

如图 5-1a 所示简支梁，在 P 力作用下，产生对称弯曲。观察图 5-1b、c 所示的该梁的剪力图与弯矩图，CD 段梁的各横截面上只有弯矩，而剪力为零，称这种弯曲为纯弯曲。AC、BD 段梁的各横截面上同时有剪力与弯矩，这种弯曲称为横力弯曲。为了更集中地分析正应力与弯矩的关系，下面将以纯弯曲为研究对象，分析梁横截面上的正应力。

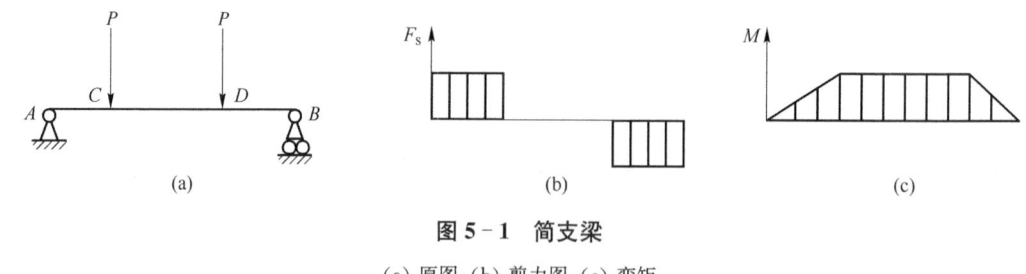

图 5-1 简支梁
(a) 原图；(b) 剪力图；(c) 弯矩

5.1.1 纯弯梁横截面上的正应力

1. 纯弯曲的实验现象及相关假设

为了研究横截面上的正应力，首先观察在外力作用下梁的弯曲变形现象。

取一根矩形截面梁，在梁的两端沿其纵向对称面，施加一对大小相等、方向相反的力偶，即使梁发生纯弯曲(图 5-2)，可观察到如下的实验现象：

(1) 梁表面的纵向直线均弯曲成弧线,而且,靠顶面的纵线缩短,靠底面的纵线拉长,而位于中间位置的纵线长度不变。

(2) 横向直线仍为直线,只是横截面间作相对转动,但仍与纵线正交。

(3) 在纵向拉长区,梁的宽度略减小,在纵向缩短区,梁的宽度略增大。

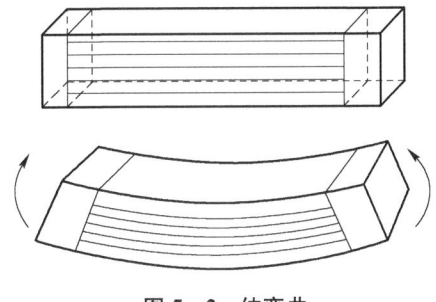

图 5-2 纯弯曲

根据上述表面变形现象,对梁内部的变形及受力作如下假设:

(1) 梁的横截面在梁变形后仍保持为平面,且仍与梁轴线正交。此为平面假设。

(2) 梁的所有与轴线平行的纵向纤维都是轴向拉长或缩短(即纵向纤维之间无相互挤压)。此为单向受力假设。

基于上述假设,将与底层平行、纵向长度不变的那层纵向纤维称为中性层。中性层即为梁内纵向纤维伸长区与纵向纤维缩短区的分界层。中性层与横截面的交线被称为中性轴。

概括起来就是:纯弯梁变形时,所有横截面均保持为平面,只是绕各自的中性轴转过一个角度,各纵向纤维承受纵向力,横截面上各点只有拉应力或压应力。

2. 纯弯梁变形的几何规律

纯弯梁内纵向拉长或缩短的纤维所受力一定与其变形量相关,所以,要寻找各层纵向纤维变形的几何规律,以便能进一步得出横截面上正应力的规律。

用相距为 dx 的两横截面 1-1 与 2-2,从矩形截面的纯弯梁中切取一微段作为分析对象(图 5-3a),并建立图示坐标系:z 轴沿中性轴,y 轴沿截面对称轴。梁弯曲后,设 1-1 与 2-2 截面间的相对转角为 $d\theta$、中性层 O_1O_2 的曲率半径为 ρ,分析距中性层为 y 处的纵线 ab 的变形量:

$$\Delta l_{ab} = (\rho + y)d\theta - dx = (\rho + y)d\theta - \rho d\theta = y d\theta$$

故 ab 纵线的正应变则为:

$$\varepsilon = \frac{\Delta l_{ab}}{l_{ab}} = \frac{y d\theta}{dx} = \frac{y d\theta}{\rho d\theta} = \frac{y}{\rho} \tag{5-1}$$

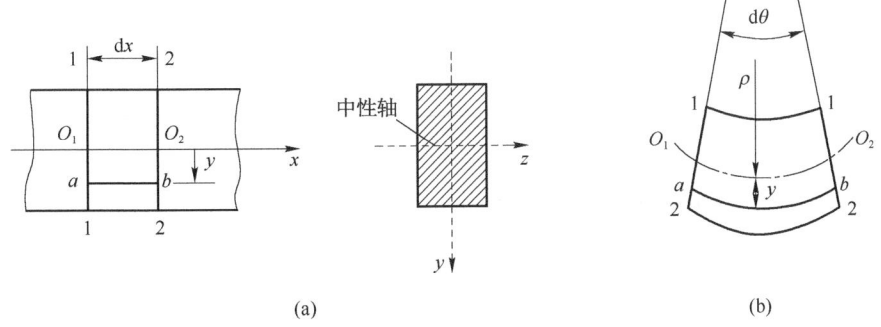

(a)

(b)

图 5-3 纯弯梁变形几何规律

(a) 微段;(b) 微段变形

上式表明,每层纵向纤维的正应变与其到中性层的距离成线形关系。

3. 物理方程与应力分布

由于各纵向纤维只承受轴向拉伸或压缩,于是在正应力不超过比例极限时,由虎克定律知:

$$\sigma = E\varepsilon = E \cdot \frac{y}{\rho} \tag{5-2}$$

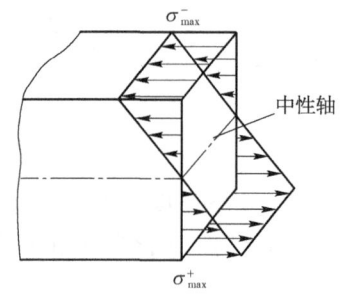

图 5-4 横截面上正应力分布

上式表明了横截面上正应力的分布规律,即横截面上任意一点的正应力与该点到中性轴之距呈线性关系,即正应力沿截面高度呈线性分布,而中性轴上各点的正应力为零。

式(5-2)给出了正应力的分布规律,但还不能直接用于计算正应力,因为中性层的几何位置及其曲率半径 ρ 均未知。下面将利用应力与内力间的静力学关系,解决这两个问题。

4. 静力学关系

如图 5-5 所示,横截面上各处的法向微内力 $\sigma \mathrm{d}A$ 组成一空间平行力系,而且,由于横截面上没有轴力,只有位于梁对称面内的弯矩 M,因此:

$$\int_A \sigma \mathrm{d}A = 0 \tag{5-3}$$

$$\int_A y\sigma \mathrm{d}A = M \tag{5-4}$$

将式(5-2)代入式(5-3),得:

$$\int_A \frac{E}{\rho} y \mathrm{d}A = \frac{E}{\rho} \int_A y \mathrm{d}A = 0 \quad 即 \quad \int_A y \mathrm{d}A = 0 \tag{5-5}$$

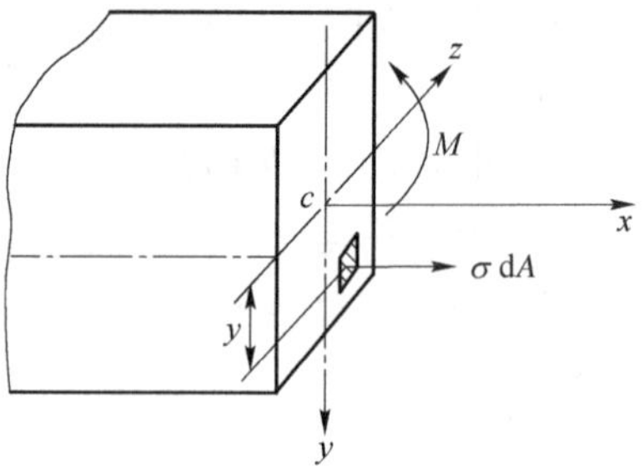

图 5-5 横截面上的内力

由静力学知道,截面形心 C 的 y 坐标为:

$$y_C = \frac{\int_A y \mathrm{d}A}{A}$$

将式(5-5)代入得:

$$y_C = 0$$

由此可见,中性轴过截面形心。

再将式(5-2)代入式(5-4),并令 $I_z = \int_A y^2 \mathrm{d}A$ \tag{5-6}

得:

$$\int_A \frac{E}{\rho} y^2 \mathrm{d}A = \frac{E}{\rho} I_z = M$$

由此可知,中性层的曲率为:

$$\frac{1}{\rho} = \frac{M}{EI_z} \quad (5-7)$$

式中,I_z 为截面对 z 轴的惯性矩,它是仅与截面形状及尺寸有关的几何量。由式(5-2)可知,中性层的曲率 $1/\rho$ 与弯矩 M 成正比,与 EI_z 成反比。

由此可见,EI_z 的大小直接决定了梁抵抗变形的能力,因此,称 EI_z 为梁的截面抗弯刚度,简称为抗弯刚度。

通过以上推导,得知梁弯曲后中性轴的位置及中性层的曲率半径。将式(5-7)代入式(5-2)中,即可得横截面上任一点的正应力计算公式:

$$\sigma = \frac{My}{I_z} \quad (5-8)$$

当弯矩为正时,中性层以下属拉伸区,产生拉应力;中性层以上部分属压缩区,产生压应力。弯矩为负时,情况则相反。用式(5-3)计算正应力时,M 与 y 均代入绝对值,正应力的拉、压则由观察而定。

5.1.2 常见截面的惯性矩、抗弯截面系数及组合截面的惯性矩

由式(5-3)可知,弯曲正应力不仅与外力有关,而且与截面对中性轴的惯性矩 I_z 有关。下面将介绍常见截面惯性矩的计算。

1. 常见截面的惯性矩

(1) 矩形截面的惯性矩 I_z。图 5-6 所示矩形截面,其高、宽分别为 h、b,z 轴通过截面形心 C 并平行于矩形底边。为求该截面对 z 轴的惯性矩,在截面上距 z 轴为 y 处取一微元面积(图中阴影部分),其面积 $dA = bdy$,根据惯性矩定义有:

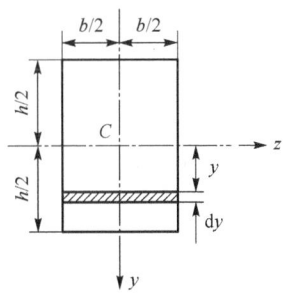

图 5-6 矩形截面

$$I_z = \int_A y^2 dA = \int_{-\frac{h}{2}}^{\frac{h}{2}} y^2 b \, dy = \frac{bh^3}{12}$$

同理可得截面对 y 轴的惯性矩:

$$I_y = \frac{hb^3}{12} \quad (5-9)$$

注意,应用式(5-3)计算弯曲正应力时,首先需判断梁发生弯曲的方位,从而确定中性轴的位置。

(2) 圆形截面的惯性矩 I_z。图 5-7 所示直径为 d 的圆形截面,z、y 轴均过形心 C。因为圆形对任意直径都是对称的,因此有 $I_z = I_y$。在圆截面上取微面积 dA,因为:

$$\rho^2 = y^2 + z^2$$

于是,圆截面对中心的极惯性矩 I_P 与其对中性轴的惯性矩 I_z 有如下关系:

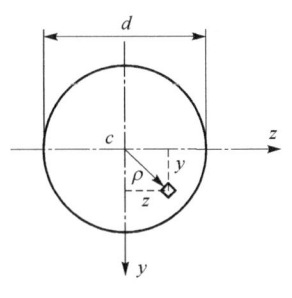

图 5-7 圆截面

$$I_P = \int_A \rho^2 dA = \int_A y^2 dA + \int_A z^2 dA = I_z + I_y = 2I_z$$

故有:
$$I_z = \frac{I_P}{2} = \frac{\pi d^4}{64} \tag{5-10}$$

同理,空心圆截面对中性轴的惯性矩为:

$$I_z = \frac{I_P}{2} = \frac{\pi D^4}{64}(1-\alpha^4) \tag{5-11}$$

式中 D 为空心圆截面的外径,α 为内、外径的比值。

2. 抗弯截面系数

在对梁进行强度计算时,总要寻找最大正应力。由式(5-3)可知,当 $y = y_{max}$ 时,即截面上离中性轴最远的各点处,弯曲正应力最大,其值为:

$$\sigma_{max} = \frac{My_{max}}{I_z} = \frac{M}{I_z/y_{max}}$$

式中,I_z/y_{max} 也是只与截面的形状及尺寸相关的几何量,称其为抗弯截面模量,用 W_z 表示,即:

$$W_z = \frac{I_z}{y_{max}} \tag{5-12}$$

因此,最大弯曲正应力即为:

$$\sigma_{max} = \frac{M}{W_z} \tag{5-13}$$

(1) 矩形截面抗弯截面系数:

$$W_z = \frac{\frac{bh^3}{12}}{\frac{h}{2}} = \frac{bh^2}{6} \tag{5-14}$$

(2) 圆形截面抗弯截面系数:

$$W_z = \frac{\frac{\pi d^4}{64}}{\frac{d}{2}} = \frac{\pi d^3}{32} \tag{5-15}$$

同理,空心圆截面的抗弯截面系数:

$$W_z = \frac{\frac{\pi D^4}{64}(1-\alpha^4)}{\frac{D}{2}} = \frac{\pi D^3}{32}(1-\alpha^4) \tag{5-16}$$

3. 组合截面的惯性矩

在工程实际中,许多构件的横截面是由简单图形组合而成的,对这种组合截面,用组合法计算其惯性矩。即:将组合截面 A 划分为 n 个简单图形,设每个简单图形面积分别为 A_1、A_2、$\cdots$、A_n。根据惯性矩定义及积分的概念,组合截面 A 对某一轴的惯性矩等于每个简单图形对同一轴的惯性矩之和,即:

$$I_z = \sum_{i=1}^{n} I_z(i) \tag{5-17}$$

式(5-12)即为惯性矩的组合公式。

如图 5-8 所示,z 轴过组合截面的形心,欲求组合截面对 z 轴的惯性矩 I_z,则可将组合截面划分为三个矩形(Ⅰ、Ⅱ、Ⅲ),每个矩形对 z 轴的惯性矩之和,即为 I_z。以矩形Ⅰ为例,z_0 轴过其形心,欲求其对 z 轴的惯性矩,则需知道矩形Ⅰ对 z_0、z 这两个平行轴的两个惯性矩之间的关系。下面将推导这种关系。

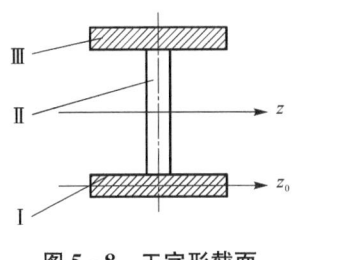

图 5-8 工字形截面

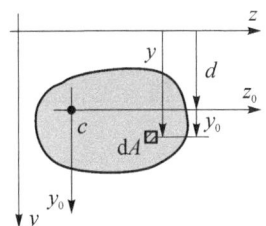

图 5-9 求截面形心

在图 5-9 中,C 为截面形心,z 轴与 z_0 轴平行且相距为 d,微面积 dA 在 $y-z$、y_0-z_0 坐标系中的纵坐标分别 y、y_0,根据惯性矩定义有:

$$I_z = \int_A y^2 \mathrm{d}A = \int_A (y_0 + d)^2 \mathrm{d}A$$

上式展开得:

$$I_z = \int_A y_0^2 \mathrm{d}A + 2d \int_A y_0 \mathrm{d}A + d^2 \int_A \mathrm{d}A$$

因 z_0 通过形心 C,故:

$$\int_A y_0 \mathrm{d}A = 0$$

于是得出结论:

$$I_z = I_{z0} + Ad^2 \tag{5-18}$$

上式即为平行移轴定理,它表明:截面对任一轴(不通过形心)的惯性矩,等于截面对平行于该轴的形心轴的惯性矩与一附加项之和,该附加项等于截面面积与两轴距离平方之积。因该附加项恒为正,所以,截面对形心轴的惯性矩最小。

例 5-1

图 5-10 所示为 T 字形截面。求截面对形心轴 z_C 的惯性矩 I_z。

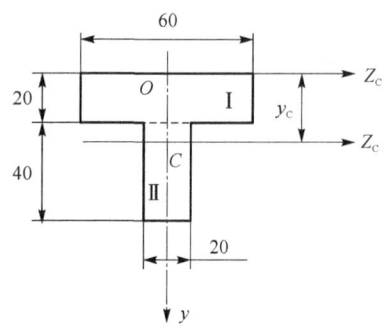

图 5-10 例 5-1 图

解：(1) 确定界面形心 C 的位置。建立坐标系 Oyz，将截面分为两个矩形 Ⅰ、Ⅱ，其面积及各自的形心纵坐标分别为：

$$A_1 = 60 \times 20 = 1\,200 \text{ mm}^2$$

$$y_{C1} = 20/2 = 10 \text{ mm}$$

$$A_2 = 40 \times 20 = 800 \text{ mm}^2$$

$$y_{C2} = 40/2 + 20 = 40 \text{ mm}$$

由形心计算公式，组合截面形心 C 的纵坐标为：

$$y_C = \frac{A_1 y_{c1} + A_2 y_{c2}}{A_1 + A_2}$$

$$= \frac{1\,200 \times 10 + 800 \times 40}{200 + 800} = 22 \text{ mm}$$

(2) 求截面对形心轴 z_C 的惯性矩 I_z。根据组合式(5-12)有：

$$I_{zC} = I_{zC}(\text{Ⅰ}) + I_{zC}(\text{Ⅱ})$$

由平移轴式(5-13)有：

$$I_{zC}(\text{Ⅰ}) = \frac{60 \times 20^3}{12} + \left(22 - \frac{20}{2}\right)^2 \times 60 \times 20 = 21.28 \times 10^4 \text{ mm}^4$$

$$I_{zC}(\text{Ⅱ}) = \frac{20 \times 40^3}{12} + (40 - 22)^2 \times 40 \times 20 = 36.59 \times 10^4 \text{ mm}^4$$

故有：$I_{zC} = I_{zC}(\text{Ⅰ}) + I_{zC}(\text{Ⅱ}) = 57.87 \times 10^4 \text{ mm}^4$

5.1.3 横力弯曲时梁横截面上的正应力计算

在 5.1.1 中推导了纯弯梁的弯曲正应力计算式(5-3)，即 $\sigma = \dfrac{My}{I_z}$，此式是在纯弯曲的情况下建立的。但工程实际中，梁横截面上常常既有弯矩又有剪力，即梁产生横力弯曲。那么，要计算横力弯曲时的正应力，式(5-3)是否适用呢。大量的理论计算与实验结果表明：只要梁是细长的，例如 $l/h > 5$（梁的跨高之比大于5），剪力对弯曲正应力的影响将是很小的，可以忽略不计。因此，应用式(5-3)计算横力弯曲时的正应力，其值仍然是准确的。

例 5-2

如图 5-11a 所示矩形截面悬臂梁，承受均布载荷 q 作用。已知 $q = 10 \text{ N}/\text{mm}$，$l = 300 \text{ mm}$，$b = 20 \text{ mm}$，$h = 30 \text{ mm}$。试求 B 截面上 c、d 两点的正应力。

解：(1) 求 B 截面上的弯矩。由截面法(AB 受力分析如图 5-11b)，求得：

$$M_B = -\frac{ql^2}{2} = -\frac{10 \times 300^2}{2} = -4.5 \times 10^5 \text{ N} \cdot \text{mm}$$

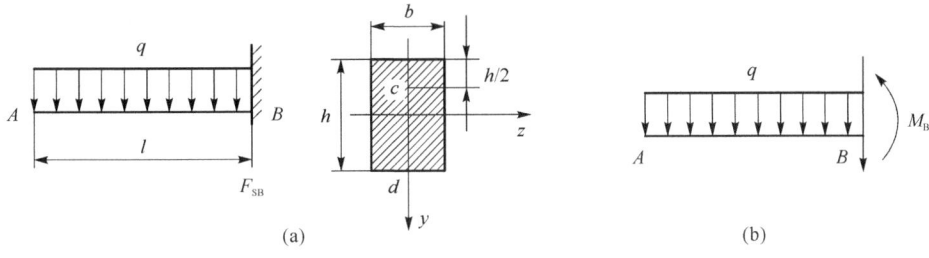

图 5-11 例 5-2 图
(a) 原图；(b) 受力图

(2) 求 B 截面上 c、d 处的正应力。由式(5-3)得：

$$\sigma_c = \frac{M_B y_c}{I_z} = \frac{4.5 \times 10^5 \times 30}{4 \times 45 \times 10^3} = 75 \text{ MPa}$$

$$\sigma_d = \frac{M_B y_d}{I_z} = \frac{4.5 \times 10^5 \times 30}{2 \times 45 \times 10^3} = 150 \text{ MPa}$$

因 B 截面上的弯矩为负，故横截面上中性轴 z 以上各点产生拉应力，以下各点产生压应力。所以 C 点处为拉应力，d 点处为压应力。

例 5-3

求图 5-12a 所示铸铁悬臂梁内最大拉应力及最大压应力。$P = 20 \text{ kN}$，$I_z = 10\,200 \text{ cm}^4$。

解：(1) 画弯矩图，确定危险面。因为梁是等截面的，且横截面相对 z 轴不对称，铸铁的抗拉能力与抗压能力又不同，故绝对值最大的正、负弯矩所在面均可能为梁的危险面。弯矩图如图 5-12b 所示。

(2) 确定危险点，计算最大拉应力与最大压应力。由弯矩图得，A、B 两截面均可能为危险面。A 截面上有最大正弯矩，该截面下边缘各点处将产生最大拉应力，上边缘各点处将

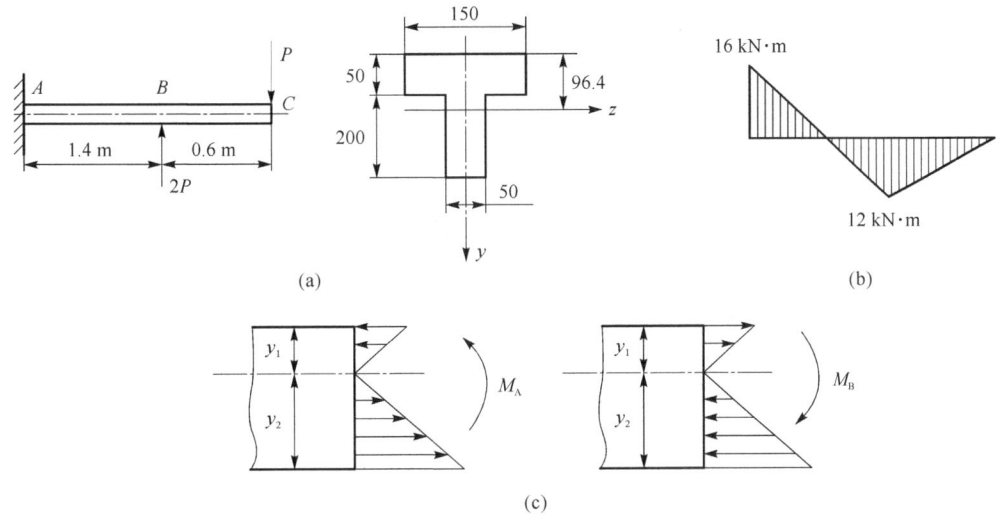

图 5-12 例 5-3 图
(a) 铸铁悬臂梁；(b) 弯矩图；(c) 正应力分布图

产生最大压应力;而 B 截面上有最大负弯矩,该截面下边缘各点处将产生最大压应力,上边缘各点处将产生最大拉应力。A、B 截面正应力分布如图 5-12c 所示。

显然,A 截面上的最大拉应力要大于 B 截面上的最大拉应力,故梁内最大拉应力发生在 A 截面下边缘各点处,其值为:

$$\sigma_{\max}^+ = \frac{M_A y_2}{I_z} = \frac{16 \times 10^6 \times (250-96.4)}{1.02 \times 10^8} = 24.09 \text{ MPa}$$

对 A、B 两截面,需经计算,才能得知哪个截面上的最大压应力更大:

$$\sigma_{A\max}^- = \frac{M_A y_1}{I_z} = \frac{16 \times 10^6 \times 96.4}{1.02 \times 10^8} = 15.12 \text{ MPa}$$

$$\sigma_{B\max}^- = \frac{M_B y_2}{I_z} = \frac{12 \times 10^6 \times (250-96.4)}{1.02 \times 10^8} = 18.07 \text{ MPa}$$

由此可见,梁内最大压应力发生在 B 截面的下边缘各点处。

5.2 对称弯曲梁横截面上的切应力简介

下面将从矩形截面梁入手,简介梁的弯曲切应力。

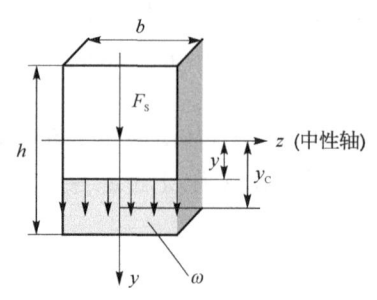

图 5-13 矩形截面梁

如图 5-13 所示矩形截面梁,高为 h,宽为 b,截面上的剪力为 F_S(图中未画出弯矩)。根据剪应力互等定理可知,在截面的两侧边缘,剪应力的方向一定平行于截面侧边。若截面是窄而高的,则可以认为,在沿截面的宽度方向,剪应力的大小及方向都不会有显著变化,即认为剪应力沿横截面的宽度方向均匀分布。根据局部梁的平衡条件,可推出梁横截面上 y 处的剪应力为:

$$\tau = \frac{F_S S_z(\omega)}{b I_z} \quad (5-19)$$

式中,F_S 为横截面上的剪力;b 为横截面上所求应力点处的宽度;I_z 为整个横截面对中性轴的惯性矩;$S_z(\omega)$ 为 y 处横线一侧的部分横截面 ω 对中性轴的静矩。

$$S_z(\omega) = \int_\omega y \, dA = \omega y_c = b\left(\frac{h}{2} - y\right) \times \frac{1}{2}\left(\frac{h}{2} + y\right) = \frac{b}{2}\left(\frac{h^2}{4} - y^2\right)$$

将上式及 $I_z = bh^3/12$ 代入式(5-14),得:

$$\tau = \frac{3F_S}{2bh}\left(1 - \frac{4y^2}{h^2}\right) \quad (5-20)$$

式(5-20)表明,矩形截面梁的弯曲剪应力沿截面高度按抛物线规律变化;在截面的上、下边缘($y = \pm h/2$),$\tau = 0$;在中性轴处($y = 0$),剪应力最大,其值为:

$$\tau_{\max} = \frac{3F_S}{2bh} = \frac{3}{2}\frac{F_S}{A} \qquad (5-21)$$

即最大剪应力为平均剪应力的 1.5 倍。

根据以上分析,可画出沿横截面高度方向的剪应力分布图(图 5-14)。

工字钢截面由上、下翼缘及垂直腹板组成。计算结果表明,横截面上的剪应力主要分布于腹板上,由于腹板为狭长矩形,所以可以应用式(5-19)分析并计算其上的剪应力。

腹板上的剪应力仍按抛物线规律变化,最大剪应力在中性轴上。当腹板宽度远小于翼缘宽度时,腹板上最大剪应力与最小剪应力相差不大,可近似认为剪应力在腹板上呈均匀分布。

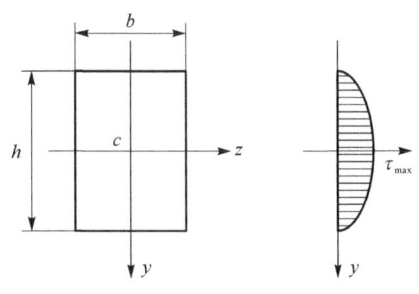

图 5-14 横截面高度方向的剪应力分布

例 5-4

试计算图 5-15a 所示工字形截面梁内的最大剪应力。

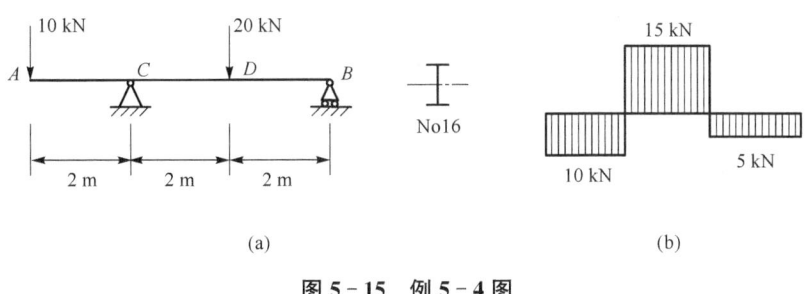

图 5-15 例 5-4 图

(a) 原图;(b) 剪力图

解:(1) 画梁的剪力图。最大剪力为 15 kN。

(2) 查表得 No16 工字钢的截面几何数据 $b = 6$ mm,得:

$$I_z/S_z(\omega) = 13.8 \text{ cm}$$

(3) 计算应力。

$$\tau_{\max} = \frac{F_{S\max}S_z(\omega)}{bI_z} = 18.1 \text{ MPa}$$

5.3 梁的强度条件与强度设计

5.3.1 强度条件

在一般载荷作用下的细长、非薄壁截面梁,弯矩对强度的影响要远大于剪力的影响。因此,对细长非薄壁梁进行强度计算时,主要是限制弯矩所引起的梁内最大弯曲正应力不得超过材料的许用正应力,即:

$$\sigma_{\max} \leqslant [\sigma] \tag{5-22}$$

上式即为弯曲强度条件。

5.3.2 强度设计

人们常常应用强度条件来解决三类强度问题:强度校核、设计截面、确定许可载荷。在进行这类强度计算时,一般应遵循下列步骤:

(1) 分析梁的受力,依据平衡条件确定约束力;分析梁的内力,画出弯矩图。

(2) 依据弯矩图及截面沿梁轴线变化的情况,确定可能的危险面:对等截面梁,弯矩最大截面即为危险面。对变截面梁,则需依据弯矩及截面变化情况,才能确定危险面。

(3) 确定危险点,对于拉、压力学性能相同的材料(如钢材),其最大拉应力点和最大压应力点具有同样的危险程度,因此,危险点显然位于危险面上离中性轴最远处。而对于拉、压力学性能不等的材料(如铸铁),则需分别计算梁内绝对值最大的拉应力与压应力(如例 5-3 所示),因为最大拉应力点与最大压应力点均可能是危险点。

(4) 依据强度条件,进行强度计算。

例 5-5

一原起重量为 50 kN 的单梁吊车,其跨度 $l = 10.5$ m(其计算简图如图 5-16a 所示),由 45a 号工字钢制成。而现拟将其重量提高到 $Q = 70$ kN,试校核梁的强度。若强度不够,再计算其可能承受的起重量。梁的材料为 A3 钢,许用应力 $[\sigma] = 140$ MPa;电葫芦自重 $G = 15$ kN,暂不考虑梁的自重。

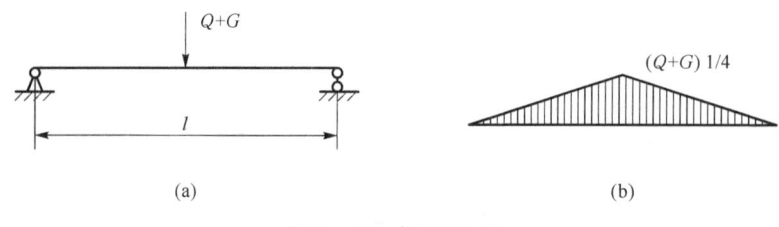

图 5-16 例 5-5 图

(a) 原图;(b) 剪力图

解:(1) 作弯矩图。显然,当电葫芦行至梁中点时所引起的弯矩最大,此时弯矩如图 5-13b 所示。由弯矩图可知,危险面为中点处的截面,其弯矩为:

$$M_{\max} = \frac{(Q+G)l}{4} = \frac{(70+50) \times 10.5}{4} = 223 \text{ kN} \cdot \text{m}$$

(2) 计算最大弯曲正应力。等截面梁,且截面(如工字钢、矩形、圆形)关于中性轴对称,此类梁的最大弯曲正应力显然发生在危险截面(最大弯矩处)的上下边缘点处。由型钢表查得 45a 号工字钢的抗弯截面模量:

$$W_z = 1\,430 \text{ cm}^3$$

故梁内最大工作正应力为:

$$\sigma_{\max} = \frac{M_{\max}}{W_z} = \frac{223 \times 10^3}{1\,430 \times 10^{-6}} = 156 \text{ MPa}$$

显然，最大工作应力超过了材料的许用应力，故梁不安全。

梁的最大承载能力为：

$$M_{\max} \leqslant [\sigma] \cdot W_z = (140 \times 10^6) \times (1\,430 \times 10^{-6}) = 2 \times 10^5 \text{ N} \cdot \text{m} = 200 \text{ kN} \cdot \text{m}$$

$$F_S = \frac{4M_{\max}}{l} - G = \frac{4 \times 200}{10.5} - 15 = 61.3 \text{ kN}$$

因此，梁的最大起重量为 61.3 kN。

例 5-6

如图 5-17a 所示简支梁，受均布载荷 q 作用，梁跨度 $l = 2$ m，$[\sigma] = 140$ MPa，$q = 2 \text{ kN}/\text{m}$，试按以下两个方案设计轴的截面尺寸，并比较重量。

(1) 实心圆截面梁。

(2) 空心圆截面梁，其内、外径之比 $\alpha = 0.9$。

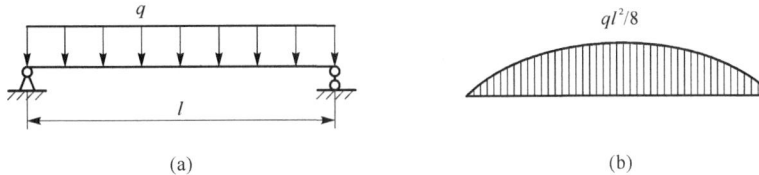

图 5-17 例 5-6 图

(a) 原图；(b) 弯矩图

解：画梁的弯矩图（图 5-17b），由弯矩图可知，梁中点截面为危险截面，其上弯矩值为：

$$M_{\max} = \frac{ql^2}{8} = \frac{2 \times 2^2 \times 10^6}{8} = 1 \times 10^6 \text{ N} \cdot \text{mm}$$

(1) 设计实心截面梁的直径 d。

依据强度条件：

$$\sigma_{\max} = \frac{M_{\max}}{W_z} \leqslant [\sigma]$$

将 $W_z = \dfrac{\pi d^3}{32}$ 代入解得：

$$d \geqslant \sqrt[3]{\frac{32 M_{\max}}{\pi [\sigma]}} = \sqrt[3]{\frac{32 \times 1 \times 10^6}{\pi \times 140}} = 41.75 \text{ mm}$$

取 $d = 42$ mm。

(2) 确定空心截面梁的内、外径 d_1 及 D。

将 $W_z = \dfrac{\pi D^3}{32}(1-\alpha^4)$ 代入强度条件，解得：

$$D \geqslant \sqrt[3]{\frac{32 M_{\max}}{\pi (1-\alpha^4)[\sigma]}} = \sqrt[3]{\frac{32 \times 1 \times 10^6}{\pi \times (1-0.9^4) \times 140}} = 59.59 \text{ mm}$$

取 $D = 60$ mm，则 $d_1 = 0.9D = 54$ mm。

(3) 比较两种不同截面梁的重量。因材料及长度相同,故两种截面梁的重量之比等于其截面积之比。

$$重量比 = \frac{\frac{\pi}{4}(D^2 - d_1^2)}{\frac{\pi}{4}d^2} = 0.388$$

上面计算结果表明,空心截面梁的重量比实心截面梁的重量小很多。因此,在满足强度要求的前提下,采用空心截面梁,可节省材料、减轻结构重量。

例 5 - 7

在例题 5 - 3 中,若材料的许用拉应力 $[\sigma]^+ = 20 \text{ MPa}$,许用压应力 $[\sigma]^- = 40 \text{ MPa}$,试校核梁的强度。

分析:类似铸铁这样的脆性材料,其抗压能力远强于其抗拉能力,因此,在进行强度计算时,需同时考虑梁内的最大拉应力与最大压应力是否均小于相应的许用值。

解:在例 5 - 3 中,已得知梁内最大拉应力发生于 A 截面下边缘处:

$$\sigma_{A\,\text{max}}^+ = 24.09 \text{ MPa} < [\sigma]^+$$

最大压应力发生于 B 截面下边缘处:

$$\sigma_{B\,\text{max}}^- = 18.07 \text{ MPa} < [\sigma]^-$$

因此,梁的强度是安全的。

在一般情况下,对梁进行强度分析时,只需考虑弯曲正应力的强度条件是否得以满足,因为弯曲正应力远大于弯曲剪应力(两者之比大约等于梁的跨高之比)。

但是,在下列几种特殊情况下,则应同时考虑弯曲正应力强度条件及剪应力强度条件。因为这类特殊情况下,梁内往往产生较大的弯曲剪应力。

(1) 薄壁截面梁。
(2) 弯矩较小而剪力较大的梁,如短而粗的梁。
(3) 集中载荷作用于支座附近的梁。

5.4 提高梁强度的主要措施

设计梁的主要依据是弯曲正应力强度条件。由此条件可知:梁的强度与其所用材料、横截面形状及尺寸、外力所引起的弯矩相关。而要提高梁的强度,自然就应降低梁内的最大正应力,由 $\sigma_{\text{max}} = M_{\text{max}}/W_z$ 可知,要降低梁内最大正应力,通常可以从以下几方面采取措施:

1. 选择合理的截面形状

合理的截面形状就是用最少的材料获得最大的抗弯截面模量的截面。一般情况下,抗弯截面模量与截面高度的平方成正比。因此,在横截面积不变的前提下,将较多材料配置在远离中性轴的部位,便可获取较大的抗弯截面模量,从而降低梁内的最大弯曲正应力。而另一方面,由于弯曲正应力沿截面高度呈直线分布,当离中性轴最远处的正应力达到许用应力时,中性轴附近各点处的正应力仍很小,而且离中性轴较近的区域所承担的弯矩很小。所以,将较多材料配置于远离中性轴的部位,也会提高材料的利用率。

在设计梁的合理截面时,还应考虑材料自身特性。对抗拉强度与抗压强度相同的塑性材料,宜采用关于中性轴对称的截面,如图 5-18 所示。而对于抗压强度高于抗拉强度的脆性材料,则最好采用截面形心偏于受拉一侧的截面形状,以使截面上的最大压应力大于最大拉应力。如图 5-19 所示。

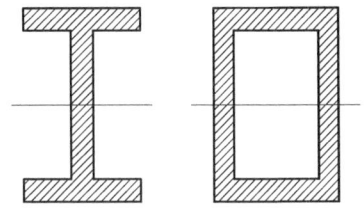

图 5-18 中性轴对称截面

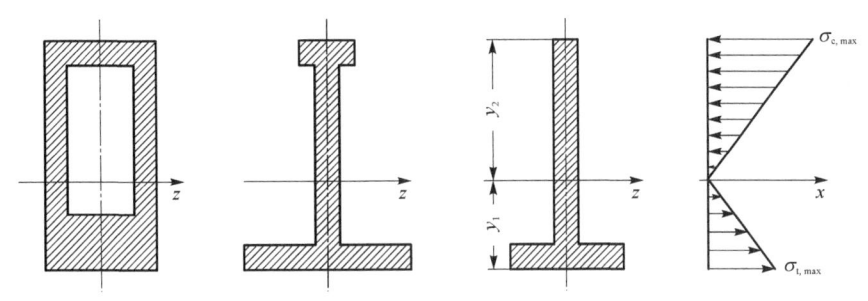

图 5-19 中性轴非对称的截面

2. 采用变截面梁或等强度梁

一般情况下,梁内不同截面的弯矩不同,在设计等截面梁时,针对最大弯矩所在截面进行设计,这样,除最大弯矩所在截面外,其余截面上的最大弯曲正应力均小于或远远小于材料的许用应力,即材料强度均未得到充分利用。鉴于此,为了减轻构件重量并节省材料,工程上,常常根据弯矩沿梁轴的变化情况,将梁设计为变截面梁。弯矩较大处,采用较大的截面;弯矩较小处,采用较小的截面。

从强度角度考虑,理想的变截面梁应使所有截面上的最大弯曲正应力均相等,且趋近材料的许用应力,此种梁称为等强度梁。

图 5-20 所示的阶梯轴为近似的等强度梁,图 5-21 所示梁则为等高等强度梁。

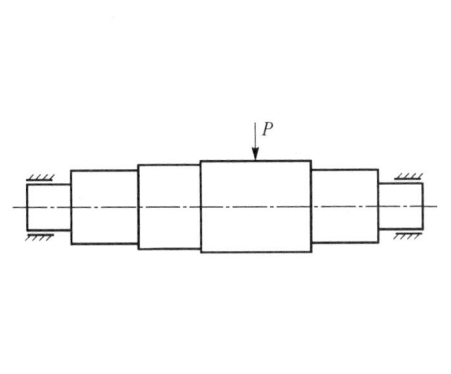

图 5-20 等强度梁

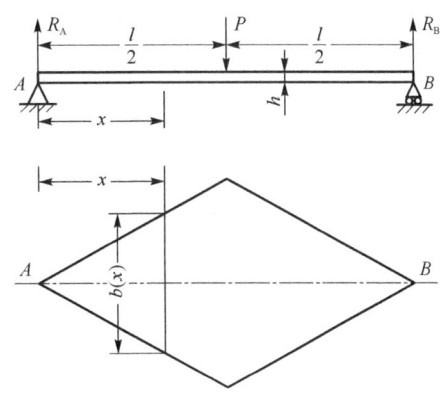

图 5-21 等高等强度梁

等强度梁虽然是一种理想的构件,但加工制造时有一定的难度,因此,工程实际中,常常将弯曲构件设计为近似等强度梁。

3. 改善梁的受力状况

合理安排梁的约束及加载方式,可以降低梁内的最大弯矩,从而减小梁内最大弯曲正应力,这是提高梁强度的另一措施。

如图 5-22a 所示简支梁,在均布载荷作用下,梁内最大弯矩为 $ql^2/8$。若将两端铰支座各向内移动 $0.2l$(图 5-22b),则最大弯矩为 $ql^2/40$,为前者的 $1/5$。

由此可见,在条件允许的情况下,合理安排约束及加载方式,可以显著降低梁内的最大弯矩。

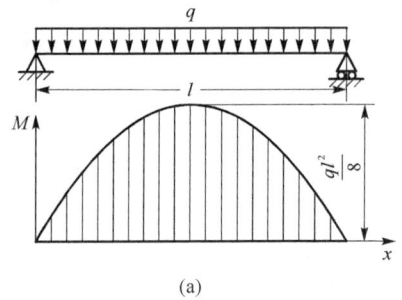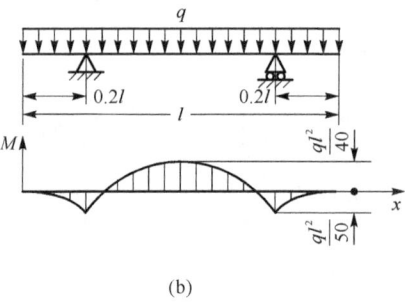

(a)   (b)

图 5-22 不同约束梁及弯矩图
(a) 简支梁;(b) 移动支座后的外伸梁

习　　题

思考题

在下面思考题中 A、B、C、D 的备选答案中选择正确的答案。

1. 对矩形截面的梁,以下结论中_____是错误的。
   (A) 出现最大正应力的点上,剪应力必为零;
   (B) 出现最大剪应力的点上,正应力必为零;
   (C) 最大正应力的点和最大剪应力的点一定不在同一截面上;
   (D) 梁上不可能出现这样的截面,即该截面上最大正应力和最大剪应力均为零。

2. 矩形截面的悬臂梁,受载情况如图 5-23 所示。以下结论中_____是错误的(σ, τ 分别表示横截面上的正应力和剪应力)。

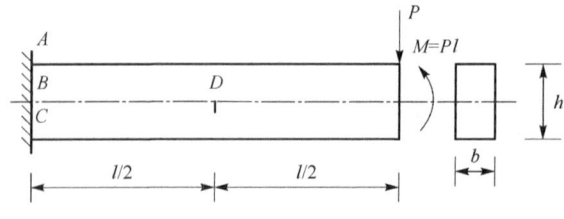

图 5-23 思考题 2 图

(A) 在点 A 处,$\sigma=0, \tau=0$;   (B) 在点 B 处,$\sigma=0, \tau=3P/2bh$;
(C) 在点 C 处,$\sigma=0, \tau=0$;   (D) 在点 D 处,$\sigma=0, \tau=3P/4bh$。

3. 矩形截面梁,若截面高度和宽度都增加 1 倍,则其强度将提高到原来的多少倍?
(A) 2;　　　　　(B) 4;　　　　　(C) 8;　　　　　(D) 16。

4. T 形截面铸铁梁(图 5-24),设各个截面的弯矩均为正值。则将其截面按哪个所示的方式布置,梁的强度最高?

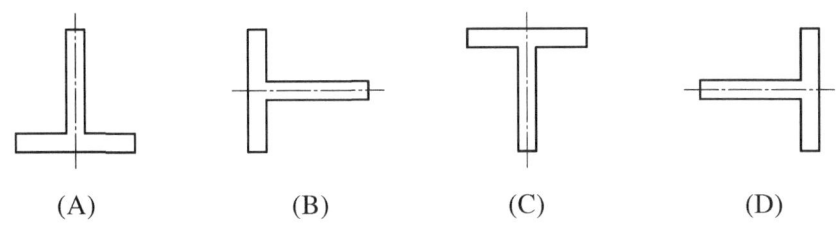

图 5-24　思考题 4 图

5. 矩形截面梁发生横力弯曲时,在横截面的中性轴处_____。
(A) 正应力最大,剪应力为零;　　(B) 正应力为零,剪应力最大;
(C) 正应力和剪应力均最大;　　　(D) 正应力和剪应力均为零。

6. T 形截面梁在发生横力弯曲时,其横截面上的_____。
(A) σ_{max} 发生在离中性轴最远的点处,τ_{max} 发生在中性轴上;
(B) σ_{max} 发生在中性轴上,τ_{max} 发生在离中性轴最远的点处;
(C) σ_{max} 和 τ_{max} 均发生在离中性轴最远的点处;
(D) σ_{max} 和 τ_{max} 均发生在中性轴上。

练习题

1. 如图 5-25 所示悬臂梁,横截面为矩形,承受载荷 F_1 与 F_2 作用,且 $F_1 = 2$ kN,$F_2 = 5$ kN,试计算梁内的最大弯曲正应力,及该应力所在截面上 K 点处的弯曲正应力。

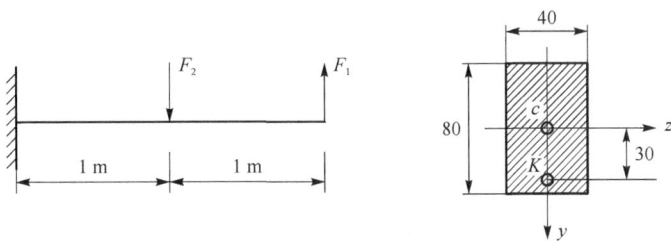

图 5-25　练习题 1 图

2. 矩形截面悬臂梁如图 5-26 所示,已知 $l = 4\,\mathrm{m}$, $b/h = 2/3$, $q = 10\,\mathrm{kN/m}$, $[\sigma] = 10\,\mathrm{MPa}$, 试确定此梁横截面的尺寸。

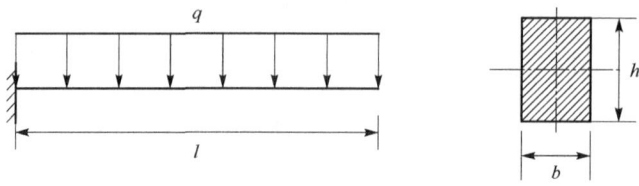

图 5-26 练习题 2 图

3. 如图 5-27 所示梁,由 No22 槽钢制成,弯矩 $M = 80\,\mathrm{kN\cdot m}$,并位于纵向对称面(即 y-z 平面)内。试求梁内的最大弯曲拉应力与最大弯曲压应力。

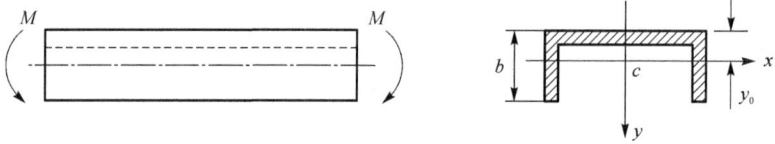

图 5-27 练习题 3 图

4. 图 5-28 所示简支梁,由 No28 工字钢制成,在集度为 q 的均布载荷作用下,测得横截面 C 底边的纵向正应变 $\varepsilon = 3.0 \times 10^{-4}$,试计算梁内的最大弯曲正应力,已知钢的弹性模量 $E = 200\,\mathrm{GPa}$, $a = 1\,\mathrm{m}$。

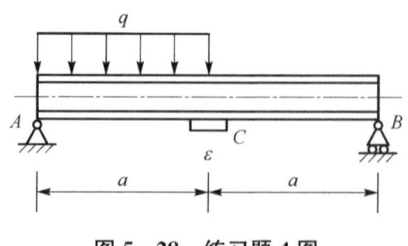

图 5-28 练习题 4 图

5. 铁梁的载荷及截面尺寸如图 5-29 所示。许用拉应力 $[\sigma_t] = 40$ MPa，许用压应力 $[\sigma_c] = 160$ MPa。试按正应力强度条件校核梁的强度。若载荷不变，但将 T 形截面倒置成为⊥形，是否合理？何故？

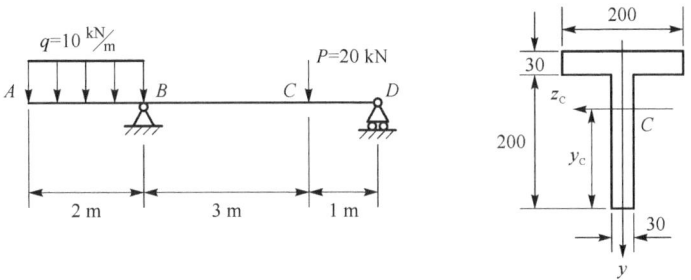

图 5-29 练习题 5 图

6. 图 5-30 所示矩形截面钢梁，承受集中载荷 F 与集度为 q 的均布载荷作用，试确定截面尺寸 b，已知载荷 $F = 10$ kN, $q = 5$ N/mm，许用应力 $[\sigma] = 160$ MPa。

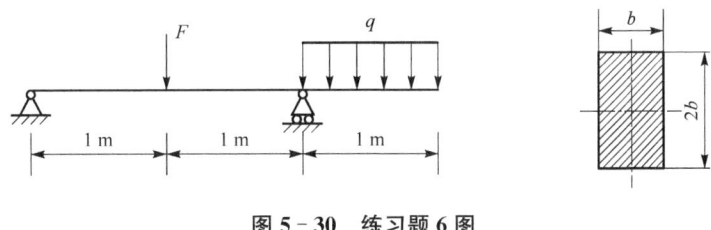

图 5-30 练习题 6 图

7. 如图 5-31 所示外伸梁，承受载荷 F 作用。已知载荷 $F = 20$ kN，许用应力 $[\sigma] = 160$ MPa，试选择工字钢型号。

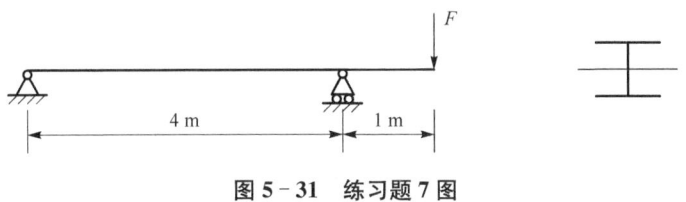

图 5-31 练习题 7 图

8. 当载荷 F 直接作用在简支梁 AB 的跨度中点时（图 5-32），梁内最大弯曲正应力超过许用应力 30%。为了消除此种过载，配置一辅助梁 CD，试求辅助梁的最小长度 a。

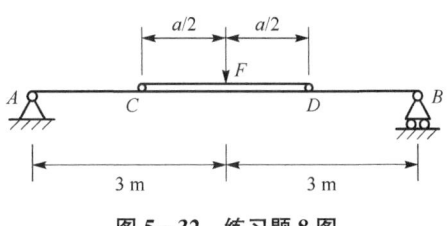

图 5-32 练习题 8 图

9. 试计算图 5-33 所示工字形截面梁内的最大正应力和最大剪应力。

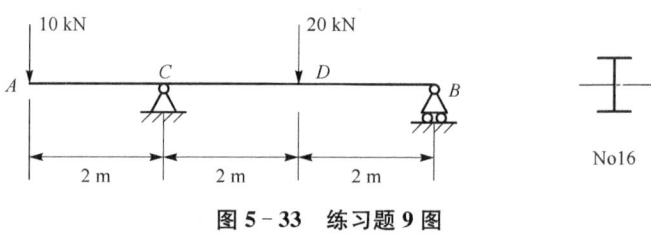

图 5-33 练习题 9 图

10. 由三根木条胶合而成的悬臂梁截面尺寸图 5-34 所示,跨度 $l=1\,\mathrm{m}$。若胶合面上的许用切应力为 0.34 MPa,木材的许用弯曲正应力为 $[\sigma]=10\,\mathrm{MPa}$,许用切应力为 $[\tau]=1\,\mathrm{MPa}$,试求许可载荷 P。

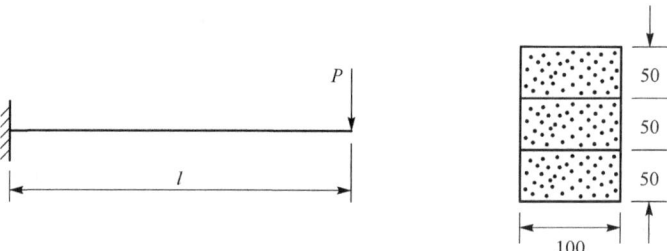

图 5-34 练习题 10 图

11. 图 5-35 所示圆轴的外伸部分系空心轴。试作轴弯矩图,并求轴内最大正应力。

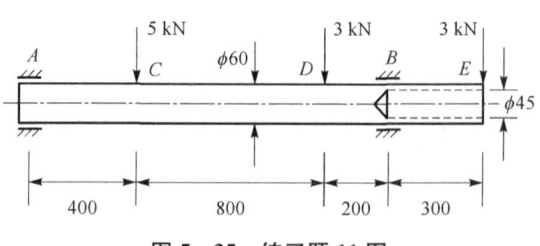

图 5-35 练习题 11 图

12. 压板的尺寸和载荷图 5-36 所示。材料为 45 钢，$\sigma_s = 380$ MPa，取安全系数 $n = 1.5$。试校核压板的强度。

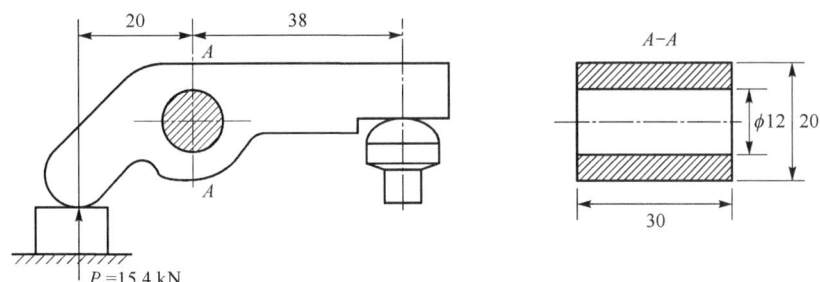

图 5-36　练习题 12 图

13. 起重机下的梁由两根工字钢组成（图 5-37），起重机自重 $Q = 50$ kN，起重量 $P = 10$ kN。许用应力 $[\sigma] = 160$ MPa，$[\tau] = 100$ MPa。若暂不考虑梁的自重，试按正应力强度条件选定工字钢型号，然后再按剪应力强度条件进行校核。

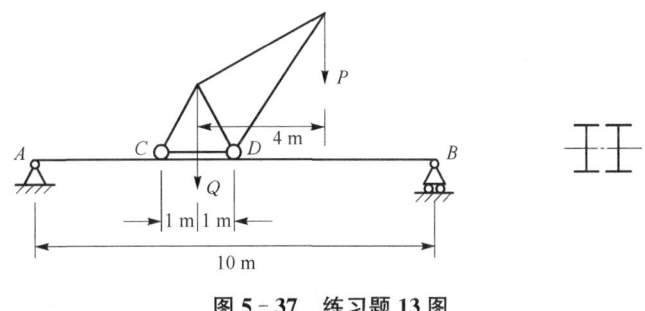

图 5-37　练习题 13 图

14. 在图 5-38 中，梁的总长度为 l，受均布载荷 q 作用。若支座可对称地向中点移动，试问移动距离为若干时，最为合理？

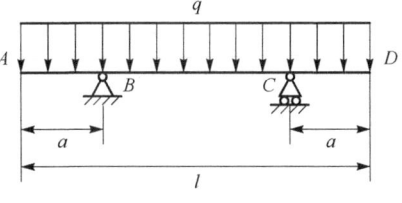

图 5-38　练习题 14 图

第 6 章 弯 曲 变 形

6.1 工程中的弯曲变形问题

工程中,对受弯杆件除强度要求外,还往往要求变形不能过大,即还有刚度要求。例如,齿轮轴即使有足够的强度,但若弯曲变形过大,将使轴上的齿轮啮合不良,引起噪声,造成齿轮与齿轮间或轴承间的不均匀磨损。又如,机床主轴的刚度不够,将会影响工件的加工精度。再如起重机的大梁若变形过大,会使梁上小车行走困难,出现爬坡现象,并引起梁的振动。这些都说明了计算弯曲变形的必要性。此外,弯曲变形还与静不定结构的求解、振动计算等有关。

为研究弯曲变形,首先讨论如何度量和描述弯曲变形的问题。

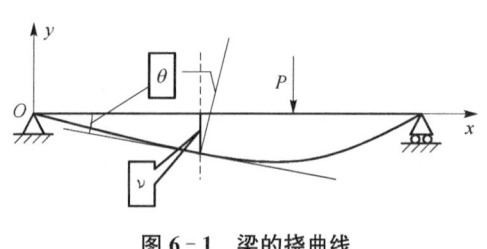

图 6-1 梁的挠曲线

设有一梁,受载荷作用后其轴线将弯曲成为一条光滑的连续曲线(图 6-1)。在平面弯曲的情况下,这是一条位于载荷所在平面内的平面曲线。梁弯曲后的轴线称为挠曲线。

在小变形的条件下,忽略梁截面在轴向的位移,则在梁的变形过程中,梁截面有沿垂直方向的线位移 ν,称为挠度;相对于原截面转过的角位移 θ,称为转角,这两个基本量决定了梁在弯曲变形后梁轴线的形状,即挠曲线。

挠曲线是一条连续光滑平面曲线,其方程是:

$$\nu = f(x)$$

其中,挠度 ν 为截面形心在坐标 y 方向上的位移,其正负号与 y 坐标轴正负相符;转角 θ 为横截面绕中性轴转过的角度,是挠曲线法线与 y 轴的夹角,它等于挠曲线切线与 x 轴的夹角。其正负号定义为逆时针转过的角度为正,顺时针转过的角度为负;在小变形情况下,有:

$$\theta \approx \mathrm{tg}\,\theta = \frac{\mathrm{d}\nu}{\mathrm{d}x} = \nu' = f'(x) \tag{6-1}$$

可见梁的挠度 ν 与转角 θ 之间存在一定关系,即梁任一横截面的转角 θ 等于该截面处挠度 ν 对 x 的一阶导数。

6.2 挠曲线的近似微分方程

在纯弯曲情况下推导梁的正应力公式中,得到梁轴线的曲率是:

$$\frac{1}{\rho} = \frac{M}{EI}$$

上式中,弯矩和曲率半径是常量;对于跨度远大于截面高度的梁而言,在横力弯曲的情况下,可忽略剪力的影响,但其中的弯矩和曲率半径是 x 的函数,即:

$$\frac{1}{\rho(x)} = \frac{M(x)}{EI}$$

对平面曲线,有关系式:

$$\frac{1}{\rho(x)} = \pm \frac{v''}{(1+v'^2)^{\frac{3}{2}}} \qquad (6-2)$$

式(6-2)称为梁的挠曲线微分方程。因为工程实际中的梁一般是小变形,所以 $v' \ll 1$,则:

$$(1+v'^2)^{\frac{3}{2}} \approx 1$$

$$\therefore \frac{1}{\rho(x)} = \pm v'' = \frac{M(x)}{EI}$$

考虑到弯矩 M 的符号与挠曲线凸向之间的关系(图6-2):

M 与 v'' 的符号相同,挠曲线的近似微分方程为:

$$v'' = \frac{\mathrm{d}^2 v}{\mathrm{d}x^2} = \frac{M(x)}{EI} \qquad (6-3)$$

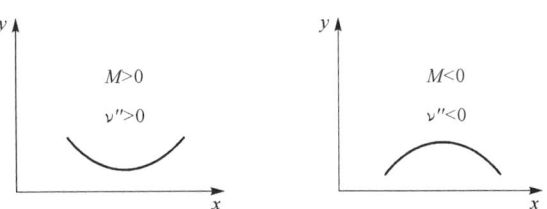

图 6-2 M 的符号与挠曲线凸向之间的关系

式(6-3)之所以说近似,是因为略去剪力对变形的影响,并略去式(6-2)中 v'^2。实践表明,由这一公式所得结果在工程应用中是足够精确的。

6.3 计算梁弯曲变形的两种方法

6.3.1 积分法

用直接积分法求梁的弯曲变形:弯矩方程是一个分段函数,设某段函数为 M_i,则该段的微分方程是:

$$v_i'' = \frac{\mathrm{d}^2 v_i}{\mathrm{d}x^2} = \frac{M_i}{EI}$$

积分一次得：

$$v'_i = \theta_i = \int \frac{M_i}{EI} dx + C_i \tag{6-4}$$

再积分一次得：

$$v_i = \int \left[\int \frac{M_i}{EI} dx \right] dx + C_i x + D_i \tag{6-5}$$

如果 $M(x)$ 是 n 段分段函数 ($i=1,2,\cdots,n$)，则要决定 $2n$ 个积分常数，它们可以通过下列条件决定：

1. 边界条件

它指梁的约束条件，一根静定梁有 2 个约束条件（图 6-3）。

(1) 固定端截面：挠度和转角均为 0。

(2) 铰链约束：挠度为 0。

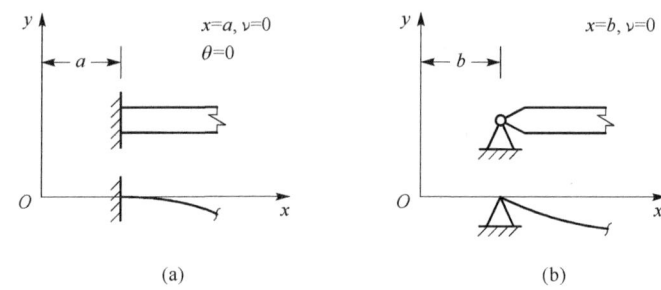

图 6-3 梁的约束条件

(a) 固定端；(b) 铰链约束

2. 光滑连续性条件

挠曲线任意点上的挠度和转角是唯一的，n 段分段函数有 $(n-1)$ 个分段点，在分段点上有：$\theta_j = \theta_{j+1}$，$v_j = v_{j+1}$ ($j=1,2,\cdots,n-1$)，共有 $2(n-1)$ 个条件；而不会出现挠度和转角不等情况（图 6-4）。

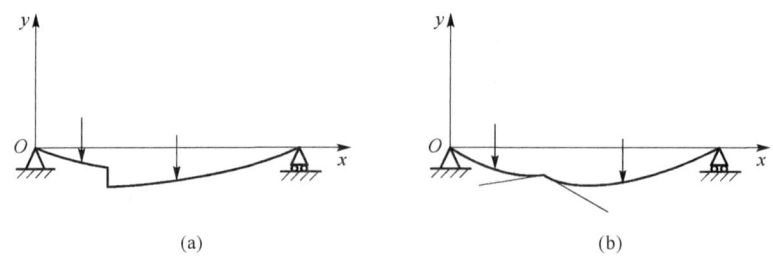

图 6-4 光滑连续条件

(a) 挠曲线不连续；(b) 挠曲线不光滑

在工程计算中，习惯上用 f 来表示梁在指定截面处的挠度。

例 6-1

求图 6-5 所示简支梁受集中载荷 P 作用下的弯曲变形 θ_A、θ_B 和最大挠度。

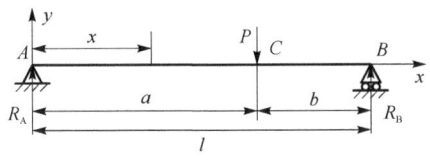

图 6-5 例 6-1 图

解： 使用积分法求转角和挠度。

(1) 求约束反力。取梁 AB 作为研究对象，加上约束力 R_A 和 R_B，然后使用平衡方程：

$$R_A = \frac{Pb}{l}, \quad R_B = \frac{Pa}{l}$$

(2) 求弯矩方程。因 AC、CB 两段弯矩方程不同，分别写出弯矩方程：

AC 段 $\qquad M_1 = \frac{Pb}{l} x_1 \qquad (0 \leqslant x_1 \leqslant a)$

CB 段 $\qquad M_2 = \frac{Pb}{l} x_2 - P(x_2 - a) \qquad (a \leqslant x_2 \leqslant l)$

(3) 列挠曲线微分方程并二次积分。

AC 段
$$\begin{cases} EI v_1'' = \dfrac{Pb}{l} x_1 \\ EI v_1' = EI \theta_1 = \dfrac{Pb}{l} \dfrac{x_1^2}{2} + C_1 \\ EI v_1 = \dfrac{Pb}{l} \dfrac{x_1^3}{6} + C_1 x_1 + D_1 \end{cases} (0 \leqslant x_1 \leqslant a)$$

CB 段
$$\begin{cases} EI v_2'' = \dfrac{Pb}{l} x_2 - P(x_2 - a) \\ EI v_2' = EI \theta_2 = \dfrac{Pb}{l} \dfrac{x_2^2}{2} - P \dfrac{(x_2 - a)^2}{2} + C_2 \\ EI v_2 = \dfrac{Pb}{l} \dfrac{x_2^3}{6} - P \dfrac{(x_2 - a)^3}{6} + C_2 x_2 + D_2 \end{cases} (a \leqslant x_2 \leqslant l)$$

(4) 决定积分常数。利用支座 A、B 处边界条件和左、右两段梁连接处 C 的光滑连续性条件代入上述转角和挠度方程，确定积分常数。

(a) 光滑连续性条件 $x_1 = x_2 = a$ 时：$\theta_1 = \theta_2$，$v_1 = v_2$

$$\begin{cases} \dfrac{Pb}{l} \dfrac{a^2}{2} + C_1 = \dfrac{Pb}{l} \dfrac{a^2}{2} + C_2 \\ \dfrac{Pb}{l} \dfrac{a^3}{6} + C_1 a + D_1 = \dfrac{Pb}{l} \dfrac{a^3}{6} + C_2 a + D_2 \end{cases}$$

$\therefore C_1 = C_2 \qquad D_1 = D_2$

(b) 边界条件 $x = 0$ 时：$v_1 = 0$；$x = l$ 时：$v_2 = 0$

$$\begin{cases} 0 = D_1 \\ 0 = \dfrac{Pb}{l} \dfrac{l^3}{6} - \dfrac{P(l-a)^3}{6} + C_2 l + D_2 \end{cases}$$

$$\therefore D_1 = D_2 = 0 \qquad C_1 = C_2 = -\frac{Pb}{6l}(l^2 - b^2)$$

(5) 结果(转角和挠度方程)。

AC 段 $\begin{cases} EI\nu'_1 = EI\theta_1 = -\dfrac{Pb}{6l}(l^2 - b^2 - 3x_1^2) \\ EI\nu_1 = -\dfrac{Pb}{6l}(l^2 - b^2 - x_1^2) \end{cases} (0 \leqslant x_1 \leqslant a)$

CB 段 $\begin{cases} EI\nu'_2 = EI\theta_2 = -\dfrac{Pb}{6l}\left[(l^2 - b^2 - 3x_2^2) + \dfrac{3l}{b}(x_2 - a)^2\right] \\ EI\nu_2 = -\dfrac{Pb}{6l}\left[(l^2 - b^2 - x_2^2)x_2 + \dfrac{l}{b}(x_2 - a)^3\right] \end{cases} (a \leqslant x_2 \leqslant l)$

(6) 求指定截面的弯曲变形。

$$\theta_A = -\frac{Pab(l+b)}{6EIl}, \quad \theta_B = \frac{Pab(l+a)}{6EIl}$$

要决定最大挠度,令: $\dfrac{\mathrm{d}\nu}{\mathrm{d}x} = \theta = 0$,在 $a > b$ 时,最大挠度发生在 AC 段,可求得 $x = \sqrt{\dfrac{l^2 - b^2}{3}} \approx \dfrac{l}{2}$,则最大挠度为

$$f_{\max} = -\frac{b}{9\sqrt{3}EI}\sqrt{(l^2 - b^2)^2}$$

$$\nu_{\frac{l}{2}} = -\frac{Pb}{48EI}(3l^2 - 4b^2)$$

题解注释:本题中,梁的最大挠度与梁的中点非常接近,因此,为计算上的方便,可以近似地以梁的中点代替。

例 6-2

求等截面直梁(图 6-6a)的弹性曲线、最大挠度及最大转角。

解:使用积分法求转角和挠度。

(1) 求弯矩方程。

$$M(x) = -P(l-x) \qquad (0 \leqslant x \leqslant l)$$

(2) 列挠曲线微分方程并二次积分。

$$\begin{cases} EI\nu'' = -P(l-x) \\ EI\nu' = EI\theta = -\dfrac{1}{2}P(l-x)^2 + C \\ EI\nu = \dfrac{1}{6}P(l-x)^3 + Cx + D \end{cases} (0 \leqslant x \leqslant l)$$

（3）决定积分常数。应用位移边界条件求积分常数。

边界条件：$x=0$ 时：$\nu=0$；$\theta=0$

$$EI\nu(0) = \frac{1}{6}Pl^3 + D = 0$$

$$EI\theta(0) = EI\nu'(0) = -\frac{1}{2}Pl^2 + C = 0$$

$$\therefore C = \frac{1}{2}Pl^2; \quad D = -\frac{1}{6}Pl^3$$

（4）结果。写出转角方程和挠度弹性曲线方程并画出挠度曲线。

$$\nu' = -\frac{1}{2EI}[P(l-x)^2 + Pl^2]$$

$$\nu(x) = \frac{P}{6EI}[(l-x)^3 + 3l^2x - l^3]$$

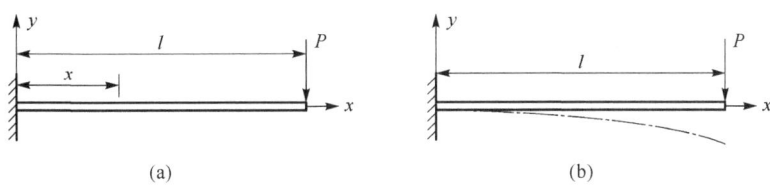

图 6-6 例 6-2 图

(a) 原图；(b) 挠度曲线

（5）求最大挠度及最大转角。

$x=l$ 时，最大转角及最大挠度：

$$\theta_{\max} = \theta(l) = -\frac{Pl^2}{2EI}$$

$$f_{\max} = \nu(l) = -\frac{Pl^3}{3EI}$$

6.3.2 叠加法

在梁的变形时，小变形且材料服从胡克定律情况下，梁上各个载荷分别产生的变形满足挠曲线微分方程（线性方程），即：

$$EI\nu_i'' = M_i$$

其中 i 表示某个载荷，M_i 表示该载荷所产生的弯矩，ν_i 表示该载荷所产生梁的挠度。

将各个载荷的挠曲线微分方程相加，得：

$$\Sigma(EI\nu_i'') = \Sigma M_i$$

$$EI(\Sigma\nu_i)'' = \Sigma M_i = M$$

其中 M 表示各个载荷共同作用时所产生的弯矩。

如果此时梁的变形是 ν,则:

$$EI\nu'' = M$$

比较上面两式,得:

$$\nu = \Sigma\nu_i$$

两边对 x 求导,得:

$$\theta = \Sigma\theta_i$$

所以,当求梁上同时作用几个载荷时所引起的变形,可以分别求出每一个载荷单独作用时的变形,然后把所得变形进行叠加,即为这些载荷共同作用时的变形,这就是叠加原理。

表 6-1 中列出了叠加法中经常使用的几种变形情况。

用叠加法求解时,应注意挠度 ν 和转角 θ 正负号。对于未列入表 6-1 中的梁的变形,可以作适当处理,使之成为有表可查的情形,然后再应用叠加法。参阅例 6-3 题。

对于如图 6-7 所示悬臂梁的转角 θ_B 和挠度 ν_B,可根据几何变形关系,结合查表结果求得。

$$\theta_B = \theta_C$$
$$\nu_B = \nu_C + b\theta$$

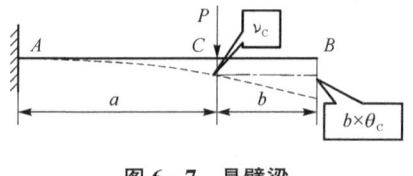
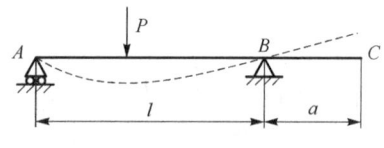

图 6-7 悬臂梁　　　　　　　　　图 6-8 外伸梁

同理,对于如图 6-8 所示外伸梁的转角 θ_C 和挠度 ν_C,也有 $\theta_C = \theta_B$;$\nu_C = a\theta_B$。

表 6-1 梁在简单载荷作用下的变形

序号	梁 的 简 图	挠曲线方程	端截面转角	最 大 挠 度
1		$\nu = -\dfrac{mx^2}{2EI}$	$\theta_B = -\dfrac{ml}{2EI}$	$f_B = -\dfrac{ml^2}{2EI}$
2		$\nu = -\dfrac{Px^2}{6EI}(3l-x)$	$\theta_B = -\dfrac{Pl^2}{2EI}$	$f_B = -\dfrac{Pl^3}{3EI}$
3		$\nu = -\dfrac{qx^2}{24EI}(x^2 - 4lx + 6l^2)$	$\theta_B = -\dfrac{Pl^3}{6EI}$	$f_B = -\dfrac{ql^4}{8EI}$

续　表

序号	梁的简图	挠曲线方程	端截面转角	最大挠度
4		$v=-\dfrac{mx}{6EIl}(l^2-x^2)$	$\theta_A=-\dfrac{ml}{6EI}$ $\theta_B=\dfrac{ml}{3EI}$	$x=\dfrac{l}{\sqrt{3}}$, $f_{\max}=-\dfrac{ml^2}{9\sqrt{3}EI}$ $x=\dfrac{l}{2}$, $f_{\frac{l}{2}}=-\dfrac{ml^2}{16EI}$
5		$v=-\dfrac{Px}{48EI}(3l^2-4x^2)$ $\left(0\leqslant x\leqslant \dfrac{l}{2}\right)$	$\theta_A=-\theta_B$ $=-\dfrac{Pl^2}{16EI}$	$f=-\dfrac{Pl^3}{48EI}$
6		$v=-\dfrac{Pbx}{6EIl}(l^2-x^2-b^2)$ $(0\leqslant x\leqslant a)$ $v=-\dfrac{Pb}{48EI}\left[\dfrac{l}{b}(x-a)^3+\right.$ $\left.(l^2-b^2)x-x^3\right]$ $(a\leqslant x\leqslant l)$	$\theta_A=\dfrac{Pab(l+b)}{6EIl}$ $\theta_B=\dfrac{Pab(l+a)}{6EIl}$	设 $a>b$, 在 $x=\sqrt{\dfrac{l^2-b^2}{3}}$ 处 $f_{\max}=-\dfrac{Pb(l^2-b^2)^{3/2}}{9\sqrt{3}EI}$ 在 $x=\dfrac{l}{2}$ 处, $f_{\frac{l}{2}}=-\dfrac{Pb(3l^2-4b^2)}{48EI}$
7		$v=-\dfrac{qx}{24EI}[l^3-2lx^2+x^3]$	$\theta_{AB}=-\theta_B$ $=-\dfrac{ql^3}{24EI}$	$f=-\dfrac{5ql^4}{384EI}$

例 6-3

按叠加原理求 A 点转角和 C 点挠度(图 6-9a)。梁的抗弯刚度是 EI。

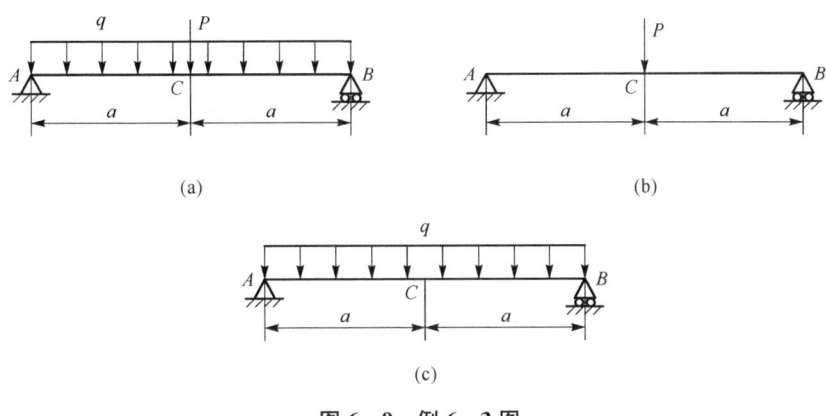

图 6-9　例 6-3 图

(a) 原图；(b) P 单独作用；(c) q 单独作用

解：使用叠加积分法求转角和挠度。

(1) 将梁上的载荷分解为两种简单载荷单独作用的情形(图 6-9b、c)。

$$\theta_A = \theta_{A(1)} + \theta_{A(2)}$$

$$\nu_C = \nu_{C(1)} + \nu_{C(2)}$$

(2) 应用挠度表确定种简单载荷单独作用下，梁 A 点处的转角和 C 点处挠度。查表 6-1。

$$\theta_{A(1)} = \theta_{A(P)} = -\frac{Pa^2}{4EI}, \quad \nu_{C(1)} = \nu_{C(P)} = -\frac{Pa^3}{6EI}$$

$$\theta_{A(2)} = \theta_{A(P)} = -\frac{qa^3}{3EI}, \quad \nu_{C(2)} = \nu_{C(q)} = -\frac{5qa^4}{24EI}$$

(3) 应用叠加法，将两种情形下转角和挠度叠加。

$$\therefore \theta_A = \theta_{A(1)} + \theta_{A(2)} = -\frac{Pa^2}{4EI} - \frac{qa^3}{3EI}$$

$$\nu_C = \nu_{C(1)} + \nu_{C(2)} = -\frac{Pa^3}{6EI} - \frac{5qa^4}{24EI}$$

例 6-4

用叠加法求图 6-10a 所示外伸梁的 θ_C 和 ν_C，梁的抗弯刚度是 EI。

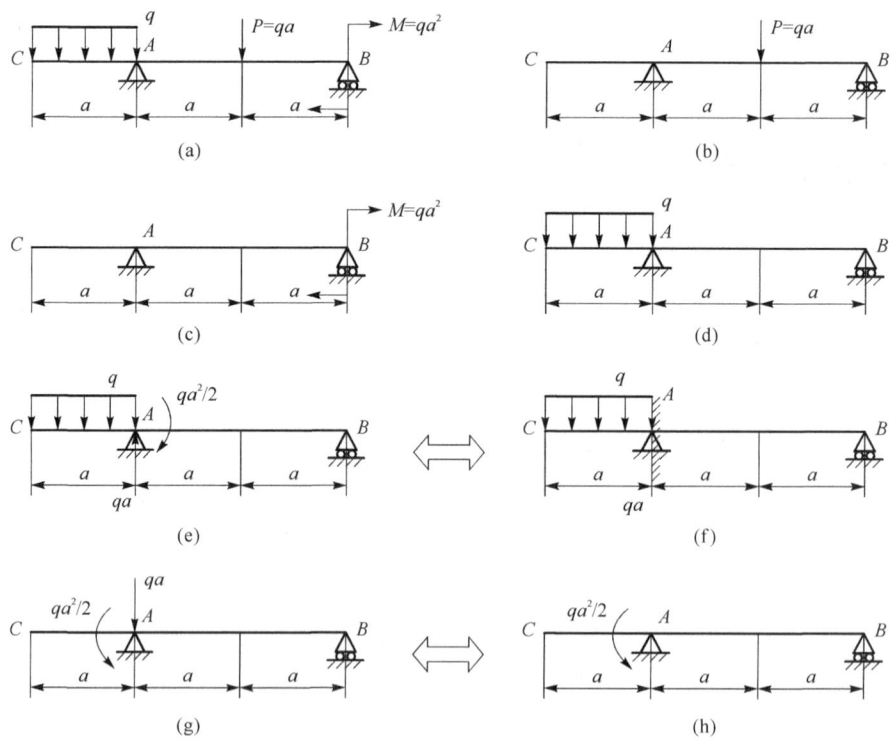

图 6-10 例 6-4 图

(a) 原图；(b) P 单独作用；(c) M 单独作用；(d) q 单独作用；(e) 在(d)图上加两个载荷；(f) (e)的力学模型；(g) 在(d)图上减两个载荷；(h) (g)的力学模型

解: 使用叠加积分法求转角和挠度。

(1) 将梁上的载荷分解为三种简单载荷单独作用的情形(图 6-10b~d)。

$$\theta_C = \theta_{C(1)} + \theta_{C(2)} + \theta_{C(3)}$$

$$\nu_C = \nu_{C(1)} + \nu_{C(2)} + \nu_{C(3)}$$

(2) 而第三种情形又可分解为如下两种载荷单独作用的情形(图 6-10e~h)。

$$\theta_{C(3)} = \theta_{C(31)} + \theta_{C(32)}$$

$$\nu_{C(3)} = \nu_{C(31)} + \nu_{C(32)}$$

(3) 应用挠度表确定三种下,梁 c 点处的转角和挠度。查表 6-1。

$$\theta_{C(1)} = \theta_{C(P)} = \theta_{A(P)} = -\frac{(qa)(2a)^2}{16EI} = -\frac{qa^3}{4EI}, \quad \nu_{C(1)} = \nu_{C(P)} = -\theta_{A(P)}a = \frac{qa^4}{4EI}$$

$$\theta_{C(2)} = \theta_{C(M)} = \theta_{A(M)} = \frac{(qa^2)2a}{6EI} = \frac{qa^3}{3EI}, \quad \nu_{C(2)} = \nu_{C(M)} = -\theta_{A(M)}a = -\frac{qa^4}{3EI}$$

$$\theta_{C(31)} = \frac{qa^3}{6EI}, \quad \nu_{C(31)} = -\frac{qa^4}{8EI}$$

$$\theta_{C(32)} = \frac{\left(\frac{1}{2}qa^2\right)2a}{3EI} = \frac{qa^3}{3EI}, \quad \nu_{C(32)} = -\frac{qa^3}{3EI}a = -\frac{qa^4}{3EI}$$

而对第三种情形下两种载荷单独作用,应用叠加法进行叠加。

$$\theta_{C(3)} = \theta_{C(31)} + \theta_{C(32)} = \frac{qa^3}{6EI} + \frac{qa^3}{3EI} = \frac{qa^3}{2EI},$$

$$\nu_{C(3)} = \nu_{C(31)} + \nu_{C(32)} = -\frac{qa^4}{8EI} - \frac{qa^4}{3EI} = -\frac{11qa^4}{24EI}$$

(4) 应用叠加法,将三种情形下转角和挠度叠加。

$$\therefore \theta_C = \theta_{C(1)} + \theta_{C(2)} + \theta_{C(3)} = -\frac{qa^3}{4EI} + \frac{qa^3}{3EI} + \frac{qa^3}{2EI} = \frac{7qa^3}{12EI}$$

$$\nu_C = \nu_{C(1)} + \nu_{C(2)} + \nu_{C(3)} = \frac{qa^4}{4EI} - \frac{qa^4}{3EI} - \frac{11qa^4}{24EI} = -\frac{13qa^4}{24EI}$$

题解注释: 本题中,第三种情形未列入表 6-1 中的简单载荷作用下梁的变形,可以作适当处理,使之成为有表可查的情形,然后再应用叠加法。

例 6-5

图 6-11 所示简支梁作用部分均布载荷,求中点 C 截面的挠度。

解: (1) 载荷无限分解。

$$dP = q\,dx$$

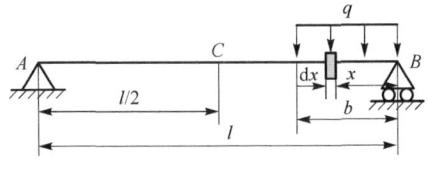

图 6-11 例 6-5 图

(2) 梁的简单载荷变形表，查简单载荷引起的变形。在 dx 微段上均布载荷简化为 qdx 集中力，它在 C 截面上产生的挠度是：

$$d\nu_C = -\frac{(qdx)x}{48EI}(3l^2 - 4x^2)$$

(3) 叠加。整段均布载荷在 C 截面上产生的挠度是：

$$\nu_C = \int d\nu_C = \int_0^b -\frac{q}{48EI}(3l^2 x - 4x^3)$$

$$= -\frac{qb^2}{48EI}\left(\frac{3}{2}l^2 - b^2\right)$$

6.4 梁的刚度条件与刚度设计

6.4.1 刚度条件

它指梁的最大挠度和最大转角不能超过许可值，即：

$$\theta_{\max} \leqslant [\theta]$$
$$f_{\max} \leqslant [f]$$
(6-6)

以上两式称为弯曲构件的刚度条件。

6.4.2 刚度设计

对于主要承受弯曲的零件和构件，刚度设计就是根据对零件和构件的不同要求，将最大挠度和转角限制在一定范围内，即满足弯曲刚度条件。许用挠度和许用转角对不同的构件有不同的规定，可从有关的设计规范中查得。常见轴的弯曲许用挠度和许用转角值见表 6-2。

表 6-2 常见轴的弯曲许用挠度和许用转角值

对挠度的限制	
轴的类型	许用挠度 $[f]$
一般传动轴	$(0.0003 \sim 0.0005)l$
刚度要求较高的轴	$0.0002l$
对转角的限制	
轴的类型	许用挠度转角 $[\theta]$/rad
滑动轴承	0.001
深沟球轴承	0.005
向心球面轴承	0.005
圆柱滚子轴承	0.0025
圆锥滚子轴承	0.0016
安装齿轮的轴	0.001

注：表中 l 为支承间的跨距。

例 6-6

简化电机轴的尺寸和载荷如图 6-12 所示,已知 $E = 200\text{ GPa}$, $d = 130\text{ mm}$,定子与转子的许用间隙 $\delta = 0.35\text{ mm}$。校核轴的刚度。

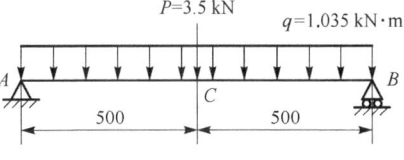

图 6-12 例 6-6 图

解:(1) 用叠加法求梁的最大挠度。

$$|f_{\max}| = |v_C| = \left|-\frac{Pl^3}{48EI} - \frac{5ql^4}{384EI}\right| = \frac{64}{E\pi d^4}\left(\frac{Pl^3}{48} + \frac{5ql^4}{384}\right)$$

$$= \frac{64}{200 \times 10^9 \times \pi \times 0.13^4}\left(\frac{3.5 \times 10^3 \times 1}{48} + \frac{5 \times 1.035 \times 10^4 \times 1}{384}\right)$$

$$= 0.031 \times 10^{-3}\text{ m} = 0.031\text{ mm}$$

(2) 刚度校核。

$$|f_{\max}| = 0.031\text{ mm} < \delta = 0.35\text{ mm}$$

轴的刚度足够。

6.5 提高梁弯曲刚度的措施

由梁的挠曲线近似微分方程可见,梁的弯曲变形与弯矩 $M(x)$ 及抗弯刚度有关,而影响梁弯矩的因素又包括载荷、支承情况及梁的有关长度。因此,为提高梁的刚度,可采用如下一些措施:

(1) 选择合理的梁截面,从而增大截面的惯性矩 I。
(2) 调整加载方式,改善梁结构,以减小弯矩:使受力部位尽可能靠近支座;或使集中力分散成分布力。
(3) 减小梁的跨度,增加支承约束。

其中第三种措施的效果最为显著,因为梁的跨度是以其乘方影响梁的挠度和转角的。

6.6 简单静不定梁

求解静不定梁除了平衡方程外,还需要根据多余约束对位移或变形的限制,建立各部分位移或变形之间的几何关系,即建立几何方程,称为变形协调方程,并建立力与位移或变形之间的物理关系,即物理方程。将这两者联立才能找到求解静不定问题所需的补充方程。

求解简单静不定梁。首先,根据静不定次数选取静不定梁的基本结构。解除多余约束(个数与静不定次数相同),用多余约束力来代替,得到静不定梁的基本结构。解除多余约束的方法不同,则基本结构也不同。

图 6-13a 中的梁是一次静不定梁,如果选 C 为多余约束,则基本结构是简支梁;如果选 B 为多余约束,则基本结构是外伸梁,见图 6-13b、c。

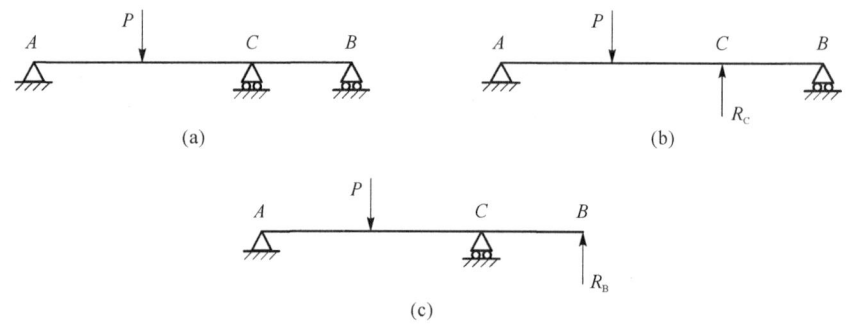

图 6-13 一次静不定梁

(a) 原图；(b) 简支静定基；(c) 外伸静定基

其次，找出变形几何关系，即多余约束处梁的变形应满足的条件；对图 6-13b，则应满足：$v_C = 0$；对图 6-13c，则应满足：$v_B = 0$。

接着，求出多余约束处的变形，由此得到补充方程。然后，联立求解补充方程和平衡方程，得出所有约束力。最后，就可以来求解梁的其他问题(强度、刚度等)。

例 6-7

如图 6-14 所示，某结构 AB 梁的抗弯为 EI，BC 的拉压刚度是 EA，求 B 点反力。

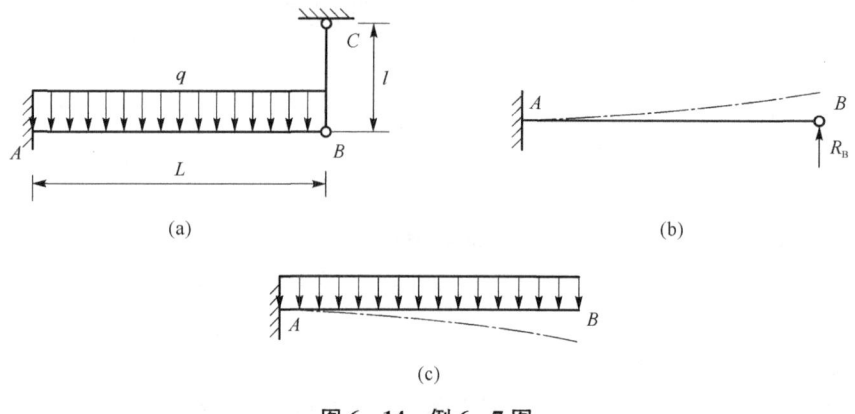

图 6-14 例 6-7 图

(a) 原图；(b) R_B 作用下的变形；(c) q 作用下的变形

解：(1) 确定静不定梁的基本结构，定超静定次数。用反力代替多余约束所得到的结构静定基，取 B 为多余约束。

(2) 求变形几何关系。

$$v_B = v_{Bq} + v_{BR_B} = -\Delta l_{BC}$$

(3) 求物理关系。

$$v_{Bq} = -\frac{qL^4}{8EI}; \quad v_{BR_B} = \frac{R_B L^3}{3EI}$$

$$\Delta l_{BC} = \frac{R_B l_{BC}}{EA}$$

(4) 补充方程。

$$-\frac{qL^4}{8EI}+\frac{R_B L^3}{3EI}=-\frac{R_B l_{BC}}{EA}$$

(5) 求 B 点反力。也可求解其他问题（应力、变形等）。

$$R_B=\frac{qL^4}{8I\left(\dfrac{l_{BC}}{A}+\dfrac{L^3}{3I}\right)}$$

例 6-8

如图 6-15 所示杆系中，AB 和 CD 梁的抗弯为 EI，BD 杆的拉压刚度是 EA，不计剪切变形的影响，求 BD 杆的内力。

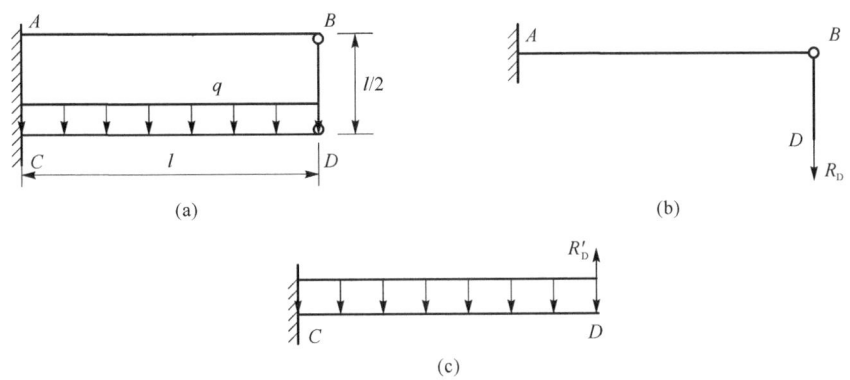

图 6-15 例 6-8 图

(a) 原图；(b) AB 的受力图；(c) CD 的受力图

解：(1) 确定静不定梁的基本结构。取 D 为多余约束。

(2) 求变形几何关系。

$$v_{D1}=v_{D2}$$

(3) 求物理关系。

$$v_{D1}=-\frac{R_D l^3}{3EI}-\frac{R_D\cdot\dfrac{l}{2}}{EA}=-R_D\left(\frac{l^3}{3EI}+\frac{l}{2EA}\right)$$

$$v_{D2}=-\frac{ql^4}{8EI}+\frac{R'_D l^3}{3EI}$$

(4) 补充方程。

$$-R_D\left(\frac{l^3}{3EI}+\frac{l}{2EA}\right)=-\frac{ql^4}{8EI}+\frac{R'_D l^3}{3EI}$$

$$R_D=R'_D=\frac{\dfrac{ql^4}{8EI}}{\dfrac{2l^3}{3EI}+\dfrac{l}{2EA}}$$

(5) 求 BD 杆的内力。

$$N_{BD} = R_D = \dfrac{\dfrac{ql^4}{8EI}}{\dfrac{2l^3}{3EI} + \dfrac{l}{2EA}}$$

习　　题

思考题

在下面思考题中 A、B、C、D 的备选答案中选择正确的答案。

1. 若用积分法计算图 6-16 所示梁的挠度，则边界条件和连续条件为（　　）

(A) $x=0$：$\nu=0$；$x=a+L$：$\nu=0$；$x=a$：$\nu_\text{左}=\nu_\text{右}$，$\nu'_\text{左}=\nu'_\text{右}$；

(B) $x=0$：$\nu=0$；$x=a+L$：$\nu'=0$；$x=a$：$\nu_\text{左}=\nu_\text{右}$，$\nu'_\text{左}=\nu'_\text{右}$；

(C) $x=0$：$\nu=0$；$x=a+L$：$\nu=0$，$\nu'=0$；$x=a$：$\nu_\text{左}=\nu_\text{右}$；

(D) $x=0$：$\nu=0$；$x=a+L$：$\nu=0$，$\nu'=0$；$x=a$：$\nu'_\text{左}=\nu'_\text{右}$。

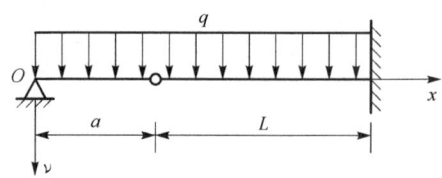

图 6-16　思考题 1 图

2. 梁的受力情况如图 6-17 所示，该梁变形后的挠曲线为图示的四种曲线中的 ＿＿＿＿（图中挠曲线的虚线部分表示直线，实线部分表示曲线）。

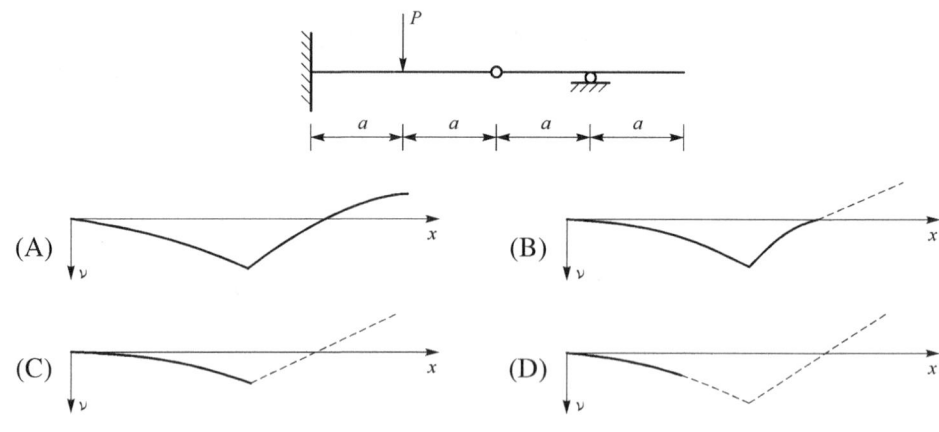

图 6-17　思考题 2

3. 等截面梁如图 6-18 所示。若用积分法求解梁的转角和挠度，则以下结论中 ＿＿＿＿ 是错误的。

(A) 该梁应分为 AB 和 BC 两段进行积分；

(B) 挠度的积分表达式中，会出现 4 个积分常数；

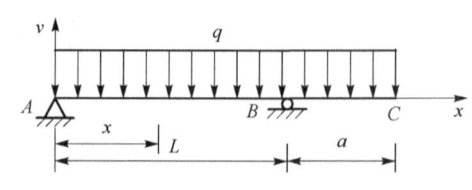

图 6-18　思考题 3 图

(C) 积分常数由边界条件和连续条件来确定；
(D) 边界条件和连续条件的表达式为：$x=0$：$y=0$；$x=L$，$\nu_{左}=\nu_{右}=0$，$\nu'=0$。

4. 等截面梁左端为铰支座，右端与拉杆 BC 相连，如图 6-19 所示。以下结论中_____是错误的。

(A) AB 杆的弯矩表达式为 $M(x)=q(Lx-x^2)/2$；

(B) 挠度的积分表达式为：$\nu(x)=q\left\{\iint\left[-(Lx-x^2)dx\right]dx+Cx+D\right\}/2EI$；

(C) 对应的边解条件为：$x=0$：$\nu=0$；$x=L$：$\nu=\Delta L_{CB}(\Delta L_{CB}=qLa/2EA)$；

(D) 在梁的跨度中央，转角为零（即 $x=L/2$：$\nu'=0$）。

图 6-19 思考题 4 图

5. 已知悬臂 AB 如图 6-20 所示，自由端的挠度 $\nu_B=-PL^3/3EI-ML^2/2EI$，则截面 C 处的挠度应为_____。

(A) $-P(2L/3)^3/3EI-M(2L/3)^2/2EI$；

(B) $-P(2L/3)^3/3EI-1/3M(2L/3)^2/2EI$；

(C) $-P(2L/3)^3/3EI-(M+1/3PL)(2L/3)^2/2EI$；

(D) $-P(2L/3)^3/3EI-(M-1/3PL)(2L/3)^2/2EI$。

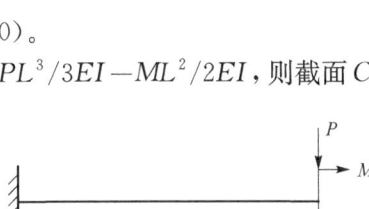

图 6-20 思考题 5 图

6. 如图 6-21 所示结构中，杆 AB 为刚性杆，设 ΔL_1，ΔL_2，ΔL_3 分别表示杆(1)、(2)、(3)的伸长，则当分析各竖杆的内力时，相应的变形协调条件为_____。

(A) $\Delta L_3=2\Delta L_1+\Delta L_2$；
(B) $\Delta L_2=\Delta L_3-\Delta L_1$；
(C) $2\Delta L_2=\Delta L_1+\Delta L_3$；
(D) $\Delta L_3=\Delta L_1+2\Delta L_2$。

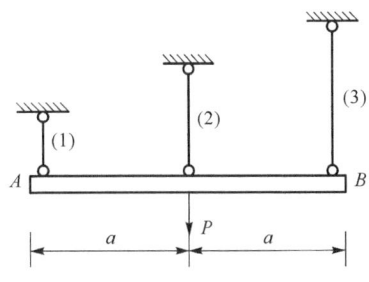

图 6-21 思考题 6 图

7. 一悬臂梁及其所在坐标系如图 6-22 所示。其自由端的_____。

(A) 挠度为正，转角为负；　　(B) 挠度为负，转角为正；
(C) 挠度和转角都为正；　　　(D) 挠度和转角都为负。

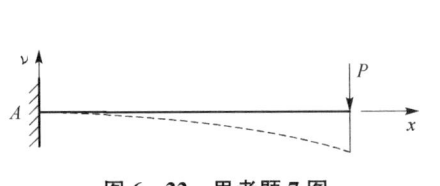

图 6-22 思考题 7 图

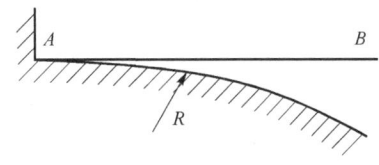

图 6-23 思考题 8 图

8. 图 6-23 所示悬臂梁 AB，一端固定在半径为 R 的光滑刚性圆柱面上，另一端自由，梁 AB 变形后与圆柱面完全吻合，而无接触压力，则正确的加载方式是_____。

(A) 在全梁上加向下的均布载荷；　　　　(B) 在自由端 B 加向下的集中力；
(C) 在自由端 B 加顺时针方向的集中力偶；(D) 在自由端 B 加逆时针方向的集中力偶。

9. 一铸铁简支梁，如图 6-24 所示，当其横截面分别按图示两种情况放置时，梁的_____。

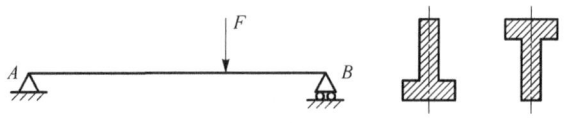

图 6-24　思考题 9 图

(A) 强度相同，刚度不同；　　　　(B) 强度不同，刚度相同；
(C) 强度和刚度都相同；　　　　(D) 强度和刚度都不同。

练习题

1. 如习题图 6-25 所示各梁，弯曲刚度 EI 均为常数。
(1) 试根据梁的弯矩图与支持条件画出挠曲轴的大致形状。
(2) 利用积分法计算梁的最大挠度与最大转角。

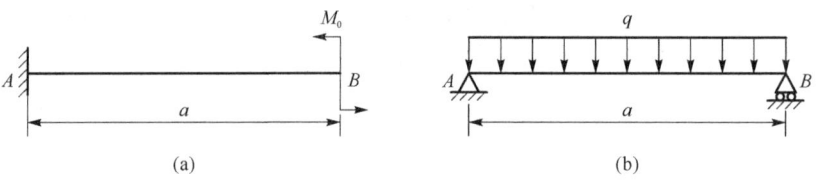

图 6-25　练习题 1 图

2. 如图 6-26 所示各梁，弯曲刚度 EI 均为常数。
(1) 试写出计算梁位移的边界条件与连续条件。
(2) 试根据梁的弯矩图与支持条件画出挠曲轴的大致形状。

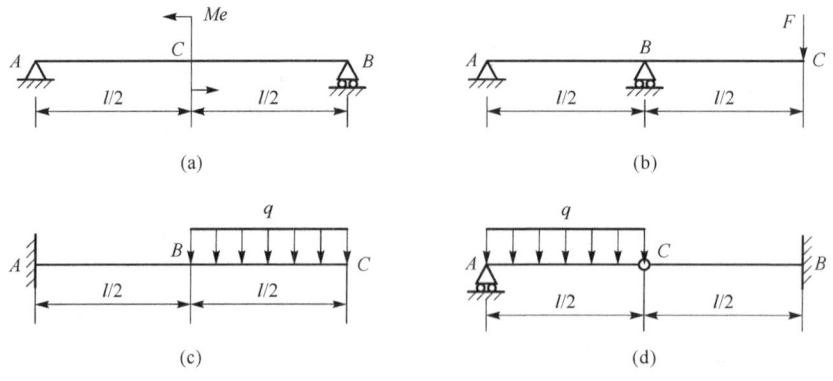

图 6-26　练习题 2 图

3. 用积分法求图 6-27 所示各梁的挠曲线方程、自由端的挠度和转角。设 EI 为常量。

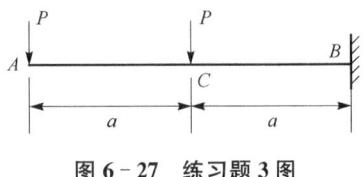

图 6-27 练习题 3 图

4. 用积分法求梁的最大挠度和最大转角(图 6-28)。

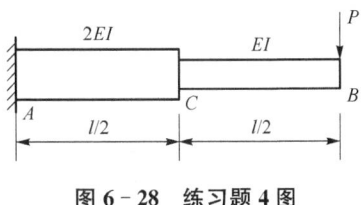

图 6-28 练习题 4 图

5. 用叠加法求图 6-29 所示各梁截面 A 的挠度和截面 B 的转角。EI 为常量。

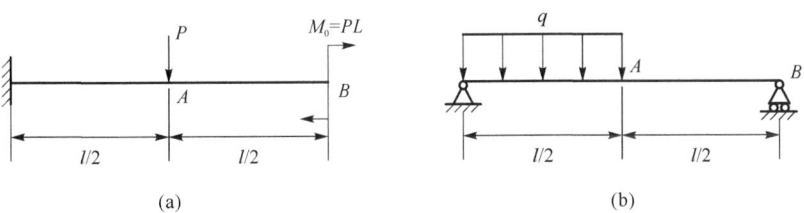

图 6-29 练习题 5 图

6. 用叠加法求图 6-30 所示外伸梁外伸端的挠度和转角,设 EI 为常量。

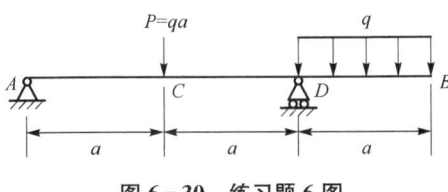

图 6-30 练习题 6 图

7. 如图 6-31 所示各梁,弯曲刚度 EI 均为常数,试用叠加法计算截面 B 的转角与截面 C 的挠度。

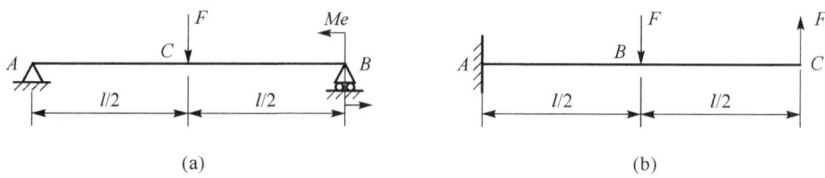

图 6-31 练习题 7 图

8. 如图 6-32 所示外伸梁,两端承受载荷 F 作用,弯曲刚度 EI 为常数,试问:
(1) 当 x/l 为何值时,梁跨度中点的挠度与自由端的挠度数值相等。
(2) 当 x/l 为何值时,梁跨度中点的挠度最大。

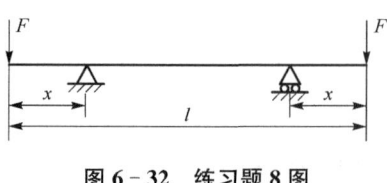

图 6-32 练习题 8 图

9. 试计算如图 6-33 所示钢架截面 A 的水平与铅垂位移。设弯曲刚度 EI 为常数。

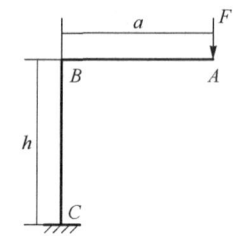

图 6-33 练习题 9 图

10. 用叠加法计算如图 6-34 所示各阶梯梁的最大挠度。设惯性矩 $I_2 = 2I_1$。

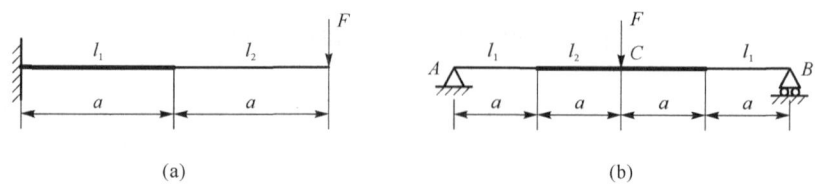

图 6-34 练习题 10 图

11. 长度 $l=4$ m 的简支梁如图 6-35 所示,受集度 $q=10\,\mathrm{kN/m}$ 的均布载荷和 $P=20$ kN 的集中载荷作用。梁由两槽钢组成。设材料的许用应力 $[\sigma]=160$ MPa,梁的许用挠度 $[f]=l/400$。试选定槽钢的型号,并校核其刚度。梁的自重忽略不计。

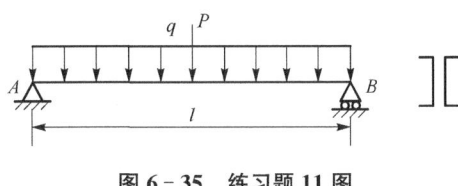

图 6-35 练习题 11 图

12. 桥式起重机(图 6-36)的最大载荷为 $P=20$ kN。起重机大梁为 32a 工字钢,$E=210$ GPa,$l=8.7$ m。规定 $[f]=l/500$。试校核大梁刚度。

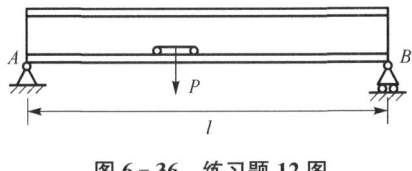

图 6-36 练习题 12 图

13. 求如图 6-37 所示梁的支反力,并画剪力图和弯矩图。设弯曲刚度 EI 为常数。

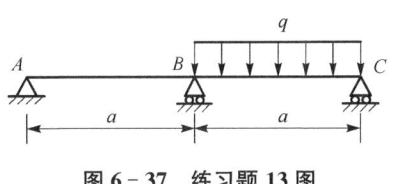

图 6-37 练习题 13 图

14. 磨床砂轮主轴的示意如图 6-38 所示,轴外伸部分的长度 $a=100$ mm,轴承间距离 $l=350$ mm,$E=210$ GPa,$P_y=600$ N,$P_z=200$ N。试求外伸端的总挠度。

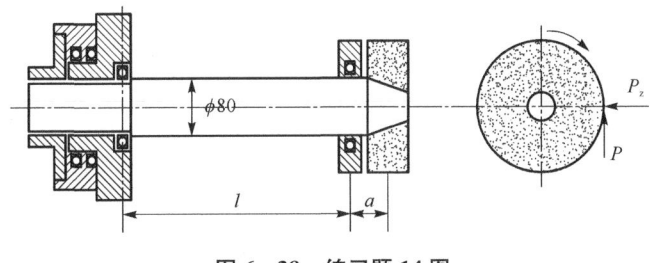

图 6-38 练习题 14 图

15. 某结构如图 6-39 所示，悬臂梁 AB 与简支梁 DG 均用 No18 工字钢制成，BC 为圆截面钢杆，直径 $d = 20 \text{ mm}$，梁与杆的弹性模量均为 $E = 200 \text{ GPa}$。若载荷 $F = 30 \text{ kN}$，试计算梁与杆内的最大应力，以及横截面 C 的铅垂位移。

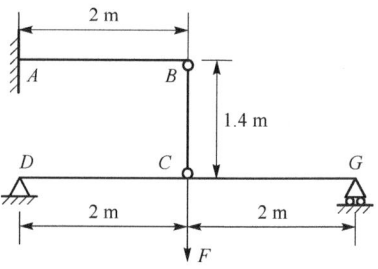

图 6-39　练习题 15 图

16. 直角拐的 AB 杆与 AC 轴刚性连接（图 6-40），A 为轴承，允许 AC 轴的端截面在轴承内转动，但不能移动。已知 $P = 60 \text{ N}$，$E = 210 \text{ GPa}$，$G = 0.4E$。试求截面 B 的垂直位移。

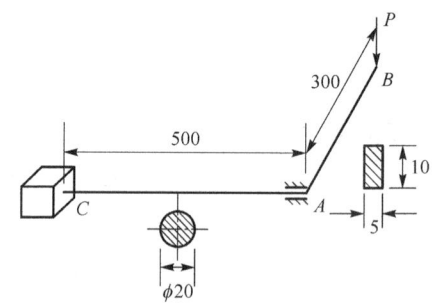

图 6-40　练习题 16 图

17. 如图 6-41 所示悬臂梁 AD 和 BE 的抗弯刚度同为 $EI = 24 \times 10^6 \text{ N} \cdot \text{m}^2$，由钢杆 DC 相连接。CD 杆 $l = 5 \text{ m}$，$A = 3 \times 10^{-4} \text{ m}^2$，$E = 200 \text{ GPa}$。若 $P = 50 \text{ kN}$，试求悬臂梁 AD 在 D 点的挠度。

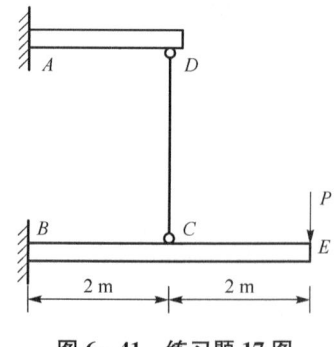

图 6-41　练习题 17 图

18. 如图 6-42 所示悬臂梁的 $EI = 30 \times 10^3 \, \text{N} \cdot \text{m}^2$。弹簧的刚度为 $175 \times 10^3 \, \text{N} \cdot \text{m}$。梁端与弹簧间的空隙为 $1.25 \, \text{mm}$。当集中力 $P = 450 \, \text{N}$ 作用于梁的自由端时，试问弹簧将分担多大的力？

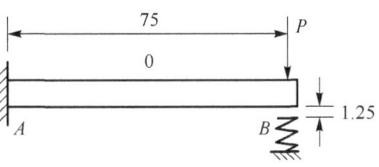

图 6-42　练习题 18 图

19. 钢制曲拐(图 6-43)的横截面直径为 $20 \, \text{mm}$，C 端与钢丝相接，钢丝的 $A = 6.5 \, \text{mm}^2$。曲拐和钢丝的弹性模量同为 $E = 200 \, \text{GPa}$，$G = 84 \, \text{GPa}$。若钢丝的温度降低 $50℃$，且 $= 12.5 \times 10^{-6}/℃$，试求钢丝内的拉力。

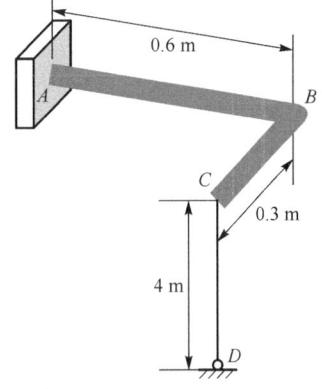

图 6-43　练习题 19 图

第 7 章　应力状态分析与强度理论

7.1　点的应力状态

对扭转或弯曲的研究表明,在杆件的某一横截面上,位置不同的点具有不同的应力。所以,一点的应力是该点坐标的函数。就一点而言,除通过这一点的横截面外,还可以有其他方位的斜截面,在不同方位的斜截面上应力也各不相同。以直杆单向拉伸为例(图 7-1a),假设围绕 A 点以纵横六个截面从杆内截取单元体,并放大如图 7-1b 所示,其平面图则表示为如图 7-1c 所示。单元体的左、右两侧面是杆件横截面的一部分,面上的应力皆为 $\sigma = \dfrac{P}{A}$。单元体的上、下、前、后四个面都是平行于轴线的纵向面,面上都没有应力。但如果按图 7-1d 所示截取单元体,其四个侧面与纸面垂直,但与杆件轴线既不平行也不垂直,则在这四个面上,不仅有正应力而且还有剪应力。所以,随所取方位的不同,单元体各面上的应力也就不同。

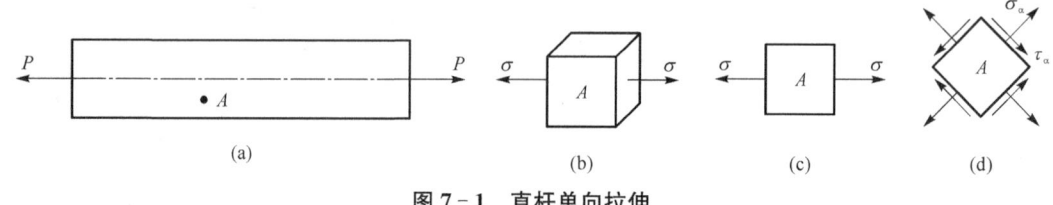

图 7-1　直杆单向拉伸

(a) 原图;(b)、(c) A 点应力单元体;(d) A 点斜方向应力单元体

围绕一点取出的单元体,一般在三个方向上的尺寸均为无穷小,可以认为在它的每个面上,应力都是均匀的。因此,可以用单元体的应力状态代表一点的应力状态。通过研究受力构件内一点不同微截面的应力变化情况,就是应力分析的内容。

在图 7-1b 中,单元体的三个相互垂直的面上都无切应力,这种切应力等于零的面称为主平面,主平面上的正应力称为主应力。一般来说,通过受力构件的任意点均可找到三个相互垂直的主平面,因而每一点都有三个主应力。对轴向拉伸(或压缩),三个主应力中只有一个不等于零,称为单向应力状态。若三个主应力中有两个不等于零,称为二向或平面应力状态。若三个主应力均不等于零,则称为三向或空间应力状态。单向应力状态也称为简单应力状态,二向和三向应力状态也统称为复杂应力状态。

本章研究应力状态的基本理论并建立材料在复杂应力作用下的强度理论。

7.2 平面应力状态——解析法

应力状态有多种类型,其中较常见的是所谓平面应力状态。如图 7-1d 所示,在微小单元体的六个侧面中,仅在四个侧面上作用有应力,而且它们的作用线均平行于同一平面。仅在单元体的四个侧面上作用有应力,且其作用线均平行于单元体不受力表面的应力状态,称为平面应力状态。

7.2.1 平面应力状态斜截面上的应力

杆件受到轴向拉伸时,以轴向和横向截面取出的单元体 A(图 7-1b),其各面都是主平面,应力均为主应力;但其他情况就未必如此。例如,圆轴受到扭转时,横截面上除圆心外,任一点上皆有切应力,可见对这些点来说,横截面不是它们的主平面;又如轴受到横力弯曲时,横截面上除上、下边缘和中性轴处外,任一点上既有正应力又有切应力,所以横截面也不是这些点的主平面,弯曲正应力也不是这些点的主应力。现在要讨论的问题是:在二向应力状态下,已知通过一点的某些截面上的应力后,如何求出通过这一点其他截面上的应力,从而确定主应力和主平面。

平面应力状态的一般形式如图 7-2a 所示,设应力分量 σ_x、σ_y 和 τ_{xy}(τ_{yx} 与 τ_{xy} 大小相等)皆为已知,图 7-2b 为单元体的正投影。在法线平行于 x 轴的面上,正应力和切应力分别记作 σ_x 和 τ_{xy}。正应力 σ_x 的下标 x 表示正应力作用面的法线方向;切应力 τ_{xy} 有两个下标,第一个下标 x 表示切应力作用面的法线,第二个下标 y 则表示切应力平行于 y 轴。在法线平行于 y 轴的面上,应力分量 σ_y 和 τ_{yx} 的下标也有相似的含义。关于应力的正负号规定:正应力以拉应力为正、压应力为负;切应力对单元体内任意点的矩为顺时针转向时规定为正,反之为负。按照这一正负号规则,图 7-2a 中的 σ_x、σ_y 和 τ_{xy} 为正,τ_{yx} 为负。

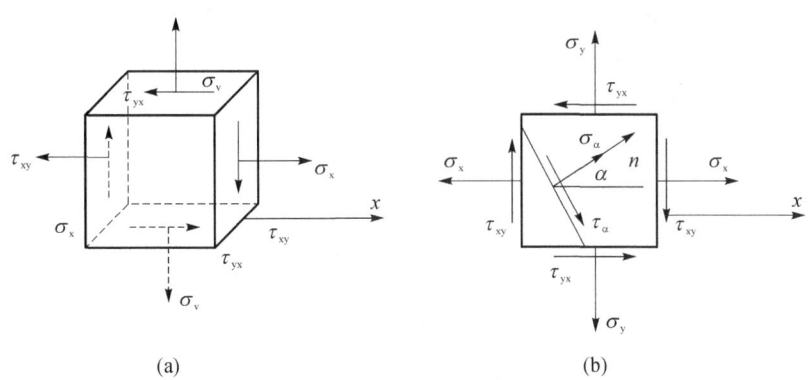

图 7-2 平面应力状态的一般形式
(a) 平面应力单元体;(b) 斜截面上的应力

以任意斜截面 ef 将单元体分成两部分,并研究 aef 部分的平衡(图 7-3a)。斜截面 ef 仍垂直于纸面,其外法线 n 与 x 轴的夹角为 α,且规定由 x 轴转到外法线 n 为逆时针方向时,α 为正。斜截面 ef 上的正应力为 σ_α、切应力为 τ_α。若 ef 面的面积为 $\mathrm{d}A$(图 7-3b),则 af

面和 ae 面的面积应分别为 $dA\sin\alpha$ 和 $dA\cos\alpha$，把作用于 aef 部分单元体上的力投影于 ef 面的外法线 n 和切线 τ 的方向，列出平衡方程：

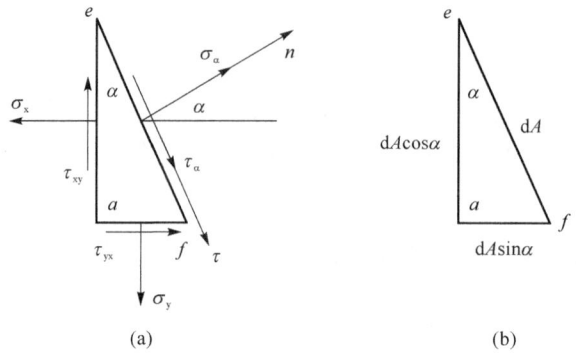

图 7-3　斜截面截取的单元体平衡

(a) 斜方向截取的应力单元体；(b) 斜方向的单元体

$$\sum F_n = 0 \quad \sigma_\alpha dA + (\tau_{xy} dA\cos\alpha)\sin\alpha - (\sigma_x dA\cos\alpha)\cos\alpha + (\tau_{yx} dA\sin\alpha)\cos\alpha - (\sigma_y dA\sin\alpha)\sin\alpha = 0$$

$$\sum F_\tau = 0 \quad \tau_\alpha dA - (\tau_{xy} dA\cos\alpha)\cos\alpha - (\sigma_x dA\cos\alpha)\sin\alpha + (\tau_{yx} dA\sin\alpha)\sin\alpha + (\sigma_y dA\sin\alpha)\cos\alpha = 0$$

由剪应力互等定理：$\tau_{xy} = \tau_{yx}$，以 τ_{xy} 代替 τ_{yx}，并简化上述平衡方程，最后得出：

$$\sigma_\alpha = \frac{\sigma_x + \sigma_y}{2} + \frac{\sigma_x - \sigma_y}{2}\cos 2\alpha - \tau_{xy}\sin 2\alpha \tag{7-1}$$

$$\tau_\alpha = \frac{\sigma_x - \sigma_y}{2}\sin 2\alpha + \tau_{xy}\cos 2\alpha \tag{7-2}$$

此即平面应力状态下斜截面应力的一般式。它表明，斜截面上的应力 σ_α 和 τ_α 随 α 角的改变而变化，它们都是关于 α 的函数。

在应用上述公式时，正应力以拉伸为正；切应力以使单元体沿顺时针方向旋转为正（即与剪力 F_S 的符号规定相同）；方位角 α 则规定为以坐标轴 x 为始边，指向沿逆时针方向者为正。

7.2.2　主平面、主应力、最大正应力、最大切应力

根据主平面的定义，当斜截面上的切应力 τ_α 为零，则该斜面为主平面。假设主平面的方位角为 α_0，则 $\tau_\alpha|_{\alpha=\alpha_0} = 0$。

$$\tau_{\alpha_0} = \frac{\sigma_x - \sigma_y}{2}\sin 2\alpha_0 - \tau_{xy}\cos 2\alpha_0 = 0 \tag{7-3}$$

即：

$$\text{tg } 2\alpha_0 = -\frac{2\tau_{xy}}{\sigma_x - \sigma_y} \tag{7-4}$$

由式(7-4)可以求出相差90°的两个角度 α_0,它们确定相互垂直的两个平面,也就是两个主平面。

利用式(7-1)可以确定正应力的极值和它们所在平面的位置。将式(7-1)对 α 求导,得:

$$\frac{\mathrm{d}\sigma_\alpha}{\mathrm{d}\alpha} = -2\left(\frac{\sigma_x - \sigma_y}{2}\sin 2\alpha + \tau_{xy}\cos 2\alpha\right)$$

若 $\alpha = \alpha'$ 时能使导数 $\frac{\mathrm{d}\sigma_\alpha}{\mathrm{d}\alpha}$ 等于零,则在 α' 所确定的截面上,σ_α 为极值。以 α' 代入式上式,并令其等于零,得:

$$\frac{\sigma_x - \sigma_y}{2}\sin 2\alpha' + \tau_{xy}\cos 2\alpha' = 0$$

$$\mathrm{tg}\, 2\alpha' = -\frac{2\tau_{xy}}{\sigma_x - \sigma_y} \tag{7-5}$$

由上式可以求出相差90°的两个角度 α',它们确定相互垂直的两个平面,其中一个是最大正应力所在的平面,另一个是最小正应力所在的平面。将式(7-5)与式(7-4)比较,可见 $\alpha' = \alpha_0$,也就是说,正应力为最大或最小的平面,就是主平面。主平面上的正应力是主应力,所以主应力就是最大或最小的正应力。

将主平面位置的 α_0 值代入正应力计算式(7-1),求得最大及最小的正应力为:

$$\left.\begin{array}{c}\sigma_{\max}\\ \sigma_{\min}\end{array}\right\} = \frac{\sigma_x + \sigma_y}{2} \pm \sqrt{\left(\frac{\sigma_x - \sigma_y}{2}\right)^2 + \tau_{xy}^2} \tag{7-6}$$

通常计算两个主应力时都直接应用式(7-5),而不必将两个 α_0 分别代入式(7-1)重复上述的运算步骤。

在导出以上各公式时,无其他限制条件,但在使用这些公式时,应先比较 σ_x 和 σ_y 的代数值大小。若 $\sigma_x \geqslant \sigma_y$,则式(7-4)确定的两个角度 α_0 中,绝对值较小的一个确定 $\sigma_{\max}$ 所在的主平面;若 $\sigma_x < \sigma_y$,则绝对值较大的一个确定 $\sigma_{\max}$ 所在的主平面。因此,正应力的极值与主平面之间的具体对应关系如下:

(1) 当 $\sigma_x > \sigma_y$ 时,主平面主值 α_0 上的应力是 $\sigma_{\max}$,而 $\left(\alpha_0 + \frac{\pi}{2}\right)$ 上的应力是 $\sigma_{\min}$。

(2) 当 $\sigma_x < \sigma_y$ 时,主平面主值 α_0 上的应力是 $\sigma_{\min}$,而 $\left(\alpha_0 + \frac{\pi}{2}\right)$ 上的应力是 $\sigma_{\max}$。

(3) 当 $\sigma_x = \sigma_y$ 时,若 $\tau_{xy} > 0$, $\mathrm{tg}\,\alpha = -\infty$,则 $\alpha_0 = -\frac{\pi}{4}$,对应 $\sigma_{\max}$;若 $\tau_{xy} < 0$, $\mathrm{tg}\,\alpha = \infty$,则 $\alpha_0 = \frac{\pi}{4}$,对应 $\sigma_{\max}$。

用类似的方法可以确定切应力 τ_α 的极值以及其所在的平面。将式(7-2)对 α 取导数,并设 $\alpha = \alpha_1$ 时其等于零,得:

$$\left.\frac{\mathrm{d}\tau_\alpha}{\mathrm{d}\alpha}\right|_{\alpha=\alpha_1} = (\sigma_x - \sigma_y)\cos 2\alpha_1 - 2\tau_{xy}\sin 2\alpha_1 = 0$$

$$\mathrm{tg}\, 2\alpha_1 = \frac{\sigma_x - \sigma_y}{2\tau_{xy}}$$

由于 $\mathrm{tg}\, 2\alpha_1 \cdot \mathrm{tg}\, 2\alpha_0 = -1$，则得：

$$2\alpha_1 = 2\alpha_0 + \frac{\pi}{2} \qquad \alpha_1 = \alpha_0 + \frac{\pi}{4} \tag{7-7}$$

即剪应力极值平面与主平面的夹角为 $45°$；两个剪应力极值平面之间的夹角是 $90°$。

将 α_1 的值代入剪应力计算式得：

$$\left.\begin{array}{r}\tau_{\max}\\ \tau_{\min}\end{array}\right\} = \pm\sqrt{\left(\frac{\sigma_x - \sigma_y}{2}\right)^2 + \tau_{xy}^2} \tag{7-8}$$

这是剪应力极值的表达式。

从式(7-7)也可以得到剪应力的最大值为：

$$\tau_{\max} = \frac{\sigma_{\max} - \sigma_{\min}}{2} \tag{7-9}$$

剪应力极值的两个平面与极值大小的对应关系可以用如下方法确定：从主应力极值 $\sigma_{\max}$ 的主平面逆时针转 $45°$，得到的剪应力极值平面上是 $\tau_{\max}$。

例 7 - 1

已知图 7-4a 所示单元体上的应力为 $\sigma_x = 80\,\mathrm{MPa}$, $\sigma_y = -40\,\mathrm{MPa}$, $\tau_{xy} = -60\,\mathrm{MPa}$；求主应力、主平面、剪应力极值和极值平面，并在单元体上表示出来。

解：(1) 求主平面。

$$\mathrm{tg}\, 2\alpha_0 = -\frac{2\tau_{xy}}{\sigma_x - \sigma_y} = -\frac{2\times(-60)}{80-(-40)} = 1$$

$$2\alpha_0 = 45° \quad \alpha_0 = 22.5° \quad \alpha_0 + 90 = 112.5°$$

(2) 求主应力。

$$\left.\begin{array}{r}\sigma_{\max}\\ \sigma_{\min}\end{array}\right\} = \frac{\sigma_x + \sigma_y}{2} \pm \sqrt{\left(\frac{\sigma_x - \sigma_y}{2}\right)^2 + \tau_{xy}^2}$$

$$= \frac{80+(-40)}{2} \pm \sqrt{\left(\frac{80-(-40)}{2}\right)^2 + (-60)^2}$$

$$= \left.\begin{array}{r}104.8\,\mathrm{MPa}\\ -64.9\,\mathrm{MPa}\end{array}\right\}$$

按代数值大小排列：

$$\sigma_1 = 104.8\,\mathrm{MPa} \quad \sigma_2 = 0 \quad \sigma_3 = -64.9\,\mathrm{MPa}$$

由于 $\sigma_x > \sigma_y$，则 $\alpha_0 = 22.5°$ 对应 σ_1。

(3) 求剪应力的极值和位置。

$$\left.\begin{array}{l}\tau_{\max}\\ \tau_{\min}\end{array}\right\} = \pm\sqrt{\left(\frac{\sigma_x - \sigma_y}{2}\right)^2 + \tau_{xy}^2}$$

$$= \pm\sqrt{\left(\frac{80-(-40)}{2}\right)^2 + (-60)^2}$$

$$= \begin{cases} 84.9 \text{ MPa} \\ -84.9 \text{ MPa} \end{cases}$$

$\alpha_1 = \alpha_0 + 45° = 67.5°$，对应 $\tau_{\max}$。

(4) 在单元体上标出它们的位置(图 7-4b、c)。

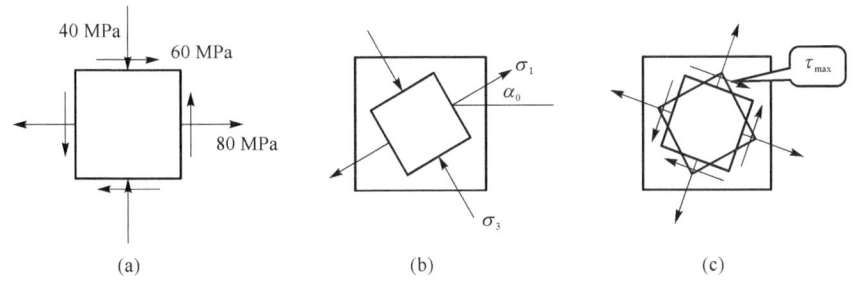

图 7-4 例 7-1 图

(a) 应力单元体；(b) 主应力单元体；(c) 极值剪应力单元体

例 7-2

已知图 7-5a 所示正三角形单元体上的应力，求主应力和最大剪应力。

解：(1) 分析图形。取出正三角形一半(直角三角形)，如图 7-5b 所示。

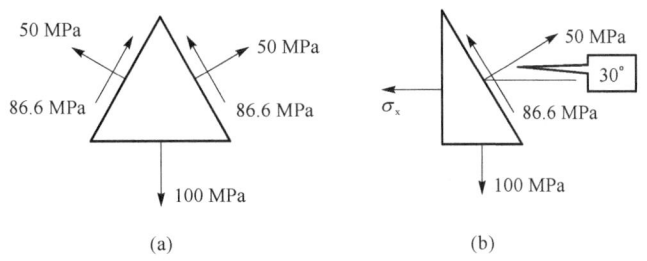

图 7-5 例 7-2 图

(a) 应力单元体；(b) 斜方向截取的应力单元体

(2) 求 σ_x 的值。

$$\sigma_{30°} = -50 = \frac{\sigma_x + 100}{2} + \frac{\sigma_x - 100}{2}\cos 60° - 0$$

$$\sigma_x = -100 \text{ MPa}$$

(3) 求主应力。因为 $\tau_{xy} = 0$，所以有：

$$\sigma_1 = 100 \text{ MPa} \quad \sigma_2 = 0 \quad \sigma_3 = -100 \text{ MPa}$$

（4）求最大剪应力。

$$\tau_{\max} = \frac{100 - (-100)}{2} = 100 \text{ MPa}$$

7.3 平面应力状态——几何法

平面应力状态下，应力由式(7-1)和(7-2)来计算。该公式可以看作是以 α 为参数的参数方程。为消去 α，将两式改写成如下形式：

$$\sigma_\alpha - \frac{\sigma_x + \sigma_y}{2} = \frac{\sigma_x - \sigma_y}{2}\cos 2\alpha - \tau_{xy}\sin 2\alpha$$

$$\tau_\alpha = \frac{\sigma_x - \sigma_y}{2}\sin 2\alpha + \tau_{xy}\cos 2\alpha$$

以上两式等号两边平方，然后相加得：

$$\left(\sigma_\alpha - \frac{\sigma_x + \sigma_y}{2}\right)^2 + \tau_\alpha^2 = \left(\frac{\sigma_x - \sigma_y}{2}\right)^2 + \tau_{xy}^2 \tag{7-10}$$

因为 σ_x、σ_y、τ_{xy} 皆为已知量，所以式(7-10)是以 σ_α、τ_α 为变量的圆方程。若以 σ 为横坐标，τ 为纵坐标的坐标系中，上式即是圆心坐标为 $\left[\frac{1}{2}(\sigma_x + \sigma_y), 0\right]$，圆半径为 $\sqrt{\left(\frac{\sigma_x - \sigma_y}{2}\right)^2 + \tau_{xy}^2}$ 的圆，该圆称为应力圆。

以图 7-6a 所示的平面应力状态为例说明应力圆的作法。按一定的比例尺量取横坐标 $\overline{OA} = \sigma_x$，纵坐标 $\overline{AD} = \tau_{xy}$，确定 D 点（图 7-6b）。D 点的坐标代表以 x 法线的面上的应力。量取 $\overline{OB} = \sigma_y$，$\overline{BD'} = \tau_{yx}$，确定 D'。τ_{yx} 为负，故 D' 的纵坐标也为负。D' 的坐标代表以 y 为法线的面上的应力。连接 D、D'，与横坐标交于 C 点。若以 C 点为圆心，$\overline{CD}$ 为半径作圆，由于圆心 C 的纵坐标为零，横坐标 $\overline{OC}$ 和圆半径 $\overline{CD}$ 又分别为：

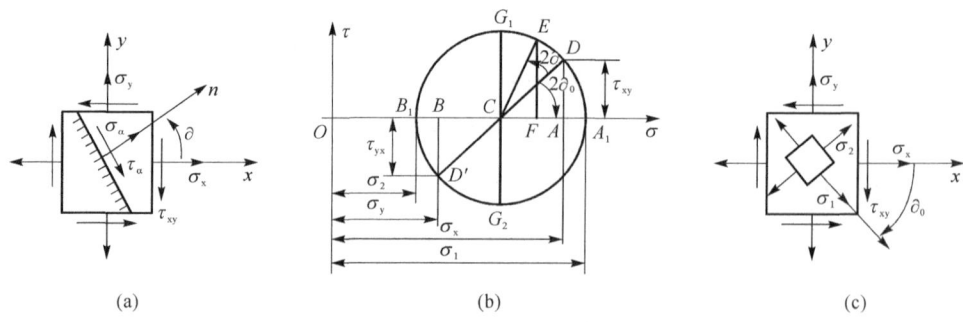

图 7-6 平面应力状态

(a) 应力单元体；(b) 应力圆；(c) 主应力单元体

$$\overline{OC} = \frac{1}{2}(\overline{OA} + \overline{OB}) = \frac{\sigma_x + \sigma_y}{2}$$

$$\overline{CD} = \sqrt{\overline{CA}^2 + \overline{AD}^2} = \sqrt{\left(\frac{\sigma_x - \sigma_y}{2}\right)^2 + \tau_{xy}^2}$$

所以,这一圆周就是上面提到的应力圆。

可以证明,单元体内任意斜面上的应力都对应着应力圆上的一个点。例如,由 x 轴到任意斜面法线 n 的夹角为反时针的 α 角。在应力圆上,从 D 点(它代表以 x 轴为法线的面上的应力)按反时针方向沿圆周转到 E 点,且使 DE 弧所对的圆心角 α 的两倍,则 E 点的坐标代表以 n 为法线的斜面上的应力。这是因为 E 点的坐标是:

$$\begin{aligned}\overline{OF} &= \overline{OC} + \overline{CE}\cos(2\alpha_0 + 2\alpha) \\ &= \overline{OC} + \overline{CE}\cos 2\alpha_0 \cos 2\alpha - \overline{CE}\sin 2\alpha_0 \sin 2\alpha\end{aligned}$$

$$\begin{aligned}\overline{FE} &= \overline{CE}\sin(2\alpha_0 + 2\alpha) \\ &= \overline{CE}\sin 2\alpha_0 \cos 2\alpha + \overline{CE}\cos 2\alpha_0 \sin 2\alpha\end{aligned}$$

因为 $\overline{CE}$、$\overline{CD}$ 同为圆周的半径,可以互相代替,故有:

$$\overline{CE}\cos 2\alpha_0 = \overline{CD}\cos 2\alpha_0 = \overline{CA} = \frac{\sigma_x - \sigma_y}{2}$$

$$\overline{CE}\sin 2\alpha_0 = \overline{CD}\sin 2\alpha_0 = \overline{AD} = \tau_{xy}$$

把以上结果代入,即可求得:

$$\overline{OF} = \frac{\sigma_x + \sigma_y}{2} + \frac{\sigma_x - \sigma_y}{2}\cos 2\alpha - \tau_{xy}\sin 2\alpha$$

$$\overline{FE} = \frac{\sigma_x - \sigma_y}{2}\sin 2\alpha + \tau_{xy}\cos 2\alpha$$

与式(7-1)、式(7-2)比较,可见:

$$\overline{OF} = \sigma_\alpha, \quad \overline{FE} = \tau_\alpha$$

这就证明了,E 点的坐标代表法线倾角为 α 的斜面上的应力。

利用应力圆可以得出关于平面应力状态的很多结论。例如,可以确定主应力的数值和主平面的方位。由于应力圆上 A_1 点的横坐标大于所有其他点的横坐标,而纵坐标为零,所以 A_1 点代表最大的主应力,即:

$$\sigma_1 = \overline{OA_1} = \overline{OC} + \overline{CA_1}$$

同理,B_1 点代表最小的主应力,即:

$$\sigma_2 = \overline{OB_1} = \overline{OC} - \overline{CB_1}$$

注意到 $\overline{OC}$ 由的表示式,而 $\overline{CA_1}$ 和 $\overline{CB_1}$ 都是应力圆的半径,故有:

$$\left.\begin{matrix}\sigma_1\\\sigma_2\end{matrix}\right\} = \frac{\sigma_x - \sigma_y}{2} \pm \sqrt{\left(\frac{\sigma_x - \sigma_y}{2}\right)^2 + \tau_{xy}^2}$$

这就是式(7-6)。

在应力圆上由 D 点(代表法线为 x 轴的平面)到 A_1 点所对圆心角为顺时针 $2\alpha_0$,在单元体中由 x 轴也按顺时针量取 α_0,这就确定了 σ_1 所在主平面的法线的位置。按照关于 α 的符号规定,顺时针的 α_0 是负的,tg $2\alpha_0$ 应为负值。由图 7-6b 可以看出:

$$\text{tg } 2\alpha_0 = -\frac{\overline{AD}}{\overline{CA}} = -\frac{2\tau_{xy}}{\sigma_x + \sigma_y}$$

于是再次得到式(7-4)。

应力圆上 G_1、G_2 两点的纵坐标分别是最大和最小值,分别代表最大和最小剪应力。因为 $\overline{CG_1}$、$\overline{CG_2}$ 都是应力圆的半径,故有:

$$\left.\begin{matrix}\tau_{\max}\\\tau_{\min}\end{matrix}\right\} = \pm\sqrt{\left(\frac{\sigma_x - \sigma_y}{2}\right)^2 + \tau_{xy}^2}$$

这就是式(7-8)。

又因为应力圆的半径也等于 $\dfrac{\sigma_1 - \sigma_2}{2}$,故又可以写成:

$$\left.\begin{matrix}\tau_{\max}\\\tau_{\min}\end{matrix}\right\} = \pm\frac{\sigma_1 - \sigma_2}{2} \tag{7-11}$$

在应力圆上,由 A_1 到 G_1 所对应的圆心角为反时针的 $\dfrac{\pi}{2}$;在单元体内,由 σ_1 所在的主平面的法线到 $\tau_{\max}$ 所在平面的法线应为反时针的 $\dfrac{\pi}{4}$。

例 7-3

如图 7-7a 所示,单元体的 $\sigma_x = 80\text{ MPa}$,$\sigma_y = -40\text{ MPa}$,$\tau_{xy} = -60\text{ MPa}$,$\tau_{yx} = 60\text{ MPa}$。试用应力圆求主应力,并确定主平面位置。

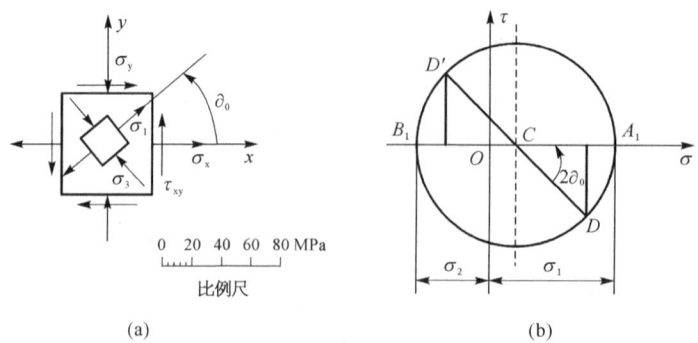

图 7-7 例 7-3 图
(a) 应力单元体;(b) 应力圆

解: 按选定的比例尺,以 $\sigma_x = 80\text{ MPa}$,$\tau_{xy} = -60\text{ MPa}$ 为坐标确定 D 点(图 7-7b)。以 $\sigma_y = -40\text{ MPa}$,$\tau_{yx} = 60\text{ MPa}$ 为坐标确定 D' 点。连接 D、D',与横坐标轴交于 C 点。以 C 为圆心,$\overline{DD'}$ 为直径作应力圆,按所用比例尺量出:

$$\sigma_1 = \overline{OA_1} = 105\text{ MPa},\ \sigma_2 = \overline{OB_1} = -65\text{ MPa}$$

在这里另一个主应力 $\sigma_2 = 0$。在应力圆上由 D 到 A_1 为反时针方向量取 $\alpha_0 = 22.5°$,确定 σ_1 所在主平面的法线。

例 7-4

用应力圆求图 7-8a 所示单元体在斜截面 de 上的正应力及剪应力。

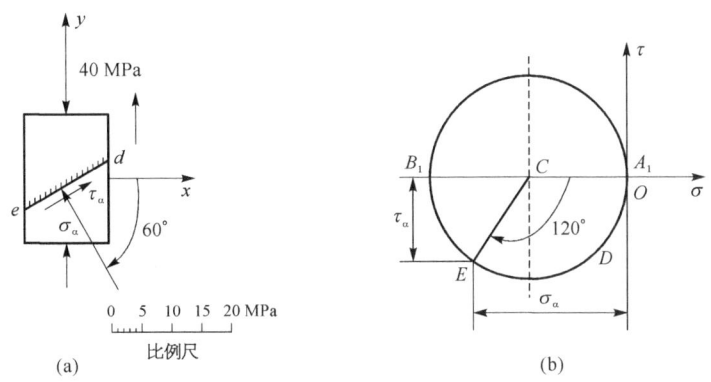

图 7-8 例 7-4 图
(a) 应力单元体;(b) 应力圆

解: 单向应力状态可以看作是二向应力的特殊情况。在单元体中以 x 轴为法线的平面为主平面,且 $\sigma_1 = \sigma_x = 0$,在图 7-8b 中由原点 O 代表。以 y 轴为法线的平面也是主平面,且 $\sigma_3 = \sigma_y = -40\text{ MPa}$,在图 7-8b 中由 B_1 点来代表。以 $\overline{OB_1}$ 为直径作圆,即为所需要的应力圆。在单元体中由 x 轴到 de 面的法线为顺时针的 $60°$。在应力圆中,应从 O 点沿圆周按顺时针方向量取圆心角 $120°$,以确定 E 点,E 点的坐标即为 de 面上的应力,用所选比例尺量出:

$$\sigma_\alpha = -30\text{ MPa},\ \tau = -17.4\text{ MPa}$$

7.4 三向应力状态简介与最大切应力

7.4.1 三向应力状态

对三向应力状态,这里只讨论当三个主应力已知时(图 7-9a),任意斜截面上的应力计算。

以任意斜截面 ABC 从单元体中取出四面体,如图 7-9b 所示。设 ABC 的法线 n 的三个方向余弦为 l、m、n,它们应满足关系式:

$$l^2 + m^2 + n^2 = 1$$

若 ABC 的面积为 $\mathrm{d}A$,则四面体其余三个面的面积应分别为:

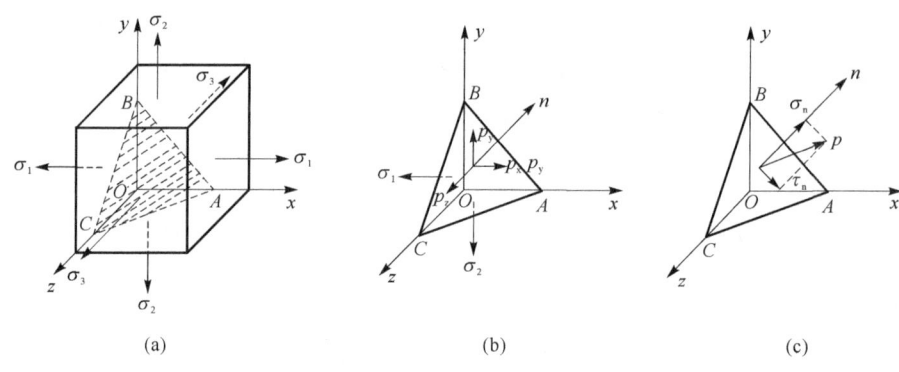

图 7-9 例 7-5 图
(a) 应力单元体；(b) 斜方向截取的应力单元体；(c) 斜方向上的应力分解

$$OBC \text{ 的面积} = l\,dA$$
$$OCA \text{ 的面积} = m\,dA$$
$$OAB \text{ 的面积} = n\,dA$$

现将斜截面 ABC 上的应力分解成平行于 x、y、z 轴的三个分量 p_x、p_y、p_z。由四面体的平衡方程 $\sum X = 0$，得：

$$p_x dA - \sigma_1 l\,dA = 0$$
$$p_x = \sigma_1 l$$

同理，由平衡方程 $\sum Y = 0$ 和 $\sum Z = 0$，又可求得 p_y 和 p_z。最后得出：

$$p_x = \sigma_1 l, \quad p_y = \sigma_2 m, \quad p_z = \sigma_3 n$$

由以上三个分量求得斜截面 ABC 上的总应力为：

$$p = \sqrt{p_x^2 + p_y^2 + p_z^2} = \sqrt{\sigma_1^2 l^2 + \sigma_2^2 m^2 + \sigma_3^2 n^2} \tag{7-12}$$

还可以把总应力分解成与斜截面垂直的正应力 σ_n 和相切的应力 τ_n (图 7-9c)，显然有：

$$p^2 = \sigma_n^2 + \tau_n^2 \tag{7-12a}$$

如果把 σ_n 看作是总应力 p 斜截面法线上的投影，则 σ_n 应等于 p 的三个分量 p_x、p_y、p_z 在法线上的投影的代数和，即：

$$\sigma_n = p_x l + p_y m + p_z n \tag{7-12b}$$

将 p_x、p_y、p_z 带入上式，得：

$$\sigma_n = \sigma_1 l^2 + \sigma_2 m^2 + \sigma_3 n^2 \tag{7-12c}$$

此外，还可以得出：

$$\tau_n^2 = \sigma_1^2 l^2 + \sigma_2^2 m^2 + \sigma_3^2 n^2 - \sigma_n^2 \tag{7-12d}$$

及 l^2、m^2、n^2 的联立方程组，从中可以解出 l^2、m^2、n^2，结果为：

$$l^2 = \frac{\tau_n^2 + (\sigma_n - \sigma_2)(\sigma_n - \sigma_3)}{(\sigma_1 - \sigma_2)(\sigma_1 - \sigma_3)}$$

$$m^2 = \frac{\tau_n^2 + (\sigma_n - \sigma_3)(\sigma_n - \sigma_1)}{(\sigma_2 - \sigma_3)(\sigma_2 - \sigma_1)} \quad (7-12e)$$

$$n^2 = \frac{\tau_n^2 + (\sigma_n - \sigma_1)(\sigma_n - \sigma_2)}{(\sigma_3 - \sigma_1)(\sigma_3 - \sigma_2)}$$

再将以上三个式子略作变化改写成下面的形式：

$$\left(\sigma_n - \frac{\sigma_2 + \sigma_3}{2}\right)^2 + \tau_n^2 = \left(\frac{\sigma_2 - \sigma_3}{2}\right)^2 + l^2(\sigma_1 - \sigma_2)(\sigma_1 - \sigma_3)$$

$$\left(\sigma_n - \frac{\sigma_3 + \sigma_1}{2}\right)^2 + \tau_n^2 = \left(\frac{\sigma_3 - \sigma_1}{2}\right)^2 + m^2(\sigma_2 - \sigma_3)(\sigma_2 - \sigma_1)$$

$$\left(\sigma_n - \frac{\sigma_1 + \sigma_2}{2}\right)^2 + \tau_n^2 = \left(\frac{\sigma_1 - \sigma_2}{2}\right)^2 + n^2(\sigma_3 - \sigma_1)(\sigma_3 - \sigma_2) \quad (7-12f)$$

在以 σ_n 为横坐标，τ_n 为纵坐标的坐标系中，以上三式是三个圆周的方程式。斜截面 ABC 上的应力既在第一式所表示的圆周上，又在第二式和第三式所表示的圆周上。所以，以上三式所表示的三个圆周交于一点。交点的坐标就是斜截面 ABC 上的应力。可见，在 σ_1、σ_2、σ_3 和 l、m、n 已知后，可以作出上述三个圆周中的任意两个，其交点的坐标即为所求斜截面上的应力。

7.4.2 最大切应力

如约定 $\sigma_1 > \sigma_2 > \sigma_3$，且因 $l^2 \geqslant 0$，则有：

$$l^2(\sigma_1 - \sigma_2)(\sigma_1 - \sigma_3) \geqslant 0$$

所以，该式所确定的圆周的半径，大于和它们同心的圆周

$$\left(\sigma_n - \frac{\sigma_2 + \sigma_3}{2}\right)^2 + \tau_n^2 = \left(\frac{\sigma_2 - \sigma_3}{2}\right)^2 \quad (7-13)$$

的半径。这样，在图 7-10 中，由式(7-12f)中的第一式所确定的圆周在圆周 B_1C_1 之外。用同样的方法可以证明，式(7-12f)中第二式所表示的圆周在圆周 A_1B_1 之内；第三式所表示的圆周在圆周 A_1C_1 之外。因而上述三个圆周的交点 D，亦即斜面 ABC 上的应力在图 7-10 中画阴影线的部分之内。

在图 7-10 画阴影线的部分内，任何点的横坐标都小于 A_1 点的横坐标，并大于 B_1 点的横坐标；任何点的纵坐标都小于 G_1 点的纵坐标。于是得正应力和剪应力分别为：

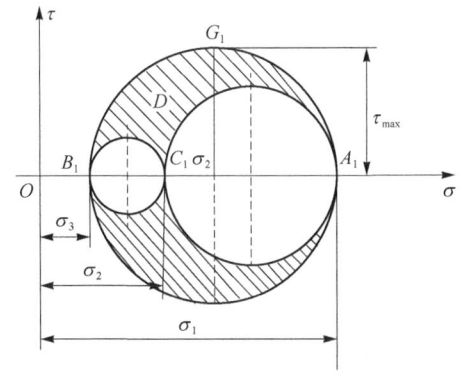

图 7-10 三向应力圆

$$\sigma_{\max} = \sigma_1, \quad \sigma_{\min} = \sigma_3, \quad \tau_{\max} = \frac{\sigma_1 - \sigma_3}{2} \tag{7-14}$$

若所取斜截面平行于 σ_2，则 $m=0$。这时从式(7-12c)及式(7-12d)可以看出，斜截面上的应力与 σ_2 无关，只受 σ_1、σ_3 的影响。同时，由式(7-12f)中的第二式所表示的圆周变成圆周 A_1B_1。这表明，在这类斜截面上的应力由 σ_1、σ_3 所确定的应力圆来表示。$\tau_{\max}$ 所在平面就是这类斜截面中的一个，其法线与 σ_1 或 σ_3 无关。

如将平面应力状态看作是三向应力状态的特殊情况，当 $\sigma_1 > \sigma_2 > 0$，$\sigma_3 = 0$ 时，按式(7-14)有：

$$\tau_{\max} = \frac{\sigma_1}{2} \tag{7-15}$$

这里所求得的最大剪应力，显然大于由式(7-9)所得的：

$$\tau_{\max} = \frac{\sigma_1 - \sigma_2}{2}$$

这是因为在 7.3 节中，只是考虑了平行于 σ_3 的各平行面，在这类平面中剪应力最大值是 $\frac{\sigma_1 - \sigma_2}{2}$。但如果再考虑到平行于 σ_2 的那些平面时，就得到由式(7-15)所表示的最大剪应力。

7.5　广义虎克定律

在讨论单项拉伸或压缩时，根据实验结果，曾得到线弹性范围内应力与应变的关系：

$$\sigma = E\varepsilon \quad \text{或} \quad \varepsilon = \frac{\sigma}{E}$$

这就是虎克定律。此外，轴向的变形还将引起横向尺寸的变化，横向应变 ε' 可表示为：

$$\varepsilon' = -\mu\varepsilon = -\mu\frac{\sigma}{E}$$

在纯剪切的情况下，实验结果表明，当剪应力不超过剪切比例极限时，剪应力和剪应变之间的关系服从剪切虎克定律。即：

$$\tau = G\gamma \quad \text{或} \quad \gamma = \frac{\tau}{G}$$

在最普遍的情况下，描述一点处的应力状态需要九个应力分量，如图 7-11 所示。

考虑到剪应力互等定理，τ_{xy} 和 τ_{yx}，τ_{yz} 和 τ_{zy}，τ_{xz} 和 τ_{zx} 都分别数值相等。这样原来的九个应力分量中独立的就只有六个。这种普遍情况，可以看作是三组单向应力和三组纯剪切的组合。对于各向同性材料，当变形很小且在线弹性范围内时，线应变只与正应力有关，而与剪应力无关；剪应变只与剪应力有关，而与正应力无关。这样可以利用上面三式求出各应

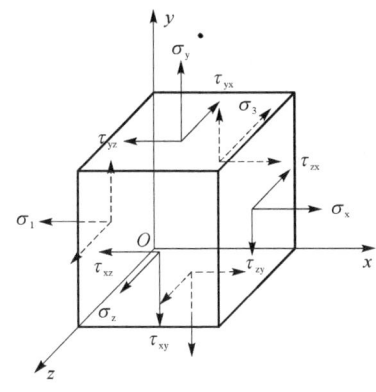

图 7-11 三向应力状态的一般形式

力分量各自对应的应变,然后再进行叠加。例如,由于 σ_x 单独作用,在 x 方向引起的线应变则分别是 $\dfrac{\sigma_x}{E}$,由于 σ_y 和 σ_z 单独作用,在 x 方向引起的线应变则分别是 $-\mu\dfrac{\sigma_y}{E}$ 和 $-\mu\dfrac{\sigma_z}{E}$。三个剪应力分量皆与 x 方向的线应变无关。叠加以上结果,得:

$$\varepsilon_x = \dfrac{\sigma_x}{E} - \mu\dfrac{\sigma_y}{E} - \mu\dfrac{\sigma_z}{E} = \dfrac{1}{E}[\sigma_x - \mu(\sigma_y + \sigma_z)]$$

(7-16)

同理,可以求出沿 y 和 z 方向的线应变 ε_y 和 ε_z。最后得到:

$$\varepsilon_x = \dfrac{1}{E}[\sigma_x - \mu(\sigma_y + \sigma_z)]$$

$$\varepsilon_y = \dfrac{1}{E}[\sigma_y - \mu(\sigma_x + \sigma_z)]$$

$$\varepsilon_z = \dfrac{1}{E}[\sigma_z - \mu(\sigma_x + \sigma_y)]$$

(7-16a)

至于剪应变和剪应力之间,仍然是以单向应力状态所表示的关系,即与正应力分量无关。这样,在 xy、yz、zx 三个面内的剪应变分别是:

$$\gamma_{xy} = \dfrac{\tau_{xy}}{G},\ \gamma_{yz} = \dfrac{\tau_{yz}}{G},\ \gamma_{zx} = \dfrac{\tau_{zx}}{G}$$

(7-16b)

式(7-16a)和式(7-16b)称为广义虎克定律。

当单元体的周围六个面皆为主平面时,使 x、y、z 的方向分别与 σ_1、σ_2、σ_3 的方向一致。这时:

$$\sigma_x = \sigma_1,\ \sigma_y = \sigma_2,\ \sigma_z = \sigma_3$$
$$\tau_{xy} = 0,\ \tau_{yz} = 0,\ \tau_{zx} = 0$$

广义虎克定律化为:

$$\varepsilon_1 = \dfrac{1}{E}[\sigma_1 - \mu(\sigma_2 + \sigma_3)]$$

$$\varepsilon_2 = \dfrac{1}{E}[\sigma_2 - \mu(\sigma_3 + \sigma_1)]$$

$$\varepsilon_3 = \dfrac{1}{E}[\sigma_3 - \mu(\sigma_1 + \sigma_2)]$$

$$\gamma_{xy} = 0,\ \gamma_{yz} = 0,\ \gamma_{zx} = 0$$

(7-17)

式(7-17)表示,在三个坐标平面内的剪应变等于零,故坐标 x、y、z 的方向就是主应变的方向。也就是说主应变和主应力的方向是重合的。式(7-17)中的 ε_1、ε_2、ε_3 即为主应变。所以,在主应变用实测的方法求出后,将其代入广义虎克定律,即可解出主应力。当然,这只适用于各向同性的线弹性材料。

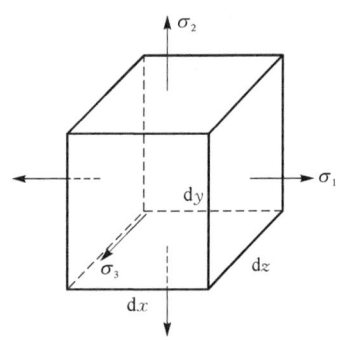

图 7-12 体积变化与应力关系

现在讨论体积变化与应力间的关系。设图 7-12 所示矩形六面体的周围六个面皆为主平面,边长分别是 dx、dy 和 dz。变形前六面体的体积为:

$$V = dx\,dy\,dz$$

变形后六面体的三个棱边分别变为:

$$dx + \varepsilon_1 dx = (1+\varepsilon_1)dx$$
$$dy + \varepsilon_2 dy = (1+\varepsilon_2)dy$$
$$dz + \varepsilon_3 dz = (1+\varepsilon_3)dz$$

于是变形后的体积变为:

$$V_1 = (1+\varepsilon_1)(1+\varepsilon_2)(1+\varepsilon_3)dx\,dy\,dz$$

展开上式,并略去含有高阶微量 $\varepsilon_1\varepsilon_2$、$\varepsilon_2\varepsilon_3$、$\varepsilon_3\varepsilon_1$、$\varepsilon_1\varepsilon_2\varepsilon_3$ 的各项,得:

$$V_1 = (1+\varepsilon_1+\varepsilon_2+\varepsilon_3)dx\,dy\,dz$$

单位体积的体积改变为:

$$\theta = \frac{V_1 - V}{V} = \varepsilon_1 + \varepsilon_2 + \varepsilon_3$$

θ 也称为体积应变。如以式(7-11)代入上式,经整理后得:

$$\theta = \varepsilon_1 + \varepsilon_2 + \varepsilon_3 = \frac{1-2\mu}{E}(\sigma_1 + \sigma_2 + \sigma_3) \tag{7-18}$$

把式(7-18)写成以下形式:

$$\theta = \frac{3(1-2\mu)}{E} \cdot \frac{\sigma_1\sigma_2\sigma_3}{3} = \frac{\sigma_m}{K} \tag{7-19}$$

式中: $K = \dfrac{E}{3(1-2\mu)}$,$\sigma_m = \dfrac{\sigma_1+\sigma_2+\sigma_3}{3}$;$E$ 称为体积弹性模量;σ_m 是三个主应力的平均值。

式(7-19)说明,单位体积的体积改变 θ 只与三个主应力之间和有关,至于三个主应力之间的比例,对 θ 并无影响。所以,无论是作用三个不相等的主应力,或是代以它们的平均应力 σ_m,单位体积的体积改变量仍然是相同的。式(7-19)还表明,体积应变 θ 与平均应力 σ_m 成正比,此即体积虎克定律。

例 7-5

在一个体积比较大的钢块上有一个直径为 50.01 mm 的凹座,凹座内放置一个直径为 50 mm 的钢制圆柱,如图 7-13 所示,圆柱受到 $P = 300$ kN 的轴向压力。假设钢块不变形,试求圆柱的主应力。取 $E = 200\,\text{GPa}, \mu = 0.30$。

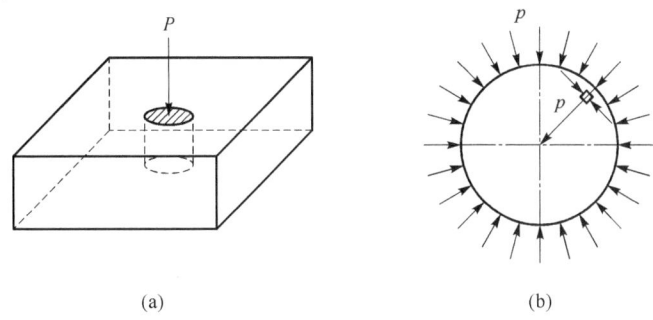

图 7-13 例 7-5 图
(a) 原图;(b) 应力图

解： 在柱体横截面上的压应力为：

$$\sigma_3 = -\frac{P}{A} = -\frac{300 \times 10^{-3}}{\frac{1}{4}\pi \times 5^2 \times 10^{-4}} = -153\,\text{MPa}$$

这是柱体内各点的三个主应力中绝对值最大的一个。

在轴向压缩下，圆柱将产生横向膨胀。在它胀到塞满凹座后，凹座与柱体之间将产生径向均匀压力 p。在柱体横截面内，这是一个二向均匀应力状态。在此情况下，柱体中任一点的径向和周向应力皆为 $-p$。由于假设钢块不变形，所以柱体在径向只能发生由于塞满凹座而引起的应变，其数值为：

$$\varepsilon_2 = \frac{5.001 - 5}{5} = \frac{0.001}{5} = 0.000\,2$$

于是由广义虎克定律：

$$\varepsilon_2 = \frac{\sigma_2}{E} - \mu\frac{\sigma_3}{E} - \mu\frac{\sigma_1}{E} = -\frac{p}{E} + \mu\frac{153 \times 10^6}{E} + \mu\frac{p}{E} = 0.000\,2$$

由此求得：

$$p = \frac{153 \times 10^6 \times 0.3 - 0.000\,2 \times 200 \times 10^9}{1 - 0.3} = 8.43\,\text{MPa}$$

柱体内各点的三个主应力为：

$$\sigma_1 = \sigma_2 = -p = -8.43\,\text{MPa},\ \sigma_3 = -153\,\text{MPa}$$

7.6　复杂应力状态的应变比能

单向拉伸或压缩时，如应力 σ 和应变 ε 的关系是线性的，利用变形能和外力作功在数值

上相等的关系,得到变形比能的计算式为:

$$u = \frac{1}{2}\sigma\varepsilon \tag{7-20}$$

在三向应力状态下,弹性体变形能与外力作功在数值上仍然相等。但它应该只决定于外力和变形的最终数值,而与加力的次序无关。因为,如用不同的加力次序可以得到不同的变形能,那么,按一个储存能量较多的次序加力,而按另一个储存能量较少的次序解除外力,完成一个循环,弹性体内将增加能量,显然,这与能量守恒原理矛盾,所以变形能与加力次序无关。这样就可选择一个便于计算变形能的加力次序,所得变形能与按其他加力次序是相同的。为此,假定应力按比例同时从零增加到最终值,在线弹性的情况下,每一主应力与相应的主应变之间仍保持线性关系,因而与每一主应力相应的比能仍可按式(7-20)计算。于是三向应力状态下的比能是:

$$u = \frac{1}{2}\sigma_1\varepsilon_1 + \frac{1}{2}\sigma_2\varepsilon_2 + \frac{1}{2}\sigma_3\varepsilon_3 \tag{7-21}$$

把式(7-17)代入上式,整理后得:

$$u = \frac{1}{2E}[\sigma_1^2 + \sigma_2^2 + \sigma_3^2 - 2\mu(\sigma_1\sigma_2 + \sigma_2\sigma_3 + \sigma_3\sigma_1)] \tag{7-22}$$

设三个棱边相等的正立方单元体是主应力单元体,其面上的应力分别为 σ_1、σ_2、σ_3,相应的主应变为 ε_1、ε_2、ε_3,单位体积的改变为 θ。由于 ε_1、ε_2、ε_3 不相等,立方单元体三个棱边的变形不同,它将由立方体变为长方体。可见,立方体的变形一方面表现为体积的增加或减小;另一方面表现为形状的改变,即由正方体变为长方体。因此,变形比能 u 也被认为由两部分组成:

(1) 因体积变化而储存的比能 u_v。体积变化是指单元体的棱边变形相等,变形后仍为正方体,只是体积发生变化的情况。u_v 称为体积改变比能。

(2) 体积不变,但由正方体改变为长方体而储存的比能 u_f,u_f 称为形状改变比能。

由此:

$$u = u_v + u_f \tag{7-22a}$$

根据前述讨论,若在单元体上以平均应力:

$$\sigma_m = \frac{\sigma_1 + \sigma_2 + \sigma_3}{3} \tag{7-22b}$$

代替三个主应力,单位体积的改变 θ 与 σ_1、σ_2、σ_3 作用时仍然相等。但以 σ_m 代替原来的主应力后,由于三个棱边的变形相同,所以只有体积变化而形状不变。因而,这种情况下的比能也就是体积改变比能 u_v。仿照求得式(7-21)的方法:

$$u_v = \frac{1}{2}\sigma_m\varepsilon_m + \frac{1}{2}\sigma_m\varepsilon_m + \frac{1}{2}\sigma_m\varepsilon_m = \frac{3\sigma_m\varepsilon_m}{2} \tag{7-22c}$$

由广义虎克定律:

$$\varepsilon_{\mathrm{m}} = \frac{\sigma_{\mathrm{m}}}{E} - \mu\left(\frac{\sigma_{\mathrm{m}}}{E} + \frac{\sigma_{\mathrm{m}}}{E}\right) = \frac{(1-2\mu)}{E}\sigma_{\mathrm{m}}$$

代入式(7-22c)：

$$u_{\mathrm{v}} = \frac{3(1-2\mu)}{2E}\sigma_{\mathrm{m}}^2 = \frac{(1-2\mu)}{6E}(\sigma_1 + \sigma_2 + \sigma_3)^2 \tag{7-22d}$$

将式(7-22c)和式(7-22d)一并代入式(7-22a)，经过整理得：

$$u_{\mathrm{f}} = \frac{1+\mu}{3E}(\sigma_1^2 + \sigma_2^2 + \sigma_3^2 - \sigma_1\sigma_2 - \sigma_2\sigma_3 - \sigma_3\sigma_1)$$

$$= \frac{1+\mu}{6E}[(\sigma_1-\sigma_2)^2 + (\sigma_2-\sigma_3)^2 + (\sigma_3-\sigma_1)^2] \tag{7-23}$$

例 7-6

导出各向同性线弹性材料的弹性常数 E、G、μ 间的关系(图 7-14)。

解：纯剪切的变形比能公式求出为：

$$u = \frac{\tau^2}{2G}$$

此外，纯剪切的主应力是 $\sigma_1 = \tau$，$\sigma_2 = 0$，$\sigma_3 = -\tau$。把主应力代入公式又可算出比能为：

$$u = \frac{\tau^2(1+\mu)}{E}$$

按两种方式算出的比能同为纯剪切的比能，令其相等即可求出三个弹性常数间的关系为：

$$G = \frac{E}{2(1+\mu)}$$

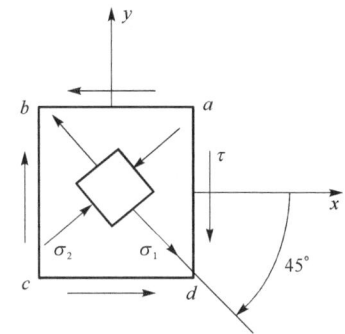

图 7-14 例 7-6 图

7.7 断裂失效与屈服失效

传统的强度计算概括如下：一方面按构件的情况，由危险点的应力状态，算出适用强度理论的相当应力；另一方面用试验的方法，确定于材料性质有关的失效应力，从而求得许用应力，最后建立由式(7-27)表达的强度条件。这里，认为构件不含裂纹等缺陷，相当应力是按无裂纹的构件计算的。失效应力也是用无裂纹的时间测定的。

近代工业中，高强度钢结构、焊接结构、大型锻件等使用日广。这些结构有时会突然发生脆性断裂(简称脆断)。如按传统的计算方法，脆断时的应力有时还远低于屈服极限 σ_{s}。例如，20 世纪 50 年代美国北极星导弹固体燃料发动机壳，实验时突然爆炸就是这种情况。飞机、船舶、高压容器等的脆断现象也经常发生。对大量脆断事故的分析表明，在焊接、淬火、锻打等加工过程中，往往使构件形成微观尺寸的裂纹。在一定条件下，裂纹急剧扩展(简称失稳扩展)就导致构件的脆断。最近几十年来,逐渐形成了一门研究裂纹扩展规律,探索裂纹对构件强度影响的科学,即断裂力学。

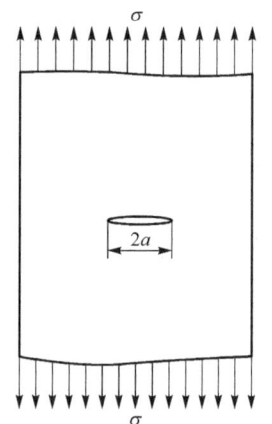

图 7-15 有裂纹的受拉平板

图 7-15 所示为一带有裂纹的受拉平板。穿透平板厚度的裂纹长为 $2a$。与裂纹的尺寸相比,平板的长与宽可认为是无限大的。

如假设直到发生脆断,材料仍然是线弹性的,就可用弹性力学分析裂纹尖端区域内的应力和位移。分析结果表明,裂纹尖端附近各点应力的强弱程度与一个等于 $\sigma\sqrt{\pi a}$ 的量有关。即裂纹尖端附近各点的应力,不是随平板所受拉应力 σ 成比例地增长或减少,而是随 $\sigma\sqrt{\pi a}$ 成比例地增长或减少。$\sigma\sqrt{\pi a}$ 称为应力强度因子,并记为 K_I,即:

$$K_\mathrm{I} = \sigma\sqrt{\pi a} \tag{7-24}$$

K_I 的量纲为 [力]·[长度]$^{-3/2}$。

随着载荷的增加,应力强度因子 K_I 也逐渐增加。实验结果表明,当它达到某一临界值 K_Ic 时,裂纹将发生失稳扩展,导致试样断裂。K_Ic 称为断裂韧性。如同材料的屈服极限、强度极限一样,K_Ic 也是材料固有的力学性能。确定了断裂韧性 K_Ic 后,只要构件的应力强度因子 K_I 低于 K_Ic,构件就不会发生裂纹的失稳扩展。而出现裂纹失稳扩展的条件是:

$$K_\mathrm{I} = K_\mathrm{Ic} \tag{7-25}$$

这就是构件含裂纹时的断裂准则。

这里只是以最简单的方式介绍了含裂纹构件脆断的概念。进一步的讨论可参考有关断裂力学的相关著作。

例 7-7

铝合金 2219-T851 的抗拉强度极限为 $\sigma_\mathrm{b} = 454$ MPa,断裂韧性 $K_\mathrm{Ic} = 32$ MN·m$^{-1/2}$。合金钢 AISI4340 的 $\sigma_\mathrm{b} = 1\,827$ MPa,$K_\mathrm{Ic} = 59$ MN·m$^{-1/2}$。若由两种材料制成的尺寸相同的平板都有 $2a = 2$ mm 的穿透裂纹,且设两种材料都可以近似地作为线弹性材料,试求使裂纹失稳扩展的应力 σ_u。

解: 根据式(7-17)和式(7-18),断裂准则可写成:

$$K_\mathrm{I} = \sigma_\mathrm{u}\sqrt{\pi a} = K_\mathrm{Ic}$$

$$\sigma_\mathrm{u} = \frac{K_\mathrm{Ic}}{\sqrt{\pi a}}$$

对铝合金 2219-T851:

$$\sigma_\mathrm{u} = \frac{32}{\sqrt{\pi \times 1 \times 10^{-3}}} = 571 \text{ MPa}$$

对合金钢 AISI 4340:

$$\sigma_\mathrm{u} = \frac{59}{\sqrt{\pi \times 1 \times 10^{-3}}} = 1\,050 \text{ MPa}$$

从以上结果看出,在所给裂纹尺寸下,铝合金 2219 - T851 发生脆断的应力 σ_u 略高于强度极限 σ_b。表明它在拉断之前不会因裂纹失稳扩展而脆断,σ_b 仍然是失效应力。这与传统的强度概念并不矛盾。相反,合金钢 AISI 4340 脆断时的应力 σ_u 仅为 σ_b 的 57%。表明它在远未达到 σ_b 之前,就已因裂纹扩展而脆断。用传统的强度概念,无法解释拉应力仅为 σ_b 的 57%时,就发生脆断的现象。另外可以看出,合金钢 AISI 4340 虽然有很高的强度极限,但因受 K_Ic 的限制,在有裂纹的情况下,高强度的特性并不能充分发挥。相形之下,铝合金 2219 - T851 强度却得到了充分利用,况且它的比重又轻,对飞机等结构就更为适宜。

7.8 四种常用的强度理论

强度失效的主要形式有两种,即屈服与断裂。相应地,强度理论也分成两类:一类是解释断裂失效的,其中有最大拉应力理论和最大伸长线应变理论。另一类是解释屈服失效的,其中有最大剪应力理论和形状改变比能理论。

7.8.1 最大拉应力理论(第一强度理论)

该理论认为最大拉应力是引起断裂的主要因素。即认为无论是什么应力状态,只要最大拉应力达到与材料性质有关的某一极限值,则材料就发生断裂,既然最大拉应力的极限值与应力状态无关,于是就可用单向应力状态确定这一极限值。单向拉伸只有 $\sigma_1(\sigma_2 = \sigma_3 = 0)$,而当 σ_1 达到强度极限 σ_b 时,发生断裂。根据这一理论,无论是什么应力状态,只要最大拉应力 σ_1 达到 σ_b 就导致断裂。于是得断裂准则:

$$\sigma_1 = \sigma_\mathrm{b} \tag{7-26}$$

将极限应力 σ_b 除以安全系数得许用应力 $[\sigma_\mathrm{b}]$,按照第一强度理论建立的强度条件是:

$$\sigma_1 \leqslant [\sigma] \tag{7-27}$$

铸铁等脆性材料在单向拉伸下,断裂发生于拉应力最大的横截面。脆性材料的扭转也是沿拉应力最大的斜面发生断裂。这些都与最大拉应力理论相符。这一理论没有考虑其他两个应力的影响,且对没有拉应力的状态(如单向压缩、三向压缩等)也无法应用。

7.8.2 最大伸长线应变理论(第二强度理论)

该理论认为最大伸长线应变是引起断裂的主要因素。即认为无论什么应力状态,只要最大伸长线应变 ε_1 达到与材料性质有关的某一极限值,材料即发生断裂。ε_1 的极限值既然与应力状态无关,就可由单向拉伸来确定。设单向拉伸知道断裂仍可用虎克定律计算应变,则拉断是伸长线应变的极限值应为 $\varepsilon_\mathrm{u} = \dfrac{\sigma_\mathrm{b}}{E}$。按照这一理论,任意应力状态下,只要 ε_1 达到极限值 $\dfrac{\sigma_\mathrm{b}}{E}$,材料即发生断裂。故得断裂准则为:

$$\varepsilon_1 = \frac{\sigma_b}{E} \tag{7-28}$$

由广义虎克定律：

$$\varepsilon_1 = \frac{1}{E}[\sigma_1 - \mu(\sigma_2 - \sigma_3)]$$

代入式(7-28)得断裂准则：

$$\sigma_1 - \mu(\sigma_2 - \sigma_3) = \sigma_b \tag{7-29}$$

将 σ_b 除以安全系数得许用应力$[\sigma]$，按第二强度理论建立的强度条件是：

$$\sigma_1 - \mu(\sigma_2 - \sigma_3) \leqslant [\sigma] \tag{7-30}$$

石料或混凝土等脆性材料受轴向压缩时，如在试验机与试块的接触面上添加润滑剂，以减小摩擦力的影响，试块将沿垂直于压力方向裂开。裂开的方向也就是 ε_1 的方向。铸铁在拉-压二向应力且压应力较大时，试验结果也与这一理论接近。不过按照这一理论，如在受压试块的压力的垂直方向再加压力，使其成为二向受压，其强度应与单向受压不同。但混凝土、花岗岩和砂岩的试验资料表明，两种情况的强度并无明显差别。与此类似，按照这一理论，铸铁在二向拉伸时应比单向拉伸安全，但试验结果并不能证实这一点。对于这种情况，第一强度理论接近试验结果。

7.8.3 最大剪应力理论(第三强度理论)

该理论认为最大剪应力是引起屈服的主要因素。即认为无论什么应力状态，只要最大剪应力 τ_{max} 达到与材料性质相关的某一极限值，材料就发生屈服。单向拉伸下，当与轴线成 $45°$ 的斜面上的 $\tau_{max} = \frac{\sigma_s}{2}$ 时(这时，横截面上的正应力为 σ_s)，出现屈服。可见，$\frac{\sigma_s}{2}$ 就是导致屈服的最大剪应力的极限值。因为这一极限值与应力状态无关，任意应力状态下，只要 τ_{max} 达到 $\frac{\sigma_s}{2}$，就引起材料的屈服。由式(7-8)知，任意应力状态下：

$$\tau_{max} = \frac{\sigma_1 - \sigma_3}{2}$$

于是得屈服准则：

$$\frac{\sigma_1 - \sigma_3}{2} = \frac{\sigma_s}{2} \tag{7-31}$$

或：

$$\sigma_1 - \sigma_3 = \sigma_s \tag{7-32}$$

将 σ_s 换为许用应力$[\sigma]$，得到按第三强度理论建立的强度条件：

$$\sigma_1 - \sigma_3 \leqslant [\sigma] \tag{7-33}$$

最大剪应力屈服准则可以用任何的方式来表达。二向应力状态下,如以 σ_1 和 σ_2 表示两个主应力,且设 σ_1 和 σ_2 都可以表示最大或最小应力(即不采取 $\sigma_1 > \sigma_2$ 的规定),当 σ_1 和 σ_2 符号相同时,最大剪应力应力 $\left|\dfrac{\sigma_1}{2}\right|$ 或 $\left|\dfrac{\sigma_2}{2}\right|$。于是最大剪应力屈服准则成为:

$$|\sigma_1| = \sigma_s \quad \text{或} \quad |\sigma_2| = \sigma_s$$

在以 σ_1 和 σ_2 为坐标的平面坐标系中(图7-16a),符号相同应在第一和第三象限。以上两式就是与坐标轴平行的直线。当 σ_1 和 σ_2 符号不同时,最大剪应力是 $\dfrac{1}{2}|(\sigma_1-\sigma_2)|$,屈服准则化为:

$$|\sigma_1 - \sigma_2| = \sigma_s$$

这是第二和第四象限中的两条直线。所以在 $\sigma_1\sigma_2$ 平面中,最大剪应力屈服准则是一个六角形。若代表某一个二向应力状态的 M 点在六角形区域之内,则这一应力状态不会引起屈服,材料处于弹性状态。若 M 点在区域的边界上,则它所代表的应力状态足以使材料开始出现屈服。

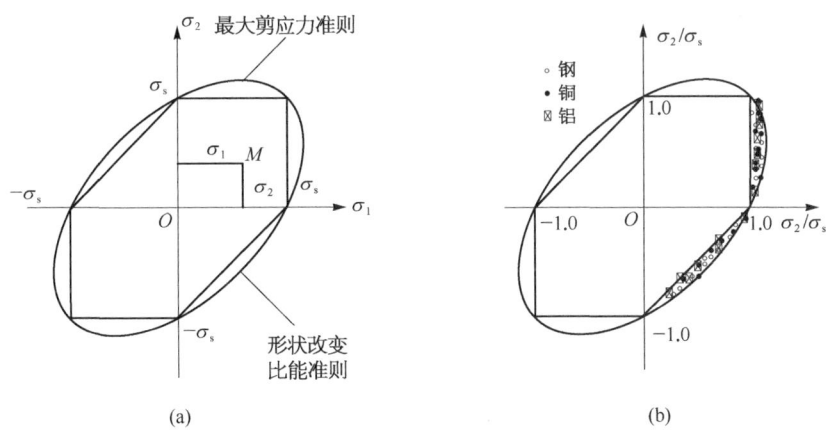

图 7-16 剪应力屈服准则

(a) 判断材料屈服的准则;(b) 几种塑料材料的薄壁圆筒试验结果

最大剪应力理论较为满意地解释了塑性材料的屈服现象。例如,低碳钢拉伸时,沿与轴线成 45°的方向出现滑移线,是材料内部沿着这一方向滑移的痕迹。这一方向的斜面还是那个剪应力也恰为最大值。二向应力状态下,几种塑料材料的薄壁圆筒试验结果表示于图 7-16b 中。图中以 $\dfrac{\sigma_1}{\sigma_s}$ 和 $\dfrac{\sigma_2}{\sigma_s}$ 为坐标,便可以把几种材料的试验数据绘于同一图中。可以看出,最大剪应力屈服准则与试验结果比较吻合。代表试验数据的点落在六角形之外,说明这一理论偏于安全。

7.8.4 形状改变比能理论(第四强度理论)

该理论认为形状改变比能是引起屈服的主要因素。即认为无论什么应力状态,只要形状改变比能 u_f 达到与材料性质有关的某一极限值,材料就发生屈服。单向拉伸下,屈服应

力为 σ_s，相应的形状改变比能由式(7-23)求出为 $\dfrac{1+\mu}{6E}(2\sigma_s^2)$，这就是导致屈服的形状改变比能的极限值。任意应力状态下，只要形状改变比能 u_f 达到上述极限值，便引起材料的屈服。故形状改变比能屈服准则为：

$$u_f = \frac{1+\mu}{6E}(2\sigma_s^2) \qquad (7-34)$$

在任意应力状态下，由式(7-13)得：

$$u_f = \frac{1+\mu}{6E}[(\sigma_1-\sigma_2)^2+(\sigma_2-\sigma_3)^2+(\sigma_3-\sigma_1)^2]$$

代入式(7-34)，整理后得屈服准则为：

$$\sqrt{\frac{1}{2}[(\sigma_1-\sigma_2)^2+(\sigma_2-\sigma_3)^2+(\sigma_3-\sigma_1)^2]} = \sigma_s \qquad (7-35)$$

把 σ_s 除以安全系数得许用应力 $[\sigma]$，按第四强度理论得到的强度条件是：

$$\sqrt{\frac{1}{2}[(\sigma_1-\sigma_2)^2+(\sigma_2-\sigma_3)^2+(\sigma_3-\sigma_1)^2]} \leqslant [\sigma] \qquad (7-36)$$

几种塑性材料钢、铜、铝的薄管试验资料表明，形状改变比能屈服准则与试验资料相当吻合(图 7-16b)，比第三强度理论更为符合试验结果。在纯剪切的情况下，由屈服准则式(7-35)得出比式(7-32)的结果大 15%，这是两者差异最大的情况。

综合以上四个强度理论，可以把强度条件改写成以下统一的形式：

$$\sigma_r \leqslant [\sigma] \qquad (7-37)$$

式中 σ_r 称为相当应力，它由三个主应力按一定形式组合而成。按照从第一强度理论到第四强度理论的顺序，相当应力分别为：

$$\left.\begin{aligned}
\sigma_{r1} &= \sigma_1 \\
\sigma_{r2} &= \sigma_1 - \mu(\sigma_1+\sigma_2) \\
\sigma_{r3} &= \sigma_1 - \sigma_3 \\
\sigma_{r4} &= \sqrt{\frac{1}{2}[(\sigma_1-\sigma_2)^2+(\sigma_2-\sigma_3)^2+(\sigma_3-\sigma_1)^2]}
\end{aligned}\right\} \qquad (7-38)$$

以上介绍了四种常见的强度理论。铸铁、石料、混凝土、玻璃等脆性材料，通常以断裂的形式失效，宜采用第一和第二强度理论。碳钢、铜、铝等塑性材料，通常以屈服形式失效，宜采用第三和第四强度理论。

应该指出，不同材料固然可以发生不同形式的失效，但即使是同一材料，在不同应力状态下也可能有不同的失效形式。例如，碳钢在单向拉伸下以屈服的形式失效，但碳钢制成的螺钉受拉时，螺纹根部因应力集中引起三向拉伸，就会出现断裂，这是因为当三向拉伸的三个主应力数值接近时，由屈服准则式(7-23)或式(7-25)看出，屈服将很难出现。又如，铸铁单向受拉时以断裂的形式失效。但如以淬火钢球压在铸铁板上，接触点附近的材料处于三向受压状态,随着压力的增大,铸铁板会出现明显的凹坑,这表明已出现屈服现象。以上例子说明材料的失效形式与应力状态有关。无论是塑性或脆性材料,在三向拉应力相近的情况下,都将以断裂的形式失效,宜采用最大拉应力理论。在三向压应力相近的情况下,都可引起塑性变形,宜采用第三或第四强度理论。

例 7-8

A3 钢锅炉的许用应力为 $[\sigma] = 160$ MPa,试校核其强度。

解: 锅炉圆筒任意点的主应力为:

$$\sigma_1 = 150 \text{ MPa}, \sigma_2 = 75 \text{ MPa}, \sigma_3 \approx 0$$

对 A3 钢这类塑性材料,应采用第四强度理论。有式(7-29c)得:

$$\sqrt{\frac{1}{2}[(\sigma_1-\sigma_2)^2+(\sigma_2-\sigma_3)^2+(\sigma_3-\sigma_1)^2]}$$

$$= \sqrt{\frac{1}{2}[(150-75)^2+(75-0)^2+(0-150)^2]}$$

$$= 130 \text{ MPa} < [\sigma]$$

所以,锅炉圆筒满足第四强度理论的强度条件。

也可以用第三强度理论进行强度校核。由式(7-23)得:

$$\sigma_1 - \sigma_3 = 150 - 0 = 150 \text{ MPa} < [\sigma]$$

可见也满足第三强度理论的强度条件。

例 7-9

试按照强度理论建立纯剪切应力状态的强度条件,并寻求塑性材料许用剪应力$[\tau]$与许用拉应力$[\sigma]$之间的关系。

解: 纯剪切是拉-压二向应力状态,且:

$$\sigma_1 = \tau, \sigma_2 = 0, \sigma_3 = -\tau$$

对塑性材料,按最大剪切应力理论得强度条件为:

$$\sigma_1 - \sigma_3 = \tau - (-\tau) = 2\tau \leqslant [\sigma]$$

$$\tau \leqslant \frac{[\sigma]}{2}$$

另一方面,剪切的强度条件是:

$$\tau \leqslant [\tau]$$

比较上两式,可见:

$$[\tau] = \frac{[\sigma]}{2} = 0.5[\sigma]$$

即$[\tau]$为$[\sigma]$的$\frac{1}{2}$。这是按最大剪应力理论求得的$[\tau]$与$[\sigma]$之间的关系。

如按形状改变比能理论,则纯剪切的强度条件是:

$$\sqrt{\frac{1}{2}[(\sigma_1-\sigma_2)^2+(\sigma_2-\sigma_3)^2+(\sigma_3-\sigma_1)^2]}$$
$$=\sqrt{\frac{1}{2}[(\tau-0)^2+(+\tau)^2+(-\tau-\tau)^2]}=\sqrt{3}\tau\leqslant[\sigma]$$

与剪切强度条件比较,立刻求出:

$$[\tau]=\frac{[\sigma]}{\sqrt{3}}=0.557[\sigma]\approx 0.6[\sigma]$$

即$[\tau]$约为$[\sigma]$的0.6倍。这是按照第四强度理论得到的$[\tau]$与$[\sigma]$之间的关系。

习 题

思考题

在下面思考题中 A、B、C、D 的备选答案中选择正确的答案。

1. 圆轴受扭时,轴表面各点处于_____。
   (A) 单向应力状态;　　　　　　　(B) 二向应力状态;
   (C) 三向应力状态;　　　　　　　(D) 各向等应力状态。
2. 如图 7-17 所示两种应力状态,它们的主应力方向和大小是否相同? 答:_____。
   (A) 主应力的方向和大小均不同;　(B) 主应力的大小和方向均相同;
   (C) 主应力的大小相同,但方向不同;(D) 主应力方向相同,但大小不同。

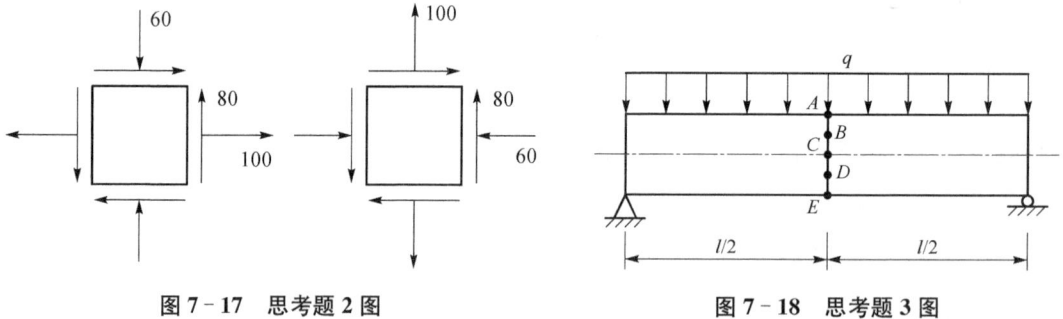

图 7-17 思考题 2 图　　　　图 7-18 思考题 3 图

3. 如图 7-18 所示,梁中($l>10h$,此处 h 为梁的高度,剪力可忽略),A、B、C、D、E 五点处于何种应力状态(注:荷载 q 对 A 点的挤压可忽略不计)? 答:_____。
   (A) A、B、D、E 为单向应力状态,C 为零应力状态;
   (B) A、E 为单向应力状态,B、C、D 为二向应力状态;
   (C) A、E、C 为单向应力状态,B、D 为二向应力状态;
   (D) A、B、C、D、E 均为二向应力状态。
4. 对于一个微分单元体,下列结论中_____是错误的。
   (A) 正应力最大的面上剪应力必为零;

(B) 剪应力最大的面上正应力必为零；
(C) 正应力最大的面与剪应力最大的面相交成 45°角；
(D) 正应力最大的面与正应力最小的面必互相垂直。

5. 绘出如图 7-19 所示应力状态所对应的应力圆，并求出图示斜面上的应力值 σ_α 和 τ_α（应力单位：MPa）。答：_____。

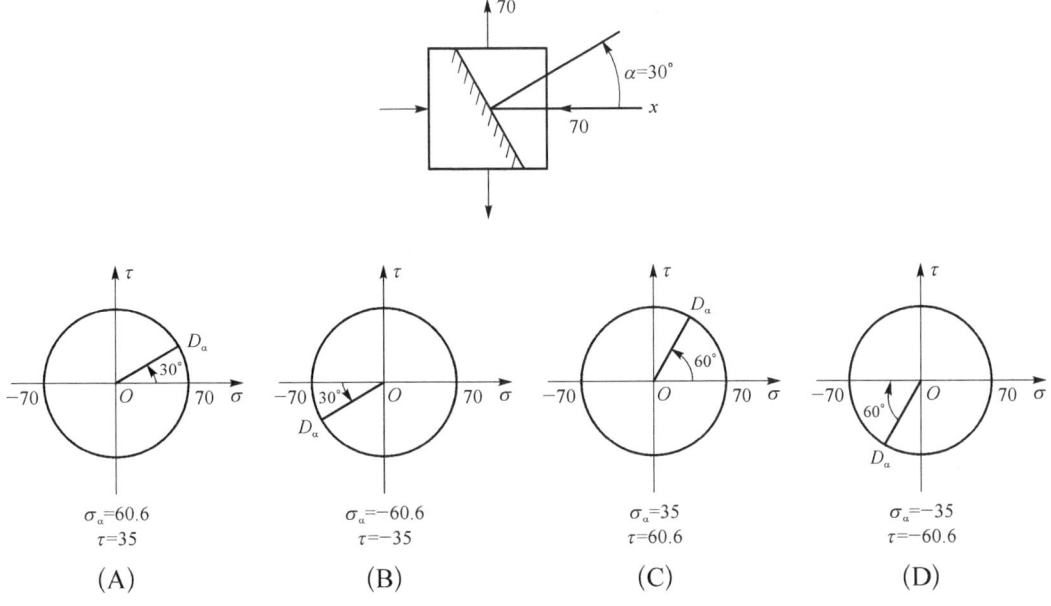

图 7-19 思考题 5 图

6. 如图 7-20 所示，直径为 d 的圆截面杆，两端受扭转力偶矩 T 作用（图中力偶矩 T 按右手法则用矢量记号表示），$\alpha=45°$，通过实验测得点 C 处 $\varepsilon_\alpha=\varepsilon$，则下列结论中哪些是正确的（$\mu$ 为材料的泊松比）？

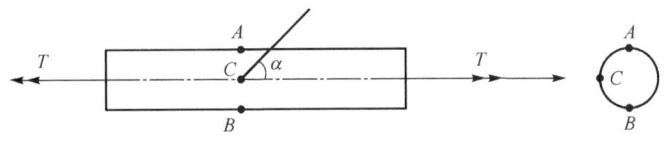

图 7-20 思考题 6 图

(1) 点 A、B、C 处均有 $\sigma_1=-E\varepsilon/(1+\mu)$；
(2) 点 A、B、C 处均有 $\tau_{max}=16T/\pi d^3$；
(3) $T=-\pi d^3 E\varepsilon/16(1+\mu)$。
(A) (1)　　　(B) (2)　　　(C) (1)、(2)　　　(D) 全对

7. 以下结论中_____是正确的。
(A) 在三向拉应力相近的情况下，常采用第一强度理论；
(B) 在三向压应力相近的情况下，不宜采用第三强度理论；
(C) 第三、四强度理论主要用于脆性材料；
(D) 第四强度理论可用于塑性材料的任何应力状态。

8. 弯曲与扭转组合变形圆轴表面 1、2、3、4 点的应力状态如图 7-21 所示,其中哪个是错误的(图中的阴影面为自由表面)?

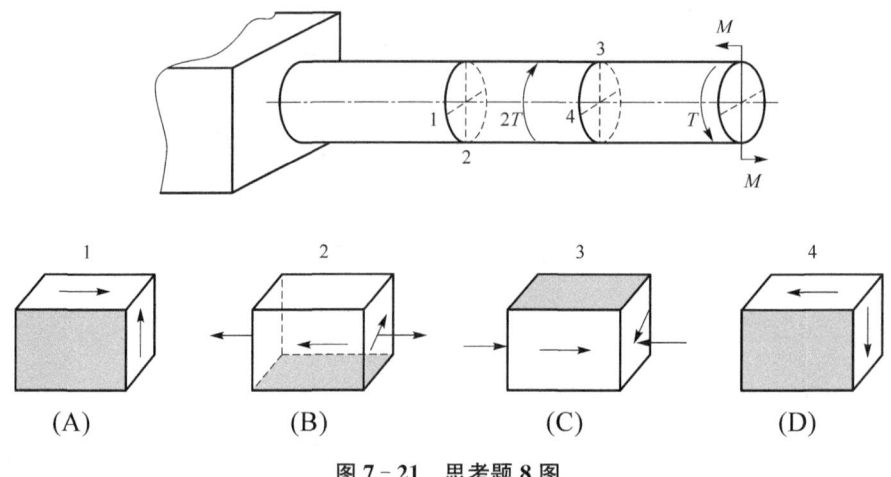

图 7-21 思考题 8 图

练习题

1. 如图 7-22 所示各单元体中,试用解析法和应力圆求斜面上的应力,应力单位为 MPa。

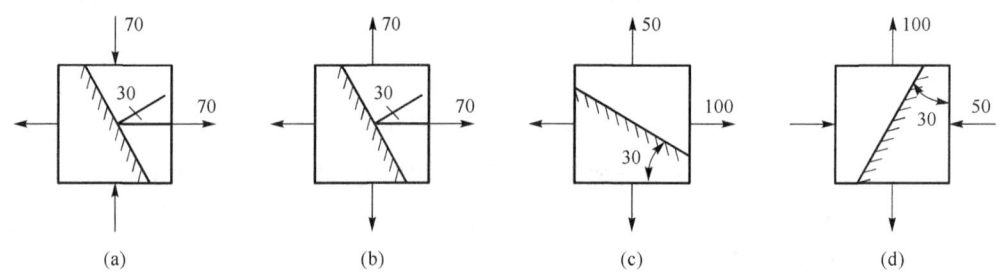

图 7-22 练习题 1 图

2. 已知应力状态如图 7-23 所示,图中的应力单位为 MPa。试用解析法和应力圆求:(1) 主应力大小,主平面位置;(2) 在单元体上给出主平面位置及主应力方向;(3) 最大剪应力。

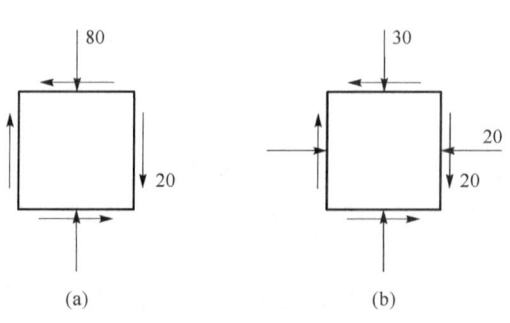

图 7-23 练习题 2 图

3. 如图 7-24 所示,矩形截面梁某截面上的弯矩和剪力分别为 $M = 10 \text{ kN} \cdot \text{m}$,$Q = 120 \text{ kN}$。试绘出截面上 1、2、3、4 各点的应力状态单元体,并求其主应力。

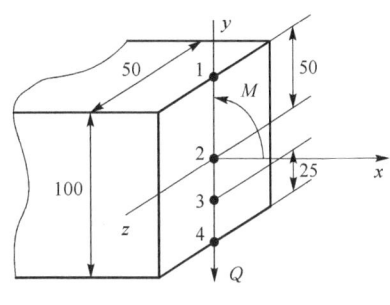

图 7-24 练习题 3

4. 薄壁圆筒的扭转-拉伸示意图如图 7-25 所示,若 $P = 20 \text{ kN}$,$T = 600 \text{ N} \cdot \text{m}$,且 $d = 50 \text{ mm}$,$\delta = 2 \text{ mm}$。试求:(1) A 点在指定斜截面上的应力;(2) A 点主应力的大小及方向,并用单元体表示。

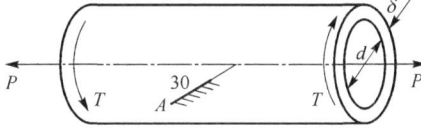

图 7-25 练习题 4 图

5. 二向应力状态如图 7-26 所示,应力单位为 MPa。试求主应力并作应力圆。

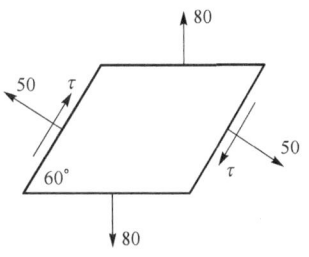

图 7-26 练习题 5 图

6. 试求如图 7-27 所示应力状态的主应力及剪应力,应力单位为 MPa。

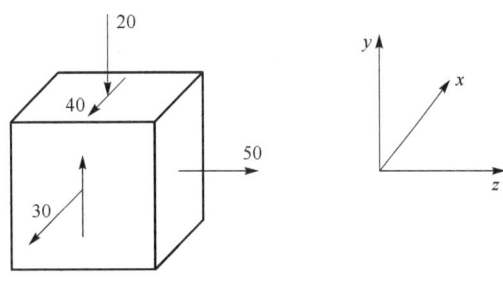

图 7-27 练习题 6 图

7. 如图 7-28 所示,列车通过钢桥时,用变形仪测得钢桥横梁 A 点的应变为 $\varepsilon_x = 0.000\,4$, $\varepsilon_y = -0.000\,12$。试求 A 点在 x 和 y 方向的正应力。设 $E = 200\,\text{GPa}$,$\mu = 0.3$。

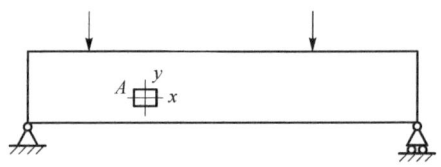

图 7-28 练习题 7 图

8. 在一体积较大的钢块上开一个贯通的槽(图 7-29),其宽度和深度皆为 10 mm。在槽内紧密无隙地嵌入一铝质立方块,尺寸为 10 mm×10 mm×10 mm。当铝块受到压力 $P = 6\,\text{kN}$ 的作用时,假设钢块不变形,铝的弹性模量 $E = 70\,\text{GPa}$,$\mu = 0.33$。试求铝块的三个主应力及相应的变形。

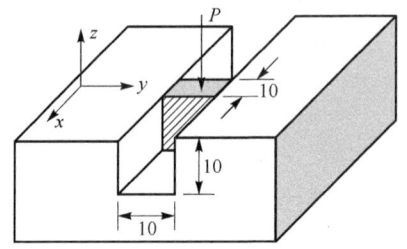

图 7-29 练习题 8 图

9. 从钢构件内某一点的周围取出一单元体如图 7-30 所示,根据理论计算已经求得 $\sigma = 30\,\text{MPa}$,$\tau = 15\,\text{MPa}$。材料 $E = 200\,\text{GPa}$,$\mu = 0.30$。试求对角线 AC 的长度改变 Δl。

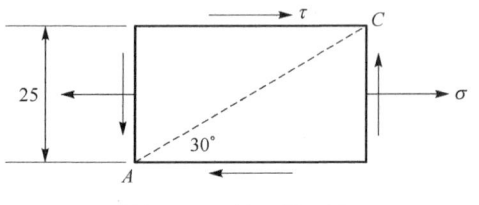

图 7-30 练习题 9 图

10. 铸铁薄管如图 7-31 所示。若管的外径为 200 mm,厚度 $t = 15\,\text{mm}$,内压力 $p = 4\,\text{MPa}$,$P = 200\,\text{kN}$。铸铁的抗拉许用压力 $[\sigma_t] = 30\,\text{MPa}$,$\mu = 0.25$。试用第二强度理论和第一强度理论校核薄管的强度。

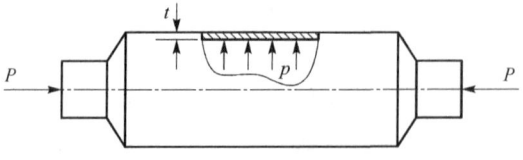

图 7-31 练习题 10 图

11. 某厚壁筒横截面如图 7‑32 所示。在危险点处，$\sigma_t = 500\,\text{MPa}$，$\sigma_r = -350\,\text{MPa}$，第三个主应力垂直于图面是拉应力。且其数值为 420 MPa。试按第三和第四强度理论计算其相当应力。

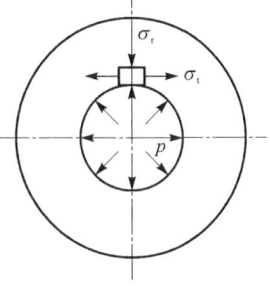

图 7‑32　练习题 11 图

12. 如图 7‑33 所示钢质拐轴，承受铅垂载荷 F 作用，试按第三强度理论确定轴 AB 的直径。已知载荷 $F = 1\,\text{kN}$，许用应力 $[\sigma] = 160\,\text{MPa}$。

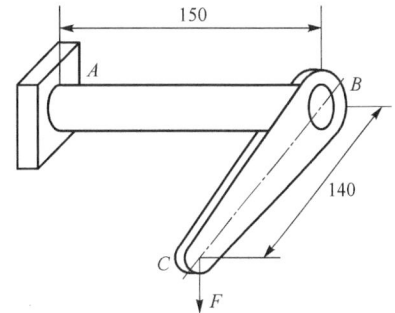

图 7‑33　练习题 12 图

13. 如图 7‑34 所示齿轮传动轴，齿轮 1 与 2 的节圆直径分别为 $d_1 = 50\,\text{mm}$ 与 $d_2 = 130\,\text{mm}$。在齿轮 1 上，作用有切向力 $F_y = 3.83\,\text{kN}$、径向力 $F_z = 1.393\,\text{kN}$；在齿轮 2 上，作用有切向力 $F'_y = 1.473\,\text{kN}$、径向力 $F'_z = 0.563\,\text{kN}$。轴用 45 钢制成，直径 $d = 22\,\text{mm}$，许用应力 $[\sigma] = 180\,\text{MPa}$。试按第三强度理论校核该轴的强度。

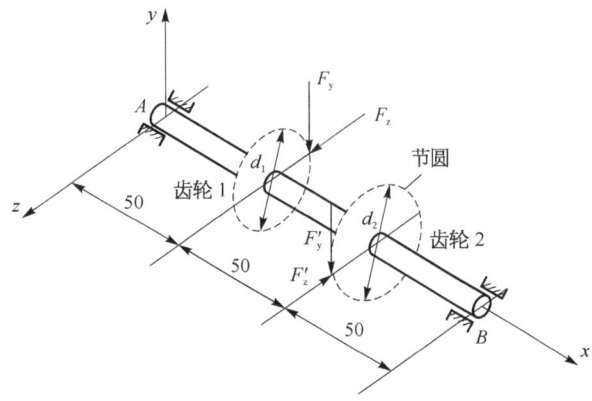

图 7‑34　练习题 13 图

14. 如图 7-35 所示圆截面钢轴，由电动机带动。在斜齿轮的齿面上，作用有切向力 $F_t = 1.9 \text{ kN}$、径向力 $F_z = 740 \text{ N}$，以及平行于轴线的外力 $F = 660 \text{ N}$。若许用应力 $[\sigma] = 160 \text{ MPa}$。试按第四强度理论校核轴的强度。

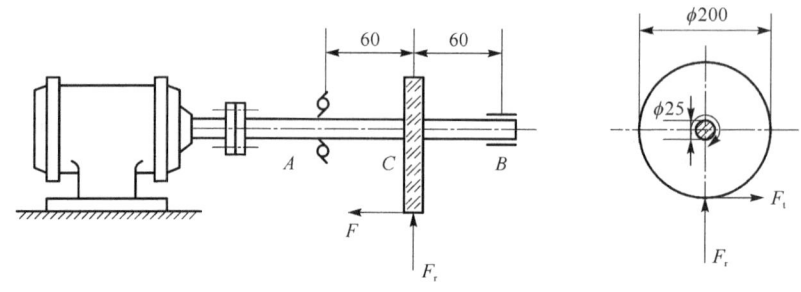

图 7-35　练习题 14 图

15. 如图 7-36 所示，锅炉直径 $D = 1 \text{ m}$，壁厚 $t = 10 \text{ mm}$，锅炉蒸汽压力 $P = 3 \text{ MPa}$。试求：(1) 壁内主应力 σ_1、σ_2 及最大切应力 τ_{max}；(2) 与水平夹角 60° 的斜截面上的正应力及切应力。

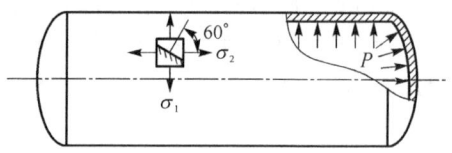

图 7-36　练习题 15 图

第8章 组合变形

8.1 工程中的组合变形问题

工程实际中的构件由外力所引起的变形常常包含两种或三种基本变形,此类变形形式称为组合变形。如图8-1所示,轴在啮合力 P_1、P_2、P_3 作用下,将同时发生弯曲与扭转变形。本章主要研究拉伸(压缩)与弯曲的组合变形及弯曲与扭转的组合变形。

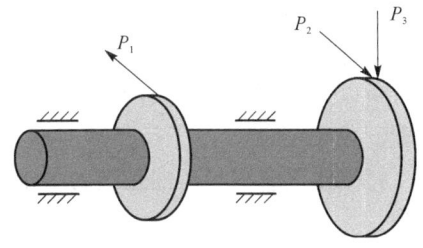

图8-1 组合变形

8.2 拉伸(压缩)与弯曲组合变形的强度计算

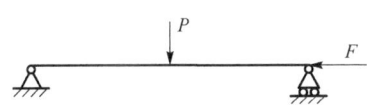

图8-2 拉伸与弯曲组合变形

如图8-2所示,杆在横向力 P 及轴向力 F 共同作用下,将同时产生弯曲与拉伸变形,即拉弯组合变形。

下面以图8-3a所示的简支梁为例,讨论如何对发生拉(压)弯组合变形的杆件进行强度计算。

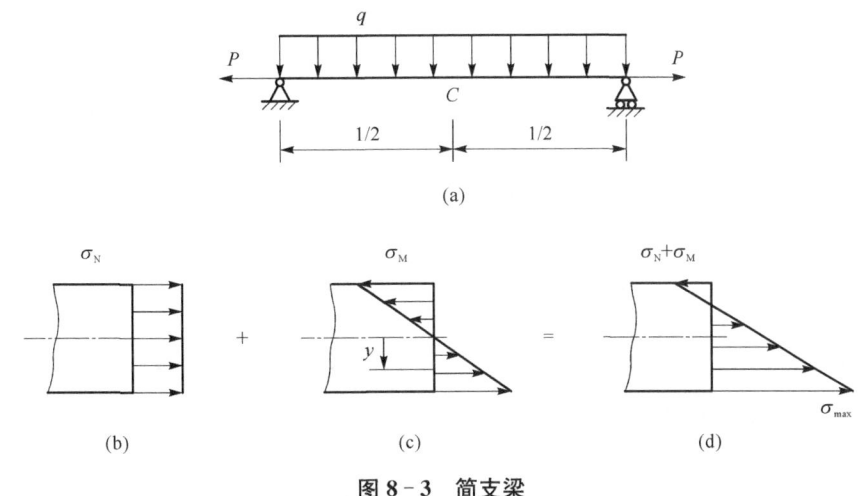

图8-3 简支梁

(a) 原图;(b) 轴力引起的应力分布;(c) 弯矩引起的应力分布;(d) 组合后的应力分布

图 8-3a 所示简支梁,在均布横向载荷 q 作用下,将产生弯曲变形,杆件中点处,即 C 截面上产生的弯矩最大,其值为 $M_{\max}=ql^2/8$;在轴向力 P 作用下,杆将产生轴向拉伸变形,各截面轴力均为 $N=P$。可见,横截面 C 为危险截面。

C 截面上,因轴向拉伸变形而产生的正应力呈均匀分布(图 8-3b),其值为:

$$\sigma_N = \frac{N}{A}$$

因弯曲变形而产生的正应力沿截面高度呈直线分布(图 8-3c),其上距中性轴 y 处的弯曲正应力为:

$$\sigma_y = \frac{M_{\max} y}{I_z}$$

构件变形很小情况下,作用在构件上的任一载荷所引起的应力一般不受其他载荷的影响。所以,当构件发生组合变形时,可将每种基本变形所引起的应力进行叠加,此即为叠加原理。

将拉伸正应力与弯曲正应力叠加,叠加后的正应力分布如图 8-3d 所示,任一点的正应力为:

$$\sigma = \sigma_N + \sigma_M = \frac{N}{A} + \frac{M_{\max} y}{I_z} \tag{8-1}$$

可见,最大正应力产生于距中性轴最远各点处,即截面的边缘处,而且,该处无剪应力,处单向应力状态。其值为:

$$\sigma_{\max} = \frac{N}{A} + \frac{M_{\max}}{W_z} \tag{8-2}$$

因此,拉(压)弯组合变形的强度条件为:

$$\frac{N}{A} + \frac{M_{\max}}{W_z} \leqslant [\sigma] \tag{8-3}$$

应该注意,由式(8-2)所计算的最大正应力,对拉弯组合变形而言,此最大正应力为拉应力,而对压弯组合变形而言,此值则为最大压应力值。还应注意,如果材料的许用拉应力与许用压应力不同,而且危险截面上既有受拉区域,也有受压区域,则应按式(8-1)分别计算最大拉应力与最大压应力,并分别按拉伸、压缩强度条件进行强度计算。

另外,叠加法只适合于小变形,当变形较大时,两种载荷及各自产生的变形将相互影响,产生新的内力,此时,叠加法将不再适用。

例 8-1

图 8-4a 所示为一简易起重架,由 No. 18 工字钢和拉杆组成,滑车自重及载重共为 $P=25\text{ kN}$,梁 AB 的许用应力 $[\sigma]=120\text{ MPa}$,当滑车移动到梁中点时,校核梁 AB 的强度。

解:

AB 梁的 B 端是固定铰链约束,右端通过铰链受到来自 AC 杆的约束力,因此,AB 梁将产生压弯组合变形。

(1) AB 杆所受外力分析如图 8-4b 所示。由平衡方程求得约束力为：
$$X_B = 21.65 \text{ kN}, Y_B = 12.5 \text{ kN}, S_{AC} = 25 \text{ kN}$$

(2) 内力分析。AB 梁将产生压弯组合变形，其轴力图与弯矩图如 8-4c 所示。

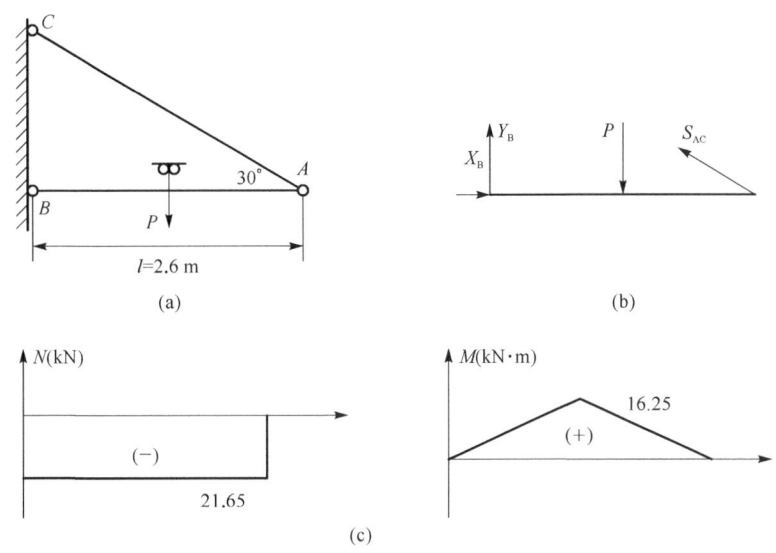

图 8-4 例 8-1 图
(a) 原图；(b) 受力图；(c) 剪力图和弯矩图

(3) 计算最大正应力，校核强度。由内力分析可见，AB 梁中点处横截面上弯矩最大，此处为危险截面，依式(8-2)求得该截面上最大正应力为：

$$\sigma_{\max} = \frac{N}{A} + \frac{M_{\max}}{W_z} = \frac{21.65 \times 10^3}{3\,060} + \frac{16.25 \times 10^6}{185\,000} = 94.9 \text{ MPa}$$

由型钢表查得 No.16 工字钢的横截面积 A 及抗弯截面模量 W_z：

$$\sigma_{\max} < [\sigma]$$

可见梁的强度符合要求。

例 8-2

承受偏心载荷的矩形截面杆如图 8-5a 所示，用实验方法测得杆两侧的纵向应变分别是 $\varepsilon_a = 1 \times 10^{-3}$ 和 $\varepsilon_b = 0.4 \times 10^{-3}$，材料的弹性模量 $E = 210$ GPa。求拉力 P 和偏心距 e 的值。

分析：图示直杆承受偏心载荷，将此载荷平移至杆轴线，得到轴向载荷与力偶。可见，偏心拉(压)属拉(压)弯组合变形。

解：
(1) 将外力向轴线简化如 8-5b 图所示。其中，$M = Pe$。
(2) 求 a、b 点的应力。杆件产生拉弯组合变形时，a、b 两点处只有正应力，其值分别为：

$$\sigma_a = \sigma_N + \sigma_M = \frac{N}{A} + \frac{M}{W_z}$$

$$\sigma_b = \sigma_N - \sigma_M = \frac{N}{A} - \frac{M}{W_z}$$

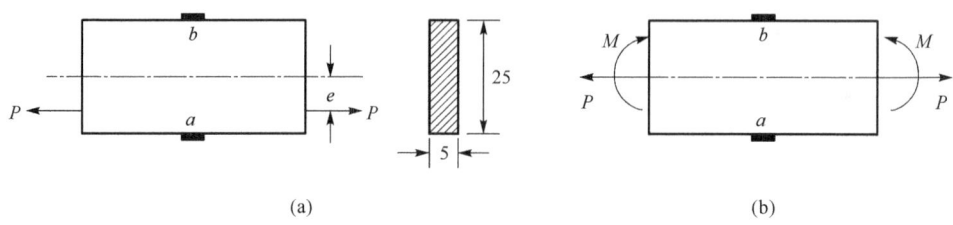

图 8-5 例 8-2 图

(a) 原图；(b) 简化后的受力图

(3) 由胡克定律得：

$$\sigma_a = \varepsilon_a \cdot E = 1 \times 10^{-3} \times 210 \times 10^3 = \frac{P}{5 \times 25} + \frac{Pe}{\frac{5 \times 25^2}{6}}$$

$$\sigma_b = \varepsilon_b \cdot E = 0.4 \times 10^{-3} \times 210 \times 10^3 = \frac{P}{5 \times 25} - \frac{Pe}{\frac{5 \times 25^2}{6}}$$

由上面两式联立解得：

$$P = 18.4 \text{ kN}, \ e = 1.78 \text{ mm}$$

8.3 斜 弯 曲

前述讨论的弯曲均为对称弯曲，即外载荷均作用于同一个纵向对称面内。而工程实际中，有些梁所受载荷并不作用在梁纵向对称面内，如图 8-6 所示，载荷 P 位于梁右端面内，通过形心，但不与该面的对称轴重合，此类弯曲，称为斜弯曲。

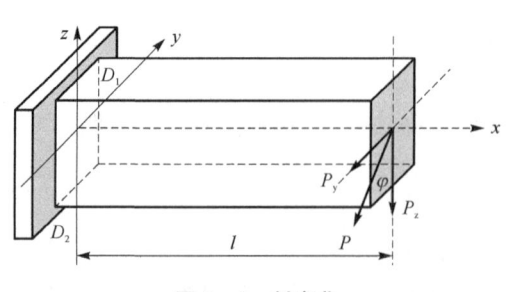

图 8-6 斜弯曲

对斜弯曲，在小变形的条件下，应用叠加原理，将斜弯曲分解为两个纵向对称面内的对称弯曲，再将两个对称弯曲于同一点处所引起的应力代数值相加，便得到斜弯曲在该点所产生的应力值。

按上述分析方法，将力 P 沿 y、z 方向分解：

$$P_y = P\sin\phi, \ P_z = P\cos\phi$$

1. 内力分析

P_y 使梁在 xy 平面（水平面）内产生对称弯曲，弯矩图如图 8-7 所示。

P_z 使梁在 xy 平面（铅垂面）内产生对称弯曲，弯矩图如图 8-8 所示。

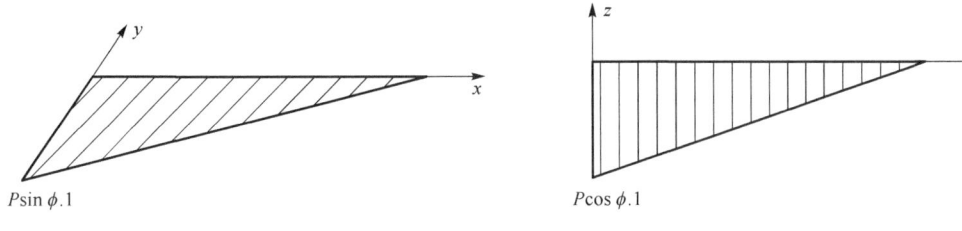

图 8-7　弯矩图 1　　　　　　　　图 8-8　弯矩图 2

2. 应力分析

由内力分析得知，固定端截面处弯矩最大，此处为危险面。梁在水平面内及铅垂面内发生对称弯曲时，危险面上正应力分布分别如图 8-9、图 8-10 所示。

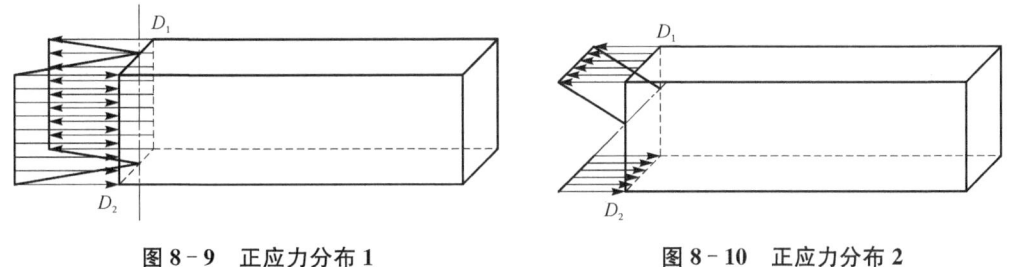

图 8-9　正应力分布 1　　　　　　　图 8-10　正应力分布 2

由此可见，危险面上最大拉应力及最大压应力分别发生于 D_1、D_2 两点处，D_1、D_2 两点为梁的危险点，其弯曲正应力的绝对值相等：

$$\sigma_{\max}^+ = \sigma_{\max}^- = \frac{M_z}{W_z} + \frac{M_y}{W_y} \tag{8-4}$$

D_1、D_2 两危险点处，只有正应力，其强度条件与对称弯曲的强度条件相同，即：

$$\sigma_{\max} \leqslant [\sigma]$$

即：

$$\frac{P\sin\phi \cdot l}{W_z} + \frac{P\cos\phi \cdot l}{W_y} \leqslant [\sigma]$$

例 8-3

图 8-11a 所示悬臂梁，承受载荷 F_1 与 F_2 作用，已知 $F_1 = 800\,\text{N}$，$F_2 = 1.6\,\text{kN}$，$l = 1\,\text{m}$，许用应力 $[\sigma] = 180\,\text{MPa}$，试分别在下列两种情况下，校核梁的强度。

（1）截面为矩形，$h = 2b = 80\,\text{mm}$；

（2）截面为圆形，$d = 60\,\text{mm}$。

分析：此梁受到两个集中力作用，两个力分别作用于梁的不同方位的纵向对称面内，此类弯曲也属斜弯曲，解决此类问题的方法同上。

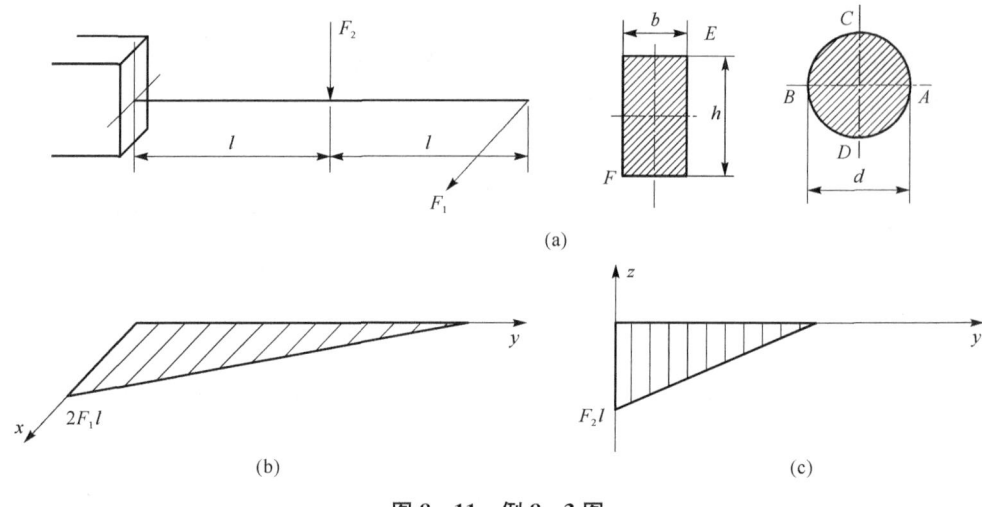

图 8-11 例 8-3 图

(a) 原图；(b) F_1 产生的弯矩图；(c) F_2 产生的弯矩图

解：

(1) 内力分析。梁在 F_1、F_2 作用下，分别在水平方位及铅垂方位产生对称弯曲，其各自的弯矩图如图 8-11b、c 所示。

由此可见，梁的危险面在固定端处。

(2) 求危险面上的最大正应力，校核强度。

A. 梁横截面为矩形，危险面上的最大正应力发生在 E、F 两点处，其值为：

$$\sigma_{\max} = \frac{F_2 l}{W_X} + \frac{F_1 2l}{W_Z} = \frac{F_2 l}{\dfrac{bh^2}{6}} + \frac{2F_1 l}{\dfrac{hb^2}{6}}$$

$$= \frac{800 \times 10^3}{\dfrac{2b^3}{3}} + \frac{2 \times 1.6 \times 10^6}{\dfrac{b^3}{3}} = 169 \text{ MPa} < [\sigma]$$

B. 梁横截面为圆形，梁在水平方位弯曲时，最大弯曲正应力发生在危险面的 A、B 两点处；铅垂方位弯曲时，最大弯曲正应力则发生在 C、D 两点处，可见，两个方位弯曲所产生的最大弯曲正应力并不发生于同一点处，此种应力叠加结果不同于矩形截面，因此，不能应用式(8-4)计算危险面上的最大正应力。而另一方面，圆截面梁有无数个纵向对称面，所以，只要载荷过截面圆心且垂直于梁轴线，梁就会产生对称弯曲。可以将危险面上两个相互垂直的弯矩合成，进而求在合弯矩作用下的最大弯曲正应力，此即为该面上的最大正应力。

$$\sigma_{\max} = \frac{M_{\max}}{W} = \frac{\sqrt{M_X^2 + M_Z^2}}{W} = \frac{\sqrt{(F_2 l)^2 + (2F_1 l)^2}}{\dfrac{\pi d^3}{32}}$$

$$= \frac{\sqrt{(800 \times 10^3)^2 + (2 \times 1.6 \times 10^6)^2}}{\dfrac{\pi d^3}{32}} = 155.6 \text{ MPa} < [\sigma]$$

可见,矩形截面梁及圆形截面梁均满足强度要求。

8.4 弯曲与扭转组合变形的强度计算

如图 8-12 所示轴,在载荷 P、m 作用下将发生弯扭组合变形,下面研究该轴的强度计算。

轴的内力图如图 8-13 所示,可见固定端截面为危险面。

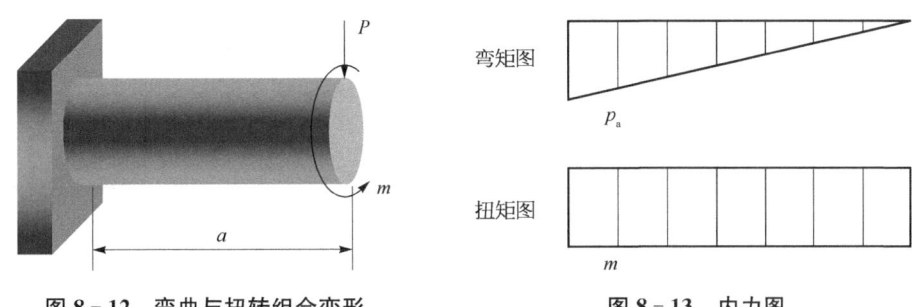

图 8-12 弯曲与扭转组合变形　　图 8-13 内力图

危险面上,即存在弯矩,也存在扭矩,该截面上同时发生弯曲正应力与扭转剪应力。依据弯曲正应力与扭转剪应力的分布规律,不难判断危险面上最高最低两点,即铅垂直径的两个端点为危险点。危险点处同时发生最大弯曲正应力及最大扭转剪应力,其中最高点的应力状态如图 8-14 所示,为平面应力状态。

$$\sigma_{\max} = \frac{M}{W}$$

$$\tau_{\max} = \frac{T}{W_P} = \frac{T}{2W}$$

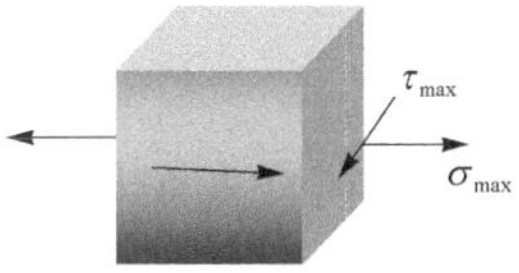

图 8-14 应力单元体

如果轴为塑性材料,将危险点的正应力及剪应力代入式子:

$$\sigma_{r3} = \sqrt{\sigma^2 + 4\tau^2} \leqslant [\sigma] \quad 或 \quad \sigma_{r4} = \sqrt{\sigma^2 + 3\tau^2} \leqslant [\sigma]$$

则可建立塑性材料圆截面轴发生弯扭组合变形时的强度条件:

$$\sigma_{r3} = \frac{\sqrt{M^2 + T^2}}{W} \leqslant [\sigma] \tag{8-5}$$

$$\sigma_{r4} = \frac{\sqrt{M^2 + 0.75T^2}}{W} \leqslant [\sigma] \tag{8-6}$$

注意,式中的 M、T 代表危险截面上的弯矩和扭矩,W 代表圆形截面的抗弯截面模量。

例 8-4

图 8-15a 所示手摇绞车的轴的直径 $d = 30\,\text{mm}$,材料为 Q235 钢,$[\sigma] = 80\,\text{MPa}$。试按第三强度理论求绞车的最大起重量 P。

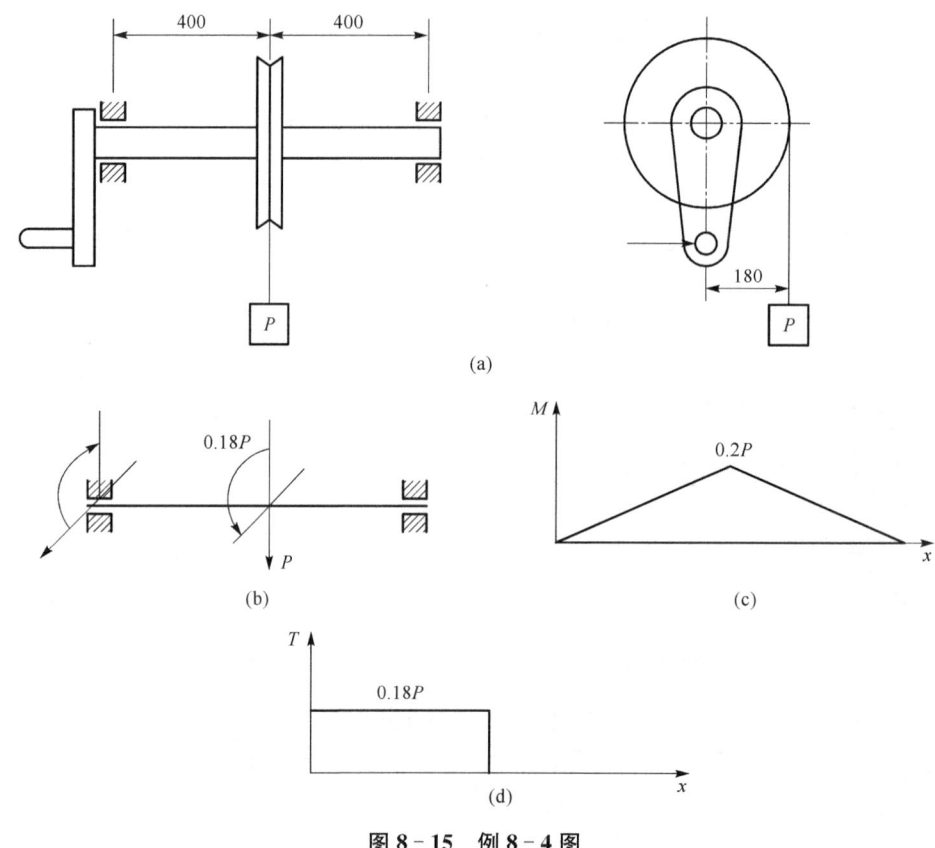

图 8-15 例 8-4 图

(a) 原图;(b) 受力图;(c) 剪力图;(d) 弯矩图

解:(1) 轴的计算简图(图 8-15b)。
画出绞车梁的内力图(图 8-15c、d)。
危险截面在梁中间截面:

$$M_{max} = 0.2P \quad T = 0.18P$$

(2) 依据强度条件确定最大载荷 P。
第三强度理论:

$$\sigma_{r3} = \frac{\sqrt{M^2+T^2}}{W} = \frac{32}{\pi d^3}\sqrt{(0.2P)^2+(0.18P)^2} \leqslant [\sigma]$$

$$P \leqslant \frac{\pi d^3 [\sigma]}{32\sqrt{(0.2)^2+(0.18)^2}} = \frac{\pi \times 0.03^3 \times 80 \times 10^6}{32\sqrt{(0.2)^2+(0.18)^2}} = 788 \text{ N}$$

所以绞车的最大起重量为 788 N。

例 8-5
图 8-16a 所示空心圆杆,内径 $d = 24$ mm,外径 $D = 30$ mm,$P_1 = 600$ N,$[\sigma] = 100$ MPa,试用第三强度理论校核此杆的强度(A 轮直径 $D_1 = 400$ mm,B 轮直径 $D_2 = 600$ mm)。

解：(1) 分解、平移载荷,得轴的计算简图(图 8-16b)。

(2) 轴发生弯扭组合变形,画出内力图,确定危险截面(图 8-16c～e)。

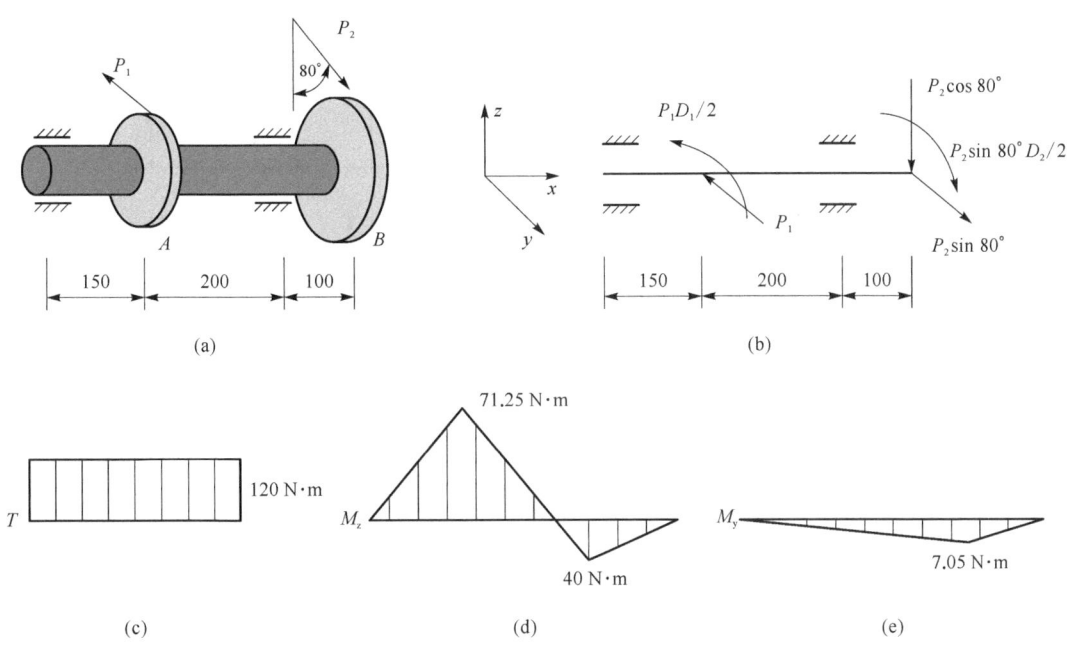

图 8-16　例 8-5 图

(a) 原图；(b) 计算简图；(c) 扭矩图；(d) 弯矩图；(e) 弯矩图

可见 A 截面上有最大合弯矩,此处为危险面。

(3) 校核强度。

$$\sigma_{r3} = \frac{\sqrt{M_{A合}^2 + T^2}}{W_z} = \frac{\sqrt{71.25^2 + 3.02^2 + 120^2}}{\dfrac{\pi D^3}{32}(1-\alpha^4)} = 89 \text{ MPa} < [\sigma]$$

可见,轴的强度满足要求。

习　题

思考题

在下面思考题中 A、B、C、D 的备选答案中选择正确的答案。

1. 在图 8-17 所示刚架中,哪一段发生拉弯组合变形？

   答：_____。(A、B、C、D 四选项已标在图上)

2. 图 8-18 所示受拉构件危险截面的变形属于_____。

   (A) 单向拉伸；　　　　　　(B) 拉、弯组合；
   (C) 压、弯组合；　　　　　(D) 斜弯曲。

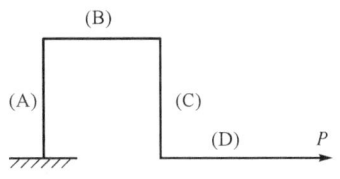

图 8-17　思考题 1 图

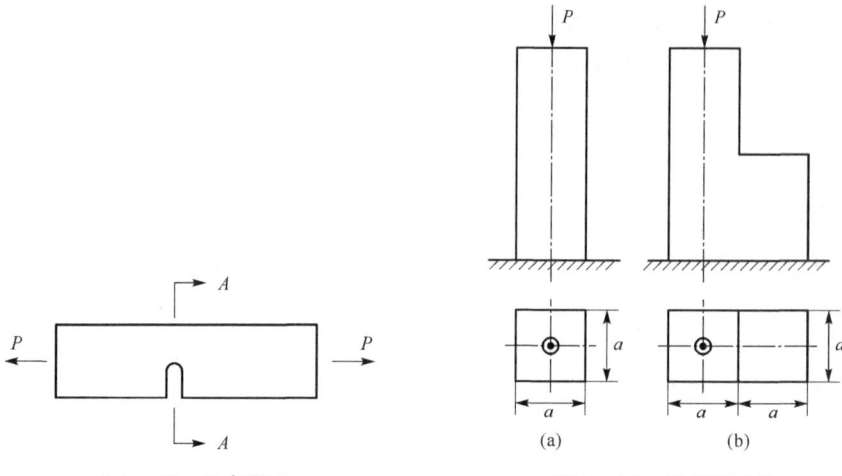

图 8-18 思考题 2　　　　　　图 8-19 思考题 3 图

3. 一正方形截面短粗立柱(图 8-19a),若将其底面加宽一倍(图 8-19b),原厚度不变,则该立柱的强度_____。
   (A) 提高一倍;　　　(B) 提高不到一倍;　　(C) 降低;　　　　(D) 不变。

4. 工字形截面梁在图 8-20 所示载荷作用下,截面 $m-m$ 上的正应力分布如图_____。

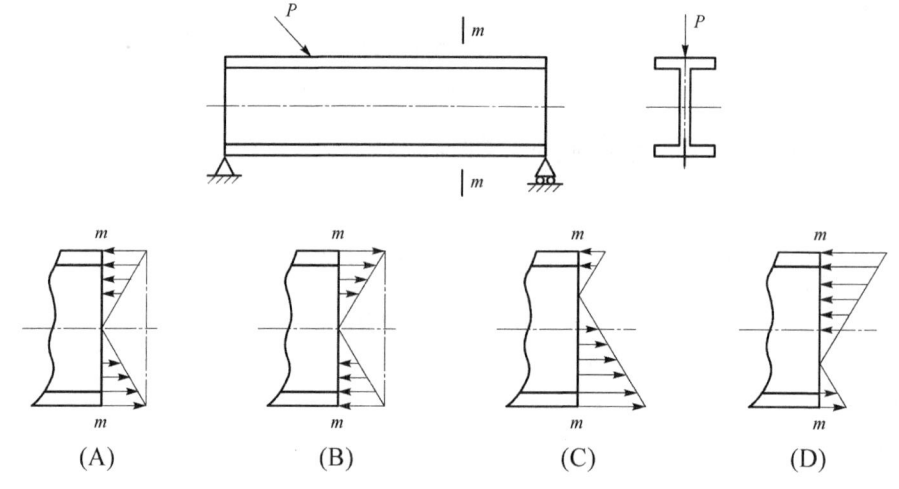

图 8-20 思考题 4 图

5. 图 8-21 所示标志牌固定在一薄壁铸铁管上,在风力的作用下(不计自重),其危险点出现在截面 1-1 上的哪一点? 答:_____。

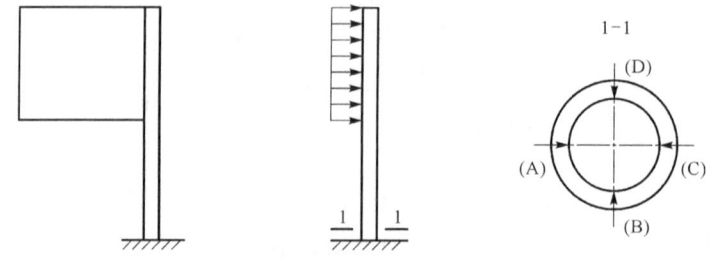

图 8-21 思考题 5 图

练习题

1. 作用于悬臂木梁上的载荷(图 8-22)为：xy 平面内的 $P_1 = 800\,\text{N}$，xz 平面内的 $P_2 = 1\,650\,\text{N}$。若木材的许用应力 $[\sigma] = 10\,\text{MPa}$，矩形截面边长之比为 $h/b = 2$，试确定截面的尺寸。

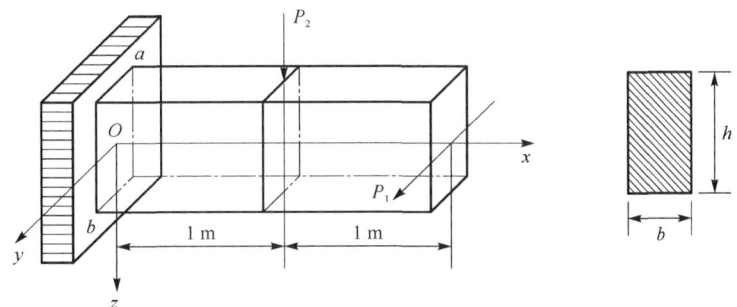

图 8-22　练习题 1 图

2. 如图 8-23 所示，起重架的最大起吊重量(包括行走小车等)为 $P = 40\,\text{kN}$，横梁 AC 由两根 No.18 槽钢组成，材料为 Q235 钢，许用应力 $[\sigma] = 120\,\text{MPa}$，试校核梁的强度。

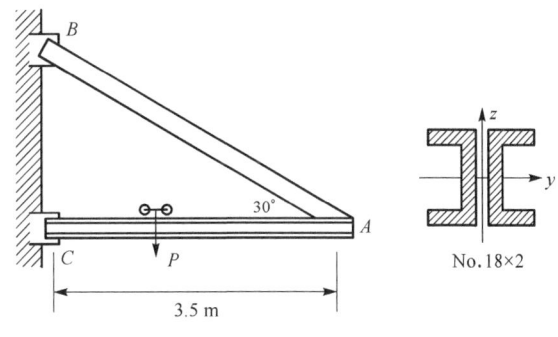

图 8-23　练习题 2 图

3. 如图 8-24 所示，钻床的立柱为铸铁制成，许用拉应力为 $[\sigma_t] = 35\,\text{MPa}$，若 $P = 15\,\text{kN}$，试确定立柱所需要的直径 d。

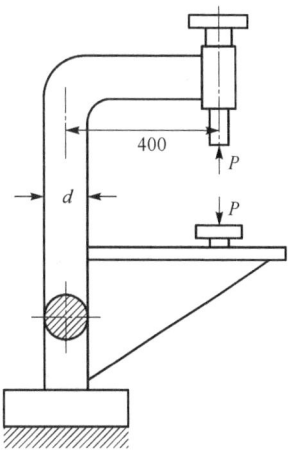

图 8-24　练习题 3 图

4. 单臂液压机架及其立柱的横截面尺寸如图 8-25 所示。$P = 1\,600\,\text{kN}$,材料的许用应力 $[\sigma] = 160\,\text{MPa}$,试校核立柱的强度。

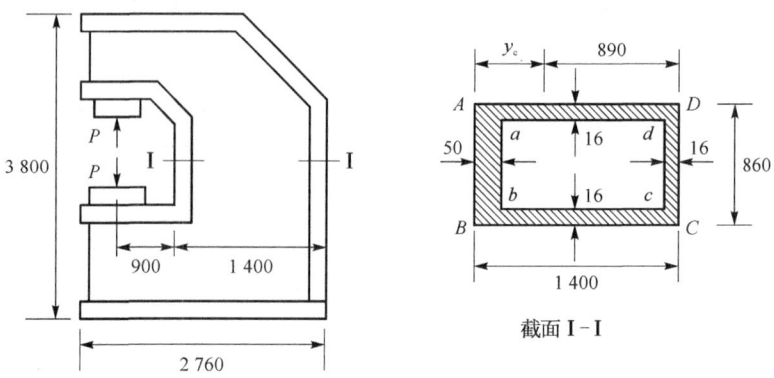

图 8-25 练习题 4 图

5. 在力 P 和 H 联合作用下的短柱如图 8-26 所示,试求固定端截面上角点 A、B、C、D 的正应力。

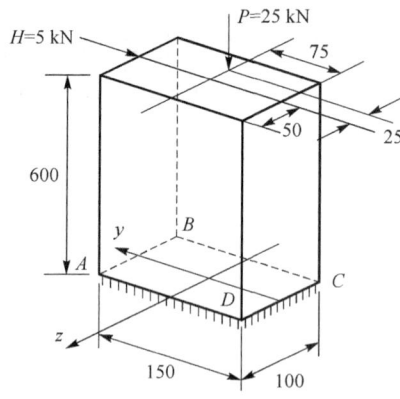

图 8-26 练习题 5 图

6. 如图 8-27 所示传动轴,轴径 $d = 70\,\text{mm}$,转速 $n = 2\,\text{r/min}$,传递功率 $N = 12\,\text{kW}$,胶带轮重 $G = 2\,\text{kN}$,轮直径 $D = 1\,\text{m}$,紧边胶带张力等于松边的 3 倍。若许用应力 $[\sigma] = 85\,\text{MPa}$,试按第三强度理论校核轴的强度,并画出轴的内力图,指出危险截面上的危险点的位置。

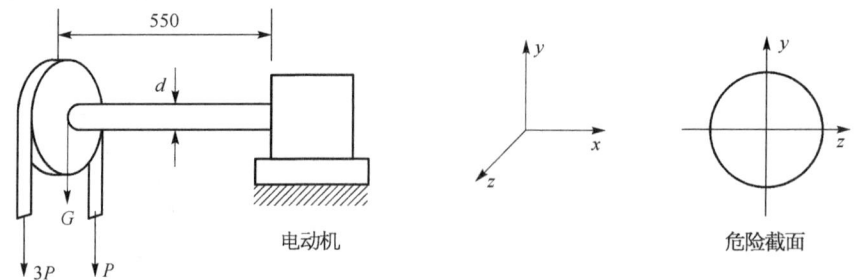

图 8-27 练习题 6 图

7. 如图 8-28 所示，胶带轮传动轴传递功率 $N = 7\,\mathrm{kW}$，转速 $n = 200\,\mathrm{r/min}$。胶带轮重量 $Q = 1.8\,\mathrm{kN}$。左端齿轮上的啮合力 P_n 与齿轮节圆切线的夹角（压力角）为 $20°$。轴的材料为 45 钢，$[\sigma] = 80\,\mathrm{MPa}$。试分别在忽略和考虑胶带轮重量的两种情况下，按第三强度理论估算轴的直径。

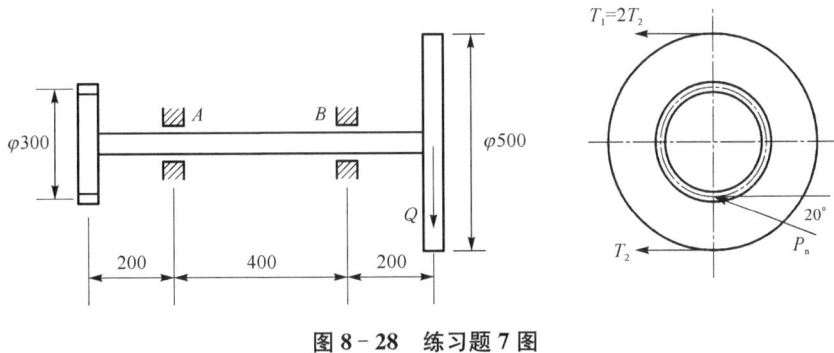

图 8-28　练习题 7 图

8. 操纵装置水平杆如图 8-29 所示，杆的截面为空心圆，内径 $d = 24\,\mathrm{mm}$，外径 $D = 30\,\mathrm{mm}$。材料为 Q235 钢，$[\sigma] = 100\,\mathrm{MPa}$。控制片受力 $P = 600\,\mathrm{N}$。试用第三强度理论校核杆的强度。

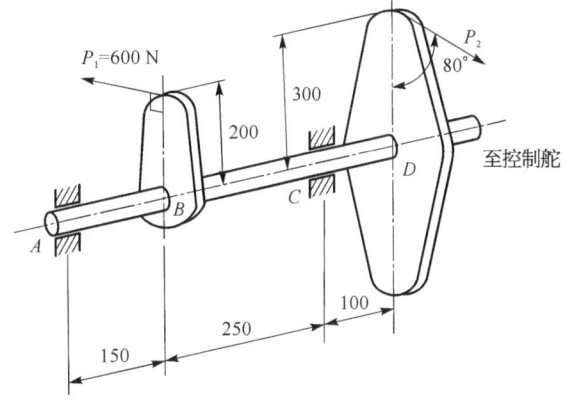

图 8-29　练习题 8 图

9. 直径为 50 mm 的螺旋桨轴受主机力矩 $T=0.8\,\mathrm{kN\cdot m}$ 和推力 P 共同作用，已知轴材料的许用应力 $[\sigma] = 80\,\mathrm{MPa}$，试按第三强度理论确定最大推力 P（图 8-30）。

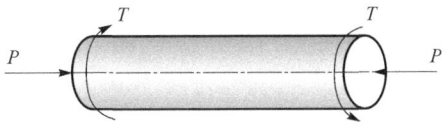

图 8-30　练习题 9 图

10. 如图 8-31 所示折杆，$d = 20$ mm，外力 P、Q 作用在自由端，且方向分别与 x、z 轴平行，已知材料许用应力 $[\sigma] = 160$ MPa，试校核杆的强度（轴向拉应力可忽略不计）。

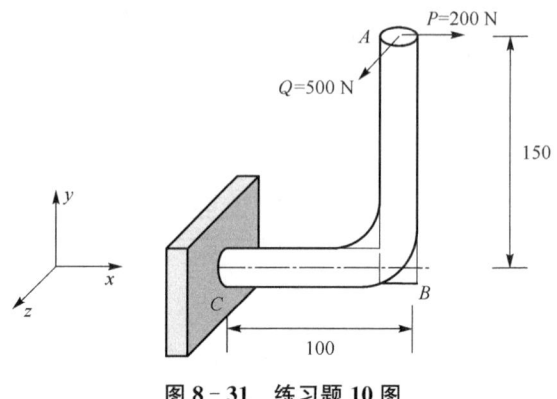

图 8-31 练习题 10 图

11. 圆杆受载荷如图 8-32 所示，$P_1 = P_2 = P = 0.2$ kN，$l = 0.5$ m，$d = 25$ mm。试求：
(1) 画出内力图（剪力图不必画）；
(2) 画出危险截面的应力分布图（剪力引起的剪应力不考虑）；
(3) 标出危险截面上的危险点；
(4) 若材料为钢，$[\sigma] = 160$ MPa，按第三强度理论进行强度校核。

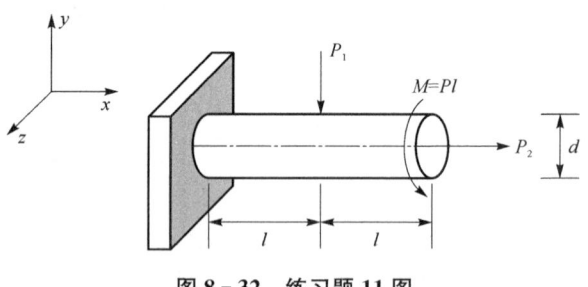

图 8-32 练习题 11 图

第 9 章 能 量 法

9.1 概 述

在工程实际问题中,为了校核构件的刚度或求解静不定结构,以及解一些动载荷等问题,都必须计算构件由于变形而引起的位移。

对于组合变形下杆件或结构,可以利用变形能的概念,进行求解系统的变形问题,这种方法称为能量法。由于能量法计算较为简便,而且还可以表达成统一的计算形式,便于计算机进行求解,因此能量法在计算领域里起着相当重要的作用。

当一弹性体受外力作用而发生变形时,外力的作用点发生位移。在变形过程中外力作功,而弹性体在变形的过程中,储存了一定的变形能。在整个过程中忽略其他能量的损耗,则外力所作的功 W 在数值上就等于弹性体内的变形能 U,即:

$$U = W \tag{9-1}$$

应用该式,可以计算出线弹性杆件任意截面的位移。

9.2 线弹性杆件的变形能计算

下面讨论杆件在各种基本变形下变形能的计算。

9.2.1 轴向拉伸或压缩

在线弹性范围内,杆件受到一轴向拉力 F 从零逐渐增加到最终值时,杆件沿轴线方向的伸长量 Δl 与拉力 F 之间的关系如图 9-1 所示,此时外力 F_N 所作的功为:

$$W = \frac{1}{2}F_N \cdot \Delta l = \frac{1}{2}F_N \cdot \frac{F_N l}{EA} = \frac{F_N^2 l}{2EA}$$

于是由式(9-1)得到杆件的变形能为:

$$U = W = \frac{F_N^2 l}{2EA} \tag{9-2}$$

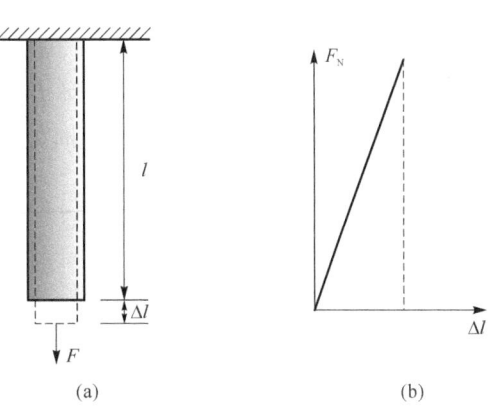

图 9-1 伸长量与拉力之间的关系

(a) 轴向拉伸杆;(b) 力与变形关系

若杆件所受外力较为复杂,沿杆件轴线的轴力为变量,或杆件为变截面时,杆件的变形能可以表示为:

$$U = \int_l \frac{F_N^2(x)}{2EA(x)} dx$$

例 9-1

求如图 9-2 所示杆件的变形能。

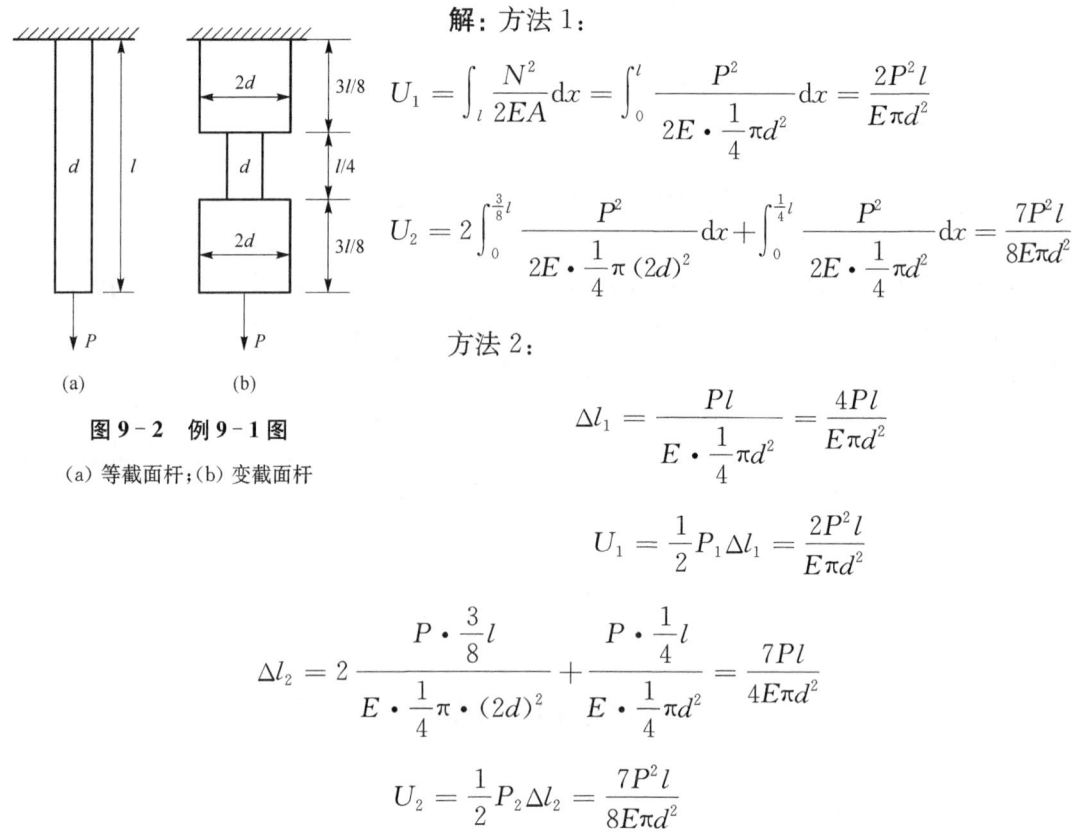

图 9-2 例 9-1 图
(a) 等截面杆;(b) 变截面杆

解:方法 1:

$$U_1 = \int_l \frac{N^2}{2EA} dx = \int_0^l \frac{P^2}{2E \cdot \frac{1}{4}\pi d^2} dx = \frac{2P^2 l}{E\pi d^2}$$

$$U_2 = 2\int_0^{\frac{3}{8}l} \frac{P^2}{2E \cdot \frac{1}{4}\pi(2d)^2} dx + \int_0^{\frac{1}{4}l} \frac{P^2}{2E \cdot \frac{1}{4}\pi d^2} dx = \frac{7P^2 l}{8E\pi d^2}$$

方法 2:

$$\Delta l_1 = \frac{Pl}{E \cdot \frac{1}{4}\pi d^2} = \frac{4Pl}{E\pi d^2}$$

$$U_1 = \frac{1}{2} P_1 \Delta l_1 = \frac{2P^2 l}{E\pi d^2}$$

$$\Delta l_2 = 2\frac{P \cdot \frac{3}{8}l}{E \cdot \frac{1}{4}\pi \cdot (2d)^2} + \frac{P \cdot \frac{1}{4}l}{E \cdot \frac{1}{4}\pi d^2} = \frac{7Pl}{4E\pi d^2}$$

$$U_2 = \frac{1}{2} P_2 \Delta l_2 = \frac{7P^2 l}{8E\pi d^2}$$

9.2.2 扭转

圆轴受扭转时,在线弹性范围内,外力偶矩从零逐渐增加到最终值 M 时,则扭转角 ϕ 与扭矩 T 之间的关系如图 9-3 所示,此时外力 T 所作的功为:

$$W = \frac{1}{2} T \cdot \phi = \frac{1}{2} T \cdot \frac{Tl}{GI_p} = \frac{T^2 l}{2GI_p}$$

于是由式(9-1)得到圆轴的变形能为:

$$U = W = \frac{T^2 l}{2GI_p} \tag{9-3}$$

若圆轴所受外力较为复杂,沿杆件轴线的扭矩为变量,或圆轴为变截面时,那么圆轴的变形能可以表示为:

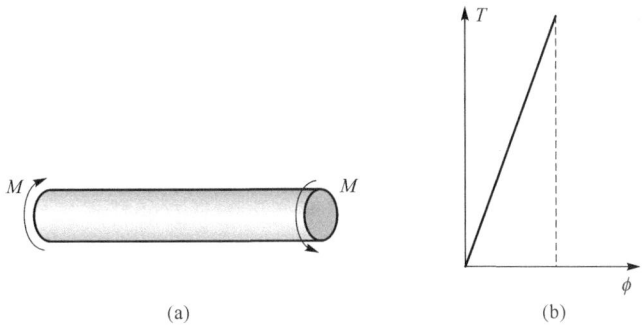

图 9-3　扭转角与扭矩之间的关系

(a) 扭转杆；(b) 力与变形关系

$$U = \int_l \frac{T^2(x)}{2GI_p(x)} dx$$

9.2.3　弯曲

杆件受纯弯曲时，在线弹性范围内，弯矩从零逐渐增加到最终值 M 时，则截面转角 θ 与弯矩 M 之间的关系如图 9-4 所示，此时外力 M 所作的功为：

$$W = \frac{1}{2} M \cdot \theta = \frac{1}{2} M \cdot \frac{Ml}{EI_z} = \frac{M^2 l}{2EI_z}$$

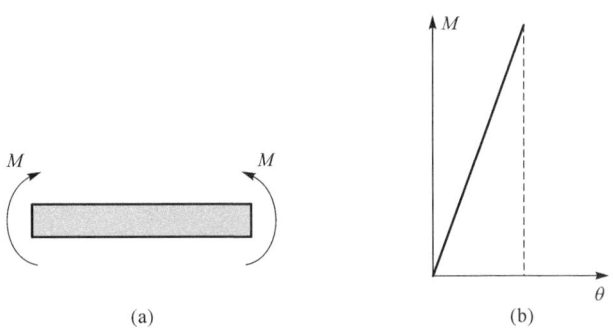

图 9-4　截面转角与弯矩之间的关系

(a) 弯曲杆；(b) 力与变形关系

于是由式(9-1)得到杆件受纯弯曲的变形能为：

$$U = W = \frac{M^2 l}{2EI_z} \tag{9-4}$$

若沿杆件轴线的弯矩为变量，即横力弯曲时梁的变形能为：

$$U = \int_l \frac{M^2(x)}{2EI} dx$$

9.2.4　组合变形杆件

以上讨论了杆件在几种基本变形下变形能的计算，它在数值上等于变形过程中外力所

作的功,可以把变形能的表达式写成统一的形式:

$$U = W = \frac{1}{2}P_i\delta_i \quad (9-5)$$

式中,P_i 为广义力;δ_i 为广义位移。

为了计算组合变形下杆件的变形能,应了解变形能具有的特点。

(1) 产生同一种基本变形的一组外力,在杆内产生的变形能不等于各力分别作用时产生的变形能之和。

由图 9-5a 表示 P_1、P_2 同时作用下的变形能为:

$$U = \frac{(P_1+P_2)^2 l}{2EA} = \frac{P_1^2 l}{2EA} + \frac{P_2^2 l}{2EA} + \frac{P_1 P_2 l}{EA} \quad (9-6)$$

由图 9-5b、图 9-5c 表示 P_1、P_2 同时作用下的变形能为:

$$U = \frac{P_1^2 l}{2EA} + \frac{P_2^2 l}{2EA}$$

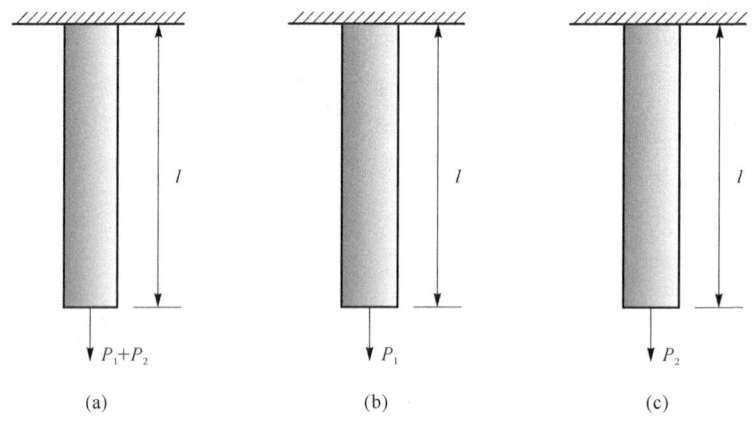

图 9-5 P_1、P_2 作用下的变形能

(a) P_1、P_2 同时作用;(b) P_1 作用;(c) P_2 作用

比较上面两式可知,后式中缺少了一项 $\dfrac{P_1 P_2 l}{EA}$,这一项的来源是由于先加 P_1 再加 P_2 时,在 P_2 作功的同时 P_1 又作功了,且等于 $P_1 \Delta l_2$。

(2) 变形能的大小与加载过程的先后次序无关,而只取决于载荷及其相应位移的最终值。

由上式同样可以得到:先加 P_1 后加 P_2,或先加 P_2 后加 P_1,或 P_1、P_2 同时加得到的变形能相等。

上述结论是以直杆受拉为例,对于其他形式的变形同样适用。所以弹性系统的变形能等于每一外力与其相对应位移的乘积的一半的总和,即:

$$U = W = \frac{1}{2}P_1\delta_1 + \frac{1}{2}P_2\delta_2 + \cdots = \sum \frac{1}{2}P_i\delta_i \quad (9-7)$$

上式也称为克拉贝依隆定理。

应用克拉贝依隆定理,对于组合变形的杆件,其变形能的一般表达式为:

$$U = \int_l \frac{F_N^2(x)}{2EA(x)}dx + \int_l \frac{M_T^2(x)}{2GI_p(x)}dx + \int_l \frac{M^2(x)}{2EI}dx \qquad (9-8)$$

例 9 - 2
试求图 9 - 6 所示梁的变形能。

解: 方法 1: 同时作用 P 和 M。

$$f_C = -\frac{Pl^3}{48EI} - \frac{Ml^2}{16EI}$$

$$\theta_A = -\frac{Pl^2}{16EI} - \frac{Ml}{3EI}$$

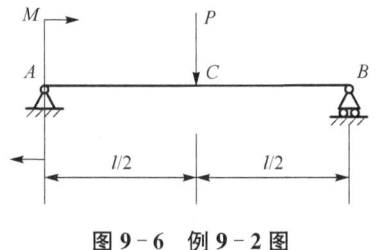

图 9 - 6 例 9 - 2 图

$$U = \frac{1}{2}P \cdot |f_C| + \frac{1}{2}M \cdot |\theta_A| = \frac{1}{EI}\left(\frac{P^2l^3}{96} + \frac{M^2l}{6} + \frac{PMl^2}{16}\right)$$

方法 2:先作用 P。

$$W_1 = \frac{1}{2}P \cdot \frac{Pl^3}{48EI} = \frac{P^2l^3}{96EI}$$

再作用 M。

$$W_2 = \frac{1}{2}M \cdot \frac{Ml}{3EI} + P \cdot \frac{Ml^2}{16EI} = \frac{M^2l}{6EI} + \frac{PMl^2}{16EI}$$

结论:

$$U = W = W_1 + W_2 = \frac{1}{EI}\left(\frac{P^2l^3}{96} + \frac{M^2l}{6} + \frac{PMl^2}{16}\right)$$

9.3 卡 氏 定 理

设线弹性结构在约束情况下,无刚体位移,外力为 F_1,F_2,…,F_i(广义力),相应在力方向的位移为 δ_1,δ_2,…,δ_i 则变形能是广义力的函数:$U = f(F_1, F_2, \cdots, F_i)$

当外力 P_i 有增量 dF_i 时,线弹性结构变形能的增量为:

$$dU = \sum_i \frac{\partial U}{\partial F_i}dF_i$$

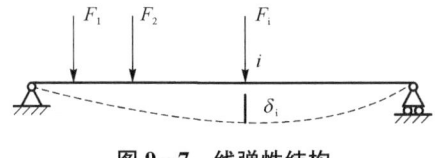

图 9 - 7 线弹性结构

下面按两种方式加载来推导卡氏定理。
(1) 同时作用 F_1,F_2,…,$F_i + dF_i$,则线弹性结构变形能为:

$$U_1 = U + dU = U + \frac{\partial U}{\partial F_i}dF_i$$

(2) 先作用 dF_i，再作用 $F_1, F_2, \cdots, F_i$，则线弹性结构变形能为：

$$U_2 = \frac{1}{2}dP_i d\delta_i + (U + dP_i \delta_i)$$

由于 $U_1 = U_2$，略去二阶微量，则有：

$$\delta_i = \frac{\partial U}{\partial F_i} \tag{9-9}$$

上式即为卡氏定理，它是计算现弹性结构位移的有效方法。

例 9-3

用卡氏定理求图 9-8 所示梁自由端的挠度和转角。

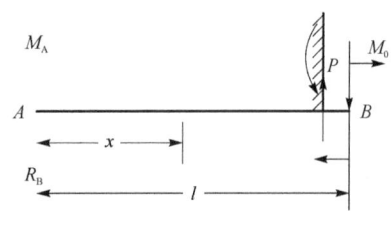

图 9-8 例 9-3 图

解：

(1) 求约束反力。

$$R_A = P \qquad M_A = Pl + M_0$$

(2) 列弯矩方程。

$$M(x) = Px - (Pl + M_0) = P(x-l) - M_0$$

(3) 求偏导数。

$$\frac{\partial M(x)}{\partial P} = x - l \qquad \frac{\partial M(x)}{\partial M_0} = -1$$

(4) 用卡氏定理求 f_B 和 θ_B。

$$f_B = \int_l \frac{M(x)}{EI} \frac{\partial M(x)}{\partial P} dx = \int_0^l \frac{P(x-l)-M_0}{EI} \cdot (x-l) dx = \frac{1}{EI}\left(\frac{Pl^3}{3} + \frac{M_0 l^2}{2}\right)$$

$$\theta_B = \int_l \frac{M(x)}{EI} \frac{\partial M(x)}{\partial M_0} dx = \int_0^l \frac{P(x-l)-M_0}{EI} \cdot (-1) dx = \frac{1}{EI}\left(\frac{Pl^2}{2} + M_0 l\right)$$

f_B 和 θ_B 的符号为正，表示位移方向与广义力方向一致。

例 9-4

用卡氏定理求图 9-9 所示悬臂梁外伸端的挠度。

解： (1) 在外伸端作用虚加力 P_f。

(2) 列弯矩方程。

$$M(x_1) = -P_f x_1 \qquad x_1 \in [0, l-a]$$

$$M(x_2) = -P_f(x_2 + l - a) - \frac{1}{2}q x_2^2 \qquad x_2 \in [0, a]$$

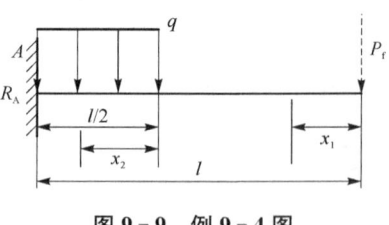

图 9-9 例 9-4 图

(3) 求偏导数。

$$\frac{\partial M(x_1)}{\partial P_f} = -x_1 \qquad \frac{\partial M(x_2)}{\partial P_f} = -(x_2 + l - a)$$

(4) 应用卡氏定理。

$$f_A = \int_{l_1} \frac{M(x_1)}{EI} \frac{\partial M(x_1)}{\partial P_f} dx_1 + \int_{l_2} \frac{M(x_2)}{EI} \frac{\partial M(x_2)}{\partial P_f} dx_2$$

令：$P_f = 0$：

$$f_A = 0 + \int_0^a \frac{q}{2EI}[x_2^3 + (l-a)x_2^2]dx_2 = \frac{qa^3}{24EI}(4l-a)$$

$$= \int_0^{l-a} \frac{(-P_f x_1)}{EI}(-x_1)dx_1 + \int_0^a \frac{\left[-P_f(x_2+l-a)-\frac{1}{2}qx_2^2\right]}{EI}[-(x_2+l-a)]dx_2$$

f_A 的符号为正，说明它的方向与 P_f 的方向一致(向下)。

9.4 莫 尔 定 理

莫尔定理也是计算线弹性结构位移的另一种方法。现利用变形能的概念导出这一定理。设梁在载荷 $F_1, F_2, \cdots, F_i$(广义)作用下发生弯曲变形(图 9-10)。

梁的变形能为：

$$U = \int_l \frac{M^2(x)}{2EI} dx$$

式中，$M(x)$ 是 $F_1, F_2, \cdots, F_i$ 作用下梁截面上的弯矩。

现需要求出在上述载荷作用下，梁轴线上任意点 C 的位移即挠度 Δ。

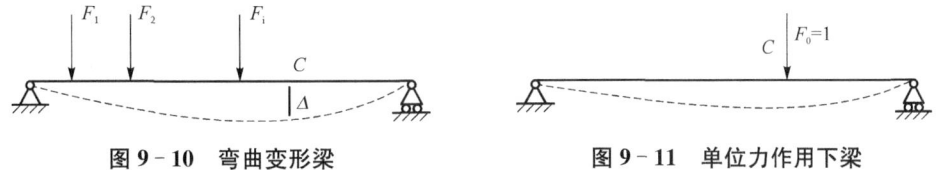

图 9-10 弯曲变形梁　　　　　　　　图 9-11 单位力作用下梁

设在上述载荷作用前，先在 C 点沿位移 Δ 方向作用一单位力 $F_0 = 1$，如图 9-11 所示，这时梁上的弯矩记为 $\overline{M(x)}$，梁的变形能为：

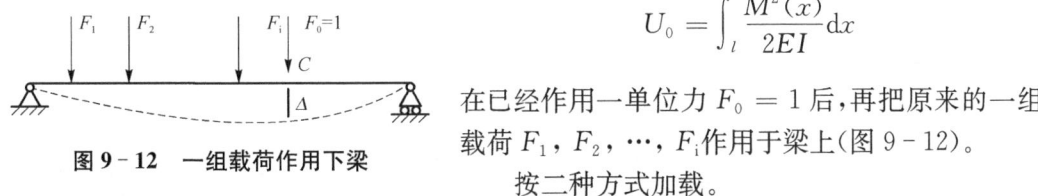

$$U_0 = \int_l \frac{\overline{M^2(x)}}{2EI} dx$$

图 9-12 一组载荷作用下梁

在已经作用一单位力 $F_0 = 1$ 后，再把原来的一组载荷 $F_1, F_2, \cdots, F_i$ 作用于梁上(图 9-12)。

按二种方式加载。

(1) 先作用单位力 $F_0 = 1$，再作用 $F_1, F_2, \cdots, F_i$，梁的变形能为：

$$U_1 = U_0 + (U + F_0 \cdot \Delta) = U_0 + U + \Delta$$

其中 Δ 表示在 $F_1, F_2, \cdots, F_i$ 作用下，单位力 F_0 处的广义位移。

(2) 同时作用单位力 F_0 和 F_1, F_2, $\cdots$, F_i:

$$U_2 = \int_l \frac{[M(x) + \overline{M(x)}]^2}{2EI} dx$$

$$= \int_l \frac{M(x)^2}{2EI} dx + \int_l \frac{\overline{M(x)}^2}{2EI} dx + \int_l \frac{M(x)\overline{M(x)}}{EI} dx$$

因为:

$$U_1 = U_2$$

则:

$$\Delta = \int_l \frac{M(x)\overline{M(x)}}{EI} dx \tag{9-10}$$

上式为梁弯曲变形时的莫尔定理,它是计算杆件变形时引起的位移的另一种方法。单位力为广义的力,所求位移为广义位移。当单位力为轴力时,所对应的位移为沿单位力方向的轴向位移,即:

$$\Delta = \int_l \frac{N(x)\overline{N(x)}}{EA} dx$$

当单位力为扭矩时,所对应的位移为沿单位力偶方向的扭转角,即:

$$\Delta = \int_l \frac{T(x)\overline{T(x)}}{GI_p} dx \tag{9-10a}$$

当单位力为弯矩时,所对应的位移为沿单位力方向的横截面转角,即:

$$\Delta = \int_l \frac{M(x)\overline{M(x)}}{EI_Z} dx \tag{9-10b}$$

例 9-5

求图 9-13a 所示梁上 A 截面转角和 C 端挠度。

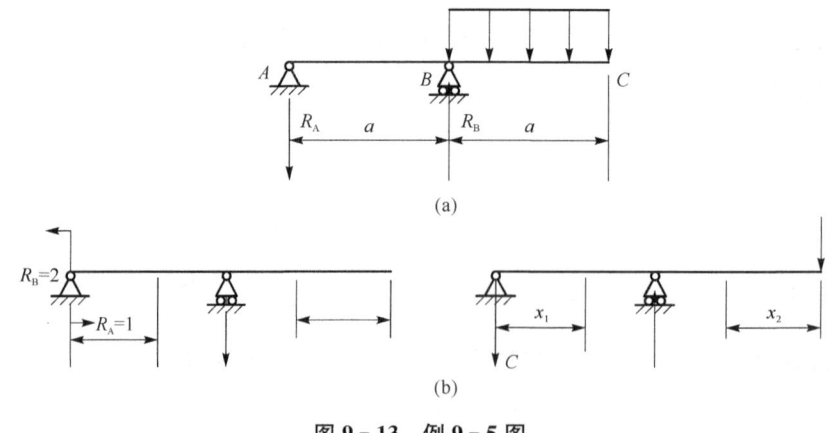

图 9-13 例 9-5 图
(a) 原图;(b) 分析简图

解：(1) 求约束反力。

$$R_A = \frac{1}{2}qa, \qquad R_B = \frac{3}{2}qa$$

(2) 在 A 和 C 截面处分别作用一单位力偶 M_0 和一单位力 F_0，并列弯矩方程。

$$M(x_1) = -\frac{1}{2}qax_1 \quad x_1 \in [0, a] \quad \overline{M_1(x_1)} = \frac{1}{a}x_1 - 1 \quad \overline{M_2(x_1)} = -x_1$$

$$M(x_2) = -\frac{1}{2}qx_2^2 \quad x_2 \in [0, a] \quad \overline{M_1(x_2)} = 0 \quad \overline{M_2(x_2)} = -x_2$$

(3) 应用莫尔定理。

$$\theta_A = \int_{l_1} \frac{M(x_1)\,\overline{M_1(x_1)}}{EI} dx_1 + \int_{l_2} \frac{M(x_2)\,\overline{M_1(x_2)}}{EI} dx_2$$

$$= \int_0^a \frac{\left(-\frac{1}{2}qax_1\right)\left(\frac{1}{a}x_1 - 1\right)}{EI} dx_1 + 0 = \frac{qa^3}{12EI}$$

$$f_C = \int_{l_1} \frac{M(x_1)\,\overline{M_2(x_1)}}{EI} dx_1 + \int_{l_2} \frac{M(x_2)\,\overline{M_2(x_2)}}{EI} dx_2$$

$$= \int_0^a \frac{\left(-\frac{1}{2}qax_1\right)(-x_1)}{EI} dx_1 + \int_0^a \frac{\left(-\frac{1}{2}qx_2^2\right)(-x_2)}{EI} dx_2$$

$$= \frac{qa^4}{6EI} + \frac{qa^4}{8EI} = \frac{7qa^4}{24EI}$$

例 9-6

求图 9-14a 所示活塞环，在 P 力作用下切口的张开量。

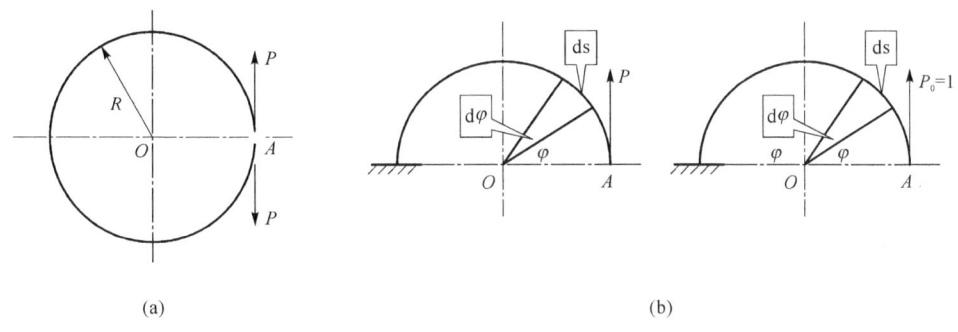

(a)　　　　　　　　　(b)

图 9-14　例 9-6 图

(a) 原图；(b) 在单位力作用下的半环

解：由于结构和载荷均对称，取半环研究，并忽略轴力和剪力影响。

(1) 在 A 截面处加一单位力 $P_0 = 1$，并列弯矩方程。

$$M(\phi) = PR(1 - \cos\phi)$$

$$\overline{M(\phi)} = R(1 - \cos\phi)$$

(2) 应用莫尔定理。

$$\Delta_{AB} = 2\int_s \frac{M(\phi)\overline{M(\phi)}}{EI}ds = 2\int_0^\pi \frac{PR(1-\cos\phi)\cdot R(1-\cos\phi)}{EI}Rd\phi = \frac{3\pi PR^3}{EI}$$

9.5 功的互等定理和位移互等定理

利用变形能的概念可以导出功的互等定理和位移互等定理。设在线弹性结构的点 1 上作用 F_1（图 9-15a），引起点 1 和点 2 沿力作用方向的位移分别为 δ_{11} 和 δ_{21}，同样在线弹性结构的点 2 上作用 F_2（图 9-15b），引起点 1 和点 2 沿力作用方向的位移分别为 δ_{12} 和 δ_{22}。

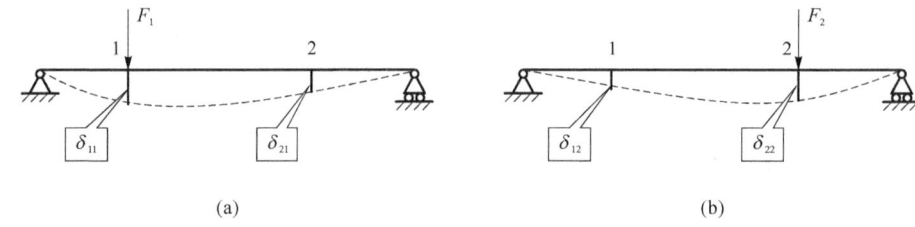

图 9-15 互等定理和位移互等定理分析

(a) 点 1 上作用 F_1；(b) 点 2 上作用 F_2

现按两种不同方式加载。

方法 1：先加 F_1 后加 F_2，则 F_1 和 F_2 所作的功：

$$W_1 = \frac{1}{2}F_1\delta_{11} + \frac{1}{2}F_2\delta_{22} + F_1\delta_{12}$$

方法 2：先加 F_2 后加 F_1，则 F_1 和 F_2 所作的功：

$$W_2 = \frac{1}{2}F_2\delta_{22} + \frac{1}{2}F_1\delta_{11} + F_2\delta_{21}$$

而系统的变形能与加载的先后次序无关，所以按两种方法加载的结果应该相等，即 $W_1 = W_2$，得：

$$F_1\delta_{12} = F_2\delta_{21} \tag{9-11}$$

上式表明，作用于线弹性结构上的两个广义力，第一个力 F_1 在第二个力 F_2 引起的位移上所作的功，等于第二个力 F_2 在第一个力 F_1 引起的位移上所作的功，即为功的互等定理。

当 $F_1 = F_2$ 时，得：

$$\delta_{12} = \delta_{21} \tag{9-12}$$

上式表明，作用于线弹性结构上两个相等的广义力，第一个力在第二个力方向上引起的位移，等于第二个力在第一个力方向上引起的位移互等，即为位移互等定理。

9.6 用能量法求解静不定问题

用能量法来求解静不定问题,即用能量法来求力作用下所对应的位移,建立变形协调方程,方程中的基本的未知量为多余的约束力,故此方法也称作为力法。用能量法求解静不定问题的一般步骤如下。

(1) 对 n 次静不定问题(未知约束力数-独立静力平衡方程数=n),选择 n 个多余约束,它们的约束反力用 X_1,X_2,…,X_n 表示。

(2) 确定补充方程:n 个多余约束处的约束位移是 $\Delta_i (i=1, 2, …, n)$,则有:

$$\Delta_i = \Delta_{iP} + \sum \Delta_{iX_j} \tag{9-13}$$

其中,Δ_{iP}:指外力在第 i 个多余约束处产生的位移;Δ_{iX_j}:指多余约束力 X_j 在第 i 个多余约束处产生的位移;$\sum \Delta_{iX_j}$:指 n 个多余约束力在第 i 个多余约束处产生的位移总和。

则补充方程为:

$$\sum \Delta_{iX_j} + \Delta_{iP} = 0 \tag{9-13a}$$

假设多余约束力 X_j 为单位力,它在第 i 个多余约束处产生的位移为 δ_{ij},则 X_j 在第 i 个多余约束处产生的位移就是 $\delta_{ij} \times X_j$。

补充方程可写成:

$$\sum \delta_{ij} X_j + \Delta_{iP} = 0 \tag{9-13b}$$

展开上式为:

$$\begin{bmatrix} \delta_{11}, \delta_{12}, \cdots, \delta_{1n} \\ \delta_{21}, \delta_{22}, \cdots, \delta_{2n} \\ \cdots \\ \delta_{n1}, \delta_{n2}, \cdots, \delta_{nn} \end{bmatrix} \begin{Bmatrix} X_1 \\ X_2 \\ \cdots \\ X_n \end{Bmatrix} + \begin{Bmatrix} \Delta_{1P} \\ \Delta_{2P} \\ \cdots \\ \Delta_{nP} \end{Bmatrix} = 0 \tag{9-13c}$$

由位移互等定理:$\delta_{ij} = \delta_{ji}$ 可见,上式中的矩阵是对称矩阵。

(3) 解方程,求得 n 个多余约束力 X_1,X_2,…,X_n。

(4) 再根据平衡方程求出结构其余的约束力。

例 9-7

求图 9-16a 所示刚架的约束力。

解:(1) 本题属 1 次静不定问题(4-3=1),取 C 处的约束为多余约束力,用 X_1 表示(图 9-16b)。

(2) 写出补充方程。

$$\delta_{11} X_1 + \Delta_{1P} = 0$$

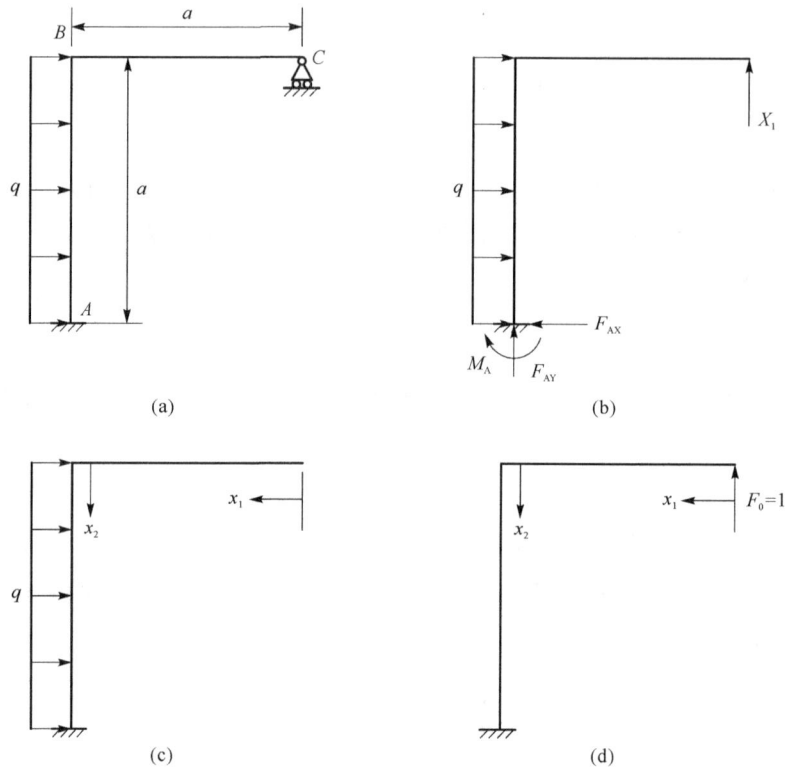

图 9-16 例 9-7 图

(a) 原图；(b) 解除多余约束用 X_1 代替；(c) 外力作用下刚架；(d) 单位力作用下刚架

其中，δ_{11} 指 1 处作用 1 个单位力，在 1 处产生的位移；Δ_{1P} 指外力 q 作用时在 1 处产生的位移。

(3) 在 1 处作用 1 个单位力 $F_0 = 1$，并写出弯矩方程（图 9-16c、d）。

$$M(x_1) = 0 \qquad \overline{M}(x_1) = x_1$$

$$M(x_2) = -\frac{1}{2}qx_2^2 \qquad \overline{M}(x_2) = a$$

(4) 用莫尔定理求位移。

$$\Delta_{1P} = \int_{l_1} \frac{M(x_1) \cdot \overline{M}(x_1)}{EI} dx_1 + \int_{l_2} \frac{M(x_2) \cdot \overline{M}(x_2)}{EI} dx_2$$

$$= 0 + \int_0^a \frac{-\frac{1}{2}qx_2^2 \cdot a}{EI} dx_2 = -\frac{qa^4}{6EI}$$

$$\delta_{11} = \int_{l_1} \frac{\overline{M}(x_1) \cdot \overline{M}(x_1)}{EI} dx_1 + \int_{l_2} \frac{\overline{M}(x_2) \cdot \overline{M}(x_2)}{EI} dx_2$$

$$= \int_0^a \frac{x_1^2}{EI} dx_1 + \int_0^a \frac{a^2}{EI} dx_2 = \frac{4a^3}{3EI}$$

代入补充方程：

$$\frac{4a^3}{3EI} \cdot X_1 + \left(-\frac{qa^4}{6EI}\right) = 0$$

解得：

$$X_1 = \frac{1}{8}qa$$

（5）求出其他约束力。

$$F_{Ax} = qa \qquad F_{Ay} = \frac{1}{8}qa \qquad M_A = \frac{3}{8}qa^2$$

例 9-8

求图 9-17a 所示刚架的约束力。

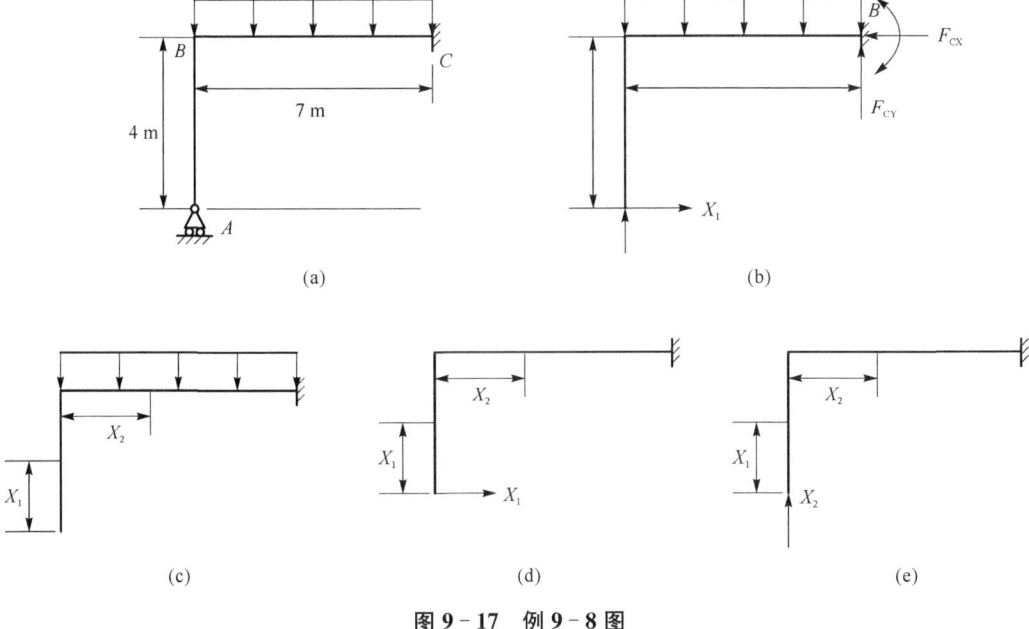

图 9-17 例 9-8 图

(a) 原图；(b) 解除多余约束用 X_1、X_2 代替；(c) 外力作用下；(d) X_1 作用下；(e) X_2 作用下

解：（1）本题属 2 次静不定问题，取 A 截面为多余约束，并用 X_1，X_2 代替（图 9-17b）。

（2）补充方程。

$$\begin{cases} \delta_{11}X_1 + \delta_{12}X_2 + \Delta_{1P} = 0 \\ \delta_{21}X_1 + \delta_{22}X_2 + \Delta_{2P} = 0 \end{cases}$$

（3）在 A 截面的 1、2 方向上加两个单位力，并列弯矩方程。

$$M(x_1) = 0 \qquad \overline{M_1}(x_1) = -x_1 \qquad \overline{M_2}(x_1) = 0$$

$$M(x_2) = -\frac{1}{2}qx_2^2 \qquad \overline{M_1}(x_2) = -4 \qquad \overline{M_2}(x_2) = x_2$$

174 材料力学

(4) 应用莫尔定理求位移。

$$\Delta_{1P} = \int_{l_1} \frac{M(x_1) \cdot \overline{M_1}(x_1)}{EI} dx_1 + \int_{l_2} \frac{M(x_2) \cdot \overline{M_1}(x_2)}{EI} dx_2$$

$$= 0 + \int_0^7 \frac{-\frac{1}{2}qx_2^2 \cdot (-4)}{EI} dx_2 = \frac{686q}{3EI}$$

$$\Delta_{2P} = \int_{l_1} \frac{M(x_1) \cdot \overline{M_2}(x_1)}{EI} dx_1 + \int_{l_2} \frac{M(x_2) \cdot \overline{M_2}(x_2)}{EI} dx_2$$

$$= 0 + \int_0^7 \frac{-\frac{1}{2}qx_2^2 \cdot x_2}{EI} dx_2 = -\frac{2\,401q}{8EI}$$

$$\delta_{11} = \int_{l_1} \frac{\overline{M_1}(x_1) \cdot \overline{M_1}(x_1)}{EI} dx_1 + \int_{l_2} \frac{\overline{M_1}(x_2) \cdot \overline{M_1}(x_2)}{EI} dx_2$$

$$= \int_0^4 \frac{(-x_1) \cdot (-x_1)}{EI} dx_1 + \int_0^7 \frac{(-4) \cdot (-4)}{EI} dx_2 = \frac{400}{3EI}$$

$$\delta_{12} = \int_{l_1} \frac{\overline{M_2}(x_1) \cdot \overline{M_1}(x_1)}{EI} dx_1 + \int_{l_2} \frac{\overline{M_2}(x_2) \cdot \overline{M_1}(x_2)}{EI} dx_2$$

$$= 0 + \int_0^7 \frac{(-4) \cdot x_2}{EI} dx_2 = -\frac{98}{EI}$$

$$\delta_{21} = \delta_{12} = -\frac{98}{EI}$$

$$\delta_{22} = \int_{l_1} \frac{\overline{M_2}(x_1) \cdot \overline{M_2}(x_1)}{EI} dx_1 + \int_{l_2} \frac{\overline{M_2}(x_2) \cdot \overline{M_2}(x_2)}{EI} dx_2$$

$$= 0 + \int \frac{x_2 \cdot x_2}{EI} dx_2 = \frac{343}{3EI}$$

(5) 代入补充方程。

$$\begin{cases} \frac{400}{3EI}X_1 + \left(-\frac{98}{EI}\right)X_2 + \frac{686q}{3EI} = 0 \\ \left(-\frac{98}{EI}\right)X_1 + \frac{343}{3EI}X_2 + \left(-\frac{2\,041q}{8EI}\right) = 0 \end{cases}$$

用 $q = 4 \times 10^3$ N 代入得：

$$X_1 = 2.3 \text{ kN} \qquad X_2 = 12.5 \text{ kN}$$

(6) 求出其他约束力。

$$F_{CX} = 2.3 \text{ kN} \qquad F_{CY} = 15.5 \text{ kN} \qquad M_C = 19.7 \text{ kN} \cdot \text{m}$$

习　　题

思考题

在下面思考题中 A、B、C、D 的备选答案中选择正确的答案。

1. 四根相同的杆件，受力情况如图 9-18 所示，设杆内变形能分别为 U_1、U_2、U_3、U_4，则下列结论中_____是正确的。
   (A) $U_1 > U_3, U_2 > U_4$；
   (B) $U_1 < U_2, U_3 < U_4$；
   (C) $U_1 = U_3, U_2 = U_4$；
   (D) $U_4 < U_1 = U_3 < U_2$。

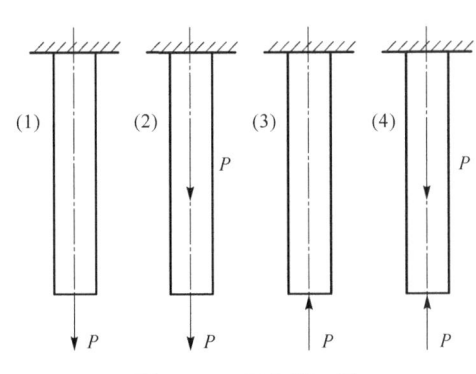

图 9-18　思考题 1 图

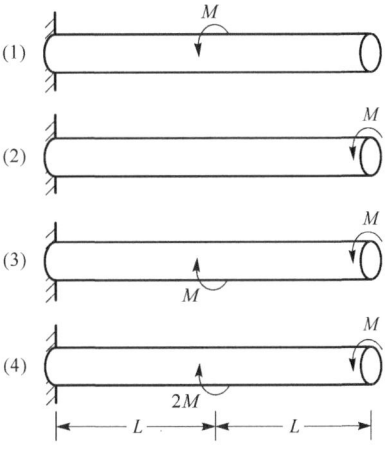

图 9-19　思考题 2 图

2. 圆轴的四种受载情况如图 9-19 所示，设轴内的变形能分别用 U_1、U_2、U_3、U_4 表示，则下列结论中_____是正确的。
   (A) $U_1 < U_2 < U_3 > U_4$；
   (B) $U_1 = U_3 < U_2 = U_4$；
   (C) $U_1 = U_3 = U_4 < U_2$；
   (D) $U_1 = U_4 < U_2 < U_3$。

3. 简支梁的四种受载情况如图 9-20 所示（集中力 P 的作用点在梁的跨度中央），设梁的变形能分别用 U_1、U_2、U_3、U_4 表示，则下列结论中_____是正确的。
   (A) $U_1 = U_3 + U_4$；
   (B) $U_2 = U_3 - U_4$；
   (C) $U_1 > U_3 + U_4$；
   (D) $U_2 > U_3 + U_4$。

4. 简支梁的三种受载情况如图 9-21 所示（各集中力的作用点均在梁的跨度中央），设梁的变形能分别用 U_1、U_2、U_3、U_4 表示，则下列结论中_____是正确的。

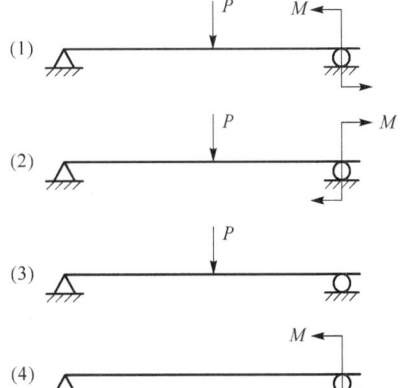

图 9-20　思考题 3 图

(A) $U_3 = U_1 + U_2$；　　　　　　　　(B) $U_3 = U_1 + U_2 + (P_1\delta_2)/2$；
(C) $U_3 = U_1 + U_2 + P_2\delta_1$；　　　(D) $U_3 = U_1 + U_2 + P_1\delta_2 + P_2\delta_1$。

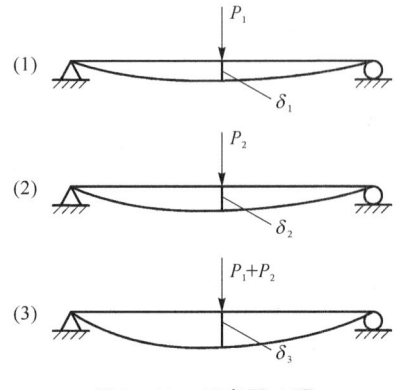

图 9-21　思考题 4 图

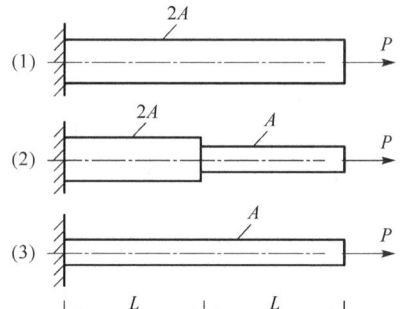

图 9-22　思考题 5 图

5. 如图 9-22 所示等截面杆和变截面杆材料相同，其变形能分别用 U_1、U_2、U_3 表示，则下列结论中_____是正确的。

(A) $U_1 > U_2 > U_3$；　　　　　　　　(B) $U_1 = 2U_3$；
(C) $U_1 < U_2 < U_3$；　　　　　　　　(D) $U_3 = 1.5U_2$。

6. 如图 9-23 所示悬臂梁受集中力 P_1、P_2、P_3 作用，若按下列三种方式加载：
(1) 先加 P_1，再加 P_2，最后加 P_3；
(2) P_1、P_2、P_3 由零开始同时按比例增长；
(3) 先加 P_3，再加 P_2，最后加 P_1。
则_____。

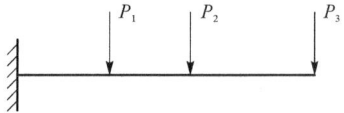

图 9-23　思考题 6 图

(A) $U_1 > U_2 > U_3$；　　　　　　　　(B) $U_1 < U_2 < U_3$；
(C) $U_2 > U_1, U_2 < U_3$；　　　　　　(D) $U_1 = U_2 = U_3$。

7. 如图 9-24 所示简支梁在截面 C、D 处受集中力作用，用卡氏定理求挠度，下列结论中哪些是正确的？答：_____。
(1) 梁 AB 的变形能 $U = 5P^2a^3/6EI$；
(2) 挠度 $y_C = y_D = \angle U/\angle P = 5P^2a^3/3EI$。
(A) (1)；　　　(B) (2)；　　　(C) 全对；　　　(D) 全错。

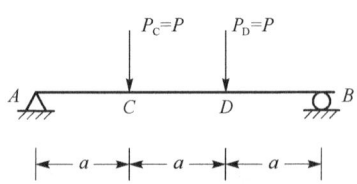

图 9-24　思考题 7 图

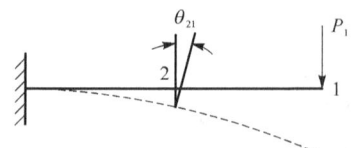

图 9-25　思考题 8 图

8. 如图 9-25 所示悬臂梁，若在端面 1 处作用荷载 $P_1 = 5$ kN 时，测得截面 2 处的转角 $\theta_{21} = 0.01$ 弧度。那么在截面 2 处应加荷载_____，就能使端面 1 处产生挠度 $y_{12} = 1$ mm(↓)。

(A) $P_2 = 50\text{ N}(\downarrow)$； (B) $M_2 = 50\text{ N}\cdot\text{m}$(顺时针)；
(C) $P_2 = 500\text{ N}(\downarrow)$； (D) $M_2 = 500\text{ N}\cdot\text{m}$(顺时针)。

9. 如图 9-26 所示悬臂梁，当单独作用力 P 时，截面 C 的转角为 θ，若先加 M_0，后加 P，则在加 P 的过程中，力偶 M_0 所作的功是_____。
(A) 不做功； (B) 做正功；
(C) 做负功，其值为 $M_0\theta$； (D) 做负功，其值为 $M_0\theta/2$。

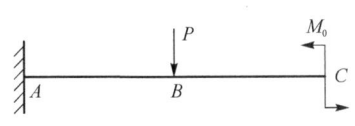
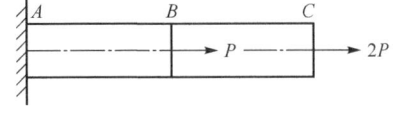

图 9-26 思考题 9 图   图 9-27 思考题 10 图

10. 如图 9-27 所示拉杆，在截面 B、C 上分别作用有集中力 P 和 $2P$，在下列说法中，正确的是_____。
(A) 先加 P，再加 $2P$ 时，杆的变形能最大；
(B) 先加 $2P$，再加 P 时，杆的变形能最大；
(C) 同时按比例加 P 和 $2P$ 时，杆的变形能最大；
(D) 按不同次序加 P 和 $2P$ 时，杆的变形能一样大。

11. 一等直圆轴横截面的极惯性矩为 I_P，在扭转力偶作用下其变形能为 U，若将 I_P 增加为 $2I_P$，载荷和轴长不变，则轴的变形能变为_____。
(A) $U/2$；   (B) $2U$；   (C) $4U$；   (D) $U/4$。

12. 一梁在集中力 P 作用下，其变形能为 U，若将力 P 改为 $2P$，其他条件不变，则其变形能为_____。
(A) $2U$；   (B) $4U$；   (C) $8U$；   (D) $16U$。

练习题

1. 计算图 9-28 所示各杆或桁架的变形能。

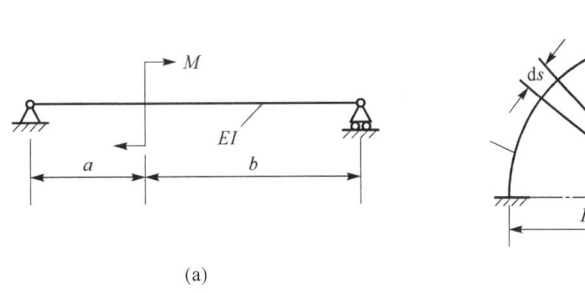

(a)   (b)

图 9-28 练习题 1 图

2. 传动轴的抗弯刚度为 EI，抗扭刚度为 GI_p，皮带拉力 $T+t=F$，$D=2d$（图 9-29），试计算轴的变形能，设 $a=l/4$。

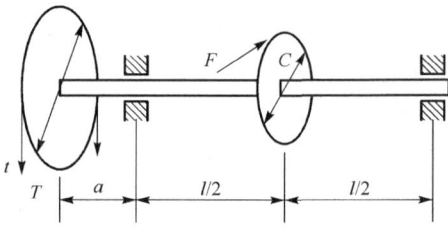

图 9-29 练习题 2 图

3. 试求图 9-30 所示梁截面 B 的挠度和转角。

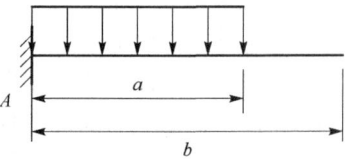

图 9-30 练习题 3 图

4. 如图 9-31 所示刚架，已知 AC 和 CD 两部分的 $I=30\times 10^{-6}\,\mathrm{m}^4$，$E=200\,\mathrm{GPa}$，试求截面 D 的水平位移和转角，若 $P=10\,\mathrm{kN}$，$l=1\,\mathrm{m}$。

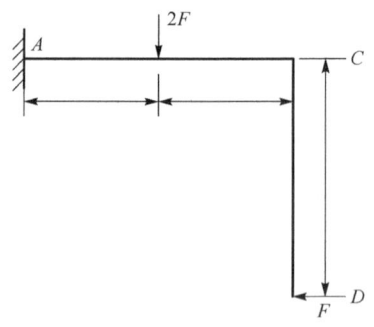

图 9-31 练习题 4 图

5. 如图 9-32 所示，桁架各杆的材料相同，截面面积相等，在载荷 F 作用下，试求节点 B 与 D 间的相对位移。

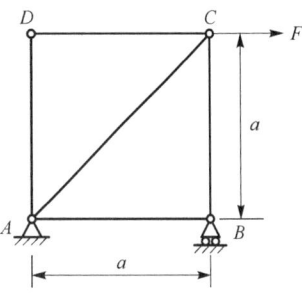

图 9-32　练习题 5 图

6. 图 9-33 所示简易吊车的撑杆 AC 长为 $2\,\mathrm{m}$，截面的惯性矩 $I = 8.53 \times 10^6\,\mathrm{mm^4}$。拉杆 BD 的 $A = 600\,\mathrm{mm^2}$，$F = 2.83\,\mathrm{kN}$，如撑杆只考虑弯曲影响，试求 C 点的垂直位移，设 $E = 200\,\mathrm{GPa}$。

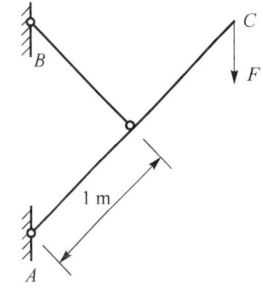

图 9-33　练习题 6 图

7. 平面刚架如图 9-34 所示，刚架各部分截面相同，试求截面 A 的转角。

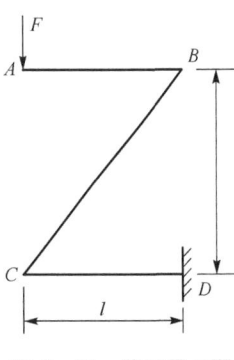

图 9-34　练习题 7 图

8. 图 9-35 所示折轴杆的横截面为圆形,直径为 d,在力偶矩 M_0 作用下,试求折轴杆自由端的线位移和角位移。

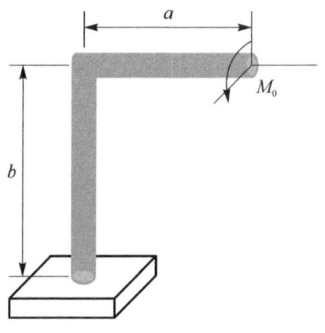

图 9-35 练习题 8 图

9. 如图 9-36 所示,在曲拐的端点 C 上作用集中力 F,设曲拐两段材料,相同且均为同一直径 d 的圆截面杆,试求 C 截面的垂直位移。

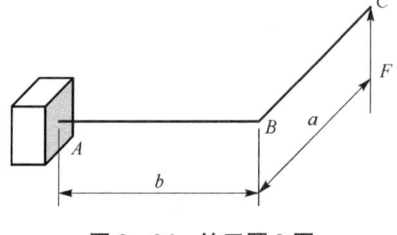

图 9-36 练习题 9 图

10. 如图 9-37 所示杆系各杆的材料相同,截面面积相等。试用力法求各杆的内力。

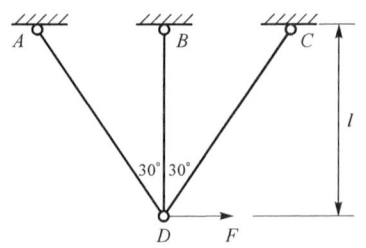

图 9-37 练习题 10 图

第 10 章 压 杆 稳 定

10.1 工程中的压杆稳定问题

细长杆件承受轴向压缩载荷作用时,会表现出与强度失效性质全然不同的失效现象,即会由于平衡的不稳定性而发生失效,这种失效称为稳定性失效,简称失稳,又称为屈曲失效。

在工程中,有许多这样的受压细长杆件。例如,图 10-1 中的内燃机配气机构中的挺杆,在它推动摇臂打开气门时,受压力作用。又如,图 10-2 中的磨床液压装置的活塞杆,当驱动工作台向右移动时,油缸活塞上的压力和工作台的阻力使活塞杆受压。

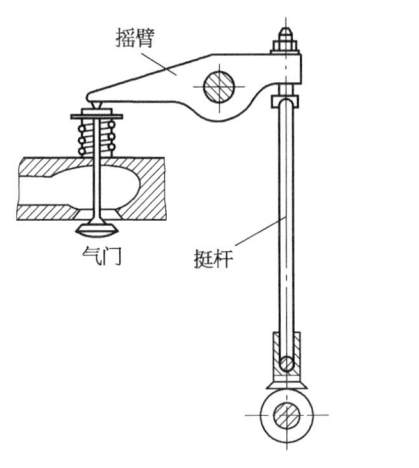

图 10-1 内燃机配气机构

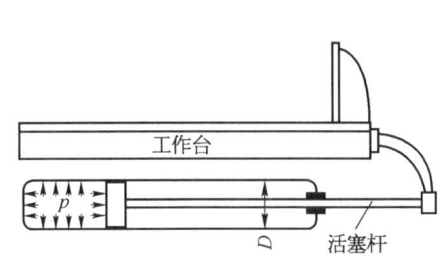

图 10-2 磨床液压装置

那么什么平衡是不稳定的呢?保持平衡的物体当受到外界干扰时,偏离原来的平衡位置,在干扰去除后,不能恢复到原来的平衡状态,这种平衡是不稳定的(图 10-3)。

图 10-3 不稳定平衡

压杆上的作用力小于某临界值时,压杆的平衡是稳定的,而大于临界值时,压杆的平衡是不稳定的。

细长压杆随受力的改变,平衡的稳定性会发生改变,由稳定平衡转为不稳定平衡的临界值称为压杆的临界压力或临界力。它是压杆保持稳定的直线平衡的最大值,或是压杆保持微曲平衡的最小值。

失稳现象不仅限于压杆这一类构件,其他如截面窄而高的梁,受外压的薄壁容器等,当外力超过临界值时,都可能发生失稳现象。显然,解决压杆稳定问题的关键是确定其临界压力。

10.2 两端铰支细长压杆的临界压力

图 10-4 所示为两端铰支的细长压杆,压杆沿轴向压力 P 作用下保持微曲平衡状态。当压力到达临界值时,压杆将由直线平衡形态转变为曲线平衡形态。可见,临界压力就是使压杆保持微小弯曲平衡的最小压力。由挠曲线的近似微分方程式(6-3)进行求解,这一方法也称欧拉法。

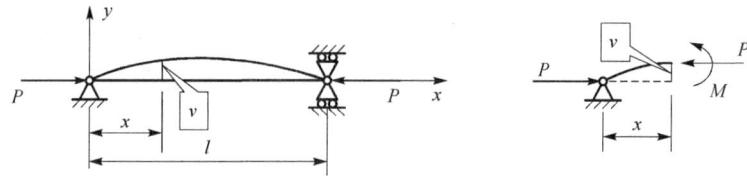

图 10-4 两端铰支的细长压杆

压杆距支座 x 处截面上的弯矩是:

$$M = -Pv$$

代入挠曲线的近似微分方程:

$$\frac{d^2v}{dx^2} = \frac{M}{EI} = -\frac{Pv}{EI}$$

令:$k^2 = \dfrac{P}{EI}$,则有:

$$\frac{d^2v}{dx^2} + k^2 v = 0$$

以上微分方程的通解是:

$$v = A\sin kx + B\cos kx \qquad (10-1)$$

式中,A、B 为常数,可由边界条件来确定。根据简支梁的边界条件:

$$x = 0 \text{ 和 } x = l \text{ 时},v = 0$$

则求得:

$$B = 0, \quad A\sin kl = 0$$

该式表明,A 或者 $\sin kl$ 等于零。由于 B 已经等于零,如 A 再等于零,则式(10-1)变为 $v \equiv 0$。因此必须是:

$$\sin kl = 0$$

由此求得：

$$kl = n\pi \quad (n = 0, 1, 2, \cdots)$$

$$k = \frac{n\pi}{l}$$

$$\left(\frac{n\pi}{l}\right)^2 = \frac{P}{EI}$$

$$P = \frac{n^2\pi^2 EI}{l^2}$$

取 $n = 1$，得到具有实际意义的、最小的临界压力欧拉公式为：

$$P_{cr} = \frac{\pi^2 EI}{l^2} \tag{10-1a}$$

压杆的挠曲线方程是：

$$v = A\sin\frac{\pi}{l}x$$

这是一条正弦曲线方程，周期为 $2l$。因此，挠曲线为半个正弦波曲线。

10.3 其他约束条件下的细长压杆临界压力

压杆两端铰支外，还可能有其他情况。例如，千斤顶螺杆（图 10-5）的下端可简化成固定端，上端因可与顶起的重物共同作侧向位移，可简化成自由端。这样就成为下端固定上端自由的压杆。对这类细长压杆，可用与上节相同的方法导出计算临界压力的公式，但也可用较简单的方法求出。

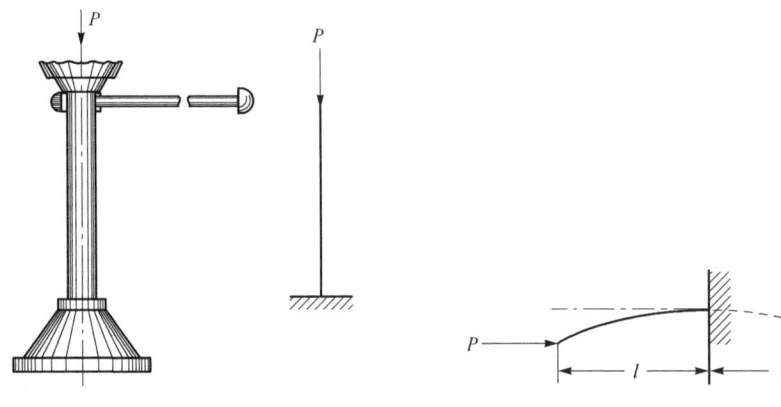

图 10-5　千斤顶螺杆　　　图 10-6　一端固定一端自由的细长压杆

图 10-6 所示为一端固定一端自由的细长压杆，它相当于两端铰支长为 $2l$ 的压杆的挠曲线的一半部分。

因此，其临界压力公式为：

$$P_{cr} = \frac{\pi^2 EI}{(2l)^2} = \frac{\pi^2 EI}{4l^2}$$

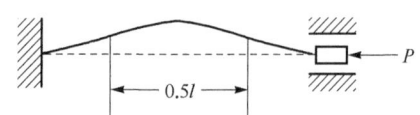

图 10-7　两端固定的细长压杆

图 10-7 所示为两端固定的细长压杆，其中间部分 (0.5l) 相当于两端铰支长为 0.5l 的压杆。

因此，其临界压力公式为：

$$P_{cr} = \frac{\pi^2 EI}{(0.5l)^2}$$

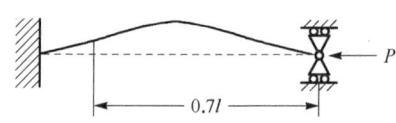

图 10-8　一端固定一端铰支的细长压杆

图 10-8 所示为一端固定一端铰支的细长压杆，其中的一部分 (0.7l) 相当于两端铰支长为 0.7l 的压杆。

因此，临界压力公式为：

$$P_{cr} = \frac{\pi^2 EI}{(0.7l)^2}$$

10.4　临界压力和临界应力的欧拉公式

综合上述，将细长压杆临界压力的公式写成统一式为：

$$P_{cr} = \frac{\pi^2 EI}{(\mu l)^2} \tag{10-1b}$$

式 (10-2) 是欧拉公式的普遍形式。式中的 μ 称为长度系数，μl 称为相当长度，它们视两端的约束情况而定。已讨论过的四种情况的长度系数列于表 10-1 中。

表 10-1　压杆长度系数表

杆端约束情况	一端自由一端固定	两端铰支	一端铰支一端固定	两端固定
挠曲线形状	$\mu l = 2l$	$\mu l = l$	$\mu l = 0.7l$	$\mu l = 0.5l$
长度系数	$\mu = 2.0$	$\mu = 1.0$	$\mu = 0.7$	$\mu = 0.5$

如前所述，计算临界压力的欧拉公式可统一写成式(10-1b)。用压杆的横截面面积 A 除 P_{cr}，得到临界压力对应的应力：

$$\sigma_{cr} = \frac{P_{cr}}{A} = \frac{\pi^2 E}{(\mu l)^2} \cdot \frac{I}{A} = \frac{\pi^2 E}{(\mu l)^2} \cdot i^2 = \frac{\pi^2 E}{\left(\dfrac{\mu l}{i}\right)^2}$$

其中 σ_{cr} 称为临界应力。将横截面的惯性矩 I 除以面积 A，得到惯性半径 i 的平方，并进行化简、引入记号 λ。于是上式变为：

$$\sigma_{cr} = \frac{\pi^2 E}{\lambda^2} \tag{10-2}$$

式中，$\lambda = \dfrac{\mu l}{i}$ 称为柔度或细长比，它的值越大，说明杆越易弯曲失稳。式(10-2)是欧拉公式(10-1b)的另一表达形式，两者并无实质性的差别。

欧拉公式的临界压力的推导是由挠曲线的近似微分方程得出，则杆内的应力不能超过材料的比例极限，即为：

$$\sigma_{cr} = \frac{\pi^2 E}{\lambda^2} \leqslant \sigma_p$$

也即：

$$\lambda \geqslant \sqrt{\frac{\pi^2 E}{\sigma_p}} \tag{10-3}$$

可见，只有当压杆的柔度 λ 大于或等于极限值 $\sqrt{\dfrac{\pi^2 E}{\sigma_p}}$ 时，欧拉公式才可使用。以 λ_1 代表这一极值，即：

$$\lambda_1 = \sqrt{\frac{\pi^2 E}{\sigma_p}} \tag{10-4}$$

条件式(10-3)便可写成：

$$\lambda \geqslant \lambda_1 \tag{10-5}$$

上式就是欧拉公式的适用范围。

式(10-3)表明，λ_1 与材料的性能有关，材料不同，λ_1 的数值也就不同。满足 $\lambda \geqslant \lambda_1$ 条件的杆件称为细长杆或大柔度杆。

例 10-1

如图 10-9a 所示钢质细长杆，两端铰支，长 $l = 1.5\,\mathrm{m}$，横截面是矩形截面，$h = 50\,\mathrm{mm}$，$b = 30\,\mathrm{mm}$，材料是 A3 钢，弹性模量 $E = 200\,\mathrm{GPa}$。求临界力和临界应力。

解：(1) 判断发生弯曲的方向。由于杆截面是矩形，杆在不同方向弯曲的难易程度不同，如图 10-9c 所示。

因为 $I_y < I_z$，所以在各个方向上发生弯曲时约束条件相同的情况下，压杆最易在 xz 平面内发生弯曲。

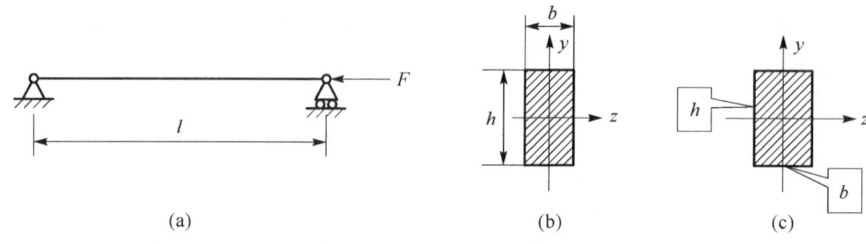

图 10-9 例 10-1 图

(a) 钢质细长杆；(b) 横截面；(c) 判断发生弯曲的方向

(2) 判断欧拉公式的适用范围。因为是细长杆，所以可用欧拉公式。

$$\lambda \geqslant \lambda_1$$

(3) 计算临界压力。由欧拉公式：

$$P_{cr} = \frac{\pi^2 E I_y}{l^2} = \frac{\pi^2 E h b^3}{12 l^2}$$

$$= \frac{\pi^2 \times 200 \times 10^9 \times 0.05 \times 0.03^2}{12 \times 1.5^2} = 98.7 \text{ kN}$$

(4) 计算临界应力。

$$\sigma_{cr} = \frac{P_{cr}}{A} = \frac{98.7 \times 10^3}{0.05 \times 0.03} = 65.9 \text{ MPa}$$

对 A3 钢 $\sigma_p \approx 200$ MPa，细长压杆在失稳时，强度是有余的。

例 10-2

如图 10-10 所示，木柱长 $l = 7$ m，横截面是矩形，$h = 200$ mm，$b = 120$ mm；当它在 xz 平面（最小刚度平面）内弯曲时，两端视为固定；当它在 xy 平面（最大刚度平面）内弯曲时，两端视为铰支；木材的弹性模量 $E = 10$ GPa，$\lambda_1 = 59$。求临界力和临界应力。

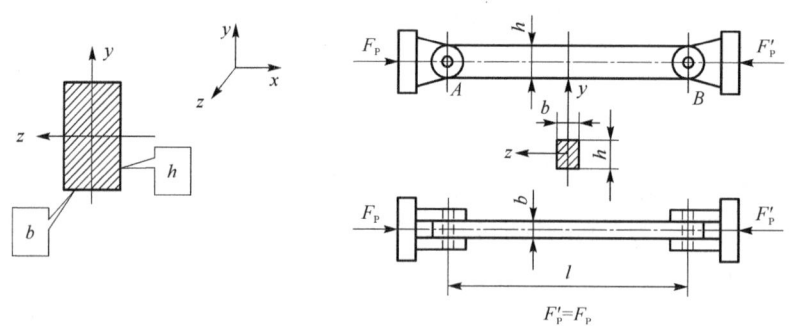

图 10-10 例 10-2 图

解：(1) 求在 xz 平面内弯曲时的柔度。

$$i_y = \sqrt{\frac{I_y}{A}} = \sqrt{\frac{\frac{1}{12} h b^3}{h b}} = \frac{b}{\sqrt{12}}$$

$$\lambda_y = \frac{\mu_1 l}{i_y} = \frac{0.5 \times l}{\dfrac{b}{\sqrt{12}}} = \frac{\sqrt{3}l}{b} = 14.43l$$

(2) 求在 xy 平面内弯曲时的柔度。

$$i_z = \sqrt{\frac{I_z}{A}} = \sqrt{\frac{\dfrac{1}{12}bh^3}{hb}} = \frac{h}{\sqrt{12}}$$

$$\lambda_z = \frac{\mu_2 l}{i_z} = \frac{1 \times l}{\dfrac{h}{\sqrt{12}}} = \frac{2\sqrt{3}l}{h} = 17.32l$$

(3) 判断杆件易在哪个平面内弯曲。

$$\lambda_z > \lambda_y$$

所以易在 xy 平面内弯曲。

(4) 判断欧拉公式的适用范围。

$$\lambda_z > \lambda_1$$

所以为大柔度杆,可用欧拉公式。

(5) 求临界力和临界应力。

$$\sigma_{cr} = \frac{\pi^2 E}{\lambda_z^2} = 6.73 \text{ MPa}$$

$$P_{cr} = \sigma_{cr} A = 161 \text{ kN}$$

10.5 中、小柔度杆的临界应力

10.5.1 中柔度杆临界应力的经验公式

工程实际中的压杆,其柔度往往小于 λ_1,此时,压杆内的应力超过比例极限,这一类压杆的临界应力已不能再用欧拉公式来计算,通常是采用建立在实验基础上的经验公式。目前已有不少经验公式,以直线公式比较简单,应用方便,其形式为:

$$\sigma_{cr} = a - b\lambda \tag{10-6}$$

式(10-6)为中长压杆临界应力的经验公式,式中 a、b 是由杆件材料决定的常数,其单位均为 MPa。一些常用材料的 a、b 值见表 10-2。

上述经验公式也有一个适用范围。例如,对于塑性材料制成的压杆,当杆内应力达到屈服极限时:

$$\lambda = \lambda_2 = \frac{a - \sigma_s}{b} \tag{10-7}$$

这是使用直线公式时柔度的最小值,故 $\lambda_2 < \lambda < \lambda_1$ 为经验公式的适用范围。当 $\lambda_2 < \lambda < \lambda_1$ 时,可以使用经验公式,此时压杆称为中长杆或中柔度杆。

表 10-2 直线公式的系数 a 和 b

材料（σ_b、σ_s 单位为 MPa）	a/MPa	b/MPa
Q235 钢（$\sigma_b \geq 372$，$\sigma_s = 235$）	304	1.12
优质碳钢（$\sigma_b \geq 471$，$\sigma_s = 306$）	461	2.568
硅钢（$\sigma_b \geq 510$，$\sigma_s = 353$）	578	3.744
铸 铁	332.2	1.454
强 铝	373	2.15
松 木	28.7	0.19

10.5.2 小柔度杆的临界应力

柔度 $\lambda < \lambda_2$ 的压杆,称为小柔度杆或粗短杆。此时压杆属强度问题,临界应力就是屈服极限或强度极限,即：

$$\sigma_{cr} = \sigma_s \text{ 或 } \sigma_b \tag{10-8}$$

10.5.3 临界应力总图

临界应力总图将上述三类压杆的临界应力与柔度间的关系图线(图 10-11)称为临界应力总图。从图上可以明显地看出,粗短杆的临界应力与柔度 λ 无关,而中、长杆的临界应力则随柔度 λ 的增加而减小。

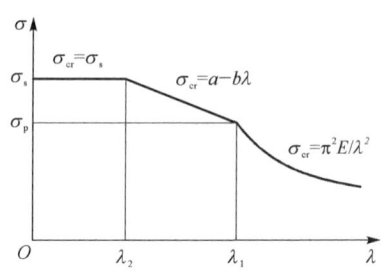

图 10-11 临界应力与柔度间的关系

例 10-3

两端铰支的压杆,长 $l = 1.5 \text{ m}$,横截面直径 $d = 50 \text{ mm}$,材料是 Q235 钢,弹性模量 $E = 200 \text{ GPa}$,$\sigma_p = 190 \text{ MPa}$。求压杆的临界力。如果：(1) $l_1 = 0.75l$；(2) $l_2 = 0.5l$,材料选用优质碳钢；压杆的临界力变为多大？

解：(1) 计算压杆的柔度。

$$i = \sqrt{\frac{I}{A}} = \sqrt{\frac{\frac{1}{64}\pi d^4}{\frac{1}{4}\pi d^2}} = \frac{d}{4}$$

$$\lambda = \frac{\mu l}{i} = \frac{4\mu l}{d} = 120$$

(2) 判别压杆的性质。

$$\lambda_1 = \sqrt{\frac{\pi^2 E}{\sigma_p}} = 102$$

$$\lambda > \lambda_1$$

压杆是大柔度杆,用欧拉公式计算临界力。

(3) 计算临界应力。

$$P_{cr} = \sigma_{cr} A = \frac{\pi^2 E}{\lambda^2} A = 269 \text{ kN}$$

(4) 当 $l_1 = 0.75l$ 时,计算压杆的柔度 $\lambda = 0.75 \times 120 = 90$,判别压杆的性质。而

$$\lambda_2 = \frac{a - \sigma_s}{b} = \frac{304 - 235}{1.12} = 62$$

$$\lambda_2 < \lambda < \lambda_1$$

压杆是中柔度杆,选用经验公式计算临界力:

$$P_{cr} = \sigma_{cr} A = (a - b\lambda) A = 399 \text{ kN}$$

(5) 当 $l_2 = 0.5l$ 时,计算压杆的柔度 $\lambda = 0.5 \times 120 = 60$,判别压杆的性质。而:

$$\lambda_2 = \frac{a - \sigma_s}{b} = \frac{461 - 306}{2.568} = 60.4$$

$$\lambda < \lambda_2$$

压杆是小柔度杆,临界应力就是屈服应力:

$$P_{cr} = \sigma_s A = 306 \times 10^6 \times \frac{1}{4} \pi \times 0.05^2 = 600 \text{ kN}$$

10.6　压杆的稳定计算与合理设计

10.6.1　压杆的稳定条件

压杆的实际工作压力不能超过许用压力,则稳定条件为:

$$P \leqslant [P] = \frac{P_{cr}}{n_{st}} \tag{10-9}$$

式中,n_{st} 为压杆的稳定安全系数。

定义工件安全系数为 $n = \dfrac{P_{cr}}{P}$,则稳定条件又可表示为:

$$n \geqslant n_{st} \tag{10-10}$$

考虑到压杆存在的初曲率和不可避免的载荷偏心等不利影响,规定的稳定安全系数一

般比强度安全系数大一些。

10.6.2 压杆的合理设计

压杆稳定设计计算包括稳定性校核、压杆截面的设计和压杆的许可载荷设计。在机械设计中,往往是根据构件的工作需要或其他方面的要求初步确定构件的截面,然后再校核其稳定性。

例 10-4

图 10-12a 所示钢结构,承受载荷 F 作用,试校核斜撑杆的稳定性。已知载荷 $F = 12$ kN,其外径 $D = 45$ mm,内径 $d = 36$ mm,稳定安全系数 $n_{st} = 2.5$。斜撑杆材料是 Q235 钢,弹性模量 $E = 210$ GPa,$\sigma_p = 200$ MPa,$\sigma_s = 235$ MPa。

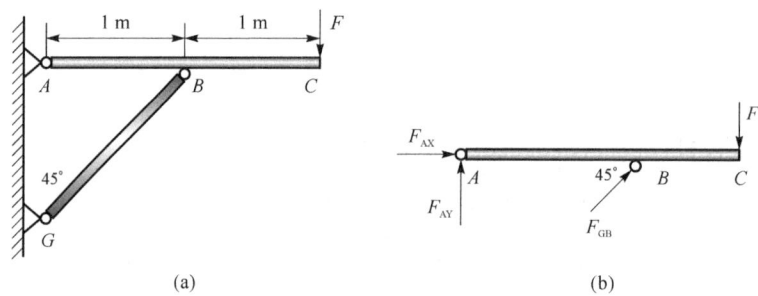

图 10-12 例 10-4 图

(a) 原图;(b) 受力分析图

解:(1) 受力分析。以梁 AC 为研究对象,由静力平衡方程可求得:

$$\sum M_C = 0;\ F_{GB}\sin 45° \cdot 1 - F \cdot 2 = 0$$

$$\therefore F_{GB} = \frac{2F}{\sin 45°} = 2\sqrt{2}F = 33.9 \text{ kN}$$

(2) 计算压杆的柔度。

$$i = \sqrt{\frac{I}{A}} = \sqrt{\frac{\pi(D^4-d^4)}{64} \cdot \frac{4}{\pi(D^2-d^2)}} = \frac{\sqrt{D^2+d^2}}{4}$$

$$= \frac{\sqrt{(0.045)^2+(0.036)^2}}{4} = 0.0144 \text{ m}$$

$$\lambda = \frac{\mu l}{i} = \frac{1 \times (\sqrt{2} \times 1)}{0.0144} = 98.1$$

(3) 判别压杆的性质。由已知求得:

$$\lambda_1 = \sqrt{\frac{\pi^2 E}{\sigma_p}} = 102$$

查表 10-2 得 $a = 304$ MPa,$b = 1.12$ MPa,求得:

$$\lambda_2 = \frac{a - \sigma_s}{b} = \frac{304 - 235}{1.12} = 62$$

$$\therefore \lambda_2 < \lambda < \lambda_1$$

压杆是中柔度杆,选用经验公式计算临界力。

(4) 计算临界应力。

$$P_{cr} = \sigma_{cr} A = (a - b\lambda)A$$
$$= (304 - 1.12 \times 98.1) \times 10^6 \times \frac{\pi(0.045^2 - 0.036^2)}{4}$$
$$= 194.1 \times 10^6 \times 5.726 \times 10^{-4} = 111 \text{ kN}$$

(5) 稳定性校核。

$$n = \frac{P_{cr}}{F_{GB}} = \frac{111 \times 10^3}{33.9 \times 10^3} = 3.27 \geqslant n_{st}(n_{st} = 2.5)$$

故满足稳定要求。

10.6.3 提高压杆稳定性的措施

如前所述,提高压杆稳定性关键是提高临界压力的值。由压杆的临界压力图(图 10-13)可见,压杆的临界压力与材料的力学性能和压杆的柔度有关,而柔度:

$$\lambda = \frac{\mu l}{i}$$

它综合了压杆的长度、约束情况和横截面的惯性半径等影响因素。因此,可以根据这些因素,采取适当的措施来提高压杆稳定性。

对于细长压杆,其公式为:

$$\sigma_{cr} = \frac{\pi^2 E}{\lambda^2}$$

压杆的临界压力与压杆的柔度及材料弹性模量有关,因此,可采取如下措施:

(1) 减小压杆的支承长度。因为临界应力与杆长平方成反比,因此可以显著地提高压杆承载能力。

(2) 改变压杆两端的约束。使长度系数减小,相应地减小柔度,从而增大临界应力。

(3) 选择合理的截面形状。可以在不增加截面面积的情况下,增加横截面的惯性矩 I,从而减小压杆柔度,起到提高压杆稳定性的作用。图 10-13 是起重臂合理截面。

(4) 保持压杆的等稳定性。压杆在各纵向平面内的相当长度 μl 相同时,使截面

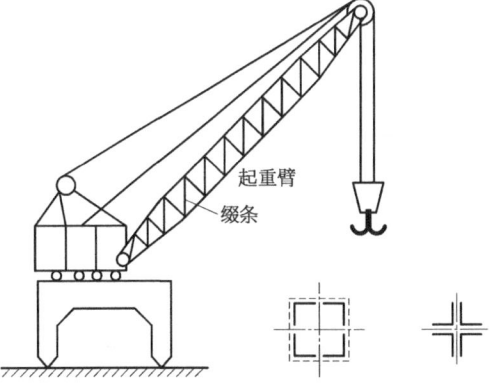

图 10-13 起重臂合理截面图

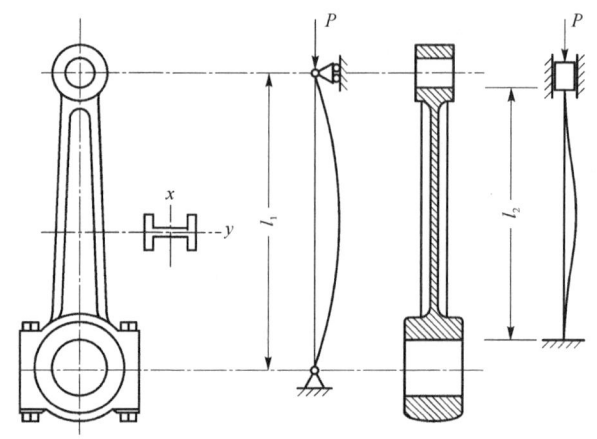

对任一形心轴 i 相等或接近相等。圆形、环形或图 10-13 中的截面都能满足这一要求。而在各纵向平面内的相当长度 μl 不相同时,例如发动机的连杆(图 10-14),在摆动平面内两端可简化为铰支座,$\lambda_1 = 1$;在与摆动平面垂直平面内两端可简化为固定端,$\lambda_2 = 1/2$;以及连杆横截面对两个形心主惯性轴 x 和 y 有不同的 i_x 和 i_y 情况下,要使得在两个主惯性平面内的柔度 $\lambda_1 = \dfrac{\mu_1 l_1}{i_x}$ 和 $\lambda_2 = \dfrac{\mu_2 l_2}{i_y}$ 接近相等。从而有接近相等的稳定性。

图 10-14 发动机的连杆

(5) 合理选择材料。选用弹性模量较大材料可以提高压杆的稳定性。但须注意,由于一般钢材的弹性模量 E 一般大致相同,故选用高强度钢不能起到提高细长压杆稳定性的作用。

对于小柔度杆或中柔度杆压杆,其临界压力与材料的比例极限和屈服强度有关,这时选用高强度材料会使临界压力提高。

习 题

思考题

在下面思考题中 A、B、C、D 的备选答案中选择正确的答案。

1. 细长杆 AB 受轴向压力 F 作用,如图 10-15 所示。设杆的临界力为 P_{cr},则下列结论中_____是正确的。

(A) 仅当 $F < F_{cr}$ 时,杆 AB 的轴线才保持直线,杆件只产生压缩变形;
(B) 当 $F = F_{cr}$ 时,杆 AB 的轴线仍保持直线,杆件不出现弯曲变形;
(C) 当 $F > F_{cr}$ 时,杆 AB 不可能保持平衡;
(D) 为保证杆 AB 处于稳定平衡状态,应使 $F \leqslant F_{cr}$。

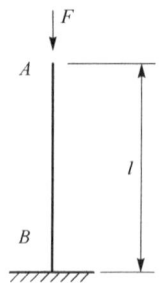

图 10-15 思考题 1 图

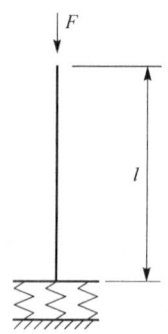

图 10-16 思考题 2 图

2. 压杆上端自由,下端固接于弹性地基上,如图 10-16 所示,试判断该杆长度系数 μ 的值。

答：_____。
(A) $\mu < 0.7$； (B) $0.7 < \mu < 1$； (C) $1 < \mu < 2$； (D) $\mu > 2$。

3. 压杆左端固定，右端与垂直弹簧相连，如图 10-17 所示。试判断该杆长度系数 μ 值的范围。答：_____。
(A) $\mu < 0.5$； (B) $0.5 < \mu < 0.7$；
(C) $0.7 < \mu < 2$； (D) $\mu > 2$。

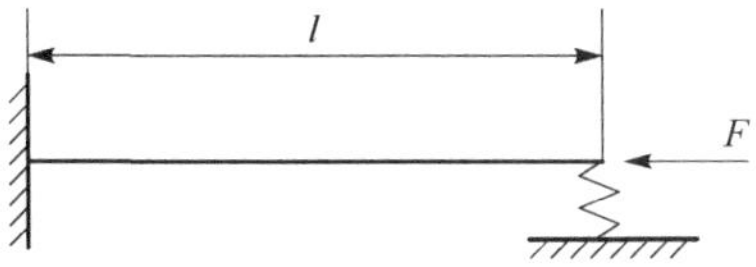

图 10-17 思考题 3 图

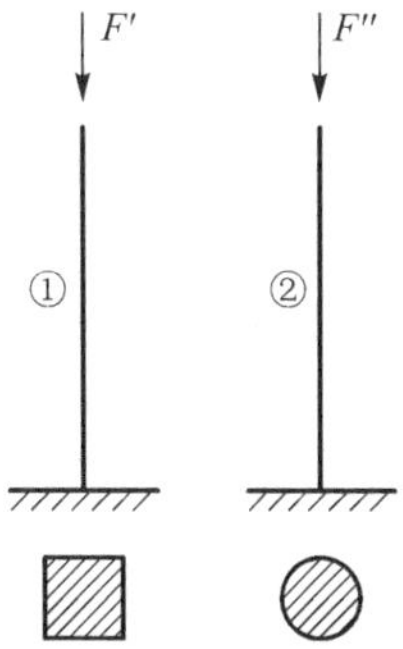

图 10-18 思考题 4 图

4. 两根细长压杆如图 10-18 所示，杆①为正方形截面，杆②为圆截面，两者材料相同，长度相同，且横截面积相同，若其临界荷载分别用 F'_{cr} 和 F''_{cr} 表示，则下列结论中_____是正确的。
(A) $F'_{cr} > F''_{cr}$； (B) $F'_{cr} < F''_{cr}$；
(C) $F'_{cr} = F''_{cr}$； (D) 压杆采用圆截面最为经济合理。

5. 图 10-19 所示两种构架中，横杆均视为刚性，各竖杆的横截面和长度均相同，材料均为 A3 钢。设 P 和 P' 分别表示这两种构架的最大许可荷载，则下列结论中哪些是正确的？答：_____。

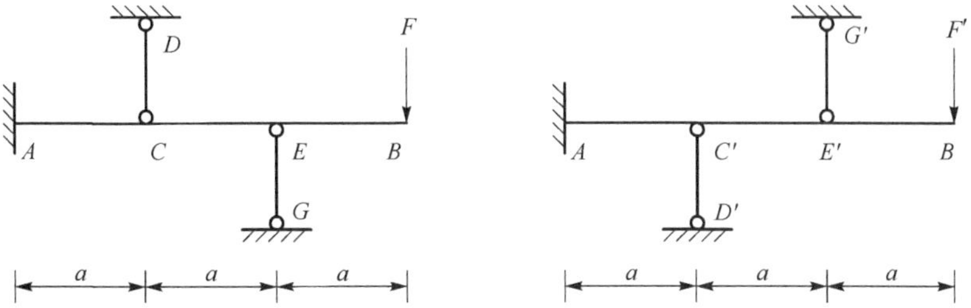

图 10-19 思考题 5 图

(1) $F > F'$；
(2) $F < F'$；
(3) F 值完全取决于杆 EG 的稳定性；
(4) F' 值完全取决于杆 $C'D'$ 的稳定性。
(A) (1)、(3) (B) (2)、(4) (C) (1)、(4) (D) (2)、(3)

6. 在横截面积等其他条件均相同的条件下，压杆采用图 10-20 所示，试问哪个截面形状其稳定性最好？答：_____。

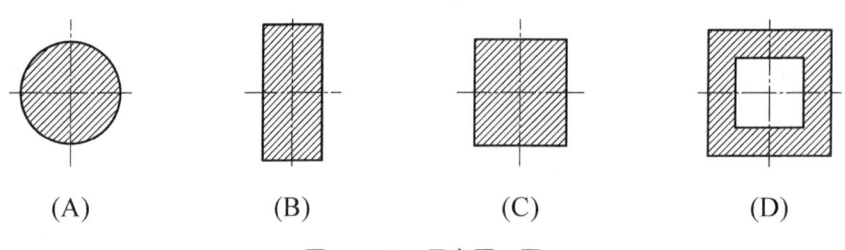

图 10-20 思考题 6 图

7. 采取什么措施,并不能提高细长压杆的稳定性。答:_____。
  (A) 增大压杆的横截面面积; (B) 增加压杆的表面光洁度;
  (C) 减小压杆的柔度;   (D) 选用弹性模量 E 值较大的材料。

8. 图 10-21 所示钢桁架中各杆的横截面及材料相同,在节点 A 承受竖直向下的集中力 P,若力的方向改为向上,其他条件不变,则结构的稳定性_____。
  (A) 提高;
  (B) 不变;
  (C) 降低;
  (D) 变化情况不确定。

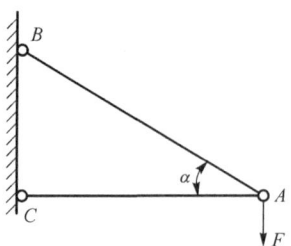

图 10-21 思考题 8 图

练习题

1. 图 10-22 所示两端球形铰支细长压杆,弹性模量 $E=200\,\text{GPa}$。试用欧拉公式计算其临界载荷。
  (1) 圆形截面,$d=25\,\text{mm}$,$l=1.0\,\text{m}$;
  (2) 矩形截面,$h=2b=40\,\text{mm}$,$l=1.0\,\text{m}$;
  (3) No.16 工字钢,$l=2.0\,\text{m}$。

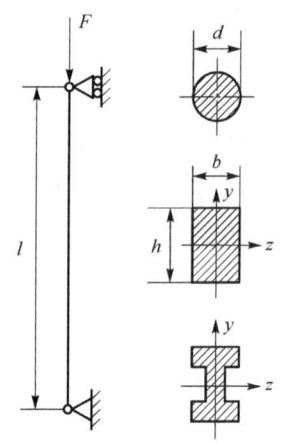

图 10-22 练习题 1 图

2. 图 10-23 所示桁架,由两根弯曲刚度 EI 相同的等截面细长压杆组成,设载荷 F 与杆 AB 的轴线的夹角为 θ,且 $0<\theta<\pi/2$。试求载荷 F 的极限值。

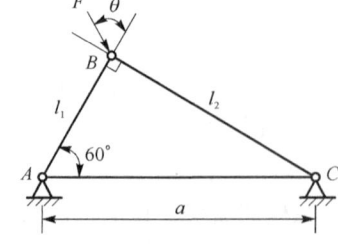

图 10-23 练习题 2 图

3. 三根圆截面压杆,直径均为 $d = 160$ mm 材料为 Q235 钢,$E = 200$ GPa,$\sigma_p = 200$ MPa,$\sigma_s = 240$ MPa。三杆均为两端铰支,长度分别为 l_1、l_2 和 l_3,且 $l_1 = 2l_2 = 4l_3 = 5$ m。试求各杆的临界压力 P_{cr}。

4. 某型柴油机的挺杆长为 $l = 257$ mm,圆形横截面的直径 $d = 8$ mm,钢材的 $E = 210$ GPa,$\sigma_p = 240$ MPa,挺杆承受的最大压力 $P = 1.76$ kN。规定 $n_{st} = 2 \sim 5$。试校核挺杆的稳定性。

5. 图 10-24 所示矩形截面压杆,有三种支持方式。杆长 $l = 300$ mm,截面宽度 $b = 20$ mm,高度 $h = 12$ mm,弹性模量 $E = 70$ GPa,$\lambda_1 = 50$,$\lambda_2 = 0$,中柔度杆的临界应力公式为 $\sigma_{cr} = 382 - 2.18\lambda$(单位 MPa)。试计算它们的临界载荷,并进行比较。

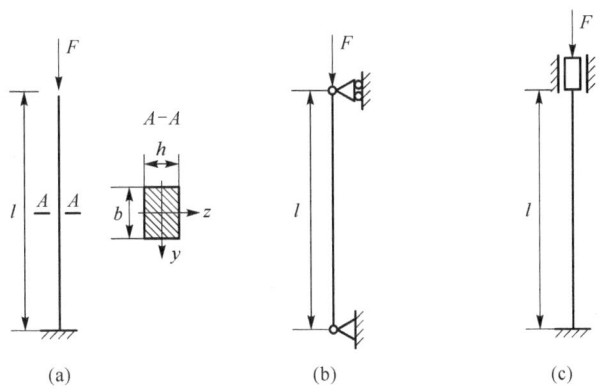

图 10-24 练习题 5 图
(a) 一端固定一端自由压杆;(b) 两端铰支压杆;(c) 两端固定压杆

6. 图 10-25 所示压杆,截面有四种形式,但其面积均为 $A = 3.2 \times 10 \text{ mm}^2$。试计算它们的临界载荷,并进行比较,材料的力学性质见上题。

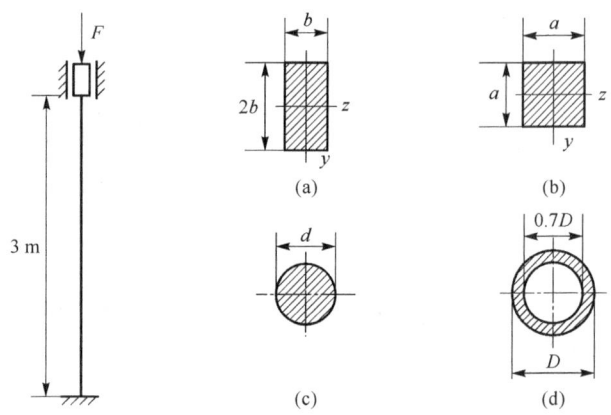

图 10-25 练习题 6 图

7. 无缝钢管厂的穿孔顶杆如图 10-26 所示,杆长 $l = 4.5 \text{ m}$,横截面直径 $d = 150 \text{ mm}$,材料为低合金钢,$E = 210 \text{ GPa}$,$\sigma_p = 200 \text{ MPa}$,两端可简化为铰支座,规定 $n_{st} = 3.3$。试求顶杆的许可压力。

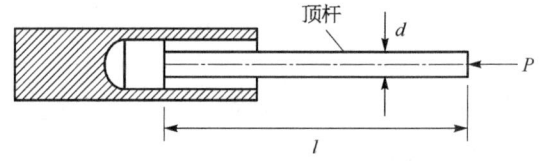

图 10-26 练习题 7 图

8. 图 10-27 所示压杆,横截面为 $b \times h$ 的矩形。试从稳定性方面考虑,确定 h/b 的最佳值,当压杆在 xy 平面内失稳时,可取 $\mu_{xy} = 0.7$。

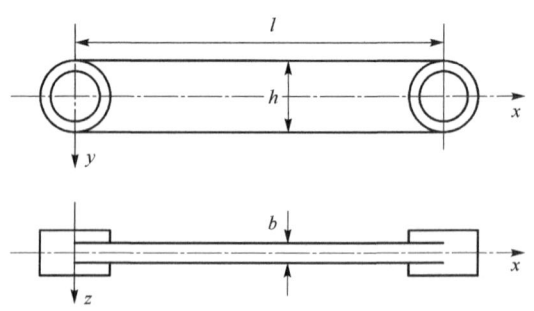

图 10-27 练习题 8 图

9. 图 10-28 所示结构 AB 为圆截面杆,直径 $d = 80$ mm,A 端固定,B 端与 BC 直杆球铰连接,BC 为正方形截面,边长 $a = 70$ mm,C 端也是球铰,两杆材料相同,弹性模量 $E = 70$ GPa,比例极限 $\sigma_\text{p} = 200$ MPa,长度 $l = 3$ m。求该结构的临界力。

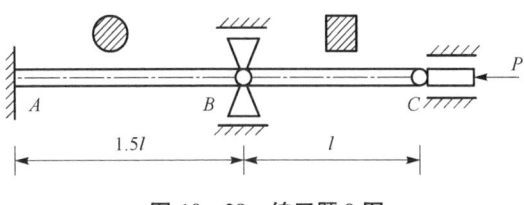

图 10-28 练习题 9 图

10. 图 10-29 所示托架中 AB 的直径 $d = 4$ cm,长度 $l = 80$ cm,两端可视为铰支,材料是 Q235 钢。

(1) 试按杆 AB 的稳定条件求托架的临界力 Q_cr;

(2) 若已知实际载荷 $Q = 70$ kN,稳定安全系数 $[n_\text{st}] = 2$,问此托架是否安全?

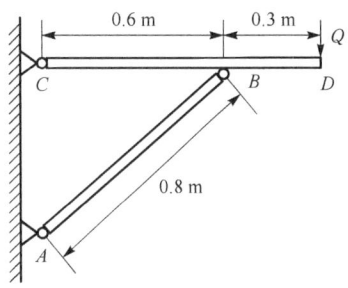

图 10-29 练习题 10 图

11. 蒸汽机车的连杆如图 10-30 所示,截面为工字形,材料为 Q235 钢,$\lambda_1 = 100$,连杆承受的最大轴向压力为 465 kN。连杆在摆动平面(xy 平面)内发生弯曲时,两端可认为是铰支;而在与摆动平面垂直的 xz 平面内发生弯曲时,两端可认为是固定支座。试确定其工作安全系数。

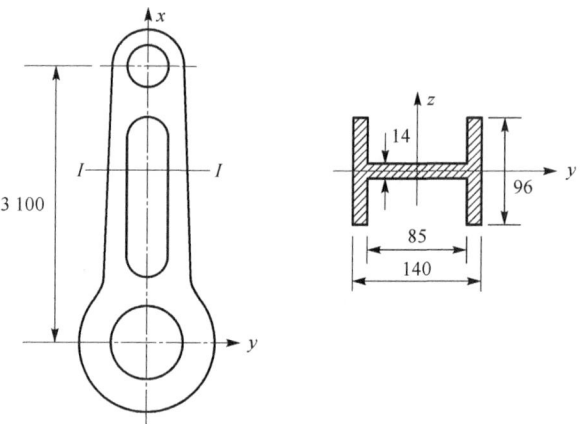

图 10-30　练习题 11 图

12. 某厂自制简易起重机如图 10-31 所示,压杆 BD 为 20 号槽钢,材料为 Q235 钢,$\lambda_1 = 100$,$\lambda_2 = 62$,起重机的最大起重量 $P = 40$ kN。若规定 $n_{st} = 5$,试校核 BD 杆的稳定性。

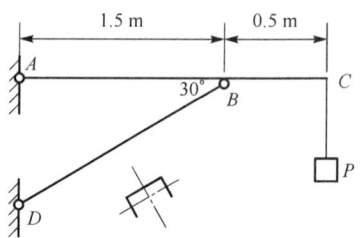

图 10-31　练习题 12 图

第 11 章 动 载 荷

11.1 概 述

前面各章研究的是构件在静荷载作用下的强度、刚度和稳定性的计算问题。所谓静荷载指的是从零开始逐渐增加到最终值的荷载。由于加载过程缓慢,构件内各质点的加速度甚小可忽略不计。反之,若构件内各质点的加速度较大,或者荷载明显地随时间而改变,均属于动荷载的问题。构件在动荷载作用下的应力称为动应力。下面研究三类常见的动应力问题。

(1) 构件作匀加速直线运动或匀速转动;
(2) 冲击;
(3) 交变应力。

实验证明:静载荷作用下服从虎克定律的材料,在动载荷作用下,只要动应力不超过比例极限,虎克定律仍然有效,且弹性模量不变。故假设在动应力计算中虎克定律仍适用。

11.2 动 静 法

物体在做加速运动时,物体内每个质点都受到惯性力的作用,根据达朗贝尔原理,惯性力在数值上等于质点的质量与加速度的乘积,方向与加速度相反,它的作用遍布整个物体每个质点,也是一种体积力。

将惯性力附加到加速运动的构件上,则构件在外力(包括支反力)和惯性力共同作用下保持动力平衡状态,此时动载荷问题可应用理论力学中的静力法进行求解,这种求解方法称为动静法。需要注意的是,研究的这些问题仍然是小变形问题,在计算构件的运动特性时,仍然可以略去构件的变形而按照刚体进行分析。下面将通过一些实例对动静法的运用做相应的讨论,并以此引入一些相关的物理量,包括动载系数、动应力等。

11.2.1 构件作匀加速直线运动的应力

现以匀加速起吊一根杆件为例(图 11-1a),来说明构件作匀加速直线运动时的动应力计算方法。设杆的长度为 l,横截面面积为 A,材料的容重为 γ,加速度为 a。

在某一瞬时,取距下端为 x 的一段杆为分离体(图 11-1b)。作用在这段杆上的重力沿杆轴均匀分布,其集度为 $A\gamma$,惯性力也是沿杆轴均匀分布的,其集度为 $(A\gamma/g) \cdot a$,方向与加速度 a 相反,m-m 横截面上的轴力设为 N_d。按照动静法应有如下的平衡方程:

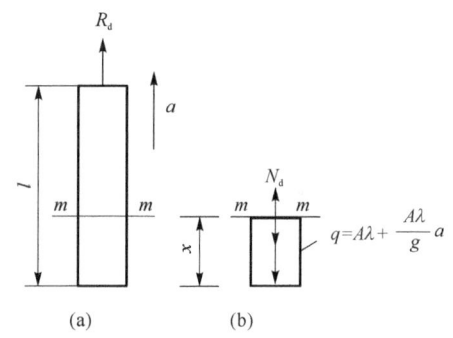

图 11-1 构件作匀加速直线运动

(a) 杆件运动;(b) 运动受力分析

$$\sum F_x = 0$$

$$N_d - A\gamma x - \frac{A\gamma a}{g} = 0$$

得:

$$N_d = A\gamma x\left(1 + \frac{a}{g}\right) \quad (11-1)$$

这是个轴向拉伸问题,所以 $m-m$ 横截面上的动应力 σ_d 为:

$$\sigma_d = \frac{N_d}{A} = \gamma x\left(+\frac{a}{g}\right) \quad (11-1\text{a})$$

当加速度为零时,即杆件受静荷载(重力)作用,此时 $m-m$ 横截面上的轴力和拉应力分别用 N_j 和 σ_j 表示,其值分别为:

$$N_j = A\gamma x \quad (11-1\text{b})$$

$$\sigma_j = \gamma x \quad (11-1\text{c})$$

引用记号:

$$K_d = 1 + \frac{a}{g} \quad (11-1\text{d})$$

式中,K_d 称为动载系数。于是上述两式可写成:

$$N_d = K_d N_j \quad (11-2)$$

$$\sigma_d = K_d \sigma_j \quad (11-3)$$

即动载内力和动应力可分别通过静载内力和静应力与动载系数相乘来求得。

假如上述杆件是以水平方式起吊(图 11-2a),并设钢索系于杆的两端,加速度为 a。为书写方便,杆件单位长度的重力用 q 表示,即 $q = A \cdot 1 \cdot \gamma$,则惯性力的集度为 $(q/g)a$,方向与加速度 a 相反。该杆在起吊的某一瞬时,其计算简图可取作长为 l、受集度为 $q + (q/g)a$ 的均布荷载作用之简支梁(图 11-2b),并绘出弯矩图如图 11-2c 所示。梁的最大弯矩是:

$$M_{d\max} = \frac{\left(q + \frac{q}{g}a\right)l^2}{8} = \left(1 + \frac{a}{g}\right)\frac{ql^2}{8} K_d M_{j\max}$$

式中,$M_{j\max} = ql^2/8$,N_j 是由静荷载引起的梁的最大弯矩;$K_d = 1 + a/g$,为动载系数。

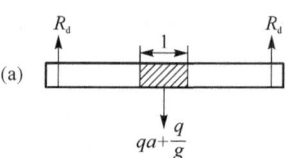

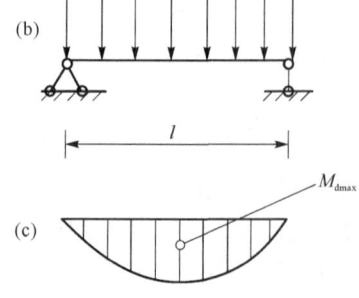

图 11-2 构件的应力

(a) 杆件起吊;(b) 计算简图;(c) 弯矩图

杆件横截面上的最大动应力为：

$$\sigma_{dmax} = \frac{M_{dmax}}{W_z} = K_d \frac{M_{jmax}}{W_z} = K_d \sigma_{jmax} \tag{11-4}$$

求得最大动应力后，强度条件为：

$$\sigma_{dmax} = K_d \sigma_{jmax} \leqslant [\sigma] \tag{11-5}$$

式中，$[\sigma]$ 是材料在静荷载下的许用应力。

11.2.2 构件作匀速转动运动的应力与变形

图 11-3a 所示为一直径为 D 的薄壁圆环，绕圆心在平面内作等速旋转，已知圆环的横截面面积为 A，壁厚为 t，材料比重为 γ，旋转角速度为 ω。

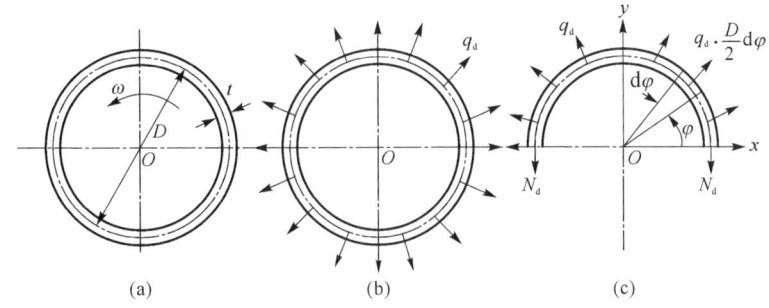

图 11-3 构件作匀速转动运动的应力与变形
(a) 薄壁圆环；(b) 加了惯性力的薄壁圆环；(c) 加了惯性力的薄壁半圆环

由于是薄壁圆环，即 $D \gg t$，等角速度旋转时，可以近似的认为环内各点的向心加速度相同，$a_n = \frac{D}{2}\omega^2$。则沿圆环轴线均匀分布的惯性力集度 q_d 为：

$$q_d = \frac{A\gamma}{g}a_n = \frac{A\gamma D}{2g}\omega^2 \tag{11-6}$$

方向与 a_n 相反（图 11-3b）。沿圆环直径切开，取上半部分进行研究，由平衡条件 $\sum F_y = 0$，圆环截面上的内力 N_d 为：

$$2N_d = \int_0^\pi q_d \frac{D}{2} d\varphi \sin\varphi = q_d D \tag{11-6a}$$

即：

$$N_d = \frac{q_d D}{2} \tag{11-6b}$$

圆环上的应力为：

$$\sigma_d = \frac{N_d}{A} = \frac{\gamma D^2}{4g}\omega^2 = \frac{\gamma v^2}{g} \tag{11-6c}$$

其中，$v = \frac{D}{2}\omega$ 为圆环轴线上各点的线速度。由强度条件可以得到：

$$\sigma_{\mathrm{d}} = \frac{\gamma v^2}{g} \leqslant [\sigma] \quad (11-6\mathrm{d})$$

由式(11-6d)可以看出,当圆环在平面内等角速度旋转时,圆环内的应力仅与材料比重 γ 及线速度 v 有关。因此,为了保证圆环安全工作,增加横截面的面积是无效的,只能限制圆环的转速或是选用材料比重小的材料来加工圆环。

在惯性力集度作用下,圆环将胀大。令变形后的直径为 D',则其直径的变化为 $\Delta D = D' - D$,径向应变可以表示为:

$$\varepsilon_{\mathrm{r}} = \frac{\Delta D}{D} = \frac{\pi(D'-D)}{\pi D} = \varepsilon_{\mathrm{t}} = \frac{\sigma_{\mathrm{d}}}{E} \quad (11-7)$$

其中,ε_{t} 为轴向应变。则:

$$\Delta D = D \frac{\sigma_{\mathrm{d}}}{E} = \frac{\gamma v^2 D}{gE} \quad (11-7\mathrm{a})$$

$$D' = D + \Delta D = D\left(1 + \frac{\gamma v^2}{gE}\right) \quad (11-7\mathrm{b})$$

由式(11-7b)可见,圆环直径的增大主要取决于其线速度。对于轮缘与轮心用过盈装配的构件,使用时转速应有限制,否则转速过高可能使轮缘与轮心发生松脱。

11.3 构件受冲击时的近似计算

当物体以一定速度撞击另一个静止的物体时,后者在瞬间使前者停止运动,因而引起两者间的冲击作用。运动的物体称为冲击物,受撞击的物体成为被冲击物,它们之间产生的作用称为冲击载荷或冲击力。例如,机械中的锻造,高速转动的飞轮或砂轮突然的刹车等,因此,可以说在动力机械中普遍存在冲击的问题。

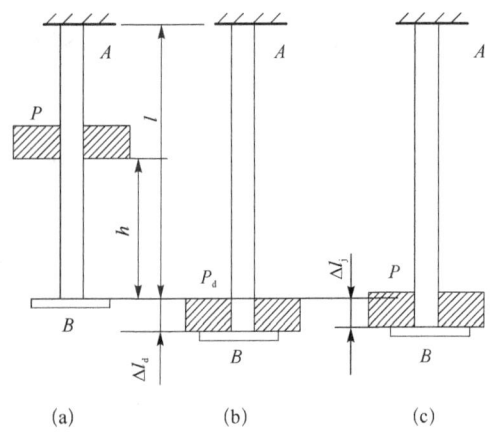

图 11-4 受冲击杆件
(a) P 自由落下;(b) 产生动变形;(c) 产生静变形

图 11-4a 表示重量为 P 的重物(通常称为冲击物)从距杆端为 h 处自由落下,当冲击物与杆端 B 接触时,由于杆件阻碍冲积物的运动,它的冲击速度减小,直至为零,这一过程称为冲击。由于冲击过程非常短促,一般仅为 $(1/1000 \sim 1/100)$ s。所以加速度的大小很难确定,也就难以采用动静法进行分析。工程中一般采用基于如下假设的能量法进行计算。

(1) 冲击物为刚体且忽略被冲击构件的质量,被冲击物为弹性体,忽略冲击接触表面可能产生的局部塑性变形,假设材料服从虎克定律。

(2) 冲击物的重量大于被冲击物,冲击物不回弹,附着在被冲击构件上一起运动,到被冲击物变形至最大位置时,冲击物速度随之减为零。

(3) 略去冲击过程中的能量损失,即冲击物下落过程中重力所做的功,在数值上等于被冲击构件内的应变能。

根据以上假设,当冲击物的速度减小到零时,即杆件发生最大伸长变量 Δl_d 时(图 11-4b),重力 P 所作的功(即重物所减少的位能)为:

$$W = P(h + \Delta l_d) \tag{11-8}$$

试验表明,在静荷载下服从虎克定律的材料,在冲击荷载下这一定律依然成立,且弹性模量 E 与静荷载下的相同。因此,在冲击过程中,若杆件仍在线弹性范围内工作,则杆内的应变能为:

$$U_d = \frac{\Delta l_d^2 EA}{2l} \tag{11-8a}$$

根据假设应有:

$$W = U_d$$

将式(11-8a)、式(11-8b)两式代入上式,得:

$$P(h + \Delta l_d) = \frac{\Delta l_d^2 EA}{2l} \tag{11-8b}$$

即:

$$\Delta l_d^2 EA - 2Pl \Delta l_d - 2Phl = 0$$

把该方程中的各项均除以 EA 后,得:

$$\Delta l_d^2 - 2\frac{Pl}{EA}\Delta l_d - 2\frac{Pl}{EA}h = 0$$

而 $Pl/(EA) = \Delta l_j$,相当于将冲击物的重量 P 当作静荷载作用在杆端时,杆在被冲击点处沿冲击方向的静位移(图 11-4b),于是上式可改写为:

$$\Delta l_d^2 - 2\Delta l_j \Delta l_d - 2\Delta l_j h = 0 \tag{11-8c}$$

从而解得:

$$\Delta l_d = \Delta l_j \pm \sqrt{\Delta l_j^2 + 2h\Delta l_j} = \left[1 \pm \sqrt{1 + \frac{2h}{\Delta l_j}}\right]\Delta l_j$$

由于 Δl_d 应大于 Δl_j,所以上式中根号前取正号,即:

$$\Delta l_d = \left[1 + \sqrt{1 + \frac{2h}{\Delta l_j}}\right]\Delta l_j \tag{11-8d}$$

引用记号:

$$K_d = 1 + \sqrt{1 + \frac{2h}{\Delta l_j}} \qquad (11-8e)$$

式中,K_d 称为冲击时的动荷系数。于是上式可写为:

$$\Delta l_d = K_d \Delta l_j \qquad (11-9)$$

将式(11-8)的两边乘以 E/l 后,便得到杆内的冲击应力为:

$$\sigma_d = K_d \sigma_j \qquad (11-10)$$

当 $h=0$ 时,即骤加荷载的情况,由式(11-7)得:

$$K_d = 2$$

以上公式也适用于梁的冲击问题,只是静应力和静位移的计算公式与拉(压)时不同。

由式(11-8)可以看出,杆件(或线弹性结构)的刚度越小,静位移 Δl_j 就越大,动载荷 K_d 也就越小。因此,工程中广泛采用不同类型的柔性构件(如弹簧)来作为缓冲元件。

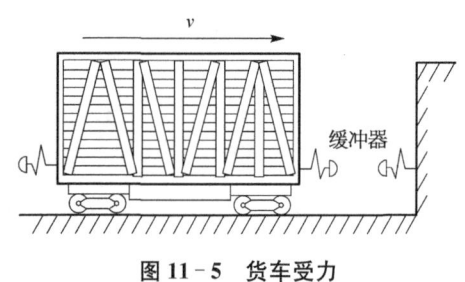

图 11-5 货车受力

利用能量守恒定律也可近似地计算其他形式的冲击问题。如图 11-5 所示的货车而言,当该车以速度 v 冲向保护装置时,是缓冲器中的弹簧压缩变形,从而起到吸收货车能量作用。如果货车的速度不大,则除弹簧以外,对货车车体以及保护装置中的其他零件均可视为刚体。再根据能量守恒定律,便可以缓冲弹簧受到的冲击力进行近似的计算。

由能量守恒定律可知:

$$E_d = U_d \qquad (11-11)$$

式中,U_d 为弹簧内的应变能,在数值上等于冲击力 P_d 所做的功;E_d 为货车所减少的动能。设货车的重量为 P,速度为 v,冲击终了时的速度降为零,则动能的损失为:

$$E_d = \frac{Pv^2}{2g} \qquad (11-11a)$$

缓冲弹簧受到的冲击力为:

$$P_d = C\lambda_d \qquad (11-11b)$$

式中,λ_d 为两个缓冲器(货车上的缓冲器和保护装置的缓冲器)弹簧的总压缩量;C 为两个串联弹簧的刚度。

弹簧内的应变能为:

$$U_d = \frac{P_d \lambda_d}{2} = \frac{P_d^2}{2C} \qquad (11-11c)$$

将式(11-11a)和式(11-11c)代入式(11-11)得:

$$\frac{Pv^2}{2g} = \frac{P_d^2}{2C} \tag{11-11d}$$

从而解出冲击力为：

$$P_d = v\sqrt{\frac{PC}{g}} \tag{11-11e}$$

11.4 交变应力的概念

机器设备和工程结构中的许多构件，其工作应力常随时间作周期的变化，这种应力称为交变应力。例如，铁路车辆的轮轴以匀角速度 ω 转动时（图 11-6a），中间一段轴为纯弯曲，该区段内任一横截面周边上 k 点的弯曲正应力为：

$$\sigma_k = \frac{My_k}{I_z} = \frac{Pa}{I_z} \times \frac{d}{2}\sin\omega t = \sigma_{\max}\sin\omega t \tag{11-12}$$

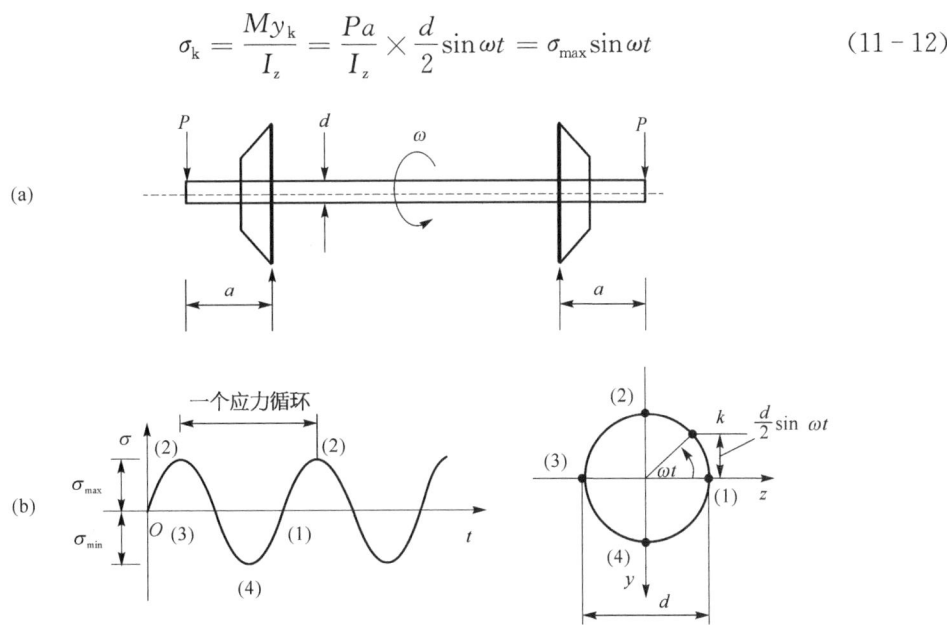

图 11-6 交变应力图

(a) 原图；(b) k 点的弯曲正应力随时间变化

若以时间 t 为横坐标，正应力为纵坐标，则 k 点的弯曲正应力随时间按正弦规律周期性地变化，当应力每重复一次时，称为一个应力循环，如图 11-6b 所示。重复变化的次数称为循环次数。

又如图 11-7a 所示的圆轴，受横向力 P_2 和轴向拉力 P_1 的联合作用，当轴以匀角速度 ω 转动时，某横截面周边上 k 点的正应力为：

$$\sigma_k = \frac{P_1}{A} - \frac{M}{I_z} \cdot \frac{d}{2}\sin\omega t \tag{11-13}$$

它随时间变化的规律仍是正弦曲线，如图 11-7b 所示。

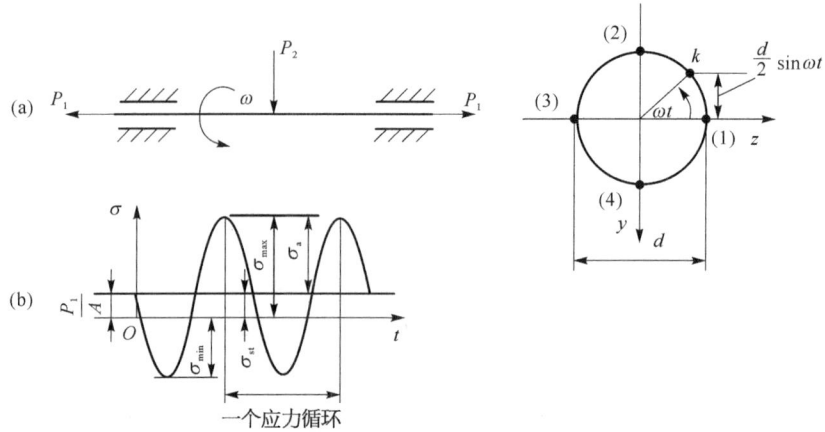

图 11-7 交变应力图

(a) 计算简图;(b) k 点的弯曲正应力随时间变化

当然,应力随时间变化的规律,并不都是正弦曲线,如单向转动齿轮上某齿的根部 k 点(图 11-8a),该齿每啮合一次,k 点的弯曲正应力就从零变化到最大值再回到零,其变化规律如图 11-8b 所示。

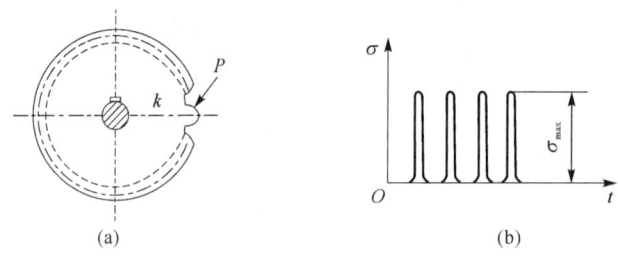

图 11-8 弯曲正应力图

(a) 原图;(b) k 点的弯曲正应力随时间变化

由图 11-8b 可以看出,交变应力可以用最大应力 σ_{max}(代数值最大)和最小应力 σ_{min}(代数值最小)来表示应力循环的情况;也可以用应力循环中的平均应力 σ_m 和应力幅 σ_a 来表示,它们的表达式分别是:

$$\sigma_m = \frac{\sigma_{max} + \sigma_{min}}{2} \tag{11-14}$$

$$\sigma_a = \frac{\sigma_{max} - \sigma_{min}}{2} \tag{11-14a}$$

$$\sigma_{max} = \sigma_m + \sigma_a, \ \sigma_{min} = \sigma_m - \sigma_a \tag{11-14b}$$

从图 11-8 还可以看出,平均应力 σ_m 相当于由静荷载引起的静应力,也称为应力循环中的静应力部分,而应力幅 σ_a 则称为应力循环中的动应力部分。

为区分不同的应力循环,用最小应力与最大应力之比,来表示应力循环的特点,即:

$$\gamma = \frac{\sigma_{min}}{\sigma_{max}} \tag{11-14c}$$

这一比值称为循环特征(或称应力比)。例如,图 11-6b 所示的交变应力,其循环特征 $\gamma=-1$,称为对称循环;图 11-8b 所示的交变应力,其循环特征 $\gamma=0$,称为脉动循环。对于 $\gamma\neq-1$ 的应力循环,统称为非对称循环。所以,脉动循环也是一种非对称循环。

有些构件的工作应力为交变剪应力,例如车辆中的螺旋弹簧,在弹簧杆横截面上的应力就是交变剪应力。上述概念仍然适用,只需将 σ 改为 τ 即可。

11.5 金属疲劳破坏的概念

构件在交变应力下所发生的断裂破坏,习惯上称为疲劳破坏。其破坏形式与静荷载下发生的强度破坏截然不同。许多金属构件的疲劳破坏现象以及大量的疲劳破坏试验结果表明:在某种循环特征下,虽然交变应力的最大应力 σ_{max}(或最小应力 σ_{min})低于材料的静强度极限 σ_b,甚至低于材料的屈服极限 σ_s,但经过许多次乃至上千万次应力循环之后,也会突然发生脆性断裂。即使是塑性较好的材料,断裂前也没有明显的塑性变形。例如,由 45 号钢制成的标准小试件,在弯曲对称循环下,当 $\sigma_{max}=-\sigma_{min}\approx 260$ MPa 时,经约 10^7 次应力循环后,就可能发生疲劳破坏。而 45 号钢的 $\sigma_s=350$ MPa,$\sigma_b=600$ MPa。在疲劳破坏的断口上,一般能观察到两个区域(光滑区和粗糙区,如图 11-9 所示)。图 11-10 和图 11-11 分别为车轴和气锤杆的疲劳破坏断口的照片,从中也能看出这一特征,这说明疲劳破坏带有明显的局部性质。

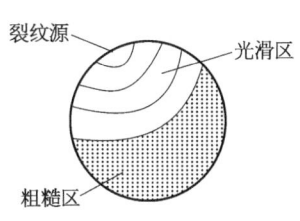
图 11-9 小试件断口

图 11-10 车轴断口
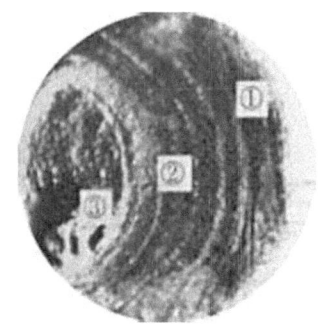
图 11-11 气锤杆断口

近代研究结果表明,构件的疲劳破坏过程是在交变应力下所产生的损伤累积的结果。金属构件的疲劳破坏过程,大体上可分为疲劳裂纹的形成、疲劳裂纹的扩展和脆性断裂三个阶段。疲劳裂纹的形成阶段,是指没有初始宏观缺陷的金属构件,在高应力区经长期交变应力作用后逐渐形成并发展成一个细观裂纹(称为裂纹源)的阶段。目前,工程上把长度为 $0.05\sim 0.1$ mm 的裂纹定为工程起始裂纹。因此,这一阶段就是形成一个可见工程裂纹的阶段。由于裂纹尖端的应力集中,在交变应力下导致疲劳裂纹逐渐扩展。在裂纹的扩展过程中,裂纹两侧的材料时而分开、时而压紧(交变正应力),或者相互反复错动(交变剪应力),这就形成断口的光滑区域。随着裂纹的不断扩展,有效截面逐渐减少,当裂纹长度达到临界尺寸后,裂纹以极大速度扩展,从而发生突然的脆性断裂,形成了断口的粗糙区域。

因构件发生疲劳破坏可能造成飞机失事、火车颠覆、桥梁倒塌等重大事故。因此,对在交变应力下工作的构件进行疲劳强度计算十分重要。

11.6 材料的疲劳极限与 S-N 曲线

实践表明,材料是否产生疲劳破坏,不仅与 σ_{max} 有关,还与循环特征 r 及循环次数 N 有关。在一定的循环特征下,σ_{max} 越高,至断裂所经历的循环次数越少;若 σ_{max} 降低,则 N 便可增大。当 σ_{max} 不超过某一极限值时,材料经受"无数次"的应力循环仍不发生疲劳破坏,这个极限应力值称为材料在该循环特征下的"疲劳极限",以 σ_r 表示。下标 r 表示它的循环特征。

需要说明的是即使是同一材料,在不同的循环特征下疲劳极限也不同,其中对称循环的疲劳极限最低,也是工程上应用最为广泛的一个疲劳指标。下面,将以弯曲对称循环为例介绍此时疲劳极限 σ_{-1} 的测定方法。将直径 $d = 7 \sim 10$ mm、表面磨光的试件装入弯曲疲劳试验机的弹簧夹头中(图 11-12)。每组试样约为 10 根。载荷 F 通过 U 型结构施加于试件上,使试件中部受到纯弯曲的作用,弯矩为 $M = \dfrac{1}{2}Fa$,当试件在电动机作用下旋转后,截面上各点发生对称循环的交变应力的作用,表面上各点的应力变化为:

$$\sigma_{max} = |\sigma_{min}| = \frac{M}{W} = \frac{16Fa}{\pi d^3}$$

试验时,使第一根试样承受的最大应力 $\sigma_{max,1}$ 设定为材料的抗拉强度的 $60\% \sim 70\%$,测得试件断裂时的应力循环次数为 N_1。然后取第二根试件的应力 $\sigma_{max,2}$ 比 $\sigma_{max,1}$ 减小 $20 \sim 40$ MPa 再进行试验,记下断裂时的应力循环次数 N_2。一般来说,随着应力水平的降低,疲劳寿命(导致疲劳失效的循环次数)迅速增加。逐步降低应力水平,得出与各应力水平相应的寿命。以应力 σ 为纵坐标,寿命 N 为横坐标(图 11-12),按照试验的结果描成的曲线,成为应力-寿命曲线(或 S-N 曲线)。试验表明,当应力降到某一极限时,S-N 趋近水平线。这表明当应力不超过这一极限值,寿命 N 可以无限的增加。从物理上来说,此时试验可以经历无限次应力循环而不发生疲劳失效。交变应力的这一极限值称为持久极限或疲劳极限。对称循环的持久极限记为 σ_{-1},下标"-1"表示对称循环的循环特征 γ 为 -1。

以钢试样为例,如钢试样经历 10^7 次循环仍未发生疲劳失效,则再增加循环次数也不会发生疲劳失效。因此,工程中往往将 10^7 次循环下仍未发生疲劳失

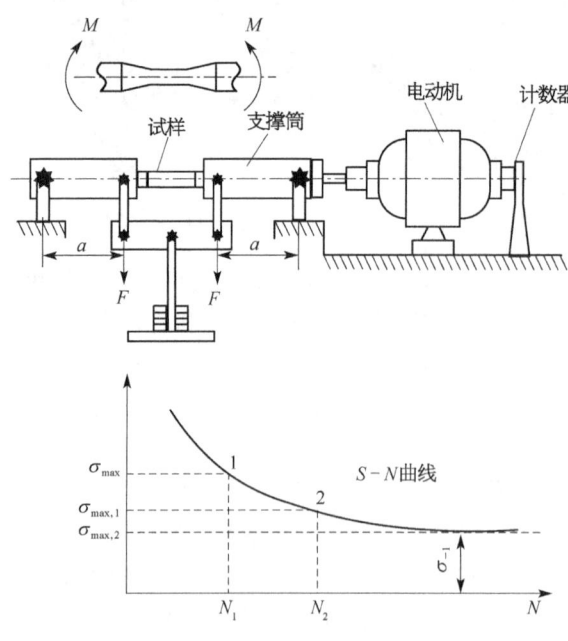

图 11-12 S-N 曲线图

效的最大应力定为钢材的持久极限。而把 $N_0 = 10^7$ 称为循环基数。但是对于某些材料（如有色金属），其 $S\text{-}N$ 曲线并无明显趋于水平的直线部分。此时，通常规定一个循环基数，例如 $N_0 = 10^8$，把与它对应且不发生疲劳失效的最大应力作为"条件"持久极限。

几种常见钢材的疲劳极限列于表 11-1，供读者参考。根据大量试验结果得到在对称循环下疲劳极限与静载荷强度及脉动循环下疲劳极限的近似关系，列于表 11-2，供缺少资料及试验条件时作估算用。

表 11-1 几种常用钢材的疲劳极限值

钢 号	毛坯直径/mm	硬度/HB	σ_b/MPa	σ/MPa	τ_1/MPa	σ_{-1}/MPa	τ_{-1}/MPa
A_3	任意	—	400	240	120	170	100
A_5	任意	190	520	280	150	220	130
20	60	145	400	240	120	170	100
45	任意	200	560	280	150	250	150
45	120	240	500	550	300	350	210
45	80	270	900	650	390	380	230
40Cr	任意	200	730	500	280	320	200
40Cr	200	240	800	650	390	360	210
40Cr	120	270	900	750	450	410	240
4CrNi	任意	240	820	650	390	360	210
80CrMnTi	任意	320	1150	950	670	520	310

表 11-2 疲劳极限和静载荷强度的近似关系

材 料	受力情况	对称循环下的疲劳极限	脉动循环下的疲劳极限
结构钢	弯曲	$\sigma_{-1} = 0.27(\sigma_s + \sigma_b)$	$\sigma_0 = 1.40\sigma_{-1}$
结构钢	拉压	$\sigma'_{-1} = 0.23(\sigma_s + \sigma_b)$	$\sigma'_0 = 1.47\sigma'_{-1}$
结构钢	扭转	$\tau_{-1} = 0.15(\sigma_s + \sigma_b)$	$\tau_0 = 1.55\tau_{-1}$
铸铁	弯曲	$\sigma_{-1} = 0.45\sigma_b$	$\sigma_0 = 1.33\sigma_{-1}$
铸铁	拉压	$\sigma'_{-1} = 0.40\sigma_b$	$\sigma'_0 = 1.42\sigma'_{-1}$
铸铁	扭转	$\tau_{-1} = 0.8\sigma_b$	$\tau_0 = 1.35\sigma_{-1}$
铝合金	弯曲、拉伸	$\sigma_{-1} = \sigma'_{-1} = 0.25\sigma_b$	$\sigma'_0 = 15\sigma'_{-1}$
青铜	弯曲	$\sigma_{-1} = 0.21\sigma_b$	

11.7 影响构件疲劳极限的因素

材料的疲劳极限是用光滑小尺寸试件测得的。实验表明，构件的疲劳极限不仅与材料有关,而且还与构件的几何形状、尺寸大小、表面加工及工作条件等因素有关。因此,应该综合考虑这些因素的影响,对由光滑小试件测得的材料疲劳极限进行修正,得到构件的疲劳极限。

11.7.1 构件外形的影响

由于使用及工艺的需要,构件常常带有轴肩、小孔、键槽等,使横截面产生突变,这些地方存在着应力集中,容易形成疲劳裂纹,从而使构件的疲劳极限显著降低。若以 σ_{-1} 或 τ_{-1} 代表无应力集中的光滑试样的持久极限,$(\sigma_{-1})_k$ 或 $(\tau_{-1})_k$ 代表有应力集中的光滑试样的持久极限。令:

$$k_\sigma = \frac{\sigma_{-1}}{(\sigma_{-1})_k} \text{ 或 } k_\tau = \frac{\tau_{-1}}{(\tau_{-1})_k} \quad (11-15)$$

称为有效应力集中系数。由于 $\sigma_{-1} > (\sigma_{-1})_k$,所以 $K_i > 1$,$i = \sigma, \tau$。

为了使用方便,通常把 K_σ 和 K_τ 绘成曲线或是表格,图 11-13 和图 11-14 分别表示钢制阶梯轴在对称循环下弯曲及扭转时的有效应力集中系数。从图中可以看出:

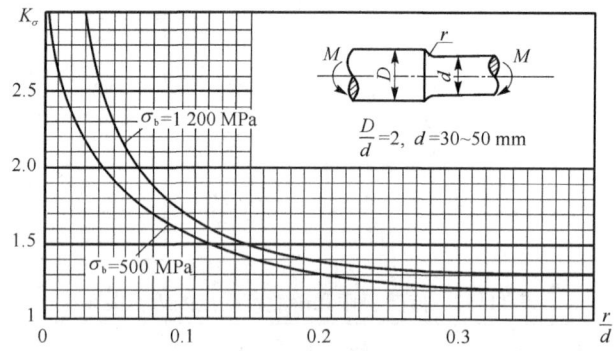

图 11-13 弯曲的有效应力集中系数

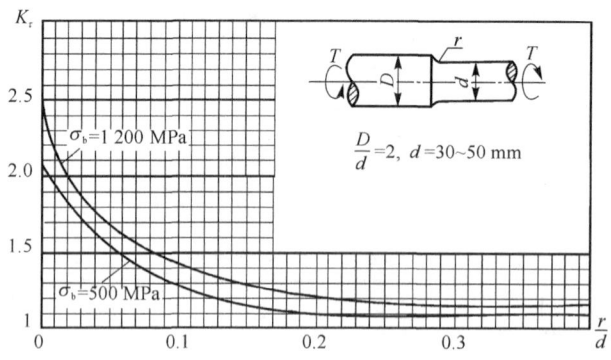

图 11-14 扭转的有效应力集中系数

(1) 钢材的 σ_b 越大,有效集中系数越大。即材料的强度越高,对应力集中越敏感。这也反映了动载荷与静载荷应力集中系数的区别。在静载荷作用下的应力集中系数仅与构件的几何尺寸有关;在动载荷作用下,有效应力集中系数,不仅与构件的几何形状有关,还与材料的性质有关。

(2) r/d 越小,有效应力集中系数越大,疲劳极限降低显著。因此在零件在设计增大过渡圆角半径 r 可以降低应力集中的影响。

需要说明的是,其他应力集中形式的系数可以查相关资料或是机械工程手册。若构件某一截面上同时存在几处应力集中因素,应取其中的最大值计算。

11.7.2 构件尺寸的影响

疲劳极限将随着构件尺寸的增大而降低。这是因为构件尺寸越大,材料包含的缺陷相应增加,产生疲劳裂纹的可能也将会增加,因而疲劳极限降低,尺寸的影响需要通过对比试验来测定。假设对称循环下光滑大试件的疲劳极限为 $(\sigma_{-1})_d$ 和 $(\tau_{-1})_d$,则尺寸系数为:

$$\varepsilon_\sigma = \frac{\sigma_{-1}}{(\sigma_{-1})_d} \text{ 或 } \varepsilon_\tau = \frac{\tau_{-1}}{(\tau_{-1})_d} \qquad (11-16)$$

从中可以知道尺寸系数小于 1。常用的钢材弯曲和扭转的尺寸系数如表 11-3 所示。在轴向拉-压时,若构件直径小于 40 mm,尺寸对持久极限无明显影响,可取 $\varepsilon_\sigma = 1$。

表 11-3 尺寸因数

直径 d/mm		>20~30	>30~40	>40~50	>50~60
ε_σ	碳钢	0.91	0.88	0.84	0.84
	合金钢	0.83	0.77	0.73	0.70
各种钢 ε_τ		0.89	0.81	0.78	0.76
直径 d/mm		>60~70	>70~80	>80~100	>100~120
ε_σ	碳钢	0.78	0.75	0.73	0.70
	合金钢	0.68	0.66	0.64	0.62
各种钢 ε_τ		0.74	0.73	0.72	0.70
直径 d/mm		>120~150	>150~500		
ε_σ	碳钢	0.68	0.60		
	合金钢	0.60	0.54		
各种钢 ε_τ		0.68	0.60		

11.7.3 表面状态的影响

构件表面状态对疲劳极限的影响,主要是构件表面加工质量、表面腐蚀、表面强化及工作条件的影响。

1. 表面加工的影响

构件表面若留有加工的刻痕,则在刻痕根部将出现应力集中,因而疲劳裂纹也容易萌生于表层,使构件的疲劳极限降低。所以,表面加工质量对持久极限有明显的影响。这种影响可以由对比试验获得。构件表面受加工影响时的持久极限为 $(\sigma_{-1})_{\beta_1}$,则比值:

$$\beta_1 = \frac{(\sigma_{-1})_{\beta_1}}{\sigma_{-1}} \tag{11-17}$$

称为表面质量因素。不同加工表面的 β_1 值列于表 11-4 中,表中第 2 列表面质量是指表面粗糙度。从中可以看出,随着表面质量的下降,高强度钢材的 β 值将明显降低。这也说明优质钢材更加需要高质量的表面加工,才能显示其高强度的特性。

表 11-4 表面质量因数 β

加工方法	表面质量 $R_a/\mu m$	σ_b/MPa		
		400	800	1 200
磨削	0.1～0.2	1	1	1
车削	1.6～4.3	0.95	0.90	0.80
粗车	3.2～12.5	0.85	0.80	0.65
未加工表面	——	0.75	0.65	0.45

2. 表面腐蚀的影响

构件在腐蚀介质(流水或海水)中工作时,因腐蚀造成表面粗糙,会促使疲劳裂纹的产生,从而降低疲劳极限。表面腐蚀的影响用表面腐蚀系数 β_2 来表示。设对称循环下材料在腐蚀介质中的疲劳极限为 $(\sigma_{-1})_{\beta_2}$,则:

$$\beta_2 = \frac{(\sigma_{-1})_{\beta_2}}{\sigma_{-1}} \tag{11-18}$$

不同环境下材料的表面腐蚀系数 β_2 可以查相关的资料得到,这里就再赘述。需要说明的是 $\beta_2 < 1$,且钢材的强度越高,腐蚀的影响越大。

3. 表面强化的影响

由于疲劳裂纹多发生于构件表面,所以提高表面层的强度也就能提高疲劳极限。工程中常用的表面强化方法有表面热处理及表面冷加工,特别是喷丸处理利用高速铁粒冲击构件表面,多用于形状复杂的构件,尤其是具有应力集中的构件更有效,滚压则多用于形状简单的构件。表面强化的影响用表面强化系数 β_3 来表示,它是由表面强化后试件的疲劳极限和表面未强化试件的疲劳极限相比得到,$\beta_3 < 1$,可以查相关的资料得到。

上述表面加工系数 β_1、表面腐蚀系数 β_2 和表面强化 β_3 总称为表面状态系数,可以统一用 β 表示。在工程计算中,应根据具体形状按照主要因素选取相应的 β 值。例如,构件仅经切削加工,则 $\beta = \beta_1$;构件切削加工后又经历强化,则 $\beta = \beta_3$;若构件还在腐蚀液中工作,则 $\beta = \beta_2$。一般在工程使用中不将各值相乘。

11.8 构件疲劳极限

综合考虑构件外形、尺寸和表面状态的影响,可以得到构件在对称循环下的疲劳极限的表达式为:

$$(\sigma_{-1})_{构件} = \frac{\varepsilon_\sigma \beta}{k_\sigma} \sigma_{-1} \tag{11-19}$$

其中，σ_{-1} 是光滑小试样的疲劳极限。这个公式是对正应力的，对于扭转时的剪应力可以类似的表达为：

$$(\tau_{-1})_{构件} = \frac{\varepsilon_\tau \beta}{k_\tau} \tau_{-1} \tag{11-20}$$

除了上述三种主要因素外，构件的工作环境也会相应构件的疲劳极限。仿照前面的方法，也可以用修正系数来表示这些因素的影响，这里不再赘述。

11.9 对称循环下的疲劳强度计算与合理设计

构件的疲劳极限是对称循环下构件的极限应力，若规定安全系数为 n，则构件在对称循环下的许用应力为：

$$[\sigma_{-1}] = \frac{(\sigma_{-1})_{构件}}{n} = \frac{\varepsilon_\sigma \beta}{n k_\sigma} \sigma_{-1} \tag{11-21}$$

则相应的强度条件可以表示为：

$$\sigma_{\max} \leqslant [\sigma_{-1}] = \frac{\varepsilon_\sigma \beta}{n k_\sigma} \sigma_{-1} \tag{11-22}$$

式中，$\sigma_{\max}$ 是构件工作时的最大应力。在对称循环下，最大工作应力即是交变应力的应力幅，故上式实际为：

$$\sigma_a \leqslant [\sigma_{-1}] \tag{11-23}$$

式(11-23)是按许用应力进行强度校核的，故称强度校核法。

由于构件的许用应力不是定值，工程计算上往往采用比较安全系数的方法进行强度校核，也就是要求构件的工作安全系数大于或等于规定的安全系数，这种方法称安全系数法。工作安全系数是构件的疲劳极限与它工作时的最大应力之比，即：

$$n_\sigma = \frac{(\sigma_{-1})_{构件}}{\sigma_{\max}} = \frac{\frac{\varepsilon_\sigma \beta}{K_\sigma} \sigma_{-1}}{\sigma_a} = \frac{\sigma_{-1}}{\frac{K_\sigma}{\varepsilon_\sigma \beta} \sigma_a} \tag{11-24}$$

强度条件为 $n_\sigma \geqslant n$。引入式(11-24)，得弯曲、拉压时对称循环下的强度条件：

$$n_j = \frac{\sigma_{-1}}{\frac{K_\sigma}{\varepsilon_\sigma \beta} \sigma_a} n_0 \tag{11-25}$$

同理，扭转对称循环下的强度条件：

$$n = \frac{\tau_{-1}}{\frac{K_\tau}{\varepsilon_\tau \beta}\tau_a} \geqslant n_0 \qquad (11-26)$$

规定的疲劳安全系数 n 可查有关手册。一般对于材质均匀,计算精确地构件取 $n=1.3\sim1.5$;材质不均匀,计算精度低的构件取 $n=1.5\sim1.8$;材质差计算精度很低的构件取 $n=1.8\sim2.5$。有特殊要求及在特殊状态下工作的构件,其安全系数应根据实际需要确定。

由式(11-24)还可以看到,对材料疲劳极限的各影响因素,可以转换成对构件工作应力幅的影响,由于这些影响因素。使构件的应力幅由 σ_a 增大至 $\frac{K_\sigma}{\varepsilon_\sigma \beta}\sigma_a$,而材料的疲劳极限值 σ_{-1} 不变。

例 11-1

如图 11-15 所示阶梯形圆轴,在干燥空气中运转表面磨光,受 $\pm 1\,\mathrm{kN\cdot m}$ 之间交变扭矩的作用,材料为 45 号钢,$\sigma_b = 560\,\mathrm{MPa}$,$\tau_{-1} = 150\,\mathrm{MPa}$,规定安全系数 $n=3.0$。试校核轴的强度。

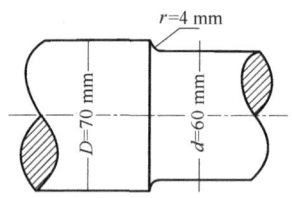

图 11-15 例 11-1 图

解:(1) 根据受力情况计算最大的工作应力。

$$\tau_{max} = \tau_a = \frac{M_n}{W_p} = \frac{1 \times 10^3}{\frac{\pi}{16} \times 60^3 \times 10^{-9}} = 23.6\,\mathrm{MPa}$$

(2) 根据构件的外形、尺寸及表面质量确定各个系数。

有效应力集中系数:由

$$\frac{D}{d} = \frac{70}{60} = 1.17,\quad \frac{r}{d} = \frac{4}{60} = 0.067,\quad \sigma_b = 560\,\mathrm{MPa}。$$

由图 11-14 得 $K_\tau = 1.28$。

尺寸系数:由 $d = 60\,\mathrm{mm}$,查表 11-3 得 $\varepsilon_\tau = 0.74$。

表面质量系数:表面磨光,在干燥空气中运转,没有表面处理,$\beta = \beta_1 = 1$。

(3) 强度校核。按强度条件式(11-26)有:

$$n = \frac{\tau_{-1}}{\frac{K_\tau}{\varepsilon_\tau \beta}\tau_a} = \frac{150}{\frac{1.28}{0.75 \times 1} \times 23.6} = 3.72 > n = 3.0$$

故该轴强度足够。

习 题

思考题

在下面思考题中 A、B、C、D 的备选答案中选择正确的答案。

1. 匀质等厚度圆盘，当以等角速度绕中心旋转时，对于整个圆盘所受的惯性力，下列结论中_____是正确的。
   (A) 主矢和主矩均为零； (B) 主矢和主矩均不为零；
   (C) 主矢为零，主矩不为零； (D) 主矢不为零，主矩为零。

2. 以等角加速度旋转的构件，各点惯性力的方向必_____。
   (A) 垂直于旋转半径；
   (B) 不通过旋转中心；
   (C) 指向旋转中心；
   (D) 背离旋转中心(即指向该点线位移的外法线方向)。

3. 图 11-16 所示钢质薄壁圆环绕轴心 O 作等速旋转，已知圆环横截面积 A，平均直径 D，角速度 ω。当圆环应力超过材料许用应力时，为保证圆环强度，采用_____是无效的。
   (A) 减小 ω； (B) 减小 D；
   (C) 改选高强度钢材； (D) 增加 A。

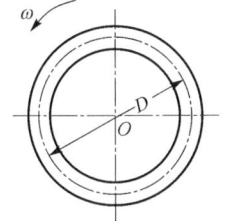
图 11-16 思考题 3 图

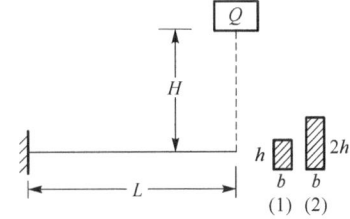
图 11-17 思考题 4 图

4. 矩形截面的悬臂梁，自由端受冲击荷载作用，如图 11-17 所示。情况(1)，梁的横截面尺寸为 $h \times b$；情况(2)，截面为 $2h \times b$。对于这两种情况的动荷系数 K_d 和梁内最大动荷应力 $\sigma_{d\max}$，下列结论中_____是正确的。
   (A) $(K_d)_1 < (K_d)_2$，$(\sigma_{d\max})_1 < (\sigma_{d\max})_2$； (B) $(K_d)_1 < (K_d)_2$，$(\sigma_{d\max})_1 > (\sigma_{d\max})_2$；
   (C) $(K_d)_1 > (K_d)_2$，$(\sigma_{d\max})_1 < (\sigma_{d\max})_2$； (D) $(K_d)_1 > (K_d)_2$，$(\sigma_{d\max})_1 > (\sigma_{d\max})_2$。

5. 设重物 Q 静止作用于梁上截面 C 处时，截面 C 和 D 处的静位移分别为 $(\delta_j)_C$ 和 $(\delta_j)_D$，如图 11-18 所示。现考虑重物 Q 由高度 H 处自由下落，则下列结论中哪些是正确的？
   答：_____。
   (1) 求梁上截面 C 和 D 处的动荷应力时，所取动荷系数 K_d 的值相同；
   (2) 求梁上截面 C 和 D 处的动荷应力时，所取动荷系数 K_d 的值不同；
   (3) 求梁上截面 C 的动荷应力时，公式 $K_d = 1 + \sqrt{1 + \dfrac{2H}{\delta_j}}$ 中的静位移 δ_j 应取截面 C 的值 $(\delta_j)_C$；

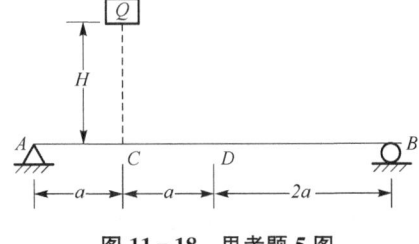
图 11-18 思考题 5 图

(4) 求梁上截面 D 的动荷应力时，公式 $K_d = 1 + \sqrt{1 + \dfrac{2H}{\delta_j}}$ 中的静位移 δ_j 应取截面 D 的

值 $(\delta_j)_D$。

(A) (1)、(3);　　(B) (2)、(3);　　(C) (2)、(4);　　(D) (2)、(3)、(4)。

6. 如图 11-19 所示,设重物 Q 静止作用于梁上截面 C 处时,截面 C 和 B 处的静位移分别为 $(\delta_j)_C$ 和 $(\delta_j)_B$。现考虑重物 Q 由高度 H 处自由下落,则下列结论中哪些是正确的? 答:_____。

(1) 求梁 AB 的动荷应力和求弹簧中的动荷应力,所取动荷系数 K_d 的值相同;

(2) 求梁 AB 的动荷应力和求弹簧中的动荷应力,所取动荷系数 K_d 的值不同;

(3) 求梁上截面 C 的动荷应力时,公式 $K_d = 1 + \sqrt{1 + \dfrac{2H}{\delta_j}}$ 中的静位移 δ_j 应取截面 C 的值 $(\delta_j)_C$;

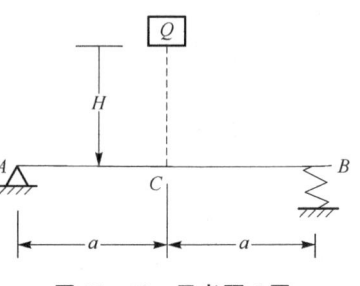

图 11-19　思考题 6 图

(4) 求梁上截面 C 的动荷应力时,公式 $K_d = 1 + \sqrt{1 + \dfrac{2H}{\delta_j}}$ 中的静位移 δ_j 应取 $(\delta_j)_C + (\delta_j)_B/2$;

(A) (1)、(3);　　(B) (2)、(3);　　(C) (1)、(4);　　(D) (2)、(4)。

7. 机车匀速前进时,车轮上的连杆 AB 处于图 11-20 所示的哪个位置时,惯性力和重力在 AB 杆引起的最大弯曲正应力最大? 答:_____。

(A) 1-1;　　(B) 2-2;　　(C) 3-3;　　(D) 4-4。

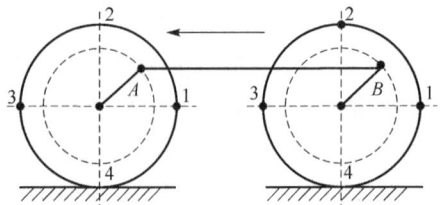

图 11-20　思考题 7 图

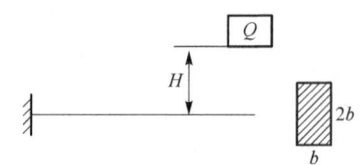

图 11-21　思考题 8 图

8. 如图 11-21 所示矩形截面悬臂梁受自由落体冲击作用。若将其图示竖放截面改为平放截面而其他条件不变,则梁的最大冲击应力 σ_d 和最大冲击挠度 Δ_d 的变化情况是_____。

(A) σ_d 增大,Δ_d 减小;　　　　(B) σ_d 减小,Δ_d 增大;
(C) σ_d 和 Δ_d 均增大;　　　　(D) σ_d 和 Δ_d 均减小。

9. 常见的自行车运行时,其前轮轴受何种应力作用? 答:_____。

(A) 脉动循环应力;　　　　　　　(B) 对称循环应力;
(C) 不变的弯曲应力;　　　　　　(D) 非对称循环应力。

10. 如图 11-22 所示圆轴以等角速度 ω 旋转,跨度中央有集中力 P 作用。此时轴内应力属_____。

(A) 脉动循环应力;
(B) 对称循环应力;
(C) 不变的弯曲应力;
(D) 非对称循环应力。

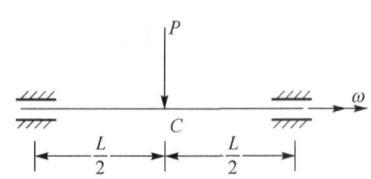

图 11-22　思考题 10 图

11. 金属构件在交变应力下发生疲劳破坏的主要特征是_____。
   (A) 有明显的塑性变形,断口表面呈光滑状;
   (B) 无明显的塑性变形,断口表面呈粗粒状;
   (C) 有明显的塑性变形,断口表面分为光滑区及粗粒状区;
   (D) 无明显的塑性变形,断口表面分为光滑区及粗粒状区。

12. 循环特征 r 的数值范围为_____。
   (A) $0 \leqslant r \leqslant 1$;   (B) $-1 \leqslant r \leqslant 1$;   (C) $0 < r < 1$;   (D) $-1 < r < 1$。

13. 为使构件在对称循环交变应力下正常工作,构件内的最大应力应小于或等于_____。
   (A) 材料的许用应力 $[\sigma]$ 或 $[\tau]$;
   (B) 材料的持久极限;
   (C) 构件的持久极限;
   (D) 构件的持久极限与疲劳规定安全系数之比。

14. 在下列关于同一循环特征下光滑小试件持久寿命的说法中,正确的是_____。
   (A) 交变应力的最大应力越大,试件的持久寿命越低;
   (B) 交变应力的最大应力越大,试件的持久寿命越高;
   (C) 当交变应力的最大应力超过材料的持久极限时,试件的持久寿命为零;
   (D) 当交变应力的最大应力不变,而试件的变形形式改变时,其持久寿命不变。

15. 在以下措施中,哪个将会降低构件的持久极限?答:_____。
   (A) 增加构件表面光洁度;   (B) 增强构件表层硬度;
   (C) 加大构件的几何尺寸;   (D) 减缓构件的应力集中。

练习题

下面习题中,杆件的变形与其几何尺寸相比是一个微小量,在受力分析和列平衡方程时,可以使用原始尺寸进行分析和计算。

1. 长为 l 横截面面积为 A 的杆以加速度 a 向上提升,如图 11-23 所示,若密度为 ρ,试求杆内的最大应力。

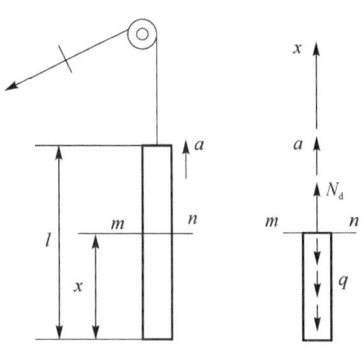

图 11-23 练习题 1 图

2. 桥式起重机上吊起的重物 $G=50$ kN，以匀速度 $v=1$ m/s 向前移动（在图 11-24 中移动的方向垂直于纸面）。若起重机突然停止移动，重物将像单摆一样向前摆动，若梁为 14 号工字钢，吊索截面面积 $A=5\times10^{-4}$ m²，试问当惯性力为最大值时，梁及吊索内的最大应力增加多少？

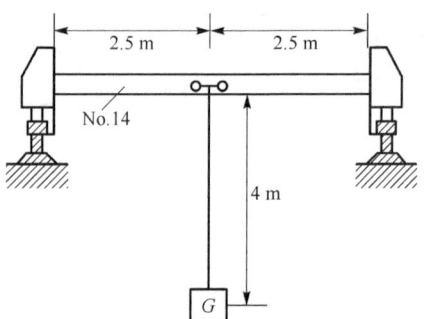

图 11-24 练习题 2 图

3. 如图 11-25 所示轴上装有钢质圆盘，盘上有圆孔，若轴以 $\omega=40$ rad/s 的匀角速度转动。试求轴内因这一圆孔引起的最大正应力。

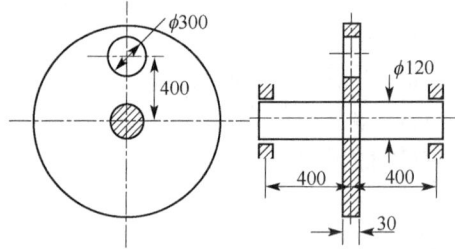

图 11-25 练习题 3 图

4. 图 11-26 所示钢轴 AB 的直径为 80 mm，轴上有一直径为 80 mm 钢质杆 CD，CD 与 AB 的轴线垂直。若 AB 以匀角速度 $\omega=40$ rad/s 转动，材料的许用应力 $[\sigma]=70$ MPa，密度为 7.8 g/cm³。试校核 AB 轴及 CD 杆的强度。

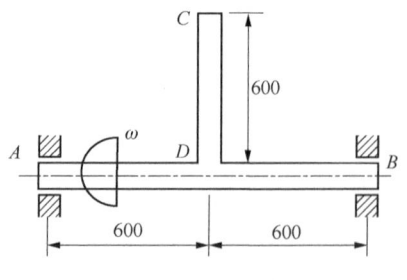

图 11-26 练习题 4 图

5. 如图 11-27 所示 AD 轴以匀角速度 ω 转动。在轴的纵向对称面内,于轴线的两侧有两个重为 W 的偏心载荷。试求轴内的最大弯矩。

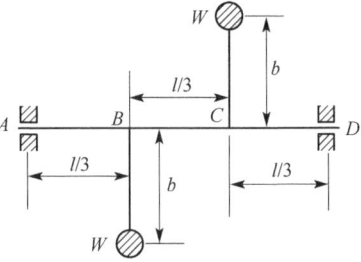

图 11-27 练习题 5 图

6. 重量为 Q 的重物自高度 H 下落冲击于梁上的 C 点,如图 11-28 所示,设已知梁的抗弯刚度 EI 及抗弯截面系数 W,试求梁内最大正应力及跨度中点的挠度。

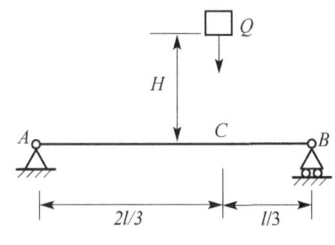

图 11-28 练习题 6 图

7. 长为 $l = 6 \text{ m}$,直径 $d = 300 \text{ mm}$ 的圆木桩,如图 11-29 所示,下端固定,上端受 $W = 2 \text{ kN}$ 的重锤作用。木材的 $E_1 = 10 \text{ GPa}$。求下列三种情况下木桩的最大正应力。
  (a) 重锤以静载的方式作用于木桩上(图 a);
  (b) 重锤从离桩顶 0.5 m 的高度自由下落(图 b);
  (c) 在桩顶放置直径为 150 mm,厚为 40 mm,弹性模量为 $E_2 = 8 \text{ MPa}$ 的橡胶垫。重锤从离橡胶垫顶面 0.5 m 的高度自由下落(图 11-29c)。

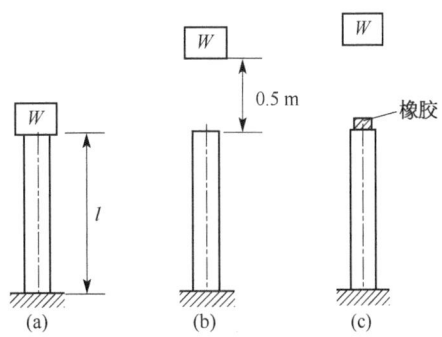

图 11-29 练习题 7 图

8. 如图 11-30 所示 AB 杆的下端固定,长为 l。在 C 点受沿水平方向运动的物体的冲击,物体的重量为 Q,与杆件接触时的速度为 v。设杆件的 E、I 和 W 皆为已知量。试求 AB 杆同最大应力。

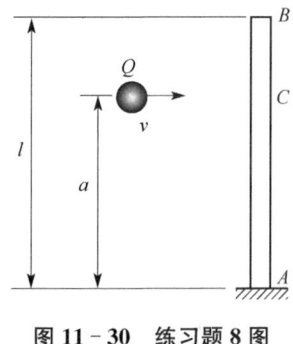

图 11-30 练习题 8 图

9. 长度相等材料相同的变截面杆和等截面杆如图 11-31 所示。若两杆最大截面面积相同,变截面截杆直径为 d 的部分长为 $2l/5$。在 H 颇大的情况下,为便于比较,可把动荷系数取为:

$$K_d = 1 + \sqrt{1 + \frac{2H}{\Delta_{st}}} \approx \sqrt{\frac{2H}{\Delta_{st}}}$$

试求两根杆件的动应力。

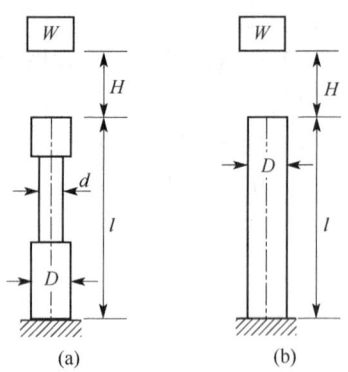

图 11-31 练习题 9 图

10. 图 11-32 所示圆轴直径 $d = 60$ mm，长度 $l = 2$ m，左端固定，右端有一直径 $D = 400$ mm 的鼓轮，轮上绕以绳，绳的端点 A 悬挂吊盘，绳长 $l_1 = 10$ m，横截面面积 $A = 120$ mm^2，$E = 200$ GPa，轴的切变模量 $G = 80$ GPa，重量为 $Q = 800$ N 的物体自 $h = 200$ mm 处落于吊盘上。求轴内最大切应力和绳内最大拉应力。

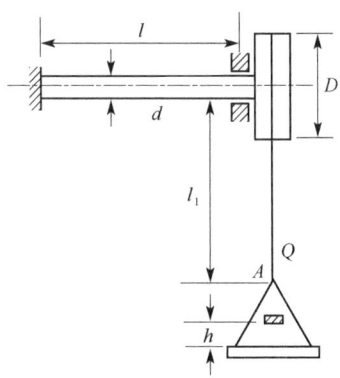

图 11-32 练习题 10 图

11. 10 号工字钢的 C 端固定，A 端铰支于空心钢管 AB 上，如图 11-33 所示，管的内径和外径分别为 30 mm 和 40 mm，管的 B 端亦为铰支座，梁及钢的 E 同为 200 GPa，当重为 300 N 的重物 Q 落于梁的 A 端时，试校核 AB 杆的稳定性，设稳定安全系数规定为 2.5。

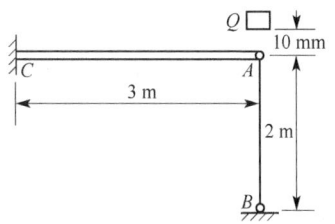

图 11-33 练习题 11 图

第 12 章 工 程 应 用

12.1 ANSYS 简介

12.1.1 有限元分析的基本概念

ANSYS 软件是融结构、流体、电场、磁场、声场分析于一体的大型通用有限元分析软件。由世界上最大的有限元分析软件公司之一的美国 ANSYS 开发。它能与多数 CAD 软件接口,实现数据的共享和交换,如 Pro/Engineer,NASTRAN,Alogor,I-DEAS,AutoCAD 等,是现代产品设计中的高级 CAD 工具之一。软件主要包括三个部分:前处理模块、分析计算模块和后处理模块。

图 12-1 和图 12-2 所示为用有限元对角支架进行变形和应力分析,其中图 12-1 所示是角支架的有限元模型,图 12-2 所示是角支架的等效应力云图。在图中采用 8 节点实体单元将角支架划分为网格,这些网格习惯上称为单元。网格间相互连接的交点称为节点。网格和网格的交线称为边界。从图 12-1 中可知,模型上的节点总数和单元数是有限的,因此称为"有限元法"。

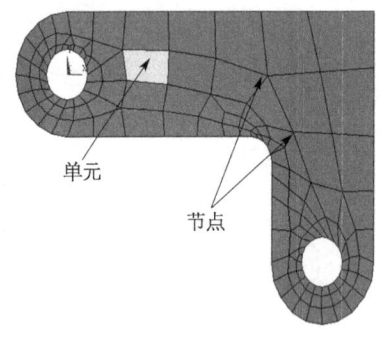
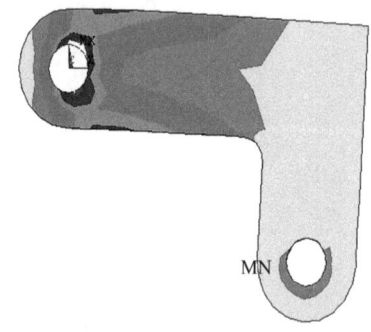

图 12-1 角支架的有限元模型　　图 12-2 角支架的等效应力云图

有限元是那些集合在一起能够表示实际连续域的离散单元。有限元的概念早在几个世纪前就已产生并得到了应用。例如用多边形(有限个直线单元)逼近圆来求得圆的周长,但作为一种方法而被提出,则是在 20 世纪 60 年代初,克拉夫(Clough)教授首次提出结构力学计算有限元概念。有限元法最初被称为矩阵近似方法,应用于航空器的结构强度计算,并由于其方便性、实用性和有效性而引起从事力学研究的科学家的浓厚爱好。经过短短数十年的努力,随着计算机技术的快速发展和普及,有限元方法迅速从结构工程强度分析计算扩展到几乎所有的科学技术领域,成为一种丰富多彩、应用广泛并且实用高效的数值分析方法。

有限元分析(FEA,Finite Element Analysis)的基本概念是用较简单的问题代替复杂问题后再求解。它将求解域看成是由很多被称为有限元的小的互连子域组成,对每一单元假定一个合适的(较简单的)近似解,然后推导求解这个域总的满足条件(如结构的平衡条件),从而得到问题的解。这个解不是正确解,而是近似解,因为实际问题被较简单的问题所代替。由于大多数实际问题难以得到正确解,而有限元不仅计算精度高,而且能适应各种复杂外形,因而成为行之有效的工程分析手段。

有限元的基本思想归纳如下。

首先,将表示结构的连续体离散为若干个子域(单元),单元之间通过其边界上的结点相连接成组合体。

其次,用每个单元内所假设的近似函数分片地表示全求解域内待求的未知场变量。每个单元内的近似函数用未知场变量函数在单元各个结点上的数值和与其对应的插值两数表示。由于在连接相邻单元的结点上,场变量函数应具有相同的数值,因而将它们用作数值求解的基本未知量,将求解原函数的无穷多自由度问题转换为求解场变量函数结点值的有限自由度问题。

最后,通过和原问题数学模型(基本方程、边界条件)等效的变分原理或加权余量法,建立求解基本未知量(场变量函数的结点值)的代数方程组或常微分方程组,应用数值方法求解,从而得到问题的解答。

简言之,有限元分析实际问题的主要步骤为:建立模型,推导有限元方程列式,求解有限元方程组,数值结果表述。

总之,有限元分析可分成三个阶段,前处理、分析计算和后处理。前处理是建立有限元模型,完成单元网格划分;后处理则是采集处理分析结果,使用户能简便提取信息,了解计算结果。

12.1.2 ANSYS 12.0 的启动

ANSYS 程序在 Windows 环境下一般采用交互运行方式。

选择操作系统路径:开始→程序→ANSYS 12.0 → ANSYS Product Launcher,弹出对话框,如图 12-3 所示,进入交互模式,这样可以定义工作名称及工作目录等。

在 Simulation Enviroment 下拉列表框选择模拟环境即求解器,一般选择 ANSYS。在 License 下拉列表框中选择 ANSYS 产品,一般选择 ANSYS Multiphysics。

单击 File Management 选项卡,在 Working Directory 输入栏输入工作目录,或通过 Browse 按钮进行选择。在 Job Name 栏中输入文件名,或通过 Browse 按钮进行选择。

单击 Customization/Preferences 选项卡,在 Memory 栏设置工作空间和数据库的大小。

在 Graphics Device Name 下拉列表框,有语言和图形设备驱动选择项。图形设备驱动提供了 win32、win32c 和 3D 选项。一般选择默认设置 win32。

最后,单击"Run"按钮,运行 ANSYS 12.0 软件。

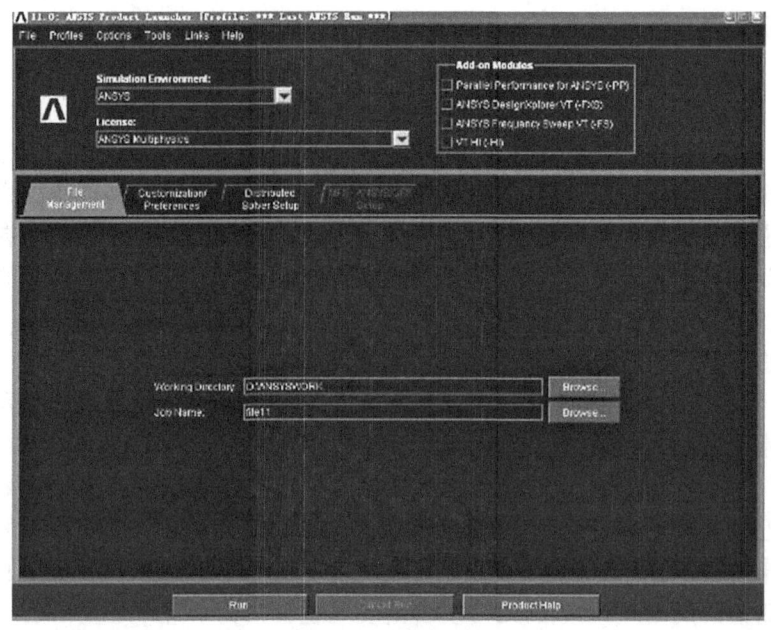

图 12-3 启动界面

12.1.3 ANSYS 12.0 的退出

退出 ANSYS 有三种方式：
(1) 从工具条退出：Toolbar→QUIT；
(2) 从应用菜单退出：Utility Menu→File→Exit；
(3) 从命令窗口退出：/EXIT。

执行上述任何一种方式退出命令后，弹出如图 12-4 所示对话框。

对话框中可选择的操作有：
Save Geome+Loads：保存几何与载荷数据；

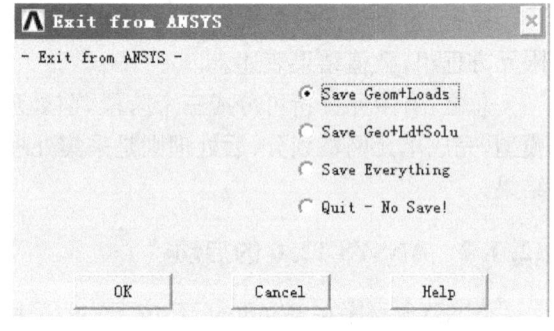

图 12-4 保存对话框

Save Geo+Ld+Solu：保存几何、载荷和求解数据；
Save Everything：保存所有数据；
Quit-No Save!：不保存任何数据。
选择完成后单击"OK"按钮退出。

12.1.4 ANSYS 12.0 的界面

ANSYS 的工作环境由 7 个窗口组成，即通常所说的 GUI(graphical user interface)图形用户界面，如图 12-5 所示。这 7 个窗口为用户使用 ANSYS 提供了便利的途径，用户可以非常方便地以交互模式完成分析计算。

1. 应用菜单(Utility Menu)

应用菜单包括了 ANSYS 的各种应用命令，包括文件控制(File)、对象选择(Select)、列

第 12 章 工程应用

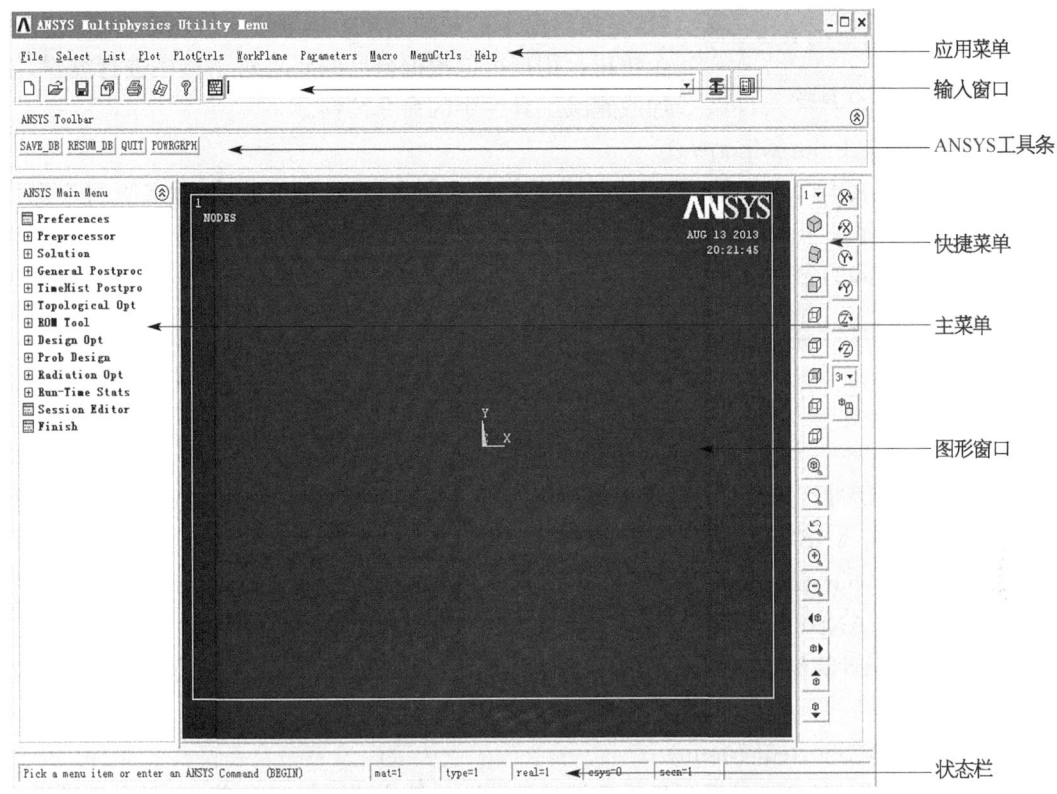

图 12-5 用户界面

表显示(List)、图形显示(Plot)、图形显示控制(PlotCtrls)、工作平面设定(WorkPlane)、参数化设计(Parameters)、宏命令(Macro)、菜单控制(MenuCtrls)及帮助系统(Help)。每一菜单项包括一系列子菜单项。应用菜单如图 12-6 所示。

图 12-6 菜单

2. 主菜单(Main Menu)

主菜单(图 12-7)基本涵盖了 ANSYS 分析过程中的所有菜单命令,包括前处理、求解器、通用后处理、时间历程后处理、优化设计等。执行不同的菜单项将会得到不同的结果。

"+"和"−"图标:"+"表示该菜单有下级子菜单,单击"+"则展开下级子菜单,并变成"−"图标;单击"−"图标则收起下级子菜单。

"…"图标:单击"…"该图标将弹出图形对话框。

◊图标:单击该◊图标将弹出一个图形拾取框。

3. 工具栏(Toolbar)

工具栏(图 12-8)包括了一些常用的 ANSYS 命令和函

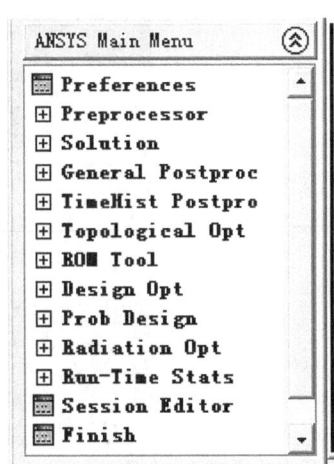

图 12-7 主菜单

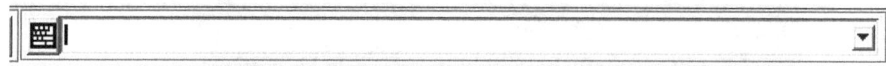

图 12-8 工具栏

数,是执行命令的快捷方式。ANSYS 预先定义了一些命令按钮。用户可以根据自己的要求对工具栏进行编辑、添加或删减工具栏中的命令按钮。

4. 输入窗口(Input windows)

可以直接在文本输入区输入命令或其他文本。在文本输入区顶部,为方便用户操作 ANSYS,还给出了关于命令及执行状态的信息提示,如图 12-9 所示。命令历程缓冲区包含了所有先前输入的命令及提示信息。

图 12-9 信息提示

在命令历程缓冲区用鼠标单击先前的命令,则该命令将出现在文本输入区。用鼠标双击先前的命令,则 ANSYS 将执行该命令。

5. 图形窗口(Graphic Window)

图形窗口是 ANSYS 工作环境中占据最大位置的窗口,主要完成图形显示功能,包括显示模型、图形显示计算结果。用户可以单击标题栏上的按钮对图形窗口进行最小化和最大化操作。

6. 快捷菜单(Shortcut Menu)

快捷菜单包括窗口选择、视图显示选择、图形放大、缩小、旋转、平移等,为用户提供快捷操作方式。

7. 输出窗口(Output Window)

输出窗口以文本形式显示命令执行后的结果,包括注释、警告、错误及其他信息,如图 12-10 所示。输出窗口通常位于 ANSYS 其他窗口之后,用户可以通过单击该窗口将其提到最前,以查看命令执行信息。

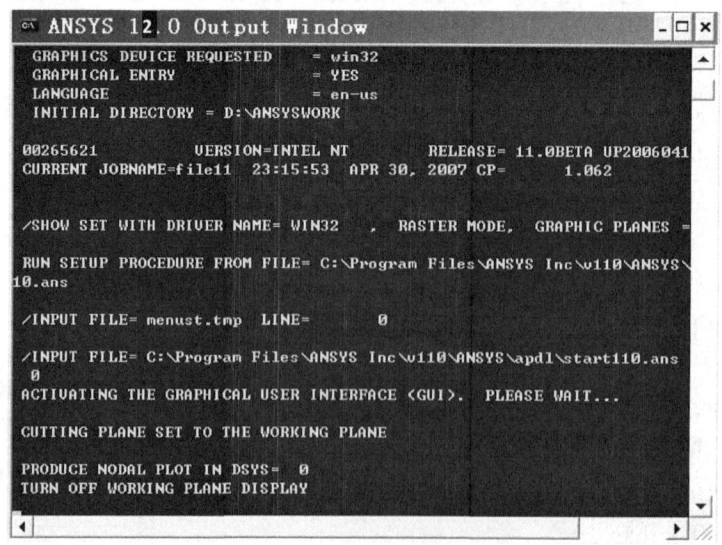

图 12-10 命令执行后的结果

12.1.5 命令流

ANSYS 提供了两种工作模式,一种是人机交互方式即 GUI 方式,是通过 ANSYS 可视化的菜单操作来实现对分析过程的操作;另一种是命令流,即 ANSYS 参数化设计语言(Ansys Parameter Design Language,APDL),是一门可用来自动完成有限元常规分析或参数化变量方式建立分析模型的脚本语言。关于 APDL 语言更详细的内容介绍可参考 ANSYS 帮助文件或参考文献,本章除 12.2 节的实例使用 GUI 方式外,其他实例(12.3～12.5 节)均使用 APDL 命令方式。

12.2 工程中的桁架结构的计算

12.2.1 问题描述

四杆桁架结构如图 12-11 所示,已知各杆横截面 $A = 1 \times 10^{-4} \text{ m}^2$,弹性模量 $E = 295 \text{ GPa}$,泊松比 $\mu = 0$,力 $F_1 = 25\,000 \text{ N}$,力 $F_2 = 20\,000 \text{ N}$,试利用 GUI 方式求解结构的节点位移及支反力。

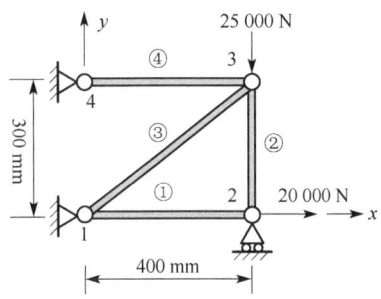

图 12-11 四杆桁架结构

12.2.2 ANSYS 的启动

基于图形界面的交互操作,进入 ANSYS(设定工作目录和工作文件)。

选择菜单→程序→ANSYS12.0→ANSYS Product Launcher→File Management→Working directory(设置工作目录)→Initial jobname(设置工作文件名):Planetruss→Run。

12.2.3 设置分析模块

选择菜单→ANSYS Main Menu:Preferences...→Structural(结构模块)→OK(图 12-12)。

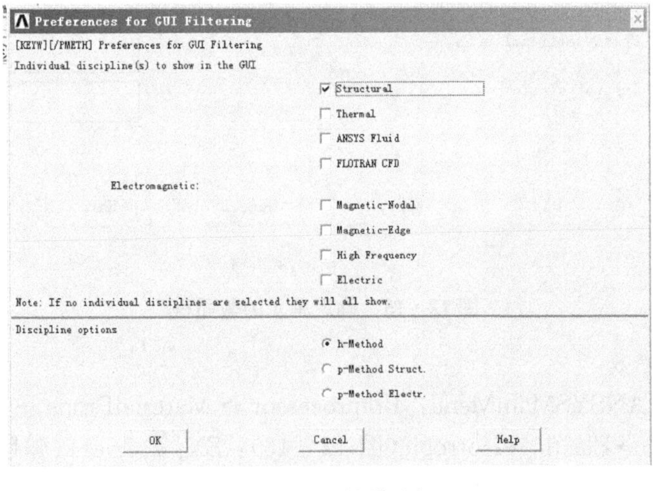

图 12-12 模块选择

12.2.4 定义单元类型、实常数和材料

1. 选择单元类型

选择菜单→ANSYS MainMenu：Preprocessor→ElementType→Add/Edit/Delete...（图 12-13）→Add...→Link：2Dspar1（图 12-14）→OK（返回到 Element Types 窗口）→Close。

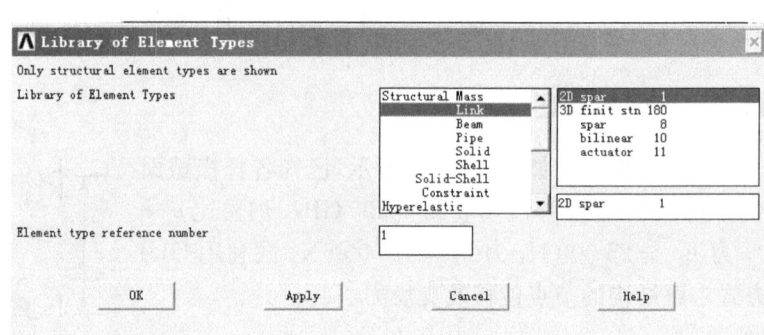

图 12-13　选择单元类型　　　　图 12-14　选择单元类型

2. 定义实常数以确定单元的截面积

选择菜单→ANSYSMainMenu：Preprocessor→RealConstants...→Add/Edit/Delete→Add→Type1→OK→RealConstantSetNo：1（第 1 号实常数），AREA：1e-4（单元的截面积）→OK→Close（图 12-15）。

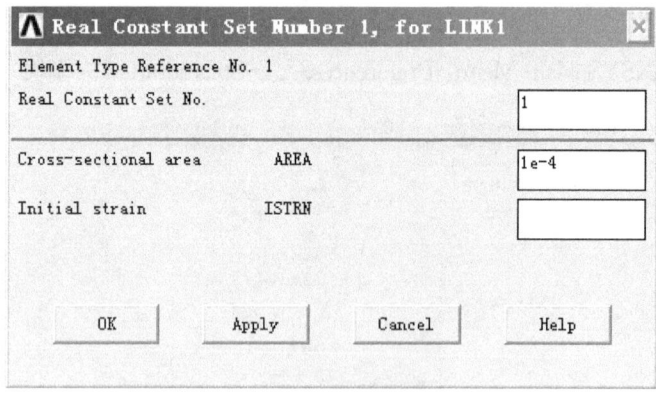

图 12-15　确定单元的截面积

3. 定义材料参数

选择菜单→ANSYSMainMenu：Preprocessor→MaterialProps→MaterialModels→Structural→Linear→Elastic→Isotropic（图 12-16）：EX：2.95e11（弹性模量），PRXY：0（泊松比）→OK（图 12-17）→鼠标点击该窗口右上角来关闭该窗口。

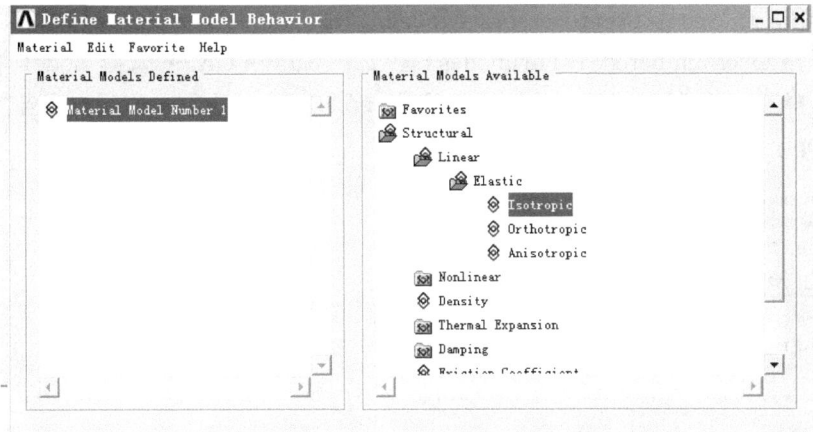

图 12‑16　确定材料参数

图 12‑17　确定材料参数

12.2.5　建立模型(有限元模型)

选择菜单→ANSYSMainMenu：Preprocessor→Modeling→Creat→Nodes→InActiveCS→Nodenumber1→X：0,Y：0,Z：0→Apply→Nodenumber2→X：0.4,Y：0,Z：0→Apply→Nodenumber3→X：0.4,Y：0.3,Z：0→Apply→Nodenumber4→X：0,Y：0.3,Z：0→OK(图 12‑18)。

图 12‑18　建立单元模型

ANSYSMainMenu：Preprocessor→Modeling→Create→Elements→ElemAttributes(接受默认值)→Usernumbered→Thrunodes(图 12 – 19)→OK→选择 node1 和 node2→Apply→选择 node2 和 node3→Apply→选择 node1 和 node3→Apply→选择 node4 和 node3→Apply→OK(图 12 – 20)。

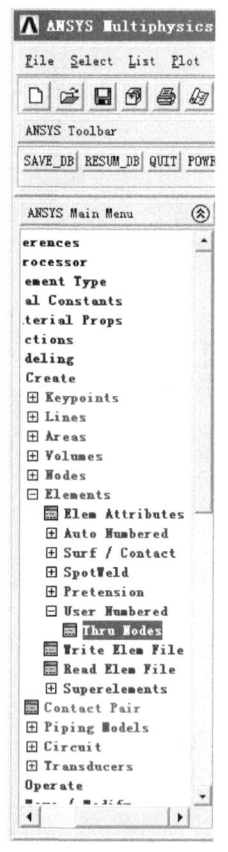

图 12 – 19　建立单元模型

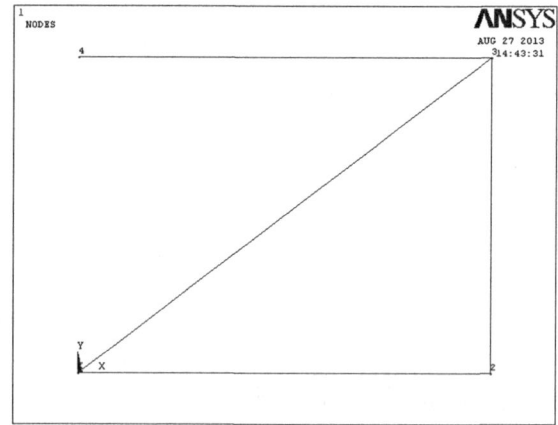

图 12 – 20　建立单元坐标

12.2.6　加载与求解

1. 模型施加约束和外载

添加位移的约束，分别将 1 节点 X 和 Y 方向、2 节点 Y 方向、4 节点的 X 和 Y 方向位移约束。

选择菜单 → ANSYSMainMenu：Solution → DefineLoads → Apply → Structural → Displacement→OnNodes→用鼠标选择节点 1→Apply→Lab2DOFs：UX,UY,VALUE：0 (图 12 – 21)→Apply→用鼠标选择节点 2→Apply→Lab2DOFs：UY,VALUE：0→Apply→用鼠标选择节点 4→Apply→Lab2DOFs：UX,UY,VALUE：0→OK(图 12 – 22)。

2. 加载集中力

选择菜单→ANSYSMainMenu：Solution→DefineLoads→Apply→Structural→Force/moment→OnNodes→用鼠标选择结构节点 2→Apply→FX,VALUE：20000(图 12 – 23)→Apply→用鼠标选择结构节点 3→Apply→FY,VALUE：-25000→OK(图 12 – 24)。

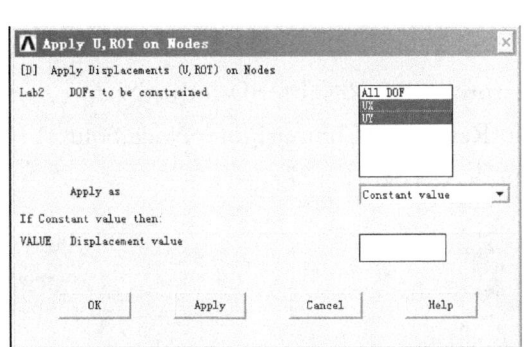

图 12-21 模型施加约束

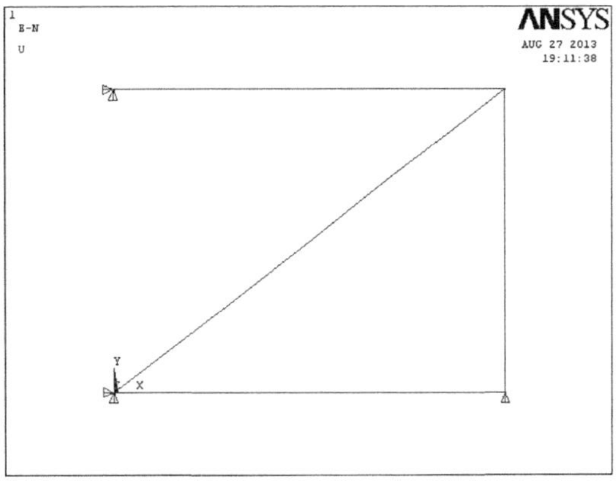

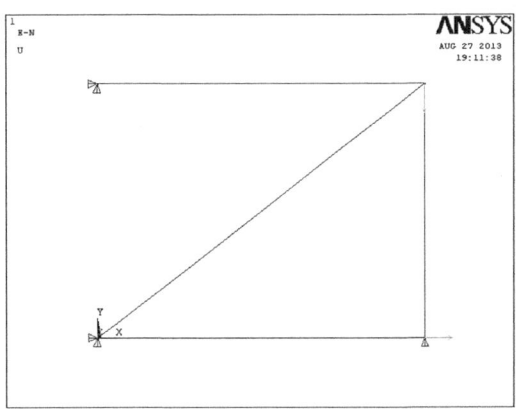

图 12-22 建立约束坐标

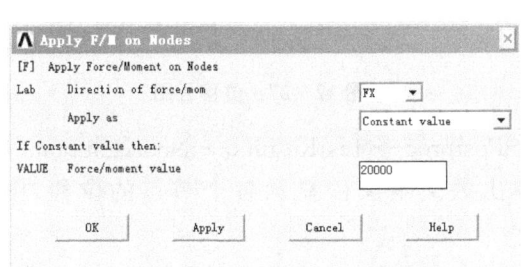

图 12-23 模型施加外载

图 12-24 建立外载坐标

3. 分析计算

选择菜单→ANSYSMainMenu：Solution→Solve→CurrentLS,分析当前的负载步骤命令,弹出如图 12-25 所示对话框→ShouldTheSolveCommandbeExecuted？Y→OK→开始运行分析。

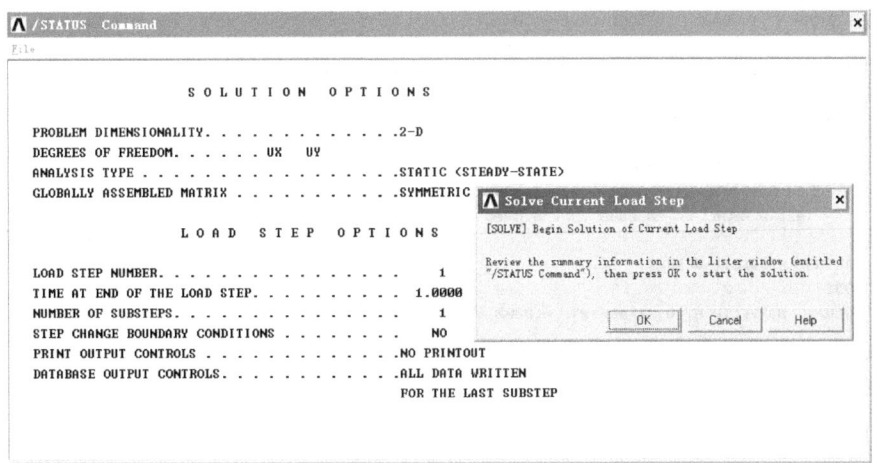

图 12-25 运行分析

分析完毕后,在信息窗口中提示计算完成→Close(Solutionisdone!)→关闭文字窗口。

12.2.7 查看结果

选择菜单→ANSYSMainMenu：GeneralPostproc→PlotResults→DeformedShape...→Def+Undeformed→OK(图12-26)(返回到 PlotResults)→ContourPlot→NodalSolu...→DOFsolution→Displacementvectorsum(可看见位移云图,图12-27)。

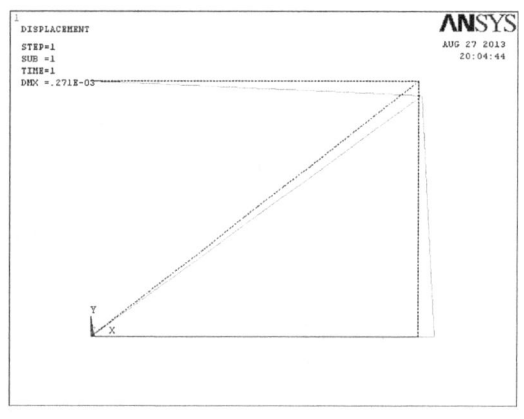
图12-26 变形云图

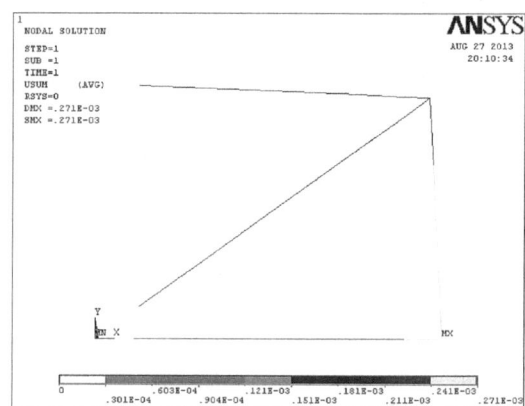
图12-27 位移云图

选择菜单→ANSYSMainMenu：GeneralPostproc→ListResults→Nodalsolution→DOFsolution→Displacementvectorsum→OK(弹出的文本文件显示各个节点的位移,图12-28)。

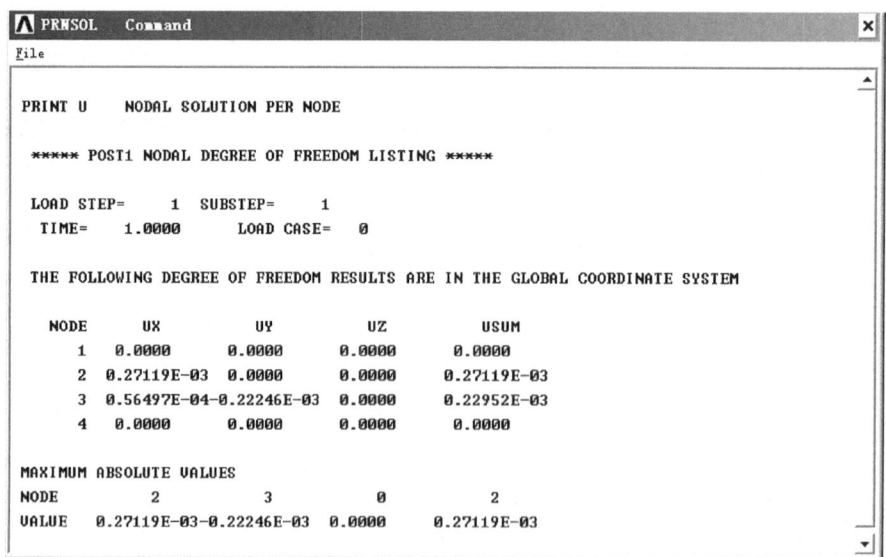

图12-28 各个节点的位移

选择菜单→ANSYSMainMenu：GeneralPostproc→ListResults→ReactionSolu→ALLitems→OK(弹出的文本文件显示各个节点反力,图12-29)。

```
PRRSOL  Command
File

PRINT REACTION SOLUTIONS PER NODE

 ***** POST1 TOTAL REACTION SOLUTION LISTING *****

 LOAD STEP=     1  SUBSTEP=     1
  TIME=    1.0000      LOAD CASE=   0

 THE FOLLOWING X,Y,Z SOLUTIONS ARE IN THE GLOBAL COORDINATE SYSTEM

   NODE       FX           FY
      1  -15833.       3125.0
      2                21875.
      4  -4166.7       0.0000

TOTAL VALUES
VALUE   -20000.      25000.
```

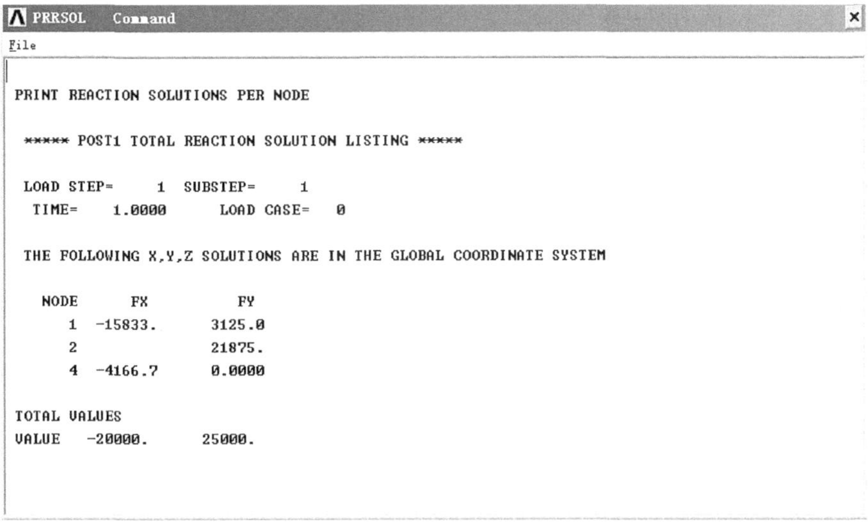

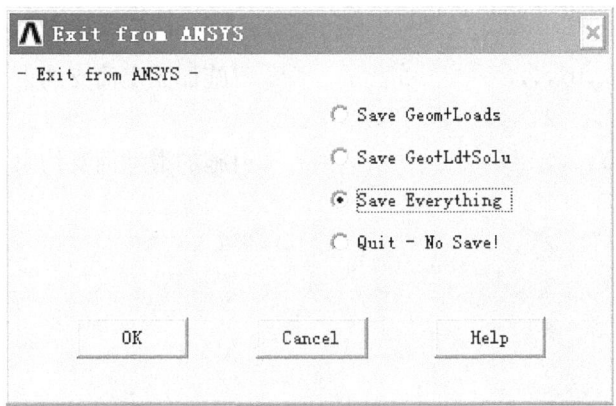

图 12-29　各个节点约束力

12.2.8　退出系统

选择菜单→ANSYSUtilityMenu：File→Exit...→SaveEverything→OK(图 12-30)。

图 12-30　退出界面

12.3　工程中的梁的内力、应力和变形的计算

12.3.1　问题描述与分析

图 12-31 所示外伸梁截面为正方形，边长为 0.5 m，作用均布载荷的集度为 $q=3\ \text{kN/m}$，集中力偶矩 $M=3\ \text{kN}\cdot\text{m}$，弹性模量 $E=210\ \text{GPa}$，$\mu=0.3$。利用命令流分析梁的变形及支座反力，并画出内力图。

图 12-31　外伸梁截面

单元类型选择 BEAM3 二维梁单元，单元长度为

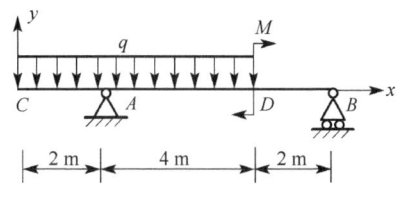

0.5 m,单元长度越小,内力图光滑性越好(采用国际单位制)。

12.3.2 计算命令流

```
/filename,beam
/prep7
ET,1,BEAM3
R,1,0.25,0.0052083,0.5,,,,
MPTEMP,,,,,,,,
MPTEMP,1,0
MPDATA,EX,1,,210e9
MPDATA,PRXY,1,,0.3
K,KP1,0,0,0,                              !建立几何模型
K,KP2,8,0,0,
LSTR,1,  2
LESIZE,all,0.5,,,,,,1                     !设置单元尺寸为0.5 mm
LMESH,   1                                !划分网络
FINISH
/SOL
NSEL,S,,,   6
D,all,,0,,,,UX,UY,,,,                     !施加固定简支约束
NSEL,S,,,   2
D,all,,0,,,,UY,,,,                        !施加滑动简支约束
ESEL,S,,,   1
ESEL,a,,,   2
ESEL,a,,,   3
ESEL,a,,,   4
ESEL,a,,,   5
ESEL,a,,,   6
ESEL,a,,,   7
ESEL,a,,,   8
ESEL,a,,,   9
ESEL,a,,,   10
ESEL,a,,,   11
ESEL,a,,,   12
SFBEAM,all,1,PRES,3000,3000,,,,,          !施加均匀布载荷
NSEL,S,,,   14
F,all,MZ,-3000                            !施加集中力偶
ALLSEL,ALL
/STATUS,SOLU
```

```
SOLVE

/POST1
SET,FIRST
PLDISP,1                              !显示结构变形图
PRRSOL,F                              !所有的约束反力

AVPRIN,0,,
ETABLE,,SMISC,2
AVPRIN,0,,
ETABLE,,SMISC,8
AVPRIN,0,,
ETABLM,,SMISC,6
AVPRIN,0,,
ETABLE,,SMISC,12
PRETAB,SMIS2,SMIS8,SMIS6,SMIS12       !显示个单元的剪力和弯矩
                                      !*
PLLS,SMIS2,SMIS8,1,0
PLLS,SMIS6,SMIS12,1,0                 !画剪力图和弯矩图,分别
                                      !如图 12-32 和图 12-33 所示

SAVE,'beam','db','
```

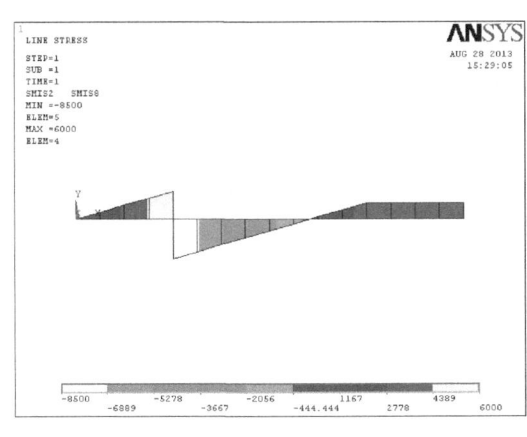

图 12-32 剪力图

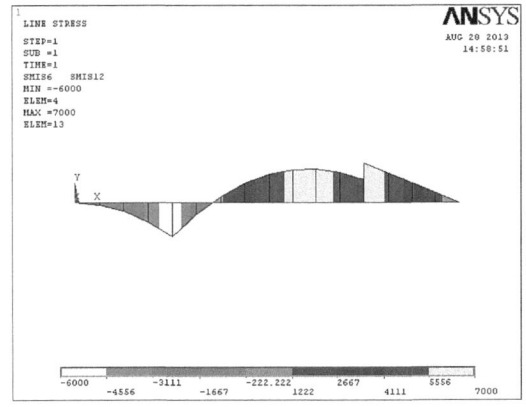

图 12-33 弯矩图

12.4 工程中的组合变形杆件的内力、变形的计算

12.4.1 问题描述与分析

图 12-34 所示的钢架截面形状为圆形,半径为 $0.02\,\mathrm{m}$。AB 段长度为 $1\,\mathrm{m}$,作用均布载

荷 $1\,000\,\text{N/m}$。BC 段长度为 $0.5\,\text{m}$，作用均布载荷 $1\,000\,\text{N/m}$。材料的弹性模量 $E = 210\,\text{GPa}$，泊松比 $\mu = 0.3$。利用命令流分析钢架的内力和变形，并绘制内力图。

该问题为杆件的压弯组合变形，单元类型选择 Beam188 三维梁单元，单元长度按份进行划分。

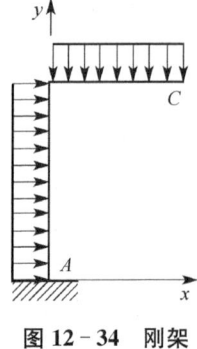

图 12 - 34　刚架

12.4.2　计算命令流

```
/filename,assemble
/prep7
ET,1,BEAM188                            !单元类型
MPTEMP,,,,,,,,                          !材料本构模型
MPTEMP,1,0
MPDATA,EX,1,,210e9
MPDATA,PRXY,1,,0.3
SECTYPE,1,BEAM,CSOLID,,0                !梁截面参数定义
SECOFFSET,CENT
SECDATA,0.02,0,0,0,0,0,0,0,0,0
K,KP1,0,0,0,           !建立几何模型
K,KP2,0,1,0
K,KP3,0.5,1,0
LSTR,    1,    2
LSTR,    2,    3
SAVE
LSEL,S,,,    1
LATT,1,,1,,    3,,1
LSEL,S,,,    2
LATT,1,,1,,    1,,1
allsel,all
LESIZE,ALL,,,15,,1,,,1,                 !AB 和 BC 段单元数量均为 15
LMESH,all                               !划分网络
FINISH

/SOL
NSEL,S,,,    1
D,all,,0,,,,ALL,,,,,                    !施加固定约束
allsel,all
SFBEAM,all,1,PRES,-1000,-1000,,,,,      !施加均布载荷
ALLSEL,ALL
/STATUS,SOLU
```

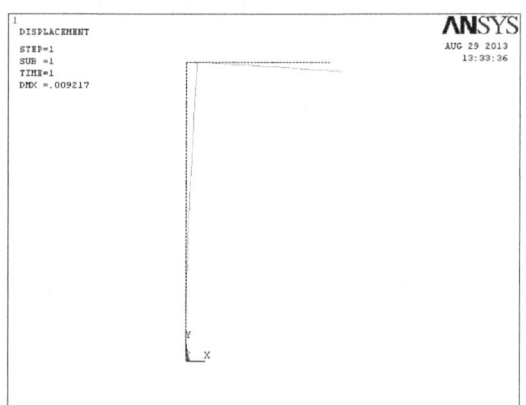

图 12 - 35　结构变形图

```
SOLVE

/POST1
SET,FIRST
PLDISP,1                                    !显示结构变形图,如图 12-35 所示
PRRSOL,F                                    !所有的约束反力

AVPRIN,0,,
ETABLE,,SMISC,1
AVPRIN,0,,
ETABLE,,SMISC,14
AVPRIN,0,,
ETABLM,,SMISC,5
AVPRIN,0,,
ETABLE,,SMISC,18
AVPRIN,0,,
ETABLE,,SMISC,2
AVPRIN,0,,
ETABLE,,SMISC,15
PRETAB,SMIS1,SMIS14,SMIS5,SMIS18,SMIS2,SMIS15  !显示各单元
                                            !的内力
                                            !*

PLLS,SMIS1,SMIS14,1,0
PLLS,SMIS5,SMIS18,1,0
PLLS,SMIS2,SMIS15,1,0                       !画轴力图、剪力图和弯矩图,分别如
                                            !图 12-36、图 12-37 和图 12-38 所示
SAVE,'assemble','db',','
```

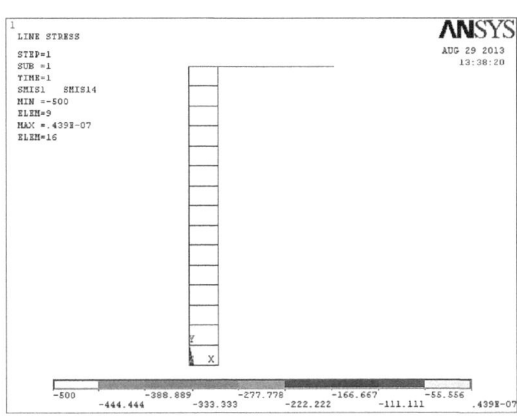

图 12-36 轴力图

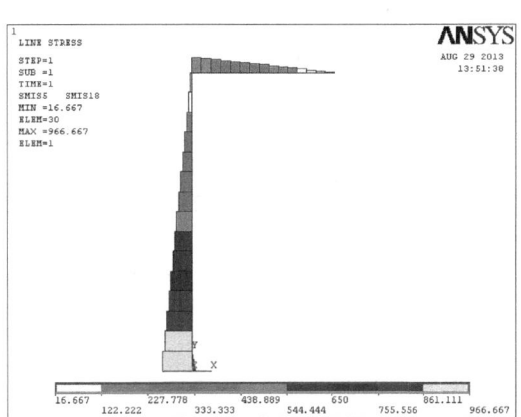

图 12-37 剪力图

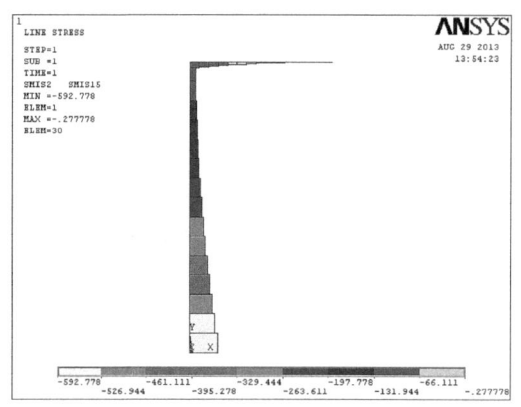

图 12-38 弯矩图

12.5 工程中的压杆稳定的计算

12.5.1 问题描述与分析

利用命令流计算图 12-39 所示简支梁的临界压力。其中梁截面为圆形,半径 $r=0.02\,\mathrm{m}$,长度 $L=2\,\mathrm{m}$,材料的弹性模量 $E=210\,\mathrm{GPa}$,泊松比 $\mu=0.3$。

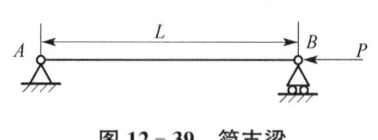

图 12-39 简支梁

该问题为压杆稳定性分析,须首先进行静态预应力分析,然后进行线性屈曲分析求出一阶特征频率,特征频率与静态预应力分析施加的载荷的乘积即为临界压力。梁单元类型采用 BEAM188,为描述屈曲模态,沿梁长度方向取 20 个自由度。

12.5.2 计算命令流

```
/filename,stable
/prep7
ET,1,BEAM188                          !单元类型
MPTEMP,,,,,,,                         !材料本构模型
MPTEMP,1,0
MPDATA,EX,1,,210e9
MPDATA,PRXY,1,,0.3
SECTYPE,   1,BEAM,CSOLID,,0           !梁截面参数定义
SECOFFSET,CENT
SECDATA,0.02,0,0,0,0,0,0,0,0,0
K,KP1,0,0,0,                          !建立几何模型
K,KP2,2,0,0,
K,KP3,2,1,0
LSTR,       1,        2
```

```
SAVE
LSEL,S,,,      1
LATT,1,,1,,      3,,1
LESIZE,ALL,,,20,,1,,,1
LMESH,all                                !划分网络
FINISH
/SHRINK,0
/ESHAPE,1.0
/EFACET,1
/RATIO,1,1,1
/CFORMAT,32,0
/REPLOT

/ESHAPE,0.0
Save

/SOL
NSEL,S,  ,,      1
D,all,,0,,,,UX,UY,UZ,ROTX,ROTY,          !加载约束
NSEL,S,,,      2
D,all,,0,,,,UY,UZ,ROTX,ROTY,,
F,all,FX,-1000
ANTYPE,0
PSTRES,1
ALLSEL,ALL
/STATUS,SOLU
SOLVE
FINISH                                   !静力求解完成
/SOLU
ANTYPE,1
BUCOPYT,LANB,10,0,1000000
MXPAND,10,0,0,0,0.001,
/STATUS,SOLU
SOLVE                                    !屈曲求解完成

/POST1
SET,FIRST
PLDISP,1                                 !第1阶失稳模态,图12-40
```

SAVE,'stable','db','

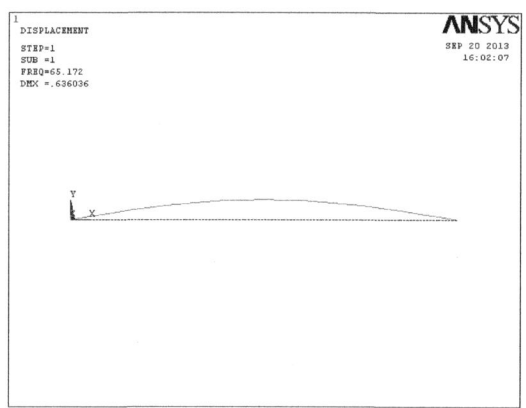

图 12-40 第 1 阶失稳模态

习 题

1. 如图 12-41 所示四杆桁架结构,已知各杆横截面 $A = 1 \times 10^{-4}$ m^2,弹性模量 $E = 295$ GPa,泊松比 $\mu = 0$,力 $F_1 = 25\,000$ N,力 $F_2 = 20\,000$ N,试利用 GUI 方式求解结构的节点位移及支反力。

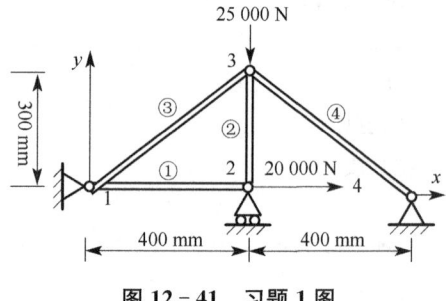

图 12-41 习题 1 图

2. 图 12-42 所示悬臂梁截面为正方形,边长为 0.5 m,作用均布载荷的集度为 $q = 3\,\text{kN/m}$,集中力偶矩 $M = 3\,\text{kN}\cdot\text{m}$,弹性模量 $E = 210\,\text{GPa}$,$\mu = 0.3$。利用命令流分析梁的变形及支座反力,并画出内力图。

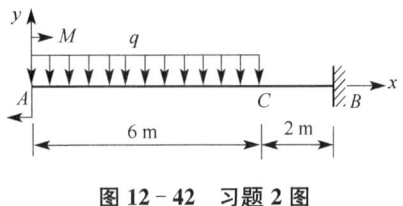

图 12-42 习题 2 图

3. 如图 12-43 所示的钢架截面形状为圆形,半径为 0.02 m。AB 段长度为 1 m,作用均布载荷 1 000 N/m。BC 段长度为 0.5 m,作用均布载荷 1 000 N/m。材料的弹性模量 $E = 210\,\text{GPa}$,泊松比 $\mu = 0.3$。利用命令流分析钢架的内力和变形,并绘制内力图。

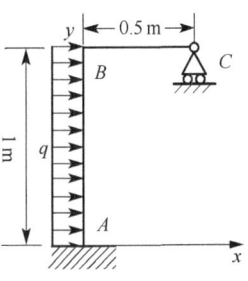

图 12-43 习题 3 图

附录 I 平面图形的几何性质

I.1 静矩和形心

任意平面图形如图 I-1 所示,其面积为 A。y 轴和 z 轴为图形所在平面内的坐标轴。在坐标 (y, z) 处,取微面积 dA,遍及整个图形面积 A 的积分:

$$S_z = \int_A y dA, \qquad S_y = \int_A z dA \tag{I-1}$$

分别定义为图形对 z 轴和 y 轴的静矩,也称为图形对 z 轴和对 y 轴的一次矩。

从式 I-1 看出,平面图形的静矩是对某一坐标轴而言的,同一图形对不同的坐标轴,其静矩一般是不同的。静矩的值可能为正、负或零。静矩的量纲是长度的三次方。

设想有一个厚度很小的均质薄板,薄板中间面的形状与图 I-1 中的平面图形相同。显然,在 yz 坐标系中,上述均质薄板的重心与平面图形的形心有相同的坐标 $\bar{y}$ 和 $\bar{z}$。由静力学的合力之矩定理可知,薄板重心的坐标 $\bar{y}$ 和 $\bar{z}$ 分别是:

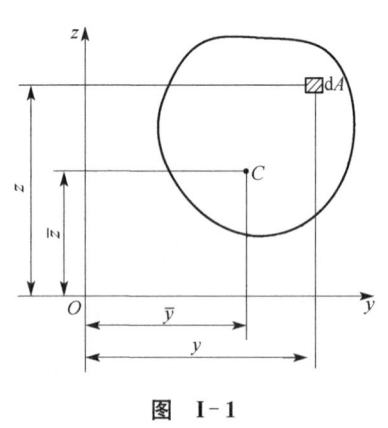

图 I-1

$$\bar{y} = \frac{\int_A y dA}{A}, \qquad \bar{z} = \frac{\int_A z dA}{A} \tag{I-2}$$

这也就是确定平面图形的形心坐标的公式。

利用式(I-1)可以把式(I-2)改写成

$$\bar{y} = \frac{S_z}{A}, \qquad \bar{z} = \frac{S_y}{A} \tag{I-3}$$

所以,把平面图形对 z 轴和 y 轴的静矩,除以图形的面积 A,就得到图形形心的坐标 $\bar{y}$ 和 $\bar{z}$。把上式改写为:

$$S_z = A\bar{y}, \qquad S_y = A\bar{z} \tag{I-4}$$

这表明,平面图形对 y 轴和 z 轴的静矩,分别等于图形面积 A 乘形心的坐标 $\bar{z}$ 和 $\bar{y}$。

由以上两式看出，若 $S_z=0$ 和 $S_y=0$，则 $\bar{y}=0$ 和 $\bar{z}=0$。可见，若图形对某一轴的静矩等于零，则该轴必然通过图形的形心；反之，若某一轴通过形心，则图形对该轴的静矩等于零。

例 I-1

在图 I-2 中，抛物线的方程为 $z=h\left(1-\dfrac{y^2}{b^2}\right)$。计算由抛物线、$y$ 轴和 z 轴所围成的平面图形对 y 轴和 z 轴的静矩 S_y 和 S_z，并确定图形的形心 C 的坐标。

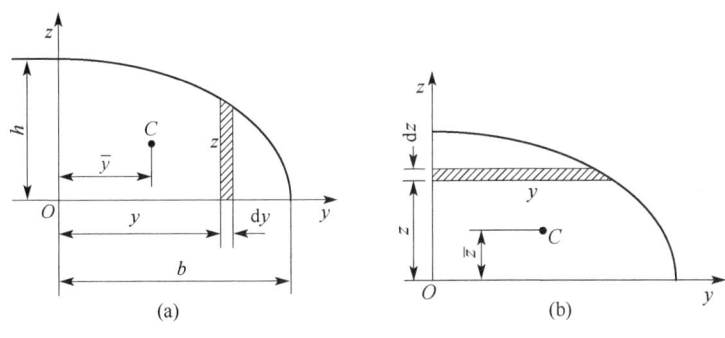

图 I-2

解：取平行于 z 轴、宽为 dy 的狭长条作为微面积 dA（图 I-2a），则：

$$D_a = z\,dy = h\left(1-\dfrac{y^2}{b^2}\right)dy$$

图形的面积 A 和对 z 轴的静矩分别为：

$$A = \int_A dA = \int_0^b h\left(1-\dfrac{y^2}{b^2}\right)dy = \dfrac{2bh}{3}$$

$$S_z = \int_A y\,dA = \int_0^b yh\left(1-\dfrac{y^2}{b^2}\right)dy = \dfrac{b^2 h}{4}$$

代入式(I-3)得：

$$\bar{y} = \dfrac{S_z}{A} = \dfrac{3}{8}b$$

取平行于 y 轴、宽为 dz 的狭长条作为微面积，如图 I-2b 所示，仿照上述方法，即可求出：

$$S_y = \dfrac{4bh^2}{15}, \qquad \bar{z} = \dfrac{2h}{5}$$

当一个平面图形是由若干个简单图形（例如矩形、圆形、三角形等）组成时，由静矩的定义可知，图形各组成部分对某一轴的静矩的代数和，等于整个图形对同一轴的静矩，即

$$S_z = \sum_{i=1}^{n} A_i\, \bar{y}_i, \qquad S_y = \sum_{i=1}^{n} A_i\, \bar{z}_i \qquad (\text{I-5})$$

式中,A_i 和 $\bar{y}_i,\bar{z}_i$ 分别表示任一组成部分的面积及其形心的坐标。n 表示图形由 n 个部分组成。由于图形的任意组成部分都是简单图形,其面积及形心坐标都是不难确定,所以式(I-5)中的任一项都可由式(I-4)算出,其代数和即为整个组合图形的静矩。

若将式(I-5)中的 S_z 和 S_y 代入式(I-3),便得组合图形形心坐标的计算公式为:

$$\bar{y} = \frac{\sum_{i=1}^{n} A_i \bar{y}_i}{\sum_{i=1}^{n} A_i}, \qquad \bar{z} = \frac{\sum_{i=1}^{n} A_i \bar{z}_i}{\sum_{i=1}^{n} A_i} \tag{I-6}$$

例 I-2

试确定图 I-3 所示图形的形心 C 的位置。

解:把图形看作是由两个矩形 I 和 II 组成的,选取坐标系如图所示。每一矩形的面积及形心位置分别为:

矩形 I:$A_1 = (120 \text{ mm}) \times (10 \text{ mm}) = 1\,200 \text{ mm}^2$

$$\bar{y}_1 = \frac{10 \text{ mm}}{2} = 5 \text{ mm}, \bar{z}_1 = \frac{120 \text{ mm}}{2} = 60 \text{ mm}$$

矩形 II:$A_2 = (80 \text{ mm}) \times (10 \text{ mm}) = 800 \text{ mm}^2$

$$\bar{y}_2 = 10 \text{ mm} + \frac{80 \text{ mm}}{2} = 50 \text{ mm}, \qquad \bar{z}_2 = \frac{10 \text{ mm}}{2} = 5 \text{ mm}$$

应用式(I-6)求出整个图形形心 C 的坐标为:

$$\bar{y} = \frac{A_1 \bar{y}_1 + A_2 \bar{y}_2}{A_1 + A_2} = 23 \text{ mm}$$

$$\bar{z} = \frac{A_1 \bar{z}_1 + A_2 \bar{z}_2}{A_1 + A_2} = 38 \text{ mm}$$

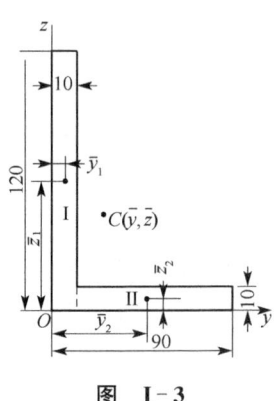

图 I-3

例 I-3

某单臂液压机机架的横截面尺寸如图 I-4 所示。试确定截面形心的位置。

解:截面有一铅垂对称轴,其形心必然在这一对称轴上,因而只需确定形心在对称轴上的位置。把截面看成是有矩形 $ABCD$ 减去矩形 $abcd$,并以 $ABCD$ 的面积为 A_1,$abcd$ 面积为 A_2。以底边 DC 作为参考坐标轴 y。

$$A_1 = 1.4 \text{ m} \times 0.86 \text{ m} = 1.204 \text{ m}^2$$

$$\bar{z}_1 = \frac{1.4 \text{ m}}{2} = 0.7 \text{ m}$$

$$A_2 = (0.86 - 2 \times 0.016)\text{m} \times (1.4 - 0.05 - 0.016)\text{m} = 1.105 \text{ m}^2$$

$$\bar{z}_2 = \frac{1}{2}(1.4 - 0.05 - 0.016)\text{m} + 0.05 \text{ m} = 0.717 \text{ m}$$

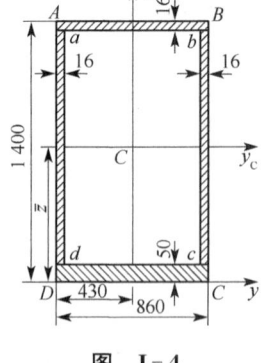

图 I-4

由式(Ⅰ-6),整个截面的形心 C 的坐标 $\bar{z}$ 为:

$$\bar{z} = \frac{A_1\bar{z}_1 + A_2\bar{z}_2}{A_1 + A_2} = 0.510 \text{ m}$$

注意:因面积 A_2 是减去的,故上式运算时,A_2 以负值代入。

Ⅰ.2 惯性矩和惯性半径

任意平面图形如图Ⅰ-5所示,其面积为 A。y 轴和 z 轴为图形所在平面内的坐标轴。在坐标 (y,z) 处取微面积 dA,遍及整个图形 A 的积分

$$I_y = \int_A z^2 dA, \qquad I_z = \int_A y^2 dA \tag{Ⅰ-7}$$

分别定义为图形对 y 轴和 z 轴的惯性矩,也称为图形对 y 轴和 z 轴的二次矩。在上式中,由于 z^2 和 y^2 总是正的,所以 I_y 和 I_z 也恒为正值。惯性矩的量是长度的四次方。

力学计算中,有时把惯性矩写成图形面积 A 与某一长度的平方的成绩,即:

$$I_y = Ai_y^2, \qquad I_z = Ai_z^2 \tag{Ⅰ-8}$$

或改写为:

$$i_y = \sqrt{\frac{I_y}{A}}, \qquad i_z = \sqrt{\frac{I_z}{A}} \tag{Ⅰ-9}$$

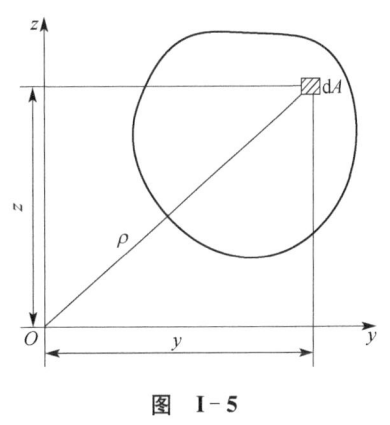

图 Ⅰ-5

式中,i_y 和 i_z 分别称为图形对 y 轴和 z 轴的惯性半径。惯性半径的量纲就是长度。

以 ρ 表示微面积 dA 到坐标原点 O 的距离,下列积分:

$$I_P = \int_A \rho^2 dA$$

定义为图形对坐标原点 O 的极惯性矩。由图Ⅰ-5可见,$\rho^2 = y^2 + z^2$,于是有:

$$I_P = \int_A \rho^2 dA = \int_A (y^2 + z^2) dA = \int_A y^2 dA + \int_A z^2 dA$$
$$= I_z + I_y$$

所以,图形对任意一对互相垂直的轴的惯性矩之和,等于它对该两轴交点的极惯性矩。

例Ⅰ-4

试计算矩形对其对称轴 y 和 z 的惯性矩,矩形的高为 h、宽为 b。

解:先求对 y 轴的惯性矩。取平行于 y 轴的狭长条作为微面积 dA,则:

$$dA = b dz$$

$$I_y = \int_A z^2 dA = \int_{-\frac{h}{2}}^{\frac{h}{2}} bz^2 dz = \frac{bh^3}{12}$$

用完全相似的方法可求得：

$$I_z = \frac{hb^3}{12}$$

若图形是高为 h、宽为 b 的平行四边形(图 I-7)，则由于算式完全相同，它对形心轴 y 的惯性矩仍然是 $I_y = \frac{bh^3}{12}$。

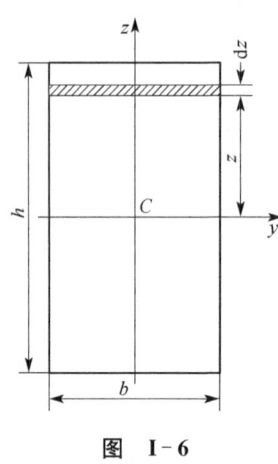

图 I-6

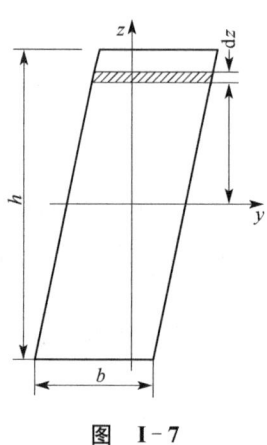

图 I-7

例 I-5

计算圆形对其形心轴的惯性矩。

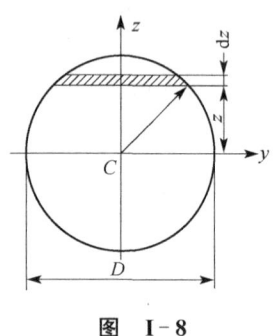

图 I-8

解：取图 I-8 中的阴影线面积为 dA，则：

$$dA = 2y dz = 2\sqrt{R^2 - z^2} dz$$

$$I_y = \int_A z^2 dA = 2\int_{-R}^{R} z^2 \sqrt{R^2 - z^2} dz = \frac{\pi R^4}{64}$$

z 轴和 y 轴都与圆的直径重合，由于对称性，必然有：

$$I_z = I_y = \frac{\pi R^4}{64}$$

由式(I-11)，显然可得：

$$I_p = I_z + I_y = \frac{\pi R^4}{32}$$

式中 I_p 是圆形对圆心的极惯性矩。这里又得出与式(3-12)相同的结果。

当一个平面图形是由若干个简单的图形组成时，根据惯性矩的定义，可先算出每一个简单图形对同一轴的惯性矩，然后求其总和，即等于整个图形对于这个轴的惯性矩。这可用下式表达为

$$I_y = \sum_{i=1}^{n} I_{yi}, \qquad I_z = \sum_{i=1}^{n} I_{zi} \tag{I-10}$$

例如,可以把图 I-9 所示空心圆看作是由直径为 D 的实心圆挖去直径为 d 的同心圆所得的图形,由式(I-12),并利用例 I-5 所得结果,可求得:

$$I_y = I_z = \frac{\pi D^4}{64} - \frac{\pi d^4}{64} = \frac{\pi}{64}(D^4 - d^4)$$

$$I_p = \frac{\pi D^4}{32} - \frac{\pi d^4}{32} = \frac{\pi}{32}(D^4 - d^4)$$

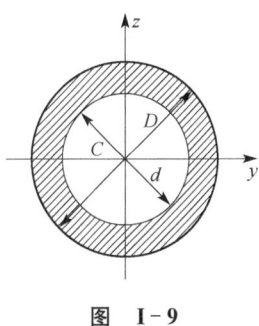

图 I-9

上式即式(3-14)。

I.3 惯 性 积

在平面图形的坐标(y,z)处,取微面积 dA(图 I-5)遍及整个图形面积 A 的积分

$$I_{xy} = \int_A yz\,dA \tag{I-11}$$

定义为图形对 y,z 轴的惯性积。

由于坐标乘积 yz 可能为正或负,因此,I_{yz} 的数值可能为正、负或零。例如当整个图形都在第一象限内时(图 I-5),由于所有微面积 dA 的 y,z 坐标均为正值。惯性积的量纲是长度的四次方。

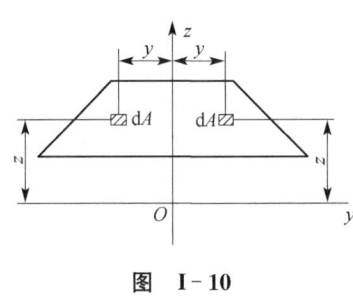

图 I-10

若坐标轴 y 或 z 中有一根是图形的对称轴,例如图 I-10 中的 z 轴。这时,如在 z 轴两侧的对称位置处,各取一微面积 dA,显然,两者的 z 坐标相同,y 坐标则数值相等当正负号相反。因而两个微面积与坐标 y,z 的乘积,数值相等而正负号相反,它们在积分中相互抵消。所有微面积与坐标的乘积都两两相消,最后导致:

$$I_{yz} = \int_A yz\,dA = 0$$

所以,坐标系的两坐标轴中只要有一根为图形的对称轴,则图形对这一坐标系的惯性积等于零。

I.4 平行移轴公式

同一平面图形对于平行的两对坐标轴,其惯性矩或惯性积并不相同。当期中一对轴是图形的形心轴时,它们之间有比较简单的关系。现在介绍这种关系的表达式。

在图 I-11 中，C 为图形的形心，y_C 和 z_C 是通过形心的坐标轴。图形对形心轴 y_C 和 z_C 的惯性矩和惯性积分别记为：

$$I_{y_C} = \int_A z_C^2 \mathrm{d}A, \qquad I_{z_C} = \int_A y_C^2 \mathrm{d}A, \qquad I_{y_C z_C} = \int_A y_C z_C \mathrm{d}A \qquad (\text{I}-11\text{a})$$

若 y 轴平行于 y_C 且两者的距离为 a，z 轴平行于 z_C 且两者的距离为 b，图形对 y 轴和 z 轴的惯性矩和惯性积应为：

$$I_y = \int_A z^2 \mathrm{d}A, \qquad I_z = \int_A y^2 \mathrm{d}A, \qquad I_{yz} = \int_A yz \mathrm{d}A \qquad (\text{I}-11\text{b})$$

由图 I-11 显然可以看出：

$$y = y_C + b, \qquad z = z_C + a \qquad (\text{I}-11\text{c})$$

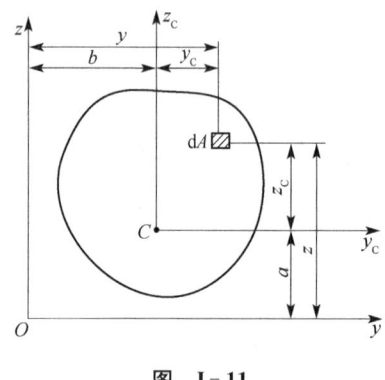

图 I-11

以式(I-13c)代入式(I-13b)得：

$$I_y = \int_A z^2 \mathrm{d}A = \int_A (z_C + a)^2 \mathrm{d}A$$
$$= \int_A z_C^2 \mathrm{d}A + 2a \int_A z_C \mathrm{d}A + a^2 \int_A \mathrm{d}A$$

$$I_z = \int_A y^2 \mathrm{d}A = \int_A (y_C + b)^2 \mathrm{d}A$$
$$= \int_A y_C^2 \mathrm{d}A + 2b \int_A y_C \mathrm{d}A + b^2 \int_A \mathrm{d}A$$

$$I_{yz} = \int_A yz \mathrm{d}A = \int_A (y_C + b)(z_C + a) \mathrm{d}A$$
$$= \int_A y_C z_C \mathrm{d}A + a \int_A y_C \mathrm{d}A + b \int_A z_C \mathrm{d}A + ab \int_A \mathrm{d}A$$

在以上三式中，$\int_A z_C \mathrm{d}A$ 和 $\int_A y_C \mathrm{d}A$ 分别为图形对形心轴 y_C 和 z_C 的静矩，其值应等于（I.1节）$\int_A \mathrm{d}A = A$。如再应用式(I-13a)，则上列三式简化为：

$$\begin{cases} I_y = I_{y_C} + a^2 A \\ I_z = I_{z_C} + b^2 A \\ I_{yz} = I_{y_C z_C} + abA \end{cases} \qquad (\text{I}-12)$$

式(I-14)即为惯性矩和惯性积的平行移轴公式。使用时要注意 a 和 b 是图形的形心在 yOz 坐标系中的坐标，所以它们是有正负的。由式(I-14)的前两式可见，在一组平行轴中，图形对形心轴的惯性矩最小。

例 I-6

试计算图 I-12 所示图形对其形心轴 y_C 的惯性矩 I_{y_C}。

解： 把图形看作由两个矩形 I 和 II 所组成。图形的形心必然在对称轴 z_C 上。为了确定 $\bar{z}$，取通过矩形 II 的形心且平行于底边的参考轴 y。

$$\bar{z} = \frac{A_1 z_1 + A_2 z_2}{A_1 + A_2}$$

$$= \frac{(0.14 \times 0.02 \times 0.08 + 0.1 \times 0.02 \times 0) \text{m}^3}{(0.14 \times 0.02 + 0.1 \times 0.02) \text{m}^3}$$

$$= 0.046\,7 \text{ m}$$

形心位置确定后，使用平行移轴公式，分别算出矩形 I 和 II 对 y_C 轴的惯性矩应为：

$$I_{y_C} = I_{y_C}^{I} + I_{y_C}^{II} = 7.69 \times 10^{-6} \text{ m}^4 + 4.43 \times 10^{-6} \text{ m}^4$$
$$= 12.12 \times 10^{-6} \text{ m}^4$$

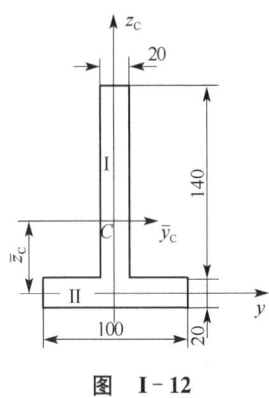

图 I-12

例 I-7

试计算例 I-3(图 I-4)中液压机架横截面对形心轴 y_C 的惯性矩，对形心轴 y_C，z_C 的惯性积 $I_{y_C z_C}$。

解： 在例 I-3 中已经求出 y_C 轴到截面底边的距离为 $\bar{z} = 0.0510$ m。现在把截面看作是从矩形 $ABCD$ 中减去矩形 $abcd$ 所得的图形。由平行移轴公式求出矩形 $ABCD$ 对 y_C 轴的惯性矩为：

$$I_{y_C}^{I} = \frac{1}{12} \times 0.86 \times 1.4^3 \text{ m}^4 + 0.86 \times 1.4 \times (0.7 - 0.510)^2 \text{ m}^4 = 0.24 \text{ m}^4$$

矩形 $abcd$ 对 y_C 轴惯性矩为：

$$I_{y_C}^{II} = \frac{1}{12} \times 0.828 \times 1.334^3 \text{ m}^4 + 0.828 \times 1.334 \times \left(\frac{1.334}{2} + 0.05 - 0.510\right)^2 \text{ m}^4$$
$$= 0.211 \text{ m}^4$$

整个截面对 y_C 轴的惯性矩是：

$$I_y = I_{y_C}^{I} - I_{y_C}^{II} = 0.24 \text{ m}^4 - 0.211 \text{ m}^4 = 0.029 \text{ m}^4$$

由于 z_C 轴是对称轴，故 $I_{y_C z_C} = 0$。

例 I-8

计算图 I-13 所示三角形 OBD 对 y 轴，z 轴和形心轴 y_C，z_C 的惯性积 I_{yz} 和 $I_{y_C z_C}$。

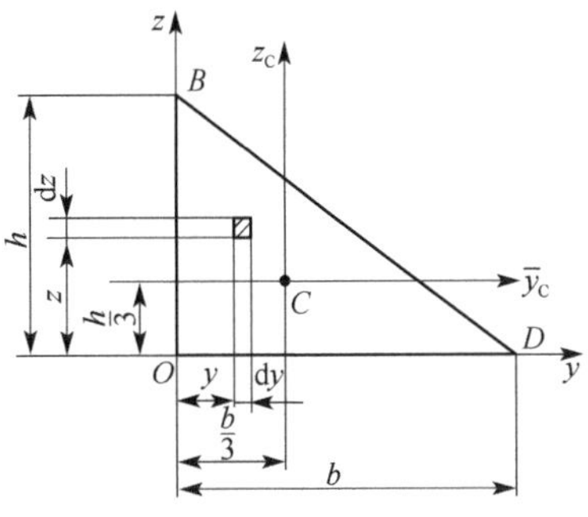

解： 三角形斜边 BD 的方程为：

$$z = \frac{h(b-y)}{b}$$

取微面积 $dA = dydz$，三角形对 y，z 轴的惯性积 I_{yz} 为：

$$I_{yz} = \int_A yz\,dA = \int_0^b \Big[\int_0^z z\,dz\Big] y\,dy$$
$$= \int_0^b \frac{h^2}{2b^2}(b-y)^2 y\,dy = \frac{b^2 y^2}{24}$$

图 I-13

三角形的形心 C 在 Oyz 坐标系中的坐标为 $\left(\dfrac{b}{3}, \dfrac{h}{3}\right)$，由惯性积的平行移轴公式得：

$$I_{y_C z_C} = I_{yz} - \left(\dfrac{b}{3}\right)\left(\dfrac{h}{3}\right)A = \dfrac{b^2 h^2}{24} - \dfrac{b}{3} \cdot \dfrac{h}{3} \cdot \dfrac{bh}{2} = -\dfrac{b^2 h^2}{72}$$

I.5　转轴公式　主惯性轴

任意平面图形(图 I-14)对 y 轴和 z 轴的惯性矩和惯性积分别为：

$$I_y = \int_A z^2 \mathrm{d}A, \quad I_z = \int_A y^2 \mathrm{d}A, \quad I_{yz} = \int_A yz \mathrm{d}A \qquad (\text{I-13})$$

若将坐标轴绕 O 点旋转 α 角，且以逆时针转向为正，旋转后得新的坐标轴 y_1、z_1，则图形对 y_1、z_1 轴的惯性矩和惯性积应分别为

$$I_{y_1} = \int_A z_1^2 \mathrm{d}A, \quad I_{z_1} = \int_A y_1^2 \mathrm{d}A, \quad I_{y_1 z_1} = \int_A y_1 z_1 \mathrm{d}A \qquad (\text{I-13a})$$

现在研究图形对 y、z 轴和对 y_1、z_1 轴的惯性矩及惯性积之间的关系。

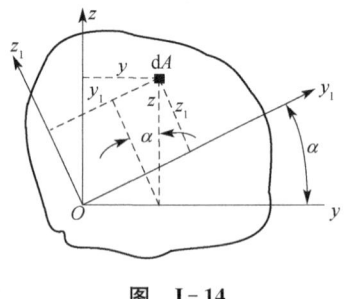

图 I-14

由图 I-14 可得微面积 $\mathrm{d}A$ 在新旧两个坐标系中的坐标 (y_1, z_1) 和 (y, z) 之间的关系为：

$$\left.\begin{array}{l} y_1 = y\cos\alpha + z\sin\alpha \\ z_1 = z\cos\alpha - y\sin\alpha \end{array}\right\} \qquad (\text{I-13b})$$

把式(I-13b)中的 z_1 代入式(I-13a)中的第一式：

$$\begin{aligned} I_{y_1} &= \int_A z_1^2 \mathrm{d}A = \int_A (z\cos\alpha - y\sin\alpha)^2 \mathrm{d}A \\ &= \cos^2\alpha \int_A z^2 \mathrm{d}A + \sin^2\alpha \int_A y^2 \mathrm{d}A - 2\sin\alpha\cos\alpha \int_A yz \mathrm{d}A \\ &= I_y \cos^2\alpha + I_z \sin^2\alpha - I_{yz} \sin 2\alpha \end{aligned}$$

以 $\cos^2\alpha = \dfrac{1}{2}(1+\cos 2\alpha)$ 和 $\sin^2\alpha = \dfrac{1}{2}(1-\cos 2\alpha)$ 代入上式，得出：

$$I_{y_1} = \dfrac{I_y + I_z}{2} + \dfrac{I_y - I_z}{2}\cos 2\alpha - I_{yz}\sin 2\alpha \qquad (\text{I-14})$$

同理，由式(I-13a)的第二式和第三式可以分别求得：

$$I_{z_1} = \dfrac{I_y + I_z}{2} - \dfrac{I_y - I_z}{2}\cos 2\alpha + I_{yz}\sin 2\alpha \qquad (\text{I-15})$$

$$I_{y_1 z_1} = \dfrac{I_y - I_z}{2}\sin 2\alpha + I_{yz}\cos 2\alpha \qquad (\text{I-16})$$

以上三式表明，I_{y_1}、I_{z_1}、$I_{y_1z_1}$ 随 α 角的改变而变化，它们都是 α 的函数。因此可进一步讨论惯性矩的极值。

将式(I-14)和式(I-15)分别与二向应力状态下斜面上正应力、切应力的计算式(7-3)和(7-4)相比较，发现其结构完全相同。而且，I_y、I_z、I_{yz} 分别对应 σ_x、σ_y、τ_{xy}；I_{y_1}、$I_{y_1z_1}$ 分别对应 σ_α、τ_α；而 I_{z_1} 则对应 $\sigma_{\alpha+90°}$，即外法线方向为 $(\alpha+90°)$ 的斜截面上的正应力。不同的是，斜截面上的正应力和切应力均可正可负，而惯性矩恒为正值。这是人为规定所致。

因此，不必进行数学运算，用类比法并借助对应关系，将式(7-5)中的 σ_x、σ_y、τ_{xy} 分别代入 I_y、I_z、I_{yz}，立即可确定使图形的惯性矩为最大或最小值时的 α_0 角：

$$\tan 2\alpha_0 = -\frac{2I_{yz}}{I_y - I_z} \qquad (\text{I}-17)$$

随后的分析完全可借鉴式(7-5)后的一段文字，只需对某些名词作相应的更改。即：由式(I-17)可以求出相差 $90°$ 的两个角度 α_0，从而确定了一对坐标轴 y_0 和 z_0。图形对其中一根轴的惯性矩为最大值 I_{max}，而对另一根轴的惯性矩则为最小值 I_{min}。比较式(I-16)和式(I-17)，可见满足式(I-17)的角度 α_0 恰好使惯性积等于零。所以，当坐标轴绕 O 点旋转到某一位置 y_0 和 z_0 时，图形对这一对坐标轴的惯性积等于零，这一对坐标轴称为主惯性轴，简称为主轴。对主轴的两个主惯性矩，一个是最大值，另一个是最小值。

通过图形形心 C 的主惯性轴称为形心主惯性轴，图形对该轴的惯性矩就称为形心主惯性矩。如果这里所说的平面图形是杆件的横截面，则截面的形心主惯性轴与杆件轴线所确定的平面，称为形心主惯性平面。杆件横截面的形心主惯性轴、形心主惯性矩和杆件的形心主惯性平面，在杆件的弯曲理论中有重要意义。截面对于对称轴的惯性积等于零，截面形心又必然在对称轴上，所以截面的对称轴就是形心主惯性轴，它与杆件轴线确定的纵向对称面就是形心主惯性平面。

仿照式(7-6)，再次应用类比法和上述的对应关系，并使 I_{y_0} 对应 σ_{max}，I_{z_0} 对应 σ_{min}，得出主惯性矩的计算公式。

例 I-9

试确定图 I-15 所示图形的形心主惯性轴的位置，并计算形心主惯性矩。

解：把图形看作由 I、II、III 三个矩形所组成。选取通过矩形 II 形心的水平轴及铅垂轴作为 y 轴和 z 轴。矩形 I 的形心坐标为 $(-35, 74.5)$mm，矩形 III 的形心坐标为 $(35, -74.5)$mm，故矩形 I，III 组合图形的形心与矩形 II 的形心重合在坐标原点 C。利用平行移轴公式分别求出各矩形对 y 轴和 z 轴的惯性矩和惯性积。

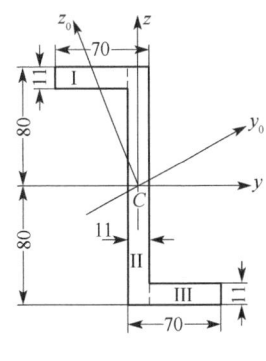

图 I-15

矩形 I：$\quad I_y^I = I_{y_C}^I + a_1^2 A_1$

$\qquad = \dfrac{1}{12} \times 0.059 \times 0.011^3 \,\text{m}^4 + 0.074\,5^2 \times 0.011 \times 0.059 \,\text{m}^4$

$\qquad = 3.607 \times 10^{-6} \,\text{m}^4$

252 材料力学

$$I_z^I = I_{z_C}^I + b_1^2 A_1$$
$$= \frac{1}{12} \times 0.011 \times 0.059^3 \text{m}^4 + (-0.035)^2 \times 0.011 \times 0.059 \text{ m}^4$$
$$= 0.982 \times 10^{-6} \text{ m}^4$$

$$I_{yz}^I = I_{y_C z_C}^I + a_1 b_1 A_1$$
$$= 0 + 0.0745 \times (-0.035) \times 0.011 \times 0.059 \text{ m}^4$$
$$= -1.69 \times 10^{-6} \text{ m}^4$$

矩形 II:

$$I_y^{II} = \frac{1}{12} \times 0.011 \times 0.16^3 \text{m}^4 = 3.76 \times 10^{-6} \text{ m}^4$$

$$I_z^{II} = \frac{1}{12} \times 0.16 \times 0.011^3 \text{m}^4 = 0.0178 \times 10^{-6} \text{ m}^4$$

$$I_{yz}^{II} = 0$$

矩形 III:

$$I_y^{III} = I_{y_C}^{III} + a_3^2 A_3$$
$$= \frac{1}{12} \times 0.059 \times 0.011^3 \text{m}^4 + (-0.0745)^2 \times 0.011 \times 0.059 \text{ m}^4$$
$$= 3.607 \times 10^{-6} \text{ m}^4$$

$$I_z^{III} = I_{z_C}^{III} + b_3^2 A_3$$
$$= \frac{1}{12} \times 0.011 \times 0.059^3 \text{m}^4 + 0.035^2 \times 0.011 \times 0.059 \text{ m}^4$$
$$= 0.982 \times 10^{-6} \text{ m}^4$$

$$I_{yz}^{III} = I_{y_C z_C}^{III} + a_3 b_3 A_3$$
$$= 0 + (-0.0745) \times 0.035 \times 0.011 \times 0.059 \text{ m}^4$$
$$= -1.69 \times 10^{-6} \text{ m}^4$$

整个图形对 y 轴的惯性矩和惯性积分别为：

$$I_y = I_y^I + I_y^{II} + I_y^{III} = (3.607 + 3.76 + 3.607) \times 10^{-6} \text{ m}^4$$
$$= 10.97 \times 10^{-6} \text{ m}^4$$

$$I_z = I_z^I + I_z^{II} + I_z^{III} = (0.982 + 0.0178 + 0.982) \times 10^{-6} \text{ m}^4$$
$$= 1.98 \times 10^{-6} \text{ m}^4$$

$$I_{yz} = I_{yz}^I + I_{yz}^{II} + I_{yz}^{III} = (-1.69 + 0 - 1.69) \times 10^{-6} \text{ m}^4$$
$$= -3.38 \times 10^{-6} \text{ m}^4$$

把求得的 I_y、I_z、I_{yz} 代入式(I-17)得：

$$\tan 2\alpha_0 = \frac{-2 I_{yz}}{I_y - I_z} = \frac{-2(-3.38 \times 10^{-6}) \text{ m}^4}{10.97 \times 10^{-6} \text{ m}^4 - 1.98 \times 10^{-6} \text{ m}^4} = 0.752$$

$$2\alpha_0 \approx 37° \text{ 或 } 217°$$

$$\alpha_0 \approx 18°30' \text{ 或 } 108°30'$$

α_0 的两个值分别确定了形心主惯性轴 y_0 和 z_0 的位置。随后,可求得形心主惯性矩为:

$$\left.\begin{matrix}I_{y_0}\\I_{z_0}\end{matrix}\right\} = \frac{I_y+I_z}{2} \pm \frac{1}{2}\sqrt{(I_y-I_z)^2+4I_{yz}^2}$$

$$= \frac{(10.97+1.98)\times 10^{-6}}{2}\text{ m}^4 \pm \frac{1}{2}\sqrt{(10.97-1.98)^2+4(-3.38)^2}\times 10^{-6}\text{ m}^4$$

$$= \begin{cases} 12.1\times 10^{-6}\text{ m}^4 \\ 0.85\times 10^{-6}\text{ m}^4 \end{cases}$$

至于两个形心主惯性矩分别对应哪根形心主惯性轴,可参照式(7-6)后的文字说明。用类比法和对应关系不难得出:如约定 I_y 代表较大的惯性矩(即 $I_y > I_z$),则由式(I-17)算出的两个角度 α_0 中,由绝对值较小的 α_0 确定的主惯性轴对应的主惯性矩为最大值。例如在本例中,由 $\alpha_0 = 18°30'$ 所确定的形心主惯性轴,对应着最大的形心主惯性矩 $I_{y_0} = 12.1\times 10^{-6}\text{ m}^4$。

仿照二向应力的图解法(7.4节),图形对不同坐标轴的惯性矩和惯性积的变化情况也可用图解法进行分析。这些留给读者去类比。

附录 II 参考答案

第 1 章 绪论

思考题
1. D
2. A
3. $F_N = P_1 + P_2$；$F_N = P_1$ $M = P_1 e$；$M = 2P_1 e$

练习题
1. $F_{N1} = P$ $F_{N2} = \sqrt{2}P$
2. $\varepsilon_m = 0.001$
3. $\varepsilon_m = 0.000\,125$ $\gamma = 0.000\,1$

第 2 章 轴向拉伸、压缩与剪切

思考题
1. C 2. B 3. B 4. D 5. D

练习题
1. (a) $F_{Nmax} = F$ (b) $F_{Nmax} = F$ (c) $F_{Nmax} = 3\text{ kN}$ (d) $F_{Nmax} = 1\text{ kN}$
2. 略
3. ∴ $F_2 = 62.5\text{ kN}$
4. ∴ $d_2 = 49.0\text{ mm}$
5. $\sigma_\theta = 5\text{ MPa}$ $\tau_\theta = 5\text{ MPa}$
6. $\sigma_{AB} = 82.9\text{ MPa} < [\sigma]$ $\sigma_{AC} = 131.8\text{ MPa} < [\sigma]$
7. $d \geqslant 20.0\text{ mm}$ $b \geqslant 84.1\text{ mm}$
8. $[F] = 97.1\text{ kN}$
9. $\Delta l = -0.2\text{ mm}$
10. $F = 21.2\text{ kN}$ $\theta = 10.9°$
11. $f_A = 3.58\text{ mm}$
12. $\sigma_{1,\,max} = \dfrac{2F}{3A}$ $\sigma_{y,\,max} = -\dfrac{F}{3A}$
13. $\sigma_1 = 66.7\text{ MPa} < [\sigma]$ $\sigma_2 = 133.3\text{ MPa} < [\sigma]$
14. $A_1 = A_2 = 2A_3 \geqslant 2\,450\text{ mm}$
15. $\tau = 5\text{ MPa}$ $\sigma_{bs} = 12.5\text{ MPa}$
16. $d \geqslant 15\text{ mm}$

第 3 章 圆轴的扭转

思考题

1. D 2. B 3. D 4. C 5. B 6. A 7. C 8. A

练习题

1. （略）

2. （略）

3. $M_{Tmax} = 1\,273.4$ kN·m。1、3 论对换后 $M_{Tmax} = 955$ kN·m，所以对轴的受力有利。

$$\tau_A = \frac{M_T \rho_A}{I_\rho} = \frac{1 \times 10^6 \times 15}{2.356 \times 10^5} = 63.7 \text{ MPa}$$

4. $\tau_{max} = \dfrac{M_T \rho_{max}}{I_\rho} = \dfrac{1 \times 10^6 \times 20}{2.356 \times 10^5} = 84.9$ MPa

$\tau_{min} = \dfrac{M_T \rho_{min}}{I_\rho} = \dfrac{1 \times 10^6 \times 10}{2.356 \times 10^5} = 42.4$ MPa

5. $\tau_{max} = \dfrac{16M}{\pi d_2^3}$ $\varphi_C = \varphi_{AB} + \varphi_{BC} = \dfrac{16.6Ml}{Gd_2^4}$

6. $d_1 = 74$ mm

7. $d_1 = 45$ mm $D_2 = 46$ mm

8. $\tau_{max1} = \dfrac{T_{12}}{W_{t1}} = \dfrac{620.7}{12.56 \times 10^{-6}} = 49.42$ MPa $\leqslant [\tau]$

$\tau_{max2} = \dfrac{T_{23}}{W_{t2}} = \dfrac{1\,432.4}{67.31 \times 10^{-6}} = 21.28$ MPa $\leqslant [\tau]$ 强度足够。

$\theta_{max1} = \dfrac{T_{12}}{GI_{p1}} \times \dfrac{180°}{\pi} = \dfrac{620.7}{80 \times 10^9 \times 25.12 \times 10^{-8}} \times \dfrac{180°}{\pi} = 1.77°/\text{m} < [\theta]$

$\theta_{max2} = \dfrac{T_{23}}{GI_{p2}} \times \dfrac{180°}{\pi} = \dfrac{1\,432.4}{80 \times 10^9 \times 23.56 \times 10^{-7}} \times \dfrac{180°}{\pi} = 0.435°/\text{m} < [\theta]$ 刚度足够。

9. $M = \dfrac{3G\pi d^4 \varphi_B}{64a}$

第 4 章 梁的弯曲内力

思考题

1. C 2. A 3. A 4. D

练习题

1. a. $QA = F$ $MA = 0$; $QB = F$, $MB = Fl$; $QC = F$, $MC = Fl/2$

b. $QA = -M/l$, $MA = M$; $QB = -M/l$, $MB = 0$

c. $QA = ql/2$, $MA = -3ql2/8$; $QB = 0$, $MB = 0$; $QC = ql/2$, $MC = -ql2/8$

d. $QA = Fb/(a+b)$, $MA = 0$; $QB = -Fa/(a+b)$, $MB = 0$;

 $QC -= Fb/(a+b)$, $MC -= Fab/(a+b)$;

$QC+ = -Fa/(a+b)$, $MC+ = Fab/(a+b)$;

2. a. $Q_{max} = F$ $M_{max} = Fl/2$ b. $Q_{max} = 3ql/4$ $M_{max} = ql2/4$

3. a. $Q_{max} = F/2$ $M_{max} = Fl/4$ b. $Q_{max} = F/2$ $M_{max} = Fl/6$
   c. $Q_{max} = F/2$ $M_{max} = Fl/6$ d. $Q_{max} = F/2$ $M_{max} = 3Fl/20$

4. a. $Q_{max} = F$ $M_{max} = 2Fl$ b. $Q_{max} = ql/2$ $M_{max} = ql2/8$
   c. $Q_{max} = ql/4$ $M_{max} = ql2/16$ d. $Q_{max} = 9ql/8$ $M_{max} = ql2$
   e. $Q_{max} = ql/4$ $M_{max} = 3ql2/32$ f. $Q_{max} = 10ql/9$ $M_{max} = 17ql2/54$

第5章 弯曲应力

思考题

1. C   2. D   3. C   4. A   5. B   6. A

练习题

1. $\sigma_{max} = 46.9$ MPa $\sigma_K = 11.72$ MPa

2. $b \geqslant 277$ mm $h \geqslant 416$ mm

3. σ_{max}压 $= 239.6$ MPa σ_{max}拉 $= 6.32$ MPa

4. $\sigma_{max} = 67.5$ MPa

5. σ_{max}压 $= 52.4$ MPa σ_{max}拉 $= 26.2$ MPa 若倒置 σ_{max}拉 $= 52.4$ MPa

6. $b \geqslant 32.76$ mm

7. $w_z \geqslant 125$ cm^3 16号工字钢

8. $a \geqslant 1.385$ m

9. $\sigma_{max} = 141.8$ MPa $\tau_{max} = 18.1$ MPa

10. 许用 $P = 3.75$ kN

11. $\sigma_{max} = \sigma_{max}c = 63.2$ MPa

12. $\sigma_{max} = 196$ MPa

13. $w_z \geqslant 438$ cm^3 25b号工字钢 $\tau_{max} = 13.6$ MPa

14. $a = 0.207$ L

第6章 弯曲变形

思考题

1. C   2. D   3. D   4. D   5. C   6. C   7. D   8. C   9. B

练习题

1. (1) 略。

(2) (a) $\theta_{max} = v' = \dfrac{M_e a}{EI}$, $v_{max} = \dfrac{a^2 M_e}{2EI}$。

(b) $\theta = v' = \left|\dfrac{qa^3}{24EI}\right|$, $v = -\dfrac{5qa^4}{384EI}$。

2. (1) (a) 边界条件：$x = 0$: $v_1 = 0$; $x = l$: $v_2 = 0$。

连续条件：$x = \dfrac{l}{2}$: $v_1 = v_2$ $\theta_1 = \theta_2$。

(b) 边界条件：$x=0$：$\nu_1=0$；$x=\dfrac{l}{2}$：$\nu_2=0$。

连续条件：$x=\dfrac{l}{2}$：$\nu_1=\nu_2$　$\theta_1=\theta_2$

(c) 边界条件：$x=0$：$\theta=0$　$\nu=0$。

连续条件：$x=\dfrac{l}{2}$：$\nu_1=\nu_2$　$\theta_1=\theta_2$。

(d) 边界条件：$x=0$：$\nu_1=0$；$x=l$：$\theta_2=0$，$\nu_2=0$。

连续条件：$x=\dfrac{l}{2}$：$\nu_1=\nu_2$。

(2) 略。

3. 挠曲线方程略，自由端的挠度和转角 $\nu_1=-\dfrac{7Pa^3}{2EI}$，$\nu_1'=\dfrac{5Pa^2}{2EI}$。

4. 最大挠度和最大转角发生在自由端 $\nu_{\max}=-\dfrac{3Pl^3}{16EI}$，$\nu_{\max}'=-\dfrac{5Pl^2}{16EI}$。

5. (a) $v_A=-\dfrac{Pl^3}{6EI}$；$\theta_B=-\dfrac{9Pl^2}{8EI}$。

(b) $v_A=-\dfrac{5ql^4}{768EI}$；$\theta_B=\dfrac{7ql^3}{384EI}$。

6. $\theta_B=-\dfrac{qa^3}{4EI}$；$v_B=-\dfrac{5qa^4}{24EI}$。

7. (a) $\theta_B=\dfrac{Fl^2}{16EI}+\dfrac{M_e l}{3EI}$；$v_C=-\dfrac{Fl^3}{48EI}-\dfrac{3M_e l^2}{48EI}$。

(b) $\theta_B=\dfrac{Fl^2}{4EI}$；$v_C=\dfrac{11Fl^3}{48EI}$。

8. $x=0.152l$ 时，中点的挠度与自由端的挠度数值相等。$x=l/6$ 时，跨度中点的最大挠度。

9. $\delta_x=\dfrac{Fah^2}{2EI}$；$\delta_y=-\dfrac{Fa^2(a+3h)}{3EI}$。

10. $v_A=-\dfrac{3Fa^3}{2EI_1}$；$v_{\max}=-\dfrac{3Fa^3}{4EI_1}$。

11. $|v_{\max}|=0.0137\text{ m}<[f]=\dfrac{l}{500}=0.0175\text{ m}$。

12. $F_B=\dfrac{5}{8}qa$；$F_A=-\dfrac{qa}{16}$；$F_C=\dfrac{7qa}{16}$。

13. $F_A=-\dfrac{qa}{16}$；$F_C=\dfrac{7qa}{16}$。剪力图和弯矩图略。

14. $|v_B|=2.25\times10^{-6}\text{ m}$。

15. $\sigma_{\max}=108\text{ MPa}$；$\sigma_{BC}=31.8\text{ MPa}$；$v_c=8.03\text{ mm}$。

16. $\delta_B=8.22\text{ mm}$。

17. $v_D=-0.56\text{ mm}$。

18. $R = 82.6$ N

19. $R_C = 26.16$ N

第7章 应力状态分析与强度理论

思考题

1. B 2. C 3. A 4. B 5. D 6. D 7. A 8. B

练习题

1. (a) $\sigma_\alpha = 35$ MPa, $\tau_\alpha = 60.6$ MPa。

   (b) $\sigma_\alpha = 70$ MPa, $\tau_\alpha = 0$。

   (c) $\sigma_\alpha = 62.5$ MPa, $\tau_\alpha = 21.7$ MPa。

   (d) $\sigma_\alpha = -12.5$ MPa, $\tau_\alpha = 65$ MPa。

2. (a) $\sigma_1 = 4.7$ MPa, $\sigma_2 = 0$, $\sigma_3 = -84.7$ MPa, $\alpha_0 = -13.3°$, $\tau_{max} = 44.7$ MPa。

   (b) $\sigma_1 = 37$ MPa, $\sigma_2 = 0$, $\sigma_3 = -27$ MPa, $\alpha_0 = 19.3°$, $\tau_{max} = 32$ MPa。

3. 1 点：$\sigma_1 = \sigma_2 = 0$, $\sigma_3 = -120$ MPa；

   2 点：$\sigma_1 = 36$ MPa, $\sigma_2 = 0$, $\sigma_3 = -36$ MPa；

   3 点：$\sigma_1 = 70.4$ MPa, $\sigma_2 = 0$, $\sigma_3 = -10.4$ MPa；

   4 点：$\sigma_1 = 120$ MPa, $\sigma_2 = \sigma_3 = 0$。

4. (1) $\sigma_\alpha = -45.2$ MPa, $\tau_\alpha = 7.7$ MPa。

   (2) $\sigma_1 = 109.3$ MPa, $\sigma_2 = 0$, $\sigma_3 = -45.6$ MPa, $\alpha_0 = 32.9°$。

5. $\sigma_1 = 80$ MPa, $\sigma_2 = \sigma_x = 40$ MPa, $\sigma_3 = 0$。

6. $\sigma_1 = 52.2$ MPa, $\sigma_2 = 50$ MPa, $\sigma_3 = -42.2$ MPa, $\tau_{max} = 47.2$ MPa。

7. $\sigma_x = 80$ MPa, $\sigma_y = 0$。

8. $\sigma_1 = 0$ MPa, $\sigma_2 = -19.8$ MPa, $\sigma_3 = -60$ MPa；

   $\Delta l_1 = 3.76 \times 10^{-3}$ mm, $\Delta l_2 = 0$, $\Delta l_3 = -7.65 \times 10^{-3}$ mm。

9. $\Delta l = 9.3 \times 10^{-3}$ mm。

10. $\sigma_{r1} = 22.7$ MPa $< [\sigma_t]$, $\sigma_{r2} = 26.1$ MPa $< [\sigma_t]$, 安全。

11. $\sigma_{r3} = 850$ MPa, $\sigma_{r4} = 813$ MPa。

12. $d \geqslant 23.6$ mm。

13. $\sigma_{r3} = 176$ MPa $\leqslant [\sigma]$, 安全。

14. $\sigma_{r4} = 119.7$ MPa $\leqslant [\sigma]$, 安全。

15. (1) $\sigma_1 = 150$ MPa, $\sigma_2 = 75$ MPa, $\tau_{max} = 75$ MPa。

    (2) $\sigma_\alpha = 131.3$ MPa, $\tau_\alpha = -32.5$ MPa。

第8章 组合变形

思考题

1. B 2. B 3. C 4. A 5. D

练习题

1. $h = 180$ mm $b = 90$ mm

2. $\sigma_{max} = 121$ MPa 满足强度要求

3. 依照弯曲强度 $d \geqslant 120.4$ mm　取 122 mm

4. $\sigma_{\max}$拉 $= 55.83$ MPa

5. $\sigma_A = 8.83$ MPa　$\sigma_B = 3.83$ MPa　$\sigma_C = -12.17$ MPa　$\sigma_D = -7.17$ MPa

6. $\sigma_{r_3} = 84.4$ MPa

7. 忽略带轮自重：$d \geqslant 48$ mm；考虑带轮自重：$d \geqslant 49.3$ mm

8. $\sigma_{r_3} = 89.2$ MPa

9. $P \leqslant 91$ kN

10. $\sigma_{\max} = 60.5$ MPa

11. $\sigma_{r3} = 146$ MPa

第 9 章　能量法

思考题

1. D　2. B　3. C　4. C　5. C　6. D　7. A　8. D　9. C　10. D　11. A　12. B

练习题

1. $U = W = \dfrac{1}{2} M \theta_C = \dfrac{M^2 l}{18EI}$, $U = \int_l \dfrac{M^2(\theta)}{2EI} \mathrm{d}s = \int_0^{\pi/2} \dfrac{(-PR\sin\theta)^2}{2EI} \times R\,\mathrm{d}\theta = \dfrac{\pi P^2 R^3}{8EI}$

2. $U = W = \dfrac{1}{2} P_y f_y + \dfrac{1}{2} P_z f_z + \dfrac{1}{2} T\phi$

$= \dfrac{1}{2} \cdot P_y \cdot \dfrac{P_y l^3}{48EI_z} + \dfrac{1}{2} \cdot P_z \cdot \dfrac{P_z l^3}{48EI_y} + \dfrac{1}{2} T \cdot \dfrac{T \cdot l/2}{GI_P} = \dfrac{l^3}{96EI}(P_y^2 + P_z^2) + \dfrac{T^2 l}{4GI_P}$

$= \dfrac{0.4^3}{96 \times 210 \times 10^9 \times \pi \times 0.04^4/64}(360^2 + 1\,000^2) + \dfrac{80^2 \times 0.4}{4 \times 80 \times 10^9 \times \pi \times 0.04^4/32}$

$= 0.060\,4$ J

3. $f_B = 0 + \displaystyle\int_0^a \dfrac{-\dfrac{1}{2} q x_2^2}{EI}[-(l-a+x_2)]\mathrm{d}x_2 = \dfrac{qa^3}{24EI}(4l-a)$

4. $\theta_B = 0 + \displaystyle\int_0^a \dfrac{-\dfrac{1}{2} q x_2^2}{EI}(-1)\mathrm{d}x_2 = \dfrac{qa^3}{6EI}$

5. $\delta_{BD} = 0 + 0 + \dfrac{(-P) \cdot l}{EA}\left(-\dfrac{\sqrt{2}}{2}\right) + \dfrac{(\sqrt{2}P) \cdot \sqrt{2}l}{EA} + 0 = \left(\dfrac{\sqrt{2}}{2} + 2\right)\dfrac{Pl}{EA} \approx 2.71 \dfrac{Pl}{EA}$

方向为 B 向 D 靠近。

6. $\delta_{CV} = \dfrac{\partial U}{\partial P} = \dfrac{N l_{BD}}{EA} \dfrac{\partial N}{\partial P} + \displaystyle\int_{l_1} \dfrac{M(x_1)}{EI} \dfrac{\partial M(x_1)}{\partial x_1} \mathrm{d}x_1 + \displaystyle\int_{l_2} \dfrac{M(x_2)}{EI} \dfrac{\partial M(x_2)}{\partial x_2} \mathrm{d}x_2$

$= \dfrac{\sqrt{2}P \times 1}{EA} \cdot \sqrt{2} + \displaystyle\int_0^1 \dfrac{-\dfrac{\sqrt{2}}{2}Px_1}{EI}\left(-\dfrac{\sqrt{2}}{2}x_1\right)\mathrm{d}x_1 + \displaystyle\int_0^1 \dfrac{-\dfrac{\sqrt{2}}{2}P(1+x_2) + \sqrt{2}Px_2}{EI}\left[-\dfrac{\sqrt{2}}{2}(1-x_2)\right]\mathrm{d}x_2$

$= \dfrac{2P}{EA} + \dfrac{P}{6EI} + \dfrac{P}{6EI} = \dfrac{2P}{EA} + \dfrac{P}{3EI} = 0.047\,2 + 0.553 = 0.60$ mm

方向向下。

7. $\theta_A = \int_{l_1} \dfrac{M(x_1)\overline{M}(x_1)}{EI}\mathrm{d}x_1 + \int_{l_2} \dfrac{M(x_2)\overline{M}(x_2)}{EI}\mathrm{d}x_2 + \int_{l_3} \dfrac{M(x_3)\overline{M}(x_3)}{EI}\mathrm{d}x_3$

$= \int_0^{3l} \dfrac{(-Px_1)(-1)}{EI}\mathrm{d}x_1 + \int_0^{5l} \dfrac{P(3l - x_2\cos\alpha)\times 1}{EI}\mathrm{d}x_2 + \int_0^{4l} \dfrac{(-Px_3)(-1)}{EI}\mathrm{d}x_3$

$= \dfrac{9Pl^2}{2EI} + \dfrac{15Pl^2}{2EI} + \dfrac{9Pl^2}{2EI} = \dfrac{33Pl^2}{2EI}$

8. $\delta_H = \int_{l_1} \dfrac{T(x_1)\overline{T_1}(x_1)}{GI_p}\mathrm{d}x_1 + \int_{l_2} \dfrac{M(x_2)\overline{M_1}(x_2)}{EI}\mathrm{d}x_2$

$= 0 + \int_0^h \dfrac{mx_2}{EI}\mathrm{d}x_2 = \dfrac{mh^2}{2EI} = \dfrac{32mh^2}{E\pi d^4}$

$\theta = \int_{l_1} \dfrac{T(x_1)\overline{T_2}(x_1)}{GI_p}\mathrm{d}x_1 + \int_{l_2} \dfrac{M(x_2)\overline{M_2}(x_2)}{EI}\mathrm{d}x_2$

$= \int_0^l \dfrac{m\times 1}{GI_p}\mathrm{d}x_1 + \int_0^h \dfrac{m\times 1}{EI}\mathrm{d}x_2 = \dfrac{ml}{GI_p} + \dfrac{mh}{EI} = \dfrac{32ml}{G\pi d^4} + \dfrac{64mh}{E\pi d^4}$

9. $\delta_V = \int_{l_1} \dfrac{M(x_1)\overline{M}(x_1)}{EI}\mathrm{d}x_1 + \int_{l_2} \dfrac{T(x_2)\overline{T}(x_2)}{GI_p}\mathrm{d}x_2 + \int_{l_3} \dfrac{M(x_2)\overline{M}(x_2)}{EI}\mathrm{d}x_2$

$= \int_0^a \dfrac{Px_1\cdot x_1}{EI}\mathrm{d}x_1 + \int_0^a \dfrac{Pa\cdot a}{GI_p}\mathrm{d}x_2 + \int_0^a \dfrac{Px_2\cdot x_2}{EI}\mathrm{d}x_2$

$= \dfrac{Pa^3}{3EI} + \dfrac{Pa^3}{GI_p} + \dfrac{Pa^3}{3EI} = \dfrac{128Pa^3}{3E\pi d^4} + \dfrac{32Pa^3}{G\pi d^4}$

10. $N_1^P = N_1 + \overline{N}_1 \cdot X_1 = N_1 = 0$

$N_2^P = N_2 + \overline{N}_2 \cdot X_1 = N_2 = \dfrac{P}{2\sin\alpha}$

$N_3^P = N_3 + \overline{N}_3 \cdot X_1 = N_3 = -\dfrac{P}{2\sin\alpha}$

第 10 章　压杆稳定

思考题

1. A　2. C　3. C　4. A　5. D　6. D　7. B　8. C

练习题

1. (1) $p_{cr1} = 37.8 \text{ kN}$。

(2) $p_{cr2} = 52.6 \text{ kN}$。

(3) $p_{cr3} = 459 \text{ kN}$。

2. $F = \dfrac{4\sqrt{10}\pi^2 EI}{3a^2}$。

3. $p_{cr1} = 2\,540 \text{ kN}$；$p_{cr2} = 4\,705 \text{ kN}$；$p_{cr3} = 4\,825 \text{ kN}$。

4. $n = 3.58$。

5. (a) $p_{cr(a)} = 5.53 \text{ kN}$。

(b) $p_{cr(b)} = 22.1 \text{ kN}$。

(c) $p_{cr(c)} = 69.0$ kN。

6. (a) $F_{cr(a)} = 14.6$ kN。

(b) $F_{cr(b)} = 26.2$ kN。

(c) $F_{cr(c)} = 25$ kN。

(d) $F_{cr(d)} = 73.1$ kN。

四种情况排序：$F_{cr(a)} < F_{cr(c)} < F_{cr(b)} < F_{cr(d)}$。

7. $[P] = 770.8$ kN。

8. $h/b = 1.429$。

9. $P_{cr} = 400$ kN。

10. (1) $Q_{cr} = 121.2$ kN。

(2) $n = 1.73 < [n_{st}]$，不满足稳定要求。

11. $n = 3.26$。

12. $n = 6.5 > n_{st}$，满足稳定要求。

第 11 章 动载荷

思考题

1. A 2. D 3. D 4. B 5. A 6. A 7. D 8. C 9. C 10. B 11. D 12. B 13. D 14. A 15. C

练习题

1. $\sigma_{max} = \dfrac{N_{dmax}}{A} = \rho g l \left(1 + \dfrac{a}{g}\right)$

2. 吊索的应力增量是：

$$\Delta \sigma_d = \dfrac{\Delta N_D}{A} = \dfrac{1\,280}{5 \times 10^{-4}} = 2.56 \text{ MPa}$$

梁内最大正应力的增量是：

$$\Delta \sigma_d' = \dfrac{\Delta M}{W} = \dfrac{1\,600}{102 \times 10^{-6}} = 15.68 \text{ MPa}$$

3. $\Delta \sigma_{dmax} = \dfrac{\Delta M_{max}}{W} = \dfrac{\dfrac{1}{4} F_n l}{\dfrac{\pi d^3}{32}} = \dfrac{8 F_n l}{\pi d^3} = \dfrac{8 \times 10.64 \times 10^3 \times 0.8}{\pi \times 0.12^3} = 12.5 \text{ MPa}$

4. AB：$\therefore \sigma_d = \dfrac{4 N_d}{\pi d^2} = \dfrac{4 \times 11.29 \times 10^3}{\pi \times 0.08^2} = 2.25 \text{ MPa} < [\sigma]$

CD：$\sigma_d' = \dfrac{M_{max}}{W} = \dfrac{\dfrac{1}{4} N_d l}{\dfrac{1}{32}\pi D^3} = \dfrac{8 N_d l}{\pi D^3} = \dfrac{8 \times 11.29 \times 10^3 \times 1.2}{\pi \times 0.08^3} = 67.4 \text{ MPa} < [\sigma]$

5. $M_{max} = \dfrac{(F_d + 3W)l}{9} = \dfrac{Wl}{3}\left(1 + \dfrac{b\omega^2}{3g}\right)$

$$\sigma_{dmax} = K_d \sigma_{stmax} = \frac{2Ql}{9W}\left[1 + \sqrt{1 + \frac{243EIH}{2Ql^3}}\right]$$

6. $\sigma_d)_{\frac{1}{2}} = K_d \sigma_{st})_{\frac{1}{2}} = \frac{23Ql^3}{1\,296EI}\left[1 + \sqrt{1 + \frac{243EIH}{2Ql^3}}\right]$

7. (a) $\sigma_{st} = \dfrac{4W}{\pi d^2} = \dfrac{4 \times 2 \times 10^3}{\pi \times 0.3^2} = 28.3 \text{ kPa}$

   (b) $\sigma_d = K_d \sigma_{st} = 243.5 \times 28.3 = 6.89 \text{ MPa}$

   (c) $\sigma_d = K_d \sigma_{st} = 42.43 \times 28.3 = 1.20 \text{ MPa}$

8. $\sigma_{dmax} = K_d \sigma_{stmax} = \sqrt{\dfrac{3EIv^2Q}{gaW^2}}$

9. $\sigma_{d(a)} = K_{d(a)} \sigma_{st(a)} = \sqrt{\dfrac{5E\pi H}{2Wl\left(\dfrac{3}{D^2} + \dfrac{2}{d^2}\right)} \cdot \dfrac{4W}{\pi d^2}} = \sqrt{\dfrac{8HWE}{\pi l d^2\left(\dfrac{3d^2}{5D^2} + \dfrac{2}{5}\right)}}$

$\sigma_{d(b)} = K_{d(b)} \sigma_{st(b)} = \sqrt{\dfrac{E\pi D^2 H}{2Wl} \cdot \dfrac{4W}{\pi D^2}} = \sqrt{\dfrac{8WHE}{\pi l D^2}}$

10. $\tau_d = K_d \tau_{st} = 21.4 \times 3.77 = 80.7 \text{ MPa}$

    $\sigma_d = K_d \sigma_{st} = 21.4 \times 6.67 = 142.7 \text{ MPa}$

11. $n = \dfrac{P_{cr}}{P_d} = \dfrac{42.39}{18.46} = 2.30 < n_{st}$

第 12 章 工程应用

1. 略 2. 略 3. 略